조선후기 시조문학의 지평

김용찬

도서출판 월인

책 머리에

본격적으로 국문학 공부를 하겠다고 대학원에 진학한 이후, 내 연구 분야는 주로 조선 후기 시가문학과 관련한 주제들에 관심을 집중해 왔다. 이제는 한국문학의 다양한 영역으로 차츰 관심의 폭을 넓혀가고 있지만, 여전히 그 중심에는 시조문학에 대한 열정이 뚜렷하게 자리잡고 있다. 당대의 문화사적 실체를 밝혀주길 기다리고 있는 수많은 자료들이 연구자들의 손길을 절실히 기다리고 있기에, 가집 연구와 시조 작가론 및 주제를 통한 조선 후기 시조사에 대한 관심은 앞으로도 내 연구 과제의 중요한 부분이 될 것이다. 이 책은 그동안 여러 학회지의 지면에 발표했던 조선 후기 시조문학에 관한 연구 성과물들만을 묶은 것이다. 여기에서 다루고 있는 주제들이 학계에서는 적지 않게 논의된 것들이지만, 새로운 방법론을 모색하면서 시조사의 지평을 넓혀 보겠다는 의도로 집필된 논문들이기에 책의 제목을 『조선 후기 시조문학의 지평』이라고 붙였다.

수록된 논문들은 조선 후기의 시조문학의 여러 주제들을 다루고 있으며, 박사학위를 취득한 이후에 집중적으로 학계에 발표한 것들이다. 책을 묶기 위해 다시 읽어보니, 유사한 주제를 다루고 있는 논문들에 중복된 내용들이 적지 않게 눈에 띄었다. 또한 난삽한 문장과 거칠고 다듬어지지 못한 점도 또한 곳곳에서 발견되었다. 그러나 그 논문이 쓰여진 당시의 문제 의식만큼은 여전히 유효하다고 믿는다. 전체적으로 한자(漢字)는 한글을 내어 쓰고 괄호 안에 넣어 표기했으며, 각 논문의 맨 뒤에는 원래의 출전을 밝혀두었다. 여러 차례 검토하면서 거친 문장을 보완하고 자구를 수정하는 등 전체적으로 각 논문들에 손질을 가했다. 그럼에도 마지막 교정을 보는 순간까지에도 여전히 만족스럽지 못한 부분이 남아있는 것은 내 게으름의 탓이라고 자인할 수밖에 없다.

모두 12편의 논문들을 유사한 주제에 따라 전체 3부로 나누어 수록하였다. 제1부의 논문들은 '가집과 시조문학'이라는 주제 아래 모두 3편으로 구성되었다. 이 논문들을 통해서 현전하는 최초의 가집인 김천택 편찬의 <청구영언>을 통해서 가집 연구에 대한 바람직한 연구 방법을 모색해보고자 하였고, 또한 사대부가 편찬한 가집은 여항 가창자들의 그것과 어떻게 같고 다른가를 살펴보았다. 제2부는 모두 6편으로 묶여졌으며, 조선 후기에 활동했던 시조 작가들을 다룬 작가론들이다. 해당 작가들이 남긴 작품들을 중심으로 작품 세계를 논하면서, 기존의 연구에서 주목하지 않았던 부분에 대해서 여러 가지 단서와 관련 기록들을 검토하면서 새롭게 의미를 부여하고자 하였다. 제3부는 음악과 페미니즘에 관한 주제론을 다룬 3편의 논문들이 수록되었다.

생각해보니 내가 대학원에 진학하면서 고전문학을 전공하게 된 것은 순전히 지도교수이신 김흥규 선생님께 지도를 받고자 하는 열망 때문이었다. 석사과정 동안 <컴퓨터 고시조전서>의 입력과 교정 작업을 하면서, 자연스럽게 가집들과 시조 작품들을 폭넓게 접할 수 있는 기회를 갖게 되었다. 아마도 이 시기 집중적으로 자료를 섭렵하였던 경험들이, 내가 오랜 기간 동안 가집과 시조문학의 연구에 집중할 수 있었던 바탕이 되었다고 여겨진다. 대학원에서 석사과정과 박사과정을 거치는 동안 김흥규 선생님으로부터 받은 학문적 영향은 지금의 나를 있게 한 원천이다. 지도를 받고자 처음 선생님의 연구실 문을 두드렸을 때, 지금의 나보다 더 젊으셨던 김흥규 선생님께서 어느덧 내년이면 회갑(回甲)을 맞이하신다. 그래서 조금은 이르지만, 이 책의 출간을 김흥규 선생님의 회갑에 올리는 나의 작은 정성이라 의미를 붙이고자 한다. 앞으로도 여전히 젊고 열정적인 학문 활동을 하시는 선생님을 오랫동안 뵙고 싶은 것은 비단 나만의 희망이 아닌, 후학들의 공통된 생각일 것이다. 아마도 선생님께서도 나의 이러한 마음을 흔쾌하게 받아주실 것이라 믿고 싶다. 다만 여기에 수록된 부족한 글들로 인해서 선생님의 이름에 조그마한 흠이라도 되지 않았으면 하는 바램뿐이다.

이 책의 출간으로 그동안 나의 학문 활동을 뒤돌아보는 계기로 삼고자 하며, 조금은 나태해진 듯한 생활에 자극이 될 수 있었으면 좋겠다. 근래 여러 해 동안 힘겨운 '길'을 걸어갈 때 묵묵히 응원하며 나를 지켜봐 준 아내와 어느덧 초등학교에 입학한 아들 가은이는 변함없는 나의 후견인이다. 더불어 이 책의 출간이 가은이의 초등학교 입학을 기념하는 선물이 될 수 있었으면 한다. 책이 나올 수 있도록 배려를 아끼지 않은 월인의 여러분들에게도 감사의 마음을 전하고 싶다. 다시 처음 학문에 입문했을 때의 초심(初心)으로 돌아가, 학문적 자세와 문제 의식에서 진지함을 잃지 않겠다고 스스로에게 다짐해 본다.

2007년 9월 초순에
동해에서 김용찬

■ 목차 ■

제2부 조선 후기 작가들의 작품 세계

제3부 시조문학의 주제론

제1부
가집과 시조문학

<청구영언> 편찬의 의의와 자료적 가치

1. 머리말

조선 후기의 시조사에서 가집(歌集)이 지니는 의의에 대해서는 아무리 강조해도 지나치지 않을 것이다. 주로 여항인(閭巷人)들이 주도했던 가집의 편찬과 그로 인한 시조예술의 발흥은, 이전까지 사대부들이 주로 담당했던 시조의 창작 및 연행 문화와는 전혀 다른 문화적 배경을 전제하고 있다. 여항예술인들은 시조의 내용과 형식적인 측면에서 다양한 변화를 앞장서 이끌었고, 음악사적인 측면에서도 활발한 활동을 통해 지속적인 발전을 가능하게 했던 주역이라고 할 수 있다.

기실 악보, 즉 금보(琴譜)의 출현은 그것을 통해 보다 많은 사람들이 음악의 연주와 향유를 가능하게 하는 요인이 되었다. 김천택(金天澤)이 편찬한 <청구영언(靑丘永言)>으로 촉발된 가집의 등장은 악보인 금보로 연주할 수 있는 작품, 즉 레퍼토리를 체계적으로 정리한 것이라는 의미를 지닌다. 따라서 가집의 편찬은 악보의 존재와 더불어 그 의미가 논의되어야 한다. 연주자들에게 금보의 존재가 자신의 예술 세계를 펼칠 수 있는 수단이라는 점에서 중요했다면, 가창자들 역시 그러한 악보에 맞추어 노래할 수 있는 작품을 확보하는 것도 필요했던 것이다. 이런 측면에서 가집의 편찬은 시조의 연행을 보다 다양화할 수 있게 했던 요인이기도 했다.

봉건제 하의 엄격한 신분 질서의 질곡에 놓여 있던 여항인들에게, 그들의 예술적 역량은 당대 사회에서 자신의 존재를 드러낼 수 있는 뚜렷한 표지였다. 실제로 여항인들은 자신이 지니고 있는 예술적 능력을 바탕으로, 신분상으로는 전혀 불가능한 당대 지배 계급과의 문화적 교유를 진행할 수 있었던 것이다. 여항 가창자들에 의해 편찬된 가집의 존재와 그것을 통한 활발한 예술 활동은 조선 후기 여항 문화(閭巷文化)의 일단을 반영하는 것이라고 하겠다. 물론 조선 전기와는 전혀 다른 다양한 예술의 연행 환경도 여항 예술인들이 활발하게 활동할 수 있었던 바탕이 되었다. 다시 말하면 '예술을 창출하고 분배하는 소통 경로가 조선 전기에 비해 훨씬 다양하고 넓어'진 이 시기의 예술 환경이 여항 예술인들이 활발한 활동을 가능하게 할 수 있게 했던 중요한 요인이었던 것이다.[1)]

시조사에서 이러한 움직임의 선두에 김천택이 편찬한 가집인 <청구영언>이 자리잡고 있다. 김천택 편 <청구영언>[2)]은 현전하는 최고본(最古本; 1728)

---

1) 김흥규, 「조선 후기 예술의 환경과 소통구조」(『한국 고전문학과 비평의 성찰』, 고려대학교 출판부, 2002), 2면.

2) 그동안 <청구영언>의 연구는 주로 조선진서간행회에서 출간(1948)한 활자본에 의거하여 진행되어 왔고, '진본(珍本)'이라는 이본의 명칭도 '진서간행회본'이라는 의미를 지니고 있다. 활자본인 <청구영언 진본>의 원본은 원래 오장환(吳璋煥)씨가 소장하고 있었다. 필사본인 오장환씨의 소장본은 권두에 김천택의 장서인(藏書印)이 찍혀져 있고 한 사람의 필체로 정연하게 필사되어 있는 점 등, 여러 가지 특징으로 보아 김천택의 수고본(手稿本)이라고까지 논의되고 있다. 현재 원본은 통문관에서 소장하고 있으며, 필자는 경일대학교 박규홍 교수를 통해 모산 심재완 선생이 소장하고 있던 필사본 <청구영언>의 복사본을 구할 수 있었다. 여러 차례에 걸쳐 비교·확인한 결과, 몇몇 부분의 오탈자를 제외하고 필사본과 활자본의 뚜렷한 차이는 두드러지게 나타나지 않는다. 원본과 활자본의 차이는 활자본의 범례(凡例)와 심재완의 연구에 상세히 밝혀져 있다(심재완, 「시조 작품의 원문 전화의 제유형에 대한 고찰」, 『어문학』 제6집, 한국어문학회, 1960). 그동안 <청구영언>이 '진본'이라는 명칭으로 통용되어오던 현실을 무시할 수는 없으며, 또한 원본과의 차이가 그리 크지 않은 것도 사실이다. 하지만 앞으로는 원본인 필사본을 연구의 대상으로 삼아야 한다는 점에서 가집의 명칭을 김천택 편 <청구영언>으로 하고자 한다.

의 가집이며, 이후에 편찬되는 가집들의 전범으로 역할을 했다고 평가되고 있다. 이러한 중요성에 비추어 <청구영언>에 대한 연구는 다각도로 진행되었고, 그 결과 가집이 지니고 있는 적지 않은 의미와 자료적 가치들이 확인될 수 있었다.[3] 본고는 기존의 연구 성과들을 폭넓게 수용하면서, <청구영언>의 편찬이 지니는 의미와 그것의 자료적 가치 등에 대해서 새로운 각도로 조명해 보고자 한다. 특히 조선 후기의 문화사적 배경을 염두에 두고, 가능한 기존 연구 결과와의 중복을 피해서 기왕에 제기된 다양한 문제들에 대한 해법도 모색해 보고자 한다.

2. 〈청구영언〉의 체제와 특징

가집은 당대의 연행 현장에서 불리던 작품들을 곡조별로 배열하여 편찬된 것이다. 대체로 악보인 금보(琴譜)는 음악의 연주법을 전달하는 것이 중요시 되었기에, 일부 작품의 가사만 수록하거나 혹은 가사를 전혀 수록하지 않고 악보만을 수록하기도 하였다. 아마도 금보의 이러한 경향은 무엇보다 음악으로써 가곡(歌曲)의 연주법이 중요했으며, 가사인 시조 작품은 어느 곡조로든지 연주할 수 있었기 때문일 것이다. 이처럼 악보 위주로 짜여져 있는 금보의 표기법은 당대의 가창자들에게 이에 걸맞는 '가사집'에 대한 필요성을 증대시키는 요인이었다. 조선 후기에 접어들면서 향유 공간이 점차 넓어졌으며, 가창자들에게 연창에 필요한 레퍼토리의 확대도 그만큼 절실한 문제였기 때문이다. 그리하여 가집의 편찬은 이러한 당대의 예술적 요구에 대한 대응으로 해석된다.

여항의 가창자인 김천택에 의해 <청구영언>이 편찬된 것은 당대의 음악적

3) 그동안의 연구 경향과 가집의 특징 등에 대해서는 필자의 선행 논문인 「<청구영언 진본>의 성격과 편찬 의식」(『조선 후기 시가문학의 지형도』, 보고사, 2002)에서 종합적으로 다루었다.

수요가 중요한 몫을 했을 것이고, 무엇보다 그러한 것을 가능하게 할 수 있었던 가곡에 능통했던 자신의 음악적 역량도 무시할 수 없다. 가창자(歌唱者)로서 김천택은 다양한 형태로 유통되고 있었던 가곡창의 노랫말을 정리하고 싶은 필요성을 느꼈고, 그 결과 연창에 유용하도록 음악적 특성이 드러나는 곡조별 분류를 취하여 가집을 엮었다. 이미 보다 다양해진 가창 공간에서는 이전보다 더 많은 노랫말들이 필요했고, 자신을 포함한 당대의 가창자들이 편리하게 이용할 수 있도록 작품들을 모아 <청구영언>을 편찬했던 것이다. 이러한 노력으로 인해 우리 문학사에서 비로소 가집이 출현할 수 있었고, 그 결과 탄생된 <청구영언>은 이후 계속되는 가집 편찬의 전범으로 확고하게 자리를 잡게 되었다.

가집에는 비록 노랫말만 수록되어 있으나, 각 작품들은 음악적 표지가 제시되어 있어 가창자들에게는 연창(演唱)을 위한 하나의 지침으로 역할을 하였다. <청구영언> 역시 초중대엽(初中大葉)부터 가곡창의 각 곡조를 내세우고, 각 곡조마다 그에 해당하는 시조 작품들을 배열하여 수록하였다. 가집에 수록된 작품은 모두 580수로, 그 규모가 만만치 않다. 특히 가집의 마지막 부분에는 '만횡청류(蔓橫淸類)'라는 항목으로 116수의 사설시조가 실려 있어,[4] 사설시조가 우리 문학사의 지평에 등장할 수 있도록 하는 역할을 하였다. 아마도 <청구영언>의 문학사적 의미를 따진다면, 사설시조를 시조사의 반열에 우뚝 세워놓았다는 점을 빼놓을 수가 없을 것이다. 학계에서 아직까지 사설시조의 형성과 기원에 대한 이견이 엇갈리고 있기는 하나, <청구영언>에 수록된 작품들과 관련 기록들이 이러한 문제에 대해 적극적인 해명을 할 수 있는 단초가 될 수 있을 것이라 본다.

이밖에도 작품과 이에 따른 각종 서·발문(序跋文)도 함께 수록하여, 작가와 작품에 대한 신뢰를 높여주는 역할을 하고 있다. 여기에서는 서·발문을 포함하여 <청구영언>의 차례를 제시하고, 가집의 편제와 특징에 대해서 간

4) 여기에 「맹상군가」와 「장진주사」를 포함하면 사설시조는 118수이며, 나머지는 모두 평시조로 그 수는 462수에 달한다.

략하게 살펴보기로 한다.

청구영언서(青丘永言序)	*정래교(鄭來僑)*
초중대엽(初中大葉)	**1수**
이중대엽(二中大葉)	**1수**
삼중대엽(三中大葉)	**1수**
북전(北殿)	**1수**
이북전(二北殿)	**1수**
초삭대엽(初數大葉)	**1수**
[이삭대엽(二數大葉)][5)]	**391수**
여말(麗末) : 3인 6수	
본조(本朝) : 41인 203수	
열성어제(列聖御製) : 3인 5수	
여항육인(閭巷六人) : 6인 65수	
규수삼인(閨秀三人) : 3인 5수	
연대결고(年代欠考) : 3인 3수	
[유명씨발문(有名氏跋文)][6)]	
무명씨(無名氏) : 104수	
삼삭대엽(三數大葉)	**55수**
[무명씨발문(無名氏跋文)]	

5) <청구영언>에는 '이삭대엽'이라는 곡조명이 보이지 않는다. 그러나 필사본에는 '초삭대엽'의 작품 1수('어져 내일이야…', #1965) 다음에 반 면(面)이 비워져 있고, 다음 면에서 '여말'의 작품이 시작된다. 이러한 가집의 면모와 <해동가요> 등 후대의 가집을 통해서 보건대, '여말' 항목의 앞부분에 '이삭대엽'이란 표기가 무슨 이유에선지 누락된 것으로 확인된다. 실제 19세기까지의 가집들에는 '이삭대엽'이 가곡창에서 중심이 되는 곡조로 역할하고 있다.

6) 이 기록을 포함하여 '무명씨 발문'과 '만횡청류서문'에는 제목이 제시되어 있지 않다. 그러나 그 내용에 의거해 연구자들에게 이와 같은 명칭으로 통용되고 있어, 이러한 예에 따른다.

낙시조(樂時調)	**10수**
장진주사(將進酒辭)	**1수**
맹상군가(孟嘗君歌)	**1수**
[만횡청류서문(蔓橫淸類序文)]	
만횡청류(蔓橫淸類)	**116수**
남파노포지(南坡老圃識)	*김천택(金天澤)*
청구영언후발(靑丘永言後跋)	*이정섭(李廷燮)*

가집인 <청구영언>의 이러한 체제는 사대부들의 문집(文集)의 형식을 크게 참고한 것으로 보인다. 김천택은 가집을 편찬하면서 여항 시인이었던 정래교에게는 서문(序文)을, 그리고 왕실의 종친이었던 이정섭(李廷燮)에게는 발문(跋文)[7]을 청탁하여 수록하였다. 따라서 <청구영언>은 전체적으로 가집에서 가장 중요한 작품을 음악적 표지에 따라 분류하고, 앞·뒤에 서문과 발문을 붙여 '서문－작품(초중대엽～만횡청류)－발문'의 정연한 편제를 취하고 있다. 사대부들의 문집에서 가장 중요한 시문(詩文)과 기타의 잡문(雜文)들이 수록되는 '본문'에 해당되는 부분에, 가집에서는 가창에 필요한 작품들을 나름의 일관된 체제를 갖춰 배열한 셈이다. 작품들은 가창의 필요에 의해 가곡창의 각 곡조에 배분되어 수록되어 있다.

사설시조인 「장진주사」 이하의 항목을 제외하면, 작품은 '중대엽－북전－삭대엽－낙시조'의 순서로 배열되어 있다. 이러한 곡조의 순서는 가곡창의 분화의 실상을 그대로 반영하고 있는 것이다.[8] 중대엽의 세 곡조에는 각 1수씩, 그리고 북전과 이북전의 곡조에도 각 1수씩의 작품이 수록되어 있다. 이들 곡조에 작품이 각 1수씩만 배열되어 있는 것은 가집 편제상의 형식적인

7) '청구영언후발'을 쓴 '마악노초(磨嶽老樵)'가 이정섭이라는 사실은 김윤조, 「저촌 이정섭의 생애와 문학」(『한국한문학연구』 제14집, 한국한문학회, 1991)에서 상세히 밝혔다.

8) 가곡창의 곡조는 만대엽(蔓大葉)에서 출발하여, 점차 중대엽(中大葉)과 삭대엽(數大葉)으로 분화되었다. 18세기에 이르면 가장 느린 곡조인 만대엽은 거의 소멸되고, 삭대엽이 가곡창의 중심이 되면서 점차로 보다 빠른 변주곡들도 등장하기 시작한다.

배려라고 해석된다. 그렇지 않다면 이 당시에는 중대엽과 북전 계열의 곡조는 연행 현장에서 그리 활발하게 불리지 않은 실상을 반영한 것일 수도 있겠다.[9)]

가집의 편제로 보건대 이 시기에 가장 활발하게 불려진 가곡의 곡조는, 수록 작품의 수효로 보아 아마도 삭대엽 계열이었을 것이다. 그 중에서도 이삭대엽이 가곡의 중심을 이루었고, 초삭대엽보다는 삼삭대엽이 더 널리 유행하고 있었던 것이다. 또한 삭대엽의 변주곡인 낙시조(樂時調)도 10수나 등장하여, <청구영언>이 편찬될 무렵에는 이미 가곡의 곡조로 정착되었던 것을 알 수 있다. 초삭대엽 작품 역시 1수만 등장하는 것으로 보아, 앞부분에 위치한 곡조들과 마찬가지로 그리 활발하게 연창되었던 것 같지는 않다.[10)] 그렇다면 이 당시 가곡창의 중심은 이삭대엽과 삼삭대엽에 있었다고 해석된다.

'여말(麗末)'과 '본조(本朝)' 등으로 구분된 유명씨 항목과 '연군(戀君)'이나 '견적(譴謫)' 등의 주제어로 구분된 무명씨 항목[11)]은, 본 가집이 곡조별 배열만이 아닌 작가별·주제별 분류를 같이 시행하고 있다는 것을 분명히 보여주

---

9) 이들 작품 중에서 북전('흐리누거 괴ㅇ시든 …', #3322)의 작품을 제외하고, 나머지는 <해동가요>의 해당 곡조에 그대로 수록되어 있다. <해동가요 주씨본>에도 1수만 수록된 북전의 작품은 '누은들 즘이 오며'(#670)로 바뀌어 나타난다.

10) 초삭대엽까지의 작품은 모두 작가명이 기입되어 있지 않다. 그러나 초삭대엽 작품인 '어져 내일이야 …'(#1965)의 경우 다른 가집들에는 모두 황진이(黃眞伊)의 작품으로 수록되어 있다.

11) 무명씨 항목의 주제어는 모두 52개이며, 수록 작품 수는 104수이다. 각 주제어와 그에 속하는 작품 수는 다음과 같다. 연군(戀君;4), 견적(譴謫;3), 보효(報效;2), 강호(江湖;7), 산림(山林;3), 한적(閑適;2), 야취(野趣;5), 은둔(隱遁;2), 전가(田家;4), 수분(守分;3), 방랑(放浪;4), 민세(悶世;2), 소수(消愁;2), 유락(遊樂;2), 조분주(嘲奔走;2), 수신(修身;3), 주편(周便;2), 석춘(惜春;2), 옹폐(壅蔽;2), 탄로(歎老;4), 노장(老壯;2), 계일(戒日;2), 장해(戕害;3), 지지(知止;2), 회고(懷古;2), 규정(閨情;5), 겸치(兼致;1), 대취(大醉;1), 객지(客至;1), 취은(醉隱;1), 중도이폐(中道而廢;1), 장회(壯懷;1), 용퇴(勇退;1), 선고(羨古;1), 자수(自售;1), 취월(醉月;1), 영휴(盈虧;1), 명건(命蹇;1), 부정(不淨;1), 원치(遠致;1), 이비(二妃;1), 회왕(懷王;1), 굴평(屈平;1), 항우(項羽;1), 송(松;1), 죽(竹;1), 두우(杜宇;1), 태평(太平;1), 계심(戒心;1), 노역(勞役;1), 충효(忠孝;1), 대객(待客;1) 등이며, ( )안의 수는 해당 주제어의 작품 수이다. 각 1수씩 2수(*380, *382)에는 애초 주제를 붙이려고 했던 듯하나, 주제어는 보이지 않고 작품만이 수록되어 있다.

고 있다. 그동안 <청구영언>의 작가 문제를 논할 때에는 주로 이삭대엽만을 언급하였다. 실제 유명씨와 무명씨의 항목 분류는 이삭대엽의 곡조에서만 문제되는 것처럼 보인다. 그러나 위에서 보듯이 '무명씨발문'은 삼삭대엽의 마지막 작품 뒤에 덧붙여져 있다. 그렇다면 삼삭대엽의 작품들에는 작가나 주제 등의 기록을 기재하지 않았지만, 김천택은 이삭대엽의 무명씨 작품의 연속선상에서 인식하고 있었음을 확인할 수 있다.12)

유명씨 작품들은 '여말－본조－열성어제－여항육인－규수삼인－연대결고'의 순서로 배열되어 있다. 그런데 '여말'과 '본조'의 항목에 수록된 작가들은 모두 사대부 계층이며, 김천택을 포함한 '여항육인'은 여항인 신분의 작가들이다.13) 또한 '규수삼인'은 황진이를 비롯한 기녀 작가로 구성되어 있다. 역대 왕들의 작품인 '열성어제'와 활동 연대를 알 수 없다는 의미인 '연대결고'의 작가 역시, 크게 보아 지배 계층의 일원이라고 파악할 수 있다. 그렇다면 유명씨 작가의 배열은 '사대부－여항인－기녀'의 순서로 이루어져 있고, 실제 이들 세 계층의 작가들이 이 당시 시조문학의 주요 담당층이었음을 가집의 체제를 통해 명확히 드러내고 있다고 할 수 있다.14) 그런데 사대부와 기녀들이 조선 전기부터 꾸준히 활동을 한 작가층이었다면, 여항인들은 조선 후기에 비로소 등장하기 시작한 작가층이다. 그런 의미에서 김천택이 '여항육인

12) <청구영언>에는 이삭대엽을 제외한 다른 곡조의 작품에 유명씨 작품이 전혀 등장하지 않는다. 이삭대엽에 유명씨 작품을 집중 배치하는 방식은 <해동가요> 등 이후의 가집에도 상당 정도 계승되어 나타나고 있다. <청구영언>의 삼삭대엽의 작품 배열도 이삭대엽의 무명씨의 주제별 항목에 따른 것으로 보이나, 이에 대해서는 별도의 고찰을 요한다.

13) 특이한 것은 <청구영언>의 경우 몇몇을 제외하고 작가 소개를 이름이 아닌 호로 기재하였으며, 그 아래 이름과 간단한 약력이 덧붙여져 있다. 호가 아닌 이름이 기재된 경우는 대체로 무과 출신이거나, 행적 자체에 과오가 있다고 여겨지는 인물들의 경우이다. 또한 기녀들이나 자신과 동시대에 활동했던 작가들은 호나 이름만으로 작가 소개를 하고 있다. <청구영언>의 이러한 작가 표기의 의미에 대해서는 김용찬, 『18세기의 시조문학과 예술사적 위상』(월인, 1999), 49~52면을 참조할 것.

14) 전체 580수 중에서 평시조는 462수이며, 사설시조는 118수이다. 평시조 중 유명씨 작품은 287수이며, 나머지 175수는 작가를 알 수 없는 무명씨 작품들이다. 또한 작품이 단 1수라도 수록된 작가는 모두 59명이다.

(閭巷六人)' 항목을 따로 설정한 것은 새로운 작가층으로서 여항인들을 배려하기 위한 고려에서 나온 것이라고 여겨진다.

<청구영언>에서 특이한 점은 「장진주사」와 「맹상군가」를 낙시조(樂時調)의 뒷부분에 별도의 항목으로 다루고 있다는 점일 것이다. 이 두 작품은 모두 사설시조 형식으로, 바로 앞의 낙시조의 곡조까지 수록된 '평시조' 작품들과는 명백히 구분된다. 또한 바로 뒤에 이어지는 사설시조 작품들인 '만횡청류' 항목과도 구분되어 있다. 이것은 편찬자가 이 작품들을 가곡의 곡조나 '만횡청류'와는 다른 양식으로 인식하고 있었음을 드러내려는 의도로 여겨진다. 그렇다면 이 작품들은 가곡의 창법으로 연주되었지만, 가곡의 곡조로까지 채택되지 않았다는 것을 의미한다고 해석된다.[15)]

제일 끝부분에 위치한 '만횡청류' 항목에는 모두 116수의 사설시조 작품이, 그것의 유래와 특징을 논한 '서문'과 함께 수록되어 있다. 서문에서는 이 작품들의 명칭을 '만횡청류(蔓橫淸類)'라고 분명히 밝히고 있으며, '그 유래도 이미 오래되었다'[16)]라는 기록을 남기고 있다. 그렇다면 사설시조인 '만횡청류'는 기존의 '평시조'와는 다른 양식으로 유통되었고, 김천택은 그 작품들을 모아 가곡창의 창법으로 부를 수 있도록 가집에 정리한 것이다. 이것은 <청구영언> 편찬 당시에는 이미 연행 현장에서 '만횡청류'가 실제로 가곡창의 창법으로 불려졌기에, 가집에 수용하여 그러한 실상을 적극적으로 반영한 것으로 해석된다. 사설시조는 <청구영언> 편찬자인 김천택의 이러한 노력과 배려에 의해서 시조문학사에서 중요한 위치를 점할 수 있었던 것이다.

이상 <청구영언>의 체제를 통해서 가집의 성격과 특징 등을 살펴보았다. 서·발문의 수록과 가곡의 곡조에 따른 작품의 배열 등에서 보듯 본 가집은 일관된 체제를 취하고 있다. 실제 가집을 면밀히 검토해 보면, 그 체제와 작

15) <양금신보>(1610) 등의 금보에도 만대엽과 중대엽의 가곡 곡조 이외에 '여민락(與民樂)'·'보허자(步虛子)' 등의 악곡 명칭이 보이는데, '장진주사'·'맹상군가'·'만횡청류' 등의 명칭도 이러한 의미가 아닌가 파악된다. 이후 가곡의 체제가 정립되면서, 그 곡조는 주로 삭대엽과 파생곡 위주로 자리를 잡게 된다.

16) '蔓橫淸類, … 然其流來也已久.', '만횡청류서', <청구영언>.

품 및 작가들의 배열 순서에 이르기까지 매우 깊은 고려를 하면서 <청구영언>을 편찬했음을 알 수 있다. 이러한 점에서 김천택의 가집 편찬자로서의 뛰어난 능력을 확인할 수 있고, 또한 새로운 양식인 '만횡청류'를 가곡의 영역으로 끌어들인 적극적인 자세를 엿볼 수 있다. 특히 <청구영언>이 가집의 편제와 작품의 분류에 있어, 후대의 가집들의 전범이 되었다는 점에서 그것이 지니는 의미를 새삼 확인할 수 있을 것이다.

3. 〈청구영언〉의 편찬 의의와 가치

가곡은 성악곡(聲樂曲)이기에 음악의 연주를 할 수 있는 악보 못지 않게, 그것에 담아 부를 수 있는 가사도 매우 중요하다. 조선 후기의 여항 가창자들은 사대부들과 달리 시조를 '여기(餘技)'[17]가 아니라, 자기 표현을 위한 중요한 수단으로 인식했다. 이들에게 시조는 자신의 예술적 역량을 펼치기 위해 꼭 필요한 것이었고, 자신의 존재 의의를 확인시켜주는 양식이기도 했던 것이다. 때문에 가창자들은 자신이 부를 수 있는 다양한 노랫말을 필요로 했고, 가집은 이들의 음악적 욕구를 충족시킬 수 있도록 시조 작품들을 집대성한 것이라는데 그 의미가 있다. 또한 가집은 단순히 '작품집'의 성격만 있는 것이 아니고, 음악적 고려에 의하여 실제 연주가 가능하도록 한 '음악서'라는 점을 인식해야 한다. 다양한 작품들을 가곡의 곡조에 맞추어 분류하여 수록한 점은 가집의 음악적 성격을 잘 보여주고 있다.

주지하듯이 김천택 편 <청구영언>(1728)은 현전하는 가집 중에서 가장 앞선 시기에 편찬된 것이다. 평시조와 사설시조를 아울러 모두 59명의 작가와 580수에 이르는 작품들이 수록된, 당시로서는 방대한 규모의 가집이다. 가창

17) 사대부들이 시조를 '여기'로 여겼다고 해서, 그것을 경시했다는 것은 아니다. 다만 한문(漢文)으로 지은 시문(詩文)에 비해서, 노래(歌)인 시조가 그들에게 상대적으로 덜 중요시 되었던 것은 사실이다.

자들은 <청구영언>이 등장하기 이전까지는 주로 자신들이 확보한 레퍼토리를 위주로 연창을 했을 것이다. 악보인 금보(琴譜)를 통해서 가창법을 익히고, 이에 맞추어 연행 공간에서 자신의 레퍼토리를 연창했던 것이다. 그리하여 김천택은 자신과 같은 가창자들을 위하여 작품을 모을 필요성을 느꼈을 것이고, 이러한 절실한 요구에 의해서 산발적으로 흩어져 있던 작품들을 수집하여 음악적 배려에 의해 일관된 체계를 갖춘 가집을 편찬했다. 따라서 가집인 <청구영언>의 출현은 당대의 가창자들에게 레퍼토리를 이전보다 쉽게 확보하게 해 주었고, 또 그것을 통하여 가창의 교습과 전승을 보다 체계적으로 진행할 수 있도록 만들어 주었다.

대체로 가집의 곡조 분류는 편찬 당시의 음악적 상황을 반영하고 있다고 논의된다. <청구영언>에 제시된 가곡의 곡조들은 18세기 전반의 음악적 변화를 그대로 수용하고 있다고 할 수 있다. 그렇기 때문에 우리는 <청구영언>의 곡조들을 통해 18세기 전반의 가곡(歌曲)의 연창 양상을 살필 수 있는 것이다. 각 곡조에 수록된 작품 수는 당시의 유행을 어느 정도 짐작할 수 있게 한다. 특히 책의 마지막 부분에 수록된 사설시조인 '만횡청류'는 이후 가곡에 적극적으로 합류하였고, 그렇게 유입된 사설시조는 당대의 음악적 분화를 더욱 촉진시키는 역할을 하였다. 우선 '~류'라는 명칭은 이것이 가곡의 창법으로 완전히 정착하지 못했다는 것을 반증하고 있다고 여겨진다. 그렇다면 사설시조인 '만횡청류'는 애초에 평시조와는 다른 '양식'으로 존재하다가, <청구영언>에 수록된 이후 가창자들에 적극적으로 향유되면서 가곡사에 편입된 것이라고 해석된다.

'만횡청류'의 작품들은 후대의 가집들에 삭대엽의 변주곡인 농(弄)·락(樂)·편(編) 등의 변주곡조에 나뉘어 실린다. 실제 삭대엽의 변주곡들은 대체로 사설시조들로 이루어져 있고, 실제 '만횡'이라는 명칭의 곡조가 후대의 가집에 출현하기도 하였다. 흔히 조선 후기의 음악적 환경 변화를 '번음촉절(繁音促節)'로 표현하는데,[18] 적어도 가곡창에 있어서는 사설시조가 이러한 변화를 주도하는 요인이었다고 할 수 있다. 다시 말하자면 평시조라는 양식이 가곡의 주류인 삭대엽의 연창에 적합한 것이었다면, 사설시조는 새롭게 출현한 삭대엽 변주곡에 들어맞는 양식이었다고 하겠다. 때문에 <청구영언>의 편찬으로 사설시조가 자연스럽게 가곡창의 영역으로 수용되었다는 점에 의의가 있는 것이다. 이처럼 '만횡청류'의 수록은 문학적인 측면에서뿐만 아니라, 음악사적으로도 매우 중요한 의미를 지닌다고 해석된다.

<청구영언>은 '작품집'의 성격을 아울러 지니고 있기에, 오늘날의 문학 연구에 있어서도 매우 중요한 자료가 되고 있다. 그는 적지 않은 시간을 투자하여, 자신이 입수할 수 있는 역대의 작품들을 모아 그 오류를 바로잡아 가집을 엮었던 것이다. 김천택에 의해 가집의 편찬이 완성된 것은 1728년이지만, 실제의 가집 편찬 작업은 그 이전부터 계속되었다. 김유기(金裕基) 작품의 뒤에 붙인 김천택의 발문을 보면, 이미 1716년(丙申)에 그의 작품을 구하기 위해 직접 방문했다는 기록이 보인다.[19] 또한 주의식(朱義植)과 김성기(金聖器)의 작품을 구하기 위해 오랫동안 노력했다는 기록[20]이나, 마악노초 이정섭에게 가집의 발문을 편찬 전해인 1727년(丁未)에 받은 것[21] 등은 작품의 수집 활동이 상당 기간 동안 지속적으로 이루어졌다는 것을 증명해주고 있다. 이처럼 이른 시기부터 작품의 수집 활동을 했다는 것은 김천택이 궁극적으로 가집 편찬을 염두에 두고 있었음을 증명해주고 있다. 그리하여 그의 오랜 동안의 노력에 의하여 수집된 시조 작품들은 가집인 <청구영언>의 편찬으로 그 결실을 맺게 되었던 것이다.

가집에서 유명씨 작품들을 '여말'과 '본조'로 나누어 수록한 것은 시조의 발생이 고려 말에 시작되었음을 명시적으로 드러내고 있는 것이며, 그 자신

18) 송방송, 『조선음악통사』(일조각, 1984), 418~422면.

19) "金君大哉, 以善歌, 鳴於世. 曾於丙申間, 余嘗造其門, 叩其篋, 得一編, 開卷而閱之, 乃自家所爲新翻也.", '김유기작품발', <청구영언>.

20) "余嘗得朱公道源所製, 新翻一二闋, 惟恨未得其全調也.", '주의식작품발', <청구영언>; "余嘗癖於歌, 裒集國朝以來名人里巷之作. 獨漁隱金聖器之譜, 往往傳誦, 而知其全譜者鮮. 故廣求而莫之得, 心常恨焉.", '김성기작품발', <청구영언>.

21) '청구영언후발'의 간지(干支)를 포함한 말미 기록이 '정미계하하완 마악노초제(丁未季夏下浣磨嶽老樵題)'로 되어 있다.

의 기록에서도 '고려 말에서부터 조선에 이르기까지'의 작품을 일일이 수집했음을 밝히고 있기도 하다.[22] 김천택은 <청구영언>에 남긴 각종 기록을 통해서 시조에 대한 긍정적 인식을 적극적으로 피력하고 있다. 비록 다른 사람의 기록을 빌어온 것이지만, '만횡청류서'에서는 가곡(歌曲)을 중국의 노래에 견주어 설명하고 있기도 하다.[23] 또한 가집의 서문과 발문을 쓴 정래교와 이정섭의 글을 통해서는, 가집 편찬과 시조의 효용 등에 관해서 재차 강조되고 있다.[24] 이러한 것에서 보듯 김천택은 그만큼 자신의 가집 편찬 작업에 대해서 의미를 부여받고자 했던 것이다.

<청구영언>에서 또 하나 주목할 것은, 무명씨 작품들이 대거 가집에 수록된 것을 들 수 있다. 사대부들에 의해 주로 창작·향유되어온 시조문학은 그 작품의 작가가 누구인가 하는 점도 매우 중요했다. 당시의 지배 계급으로서 문화를 주도하던 사대부들의 작품이 연행 현장에서 주로 향유되었기에, 그들의 작품이 주목을 받고 잘 전승되었던 것은 당연하다. 때문에 처음에는 작가가 분명하던 작품들도 그의 존재가 별로 주목을 받지 못했던 까닭에, 세월이 흐르면서 그 작가를 잃어버린 채 작품만 전해지게 되었다.[25] 김천택은 이러

---

22) "自麗季, 至國朝以來, 名公碩士, 及閭井閨秀之作, 一一蒐輯, 正訛繕寫, 釐爲一卷, 名之曰青丘永言.", '남파노포지', <청구영언>.

23) "我國則發之藩音, 協以文語, 此雖與中國異, 而若其情境咸載, 宮商諧和, 使人詠歎淫泆, 手舞足蹈則其歸一也.", '만횡청류서', <청구영언>. 이 기록은 원래 홍만종(洪萬宗)의 『순오지(旬五志)』의 기록에서 취한 것이다. 홍만종은 『순오지』에서 조선의 역대 가사 작품의 평을 남겨 놓았는데, 이 기록은 그에 대한 서문의 성격을 지닌다. 김천택은 홍만종의 원래 기록을 다소 변개시켜, 자신이 편찬한 가집에 사설시조인 '만횡청류'를 수록하기 위한 내용으로 바꾸어 놓았다. 이러한 기록 변개의 의미에 대해서는 김용찬, 『18세기의 시조문학과 예술사적 위상』, 53~54면을 참조할 것.

24) 특히 이정섭의 작품이 <청구영언>에는 전혀 보이지 않지만, 후대의 가집인 <해동가요 주씨본>에는 그의 작품이 수록되어 있다. 만약 이정섭의 작품이 그 이전에 지어졌다면, 김천택이 자신이 편찬한 가집에 수록하지 않았을 리가 없다. 그렇다면 이정섭은 <청구영언>의 발문을 쓴 이후에 시조에 대해 적극적으로 인식하기 시작했고, 그 결과로 시조 작품을 창작하지 않았을까 한다.

25) "凡此無名氏, 世遠代邈, 莫知其姓名者, 今皆不可攷. 因錄于後, 以待該洽之士, 傍參而曲証.", '무명씨작품발', <청구영언>.

한 작품들을 널리 수집하여 가집에 수록함으로써, 무명씨 작품들도 시조사에 당당히 자리를 잡게 한 것이다. 이와 함께 자신과 같은 여항인들의 작품도 적극적으로 수용하여, 이 당시 시조문학의 담당층이 결코 사대부들에만 머무르지 않는다는 것을 실증했던 것이다. 즉 사대부들의 작품을 수록한 뒷부분에 '여항육인'과 무명씨 작품을 배열하여, 창작과 연행에서 점차 확대되어가던 담당층의 문제를 적극적으로 피력한 것이라고 해석할 수 있다.

이와 관련해 다음의 유명씨 작품의 발문은 흥미로운 문제를 제기해주고 있다.

> **우리 나라의 고려로부터 조선의 명공(名公)·석사(碩士)와 여항(閭巷)·규수(閨秀)의 작품에 이르기까지 영언(永言)으로 지어져 세상에 전하는 것들은 모두 수록하였다. 그런데 그 사이에 비록 절작(絶作)은 아니지만, 울림이 사람에게 알려진 것인즉 모두 기록하였다. 비록 그 사람은 취할 것이 없지만 그 영언(永言)이 볼만한 것이 있으면, 또한 취하여 기록하였다.**[26]

여기에서는 김천택 자신이 생각하고 있는 시조의 작가층을 밝혀 놓았다. 즉 고려에서부터 조선시대에 이르기까지 '명공·석사'로 지칭되는 사대부들이 제일 먼저 거론되고 있다. 여기에 '여항'이라고 표현된 자신과 같은 여항인들도, 이 당시에는 사대부들과 나란히 시조문학의 주요 작가층으로 등장하였음을 기록하였다. <청구영언>에서는 이들의 작품을 '여항육인' 항목으로 설정하여, 6명 작가의 작품 65수가 수록되어 있다. 그리고 '규수'로 지칭된 이들은 실상 황진이를 비롯한 기녀 작가들이다. 이처럼 이 기록은 기존의 시조 작가층이 사대부와 기녀에 한정되어 있던 것에서, 자신을 비롯한 '여항인'도 이 시기에 새로운 작가층으로 등장했다는 것을 자연스럽게 드러내고 있다.

---

26) "我東, 自麗季, 至國朝, 名公碩士, 及閭巷閨秀之作, 爲永言以傳於世者, 皆錄. 而其間, 雖不以絶作, 鳴若聞人, 則皆記之. 雖其人不足取也, 其永言可觀, 則亦取有記之云爾.", '유명씨작품발', <청구영언>.

다시 말하자면 여항인들은 가창자로서뿐만 아니라, 작가로서도 활동을 하고 있었음을 주장하고 있는 것이다.

또한 이 기록은 자신과 같은 여항인들의 작품이 결코 사대부들의 그것에 뒤지지 않는다는 것을 은연중에 드러내고 있다. 즉 사대부인 명공・석사의 작품들은 대체로 뛰어난 작품들을 위주로 실으면서, '절작은 아니지만 울림(감동)이 사람들에게 알려진 것이 있으면 모두 기록'한다고 하였다. 이에 견주어 자신과 같은 여항인의 경우에는, '그 사람은 취할 것이 없지만 그 영언(작품)이 볼만한 것이 있으면 또한 취하여 기록'하였다고 논하였다. 이 말은 여항인들이 신분으로서는 내세울만한 것이 없지만, 작품만은 사대부들의 그것에 결코 뒤떨어지지 않는다는 것을 주장하고 있다고 해석된다. 이와 함께 175수에 이르는 무명씨 작품들의 수록도 이런 측면에서 이해될 수 있다. 즉 이 기록은 시조가 결코 신분의 우열에 의하여 그 가치가 논해지는 것이 아니라는 것을 강하게 주장하고 있다.

<청구영언>에는 가집의 서・발문 뿐만이 아니라, 개별 작품들의 서・발문도 그대로 수록하였다. 조존성(趙存性)과 신흠(申欽)의 작품에는 시조의 한역시(漢譯詩)까지도 그대로 수록하고 있다. 그리고 '여항육인' 중 주의식을 비롯한 일부의 작가들의 작품 뒤에는 김천택 자신이 발문을 써서 붙이기도 하였다. 사실 이러한 기록들에는 작가에 대한 자세한 정보가 담겨져 있기도 하지만, 더욱 중요한 것은 시조에 대한 다양한 의식들이 그 속에 녹아있다는 점이다. 우리는 작품에 부기(附記)된 기록들을 통해서, 당시의 사람들이 시조에 대해서 어떻게 인식하고 있었는가를 확인할 수 있게 된다. 아마도 김천택은 이러한 기록들에 담긴 시조에 대한 인식들을 수용하고, 그러한 내용들을 독자들에게 그대로 전달하고자 하는 의도에서 적극 활용한 것으로 파악된다.

마지막으로 지적하고자 하는 것은, 가집이 그것을 향유한 사람들의 문화적 활동상을 반영하고 있다는 점이다. 사대부 작품의 말미에 등장하는 김창업(金昌業; 石郊) 등 4인의 작가는 18세기 전반에 활동했던 인물로, 이들은 직・

간접적으로 편찬자인 김천택과 연결되어 있음이 밝혀졌다.[27] 대체로 이들은 당대의 집권 세력이었던 노론(老論)의 일원으로 확인되고 있으며, <청구영언>의 서문과 발문을 썼던 정래교나 이정섭과도 연결되어 있다. 김천택은 비록 여항인의 신분이었지만, 가창자로서 자신의 예술적 능력을 토대로 이들과 교유를 했던 것으로 보인다. 그러나 아직까지는 김천택의 활동 양상을 밝힐 수 있는 자료가 그리 많지 않아, 이들과의 관계에 대해서도 분명하게 드러나지 않고 있다. 특히 이들은 18세기 서울의 예술사에서 적지 않은 역할을 했던 것으로 파악되고 있는데, 이에 대해서는 앞으로 보다 많은 자료들을 토대로 보완되어야 할 것으로 본다.

지금까지 <청구영언>이 지니고 있는 다양한 의미에 대하여 지적해 보았다. 앞에서도 지적하였지만, 무엇보다 가집은 편찬된 당시의 음악적 환경을 잘 반영하고 있는 자료이다. 따라서 어떤 가집이든지 그것을 면밀히 분석함으로써, 우리는 그것을 통해 당대 예술사의 한 단면을 파악할 수 있는 통로를 찾을 수 있게 된다. 특히 조선 후기는 시조문학에서 새로운 담당층인 여항인들이 활발하게 참여하기 시작했고, 가창에 있어서도 주도적인 역할을 수행하고 있었다. <청구영언>은 여항인이었던 김천택에 의해 편찬되어, 이러한 당시의 문화적 상황을 적절히 수용하고 있다. 연구자의 몫은 이러한 자료를 통해서 다양한 의미들을 '해석'해내는 것에 있다고 하겠다.

조선 후기 시조사의 흐름을 분명히 보여준다는 점에서 <청구영언>이 지니는 의미는 충분히 강조될 필요가 있을 것이다. <청구영언>의 의미를 따지는데 무명씨 작품들의 면모와 '만횡청류' 작품들의 분석적 검토는 반드시 필요

27) 이들은 김성최(金盛最; 逸老堂), 김창업(金昌業; 石郊), 신정하(申靖夏; 石湖), 조관빈(趙觀彬; 光齋) 등이다. 김천택과 동시대의 인물인 이들의 작가 소개는 이름이나 약력이 없이 호(號)로만 되어 있는데, 일반적으로 사용되는 호가 아닌 별호(別號)로 되어 있다. 특히 이들 중 김성최와 김창업의 가문은 19세기까지 권력을 주렸던 안동 김씨의 일문으로, 이들 집안의 인물들이 조선 후기 서울의 문화적 분위기에 지속적으로 영향력이 행사되고 있음을 알 수 있다. 이들과 김천택과의 관계에 대해서는 김용찬, 『18세기의 시조문학과 예술사적 위상』에서 상세히 논증했다.

하다고 본다. 본고에서 제대로 다루어지지 못한 문제들에 대해서는 앞으로의 과제로 남기기로 하겠다. 여기에서 <청구영언>의 편찬이 지니는 의미와 자료적 가치 등이 충분하게 지적되지 못한 감이 없지 않아 있지만, 다양한 문화적 코드(code)를 통해서 자료에 접근할 수 있다는 점만은 분명히 지적하고자 한다.

4. 맺음말

조선 후기의 시조사의 문제는 가집의 편찬과 그로 인해 촉발된 다양한 예술상의 변화를 반드시 전제해야만 한다. 김천택 편 <청구영언>의 존재는 시조사에서 그러한 변화를 주도했던 흐름을 반영하고 있는 자료이다. 가집의 편제와 수록 작가 및 작품들의 면모는 이러한 실상을 너무도 잘 보여주고 있다. 새로운 작가층으로서의 여항인의 등장, 그동안 그리 주목받지 못했던 무명씨 작품들의 대거 수록, '만횡청류'로 묶여진 사설시조의 등장 등 문화적 상황과 그 의미는 아무리 강조해도 지나치지 않을 것이다.

그동안 학계 일각에서 <청구영언>의 편찬이 선행 가집의 영향을 받았다는 주장이 제기되기도 하였다.[28] 그러나 아직까지 선행 가집의 존재를 확인할 수 있는 구체적인 논거는 크게 부족한 실정이며, 더욱이 <청구영언>이 그것의 영향을 받았다는 것도 실증하기 어렵다. 분명 김천택 편 <청구영언> 이전에 새로운 가집이 존재했을 가능성은 있다. 하지만 선행 가집에 대한 논의가

28) 강전섭, 「송곡편 <고본 청구영언>의 복원문제」(『국어국문학』 47, 국어국문학연구회, 1970). 강전섭은 이 논문에서 <고본 청구영언>이란 가상의 가집을 상정하고, 그것에 수록되었을 것이라 추정되는 작품들을 가감하여 약 230수로 이루어진 가집이었을 것이라고 추정하였다. 필자 역시 <청구영언>의 선행 가집의 존재에 대해서는 부정하지 않는다. 그러나 어떤 경우이든지 새로운 가집의 존재에 대해서는 분명한 근거를 통해서 논증되어야만 할 것이다. 강전섭의 경우 근거가 확실치 않은 주장을 근거로 하여, 가상의 새로운 가집을 임의의 방식으로 '창작'해 내었다는 점에 문제가 있다.

충분한 논거로 뒷받침되지 못할 경우, 단지 하나의 추론이나 '억측'에 불과할 수 있다는 것을 지적하고자 한다. 특히 <청구영언>의 면모를 세밀히 따진 결과 김천택의 편찬자로서의 탁월한 역량을 확인할 수 있고, <해동가요> 등 후대의 가집들에 그것의 체제나 성격 등 영향력이 분명히 감지되고 있기 때문이다.

조선 후기의 가집들은 당시의 문화사를 반영하는 자료로서의 의미를 강하게 지니고 있다. 광범위한 작품의 수집을 위한 노력은 편찬자 자신과 동시대에 활동했던 다양한 작가들의 작품을 수록하는 동력으로 작용하였다. 또한 가집의 편찬이 많아지면서, 앞선 시기에 편찬된 가집들과 구별되는 자신만의 특성을 표출하는데도 적지 않은 노력을 기울였다. 실제로 편찬자의 이러한 의식적인 면모는 각각의 가집마다 개성적인 측면이 드러나게 하는 요인이 되었다. 무엇보다 <청구영언>은 현전하는 최초의 가집으로써, 조선 후기 시조사의 변화를 주도했다는 점에서 가장 큰 의미를 찾을 수 있을 것이다. 여기에 편찬자인 김천택의 시조와 가창에 대한 적극적인 의식이 한 몫 했음은 두말할 나위가 없을 것이다.

(『시학과 언어학』 제15집, 시학과언어학회, 2003)

<청구영언 진본>의 작가 및 작품의 수록 양상

1. 머리말

김천택이 편찬한 <청구영언 진본>(이하 '청진'으로 약칭)은 현전하는 것들 중 가장 오래된 가집으로, 조선 후기 시조사에서 매우 중요한 위치를 차지하고 있다. 특히 이전까지 산발적으로 존재해 오던 시조 작품들을 모아, 그것을 연창(演唱)하는데 편리하도록 음악적인 고려를 통해 작품을 배열하여 가집을 편찬했다는 것에 더 큰 의미가 있다. 김천택은 조선 후기 음악사의 주역으로 활동한 여항의 가창자(歌唱者)로 명성을 얻은 인물이다. <청진>의 편찬 작업은 자신과 같은 가창자들이 가곡창을 연창하는데 편리하도록 시조 작품, 즉 연행의 레퍼토리를 확보하려는 의도에서 비롯된 것이다.

가집은 시조 작품을 연창하기에 적합한 곡조에 배분하여 수록하고 있다는 점에서, 작품만을 수록한 작품집들과는 분명히 그 성격을 달리하고 있다. 이런 점에서 가집에 수록된 곡조와 작가 및 작품을 살펴, 그것이 편찬된 당시의 예술사적 의미를 해명할 수 있게 된다. 그동안 가집의 연구는 단순히 그것이 편찬된 시기와 편찬자, 그리고 수록 작품들을 단순 비교하는 등의 서지적 차원에 머물렀던 경향이 강하다. 가집은 당대 예술사를 조망할 수 있는 중요한 단서이다. 따라서 가집에 적시된 곡조들을 통하여 당대에 불렸던 음악의 실상을 확인할 수 있으며, 이를 통해 편찬 당시의 예술사적 상황을 재구하는 것은 온전히 연구자의 몫인 것이다.

그동안 가곡창의 악보를 기입해 놓은 각종 금보(琴譜)들은 음악사의 영역에 넘겨진 채 문학사의 영역에서 거의 다루어지지 않았다. 가집 역시 음악사에서 보조적인 자료로서의 역할만을 했을 뿐이다. 금보는 악보를 위주로 편찬된 음악서이며, 가집은 작가와 작품이 위주가 되어 음악적인 고려가 적다는 것이 바로 그 이유이다. 따라서 그동안 가곡창에 대한 음악사의 연구는 주로 금보만을 대상으로 진행되어 왔다. 그러나 앞으로 문학사와 음악사를 다루는 연구자들은 금보와 가집을 함께 섭렵하여 논의를 진행할 필요가 있다. 그런 열린 자세를 통해서만 자료가 지닌 실질을 정확히 이해할 수 있고, 그러한 연구의 결과로 예술사의 실상에 좀 더 가까이 다가갈 수 있기 때문이다.

가집에 수록된 곡조들을 살핌으로써 가집이 편찬된 시기의 문학사적·음악사적 실상을 밝혀주는데 많은 기여를 할 수 있을 것이다. 이와 함께 문학사에서도 가집과 아울러 금보도 문학 연구의 영역 속으로 적극 수용할 필요가 있다. 시조가 음악으로 향유되었다는 측면에서 그동안 주목하지 않았던 가곡창의 악보인 금보를 다루어야 하는 당위가 마련된다. 무엇보다 현전 최초의 가집인 <청진>이 편찬된 1728년 이전의 시조의 향유 방식을 금보를 통하여 확인할 수 있으며, 금보에 수록된 곡조명과 각종 음악적 표지를 통해 당시 시조문학의 예술사적 특징을 밝힐 수 있기 때문이다.

<청진>을 면밀히 검토하면, 편자인 김천택은 나름의 편찬 의식을 가지고 당대 음악사의 실상에 부합한 가집을 편찬하기 위해 많은 노력을 기울였다는 것을 확인할 수 있다.[1] 특히 <청진>은 현전하는 최초의 가집이지만, 작품을 곡조별·작가별·내용별로 나누어 수록하고 있는 등 가능한 작품의 배열 방법이 모두 나타나고 있다. 이렇듯 다양한 방식으로 작품을 배열한 것에서, 우

1) 김용찬, 「<청구영언 진본>의 성격과 편찬 의식」(『어문논집』 35, 고려대학교 국어국문학연구회, 1996). 이 논문은 『조선 후기 시가문학의 지형도』(보고사, 2002)에 재수록되었다.

리는 편찬자가 가집을 편찬하면서 많은 고려를 했음을 알 수 있다. 가집의 세밀한 검토는 1차적으로 대상 자료에 대한 원전비평이 선행되어야 한다. 그러한 작업은 문학사의 구도를 설정하는데 반드시 필요한 전제 작업이다. '원전'에 대한 1차적인 탐색이 필요한 이유는 또한 학계 일부에서 지적되고 있는 <청진>의 '저본' 시비를 불식시킬 수 있기 때문이다.2)

이에 따라 본고는 <청진>에 수록된 작가와 작품의 수록 경향에 대해서 살펴보기로 한다. 가집의 전체 편제에 대한 특징을 간략히 논의하고, <청진>에서 가장 중요한 면모를 지니고 있는 '여항육인'의 작품과 그것이 지닌 의미를 따져본다. 그리고 <청진>에 수록됨으로써 사설시조가 비로소 우리 문학사의 지평에 등장할 수 있게 했던 '만횡청류'의 성격과 그것이 지닌 의의에 대해서도 밝혀보기로 한다.

2. 〈청구영언 진본〉의 작가 및 작품 수록 경향

그동안 시조 연구사에서 <청진>의 성격과 문학사에서 차지하는 위상에 대해서는 비중있게 다루어졌다. 그러나 현전 최고의 가집으르 주목을 받아왔던 <청진>의 성격에 대한 연구는 가집 자체의 세밀한 분석을 통해 재검토될 필

2) 가장 대표적인 논의는 <청진>이 정체 불명의 '고본(古本) 청구영언(靑丘永言)'이란 가집을 저본으로 성립되었을 것이라는 주장이 그것이다. 그러나 '고본 청구영언'의 존재를 확정할 수 있는 근거는 제시되어 있지 않다. 다만 <청진>보다 늦은 시기에 편찬된 <청구영언 가람본>('청영'으로 약칭)에 등장하는 '김득신서(金得臣序)'를 근거로 '고본 청구영언'의 영향 아래 <청진>이 성립되었을 것이라는 주장이다. 그러나 가집에 대한 일차적인 검토나 해당 기록에 대한 검증없이 그렇게 논하는 것은 쉽게 수긍할 수가 없다. 또 설령 그런 '작품집'이 존재했다 하더라도 김천택이 그것의 영향을 받았다고 주장하는 것 역시 아무런 근거를 발견할 수가 없다. '고본 청구영언'에 대해서는 강전섭, 「송곡편 '고본 청구영언'의 복원문제」(『국어국문학』 47, 국어국문학회, 1970)과 「고본 청구영언 편자에 대한 관견」(『연암함평호박사 회갑기념논문집』, 1979)을 참조할 것. 그리고 이에 대한 비판적 검토는 김용찬, 「조선 후기 가집 연구의 현황과 과제」(『우리문학연구』 10, 우리문학연구회, 1995; 『조선 후기 시가문학의 지형도』에 재수록)에서 상세히 논했다.

요가 있다. 왜냐하면 초창기 연구에서 지적된 '상식화'된 사항들이 후대의 연구에서 검증 없이 재론되면서, 가집의 실상과 어긋나는 논의들을 재생산하는 결과를 빚기도 했기 때문이다.[3)]

17세기 후반 이래 가곡창의 음악적 형식은 대단히 빠른 속도로 변화해갔다. 17세기 초반 편찬된 금보인 양덕수의 『양금신보(梁琴新譜)』(1610)가 목판으로 인간(印刊)되었다는 사실은 이 시기 가곡창에 대한 음악적 수요가 적지 않았음을 말해주는 단적인 증거이다. 따라서 이의 유통이 음악 애호가들을 중심으로 폭넓게 진행되었고, 새로운 예술 향유층으로 등장한 여항의 가창자들에게도 『양금신보』는 가곡창을 습득하기 위한 중요한 텍스트로서 역할을 하였다. 즉 금보를 통해서 가창자들이 자신의 음악적 역량을 키워나갈 수 있었던 것이다. 이렇듯 『양금신보』를 비롯한 각종 금보의 유통은 여항 가창자들이 가곡창에 보다 손쉽게 접근할 수 있는 자료였던 셈이다. 조선 후기에 간행된 각종 기록들에서 『양금신보』를 '고조(古調)'로 김성기(金聖器)의 『어은유보(漁隱遺譜)』(1719)를 '시조(時調)' 또는 '신조(新調)'로 설명하는 것을 쉽게 찾아볼 수 있어, 이 두 금보가 당대 음악사에 끼친 영향을 짐작할 수 있다.

가곡창에서 만대엽이 소멸되고 더욱 빠른 음악인 삭대엽이 득세하게 되는 현상은 우선 음악을 향유한 향유층의 변화에서 찾을 수 있다. 아주 느리고 안정된 질서를 표현한 만대엽(蔓大葉)은 사대부층에 의해서 애호를 받았던 음악이다.[4)] 그러던 것이 17세기 후반 이래 여항의 가창자들에 의해 가곡창이

---

3) 이러한 논의의 대표적인 것으로는 <청진>이 학계에 소개되기 이전에는 19세기에 편찬된 <청구영언 육당본>(이하 '청육'으로 약칭)이 <청구영언>의 '원본'인 것처럼 인식되었던 것을 들 수 있다. 그러나 1947년 조선진서간행회에서 오장환이 소장하던 필사본을 활자본으로 간행하면서, <청진>이 김천택이 편찬한 '원본'이거나 원본에 가장 가까운 것으로 알려졌다. 만약 연구자들이 <청육>의 수록 작가나 가집의 특징을 세밀히 살폈더라면, 이러한 오류는 쉽게 밝혀졌을 것이다. <청육>의 성격에 대해서는 김용찬, 「<청구영언>(육당본)의 성격과 시가사적 위상」(『19세기 시가문학의 탐구』, 집문당, 1995; 『조선 후기 시가문학의 지형도』에 재수록)을 참조할 것.

4) 임형택, 「17세기 전후 육가 형식의 발전과 시조문학」(『민족문학사연구』 6, 민족문학사연구소, 1994).

주도되면서, 그 음악적 형식이 빠른 곡조로 변화되어 갔다.5) 다시 말하면 조선 후기 가곡창에서 음악적 양식의 변화는 기존의 향유층과는 전혀 다른 새로운 담당층의 등장으로 가능하게 되었던 것이다. 시조문학사에서도 새로운 담당층의 등장과 이들의 주도적인 활동에 대해서는 이미 충분히 검증되었다.

<청진>의 편찬은 이와 같은 문학사의 흐름의 한 가운데에 서 있는 셈이다. 가집이 편찬되기 이전에는 가곡창이 연주되기 위해서 악보인 금보(琴譜)가 절대적인 역할을 했음은 물론이다. 새로이 등장한 여항의 가창자들이 자신의 음악적 역량을 키우기 위해, 악보인 금보를 익히는 것은 대단히 중요했다. 금보의 편찬이 대부분 장악원(掌樂院) 또는 여항의 악사(樂士)·금객(琴客)들에 의해 이루어졌음은 이를 말해준다. 어느 정도 음악적 역량을 갖추게 된 여항의 가창자들은 그것 못지 않게 가곡창을 연창할 수 있는 작품을 확보하는 것이 필요했다. 즉 김천택과 같은 여항의 가창자들에게는 금보 못지 않게 악보에 맞추어 부를 수 있는 '가사집'이 절실히 필요했던 것이다.

가곡창은 동일한 곡조로 여러 작품들을 부를 수 있었다. 따라서 악사나 금객들은 동일한 곡조를 반복하면서 남들보다 더 나은 실력을 갖추기 위해서 노력했고, 이를 토대로 새로운 곡조를 만들기도 했다. 그러나 가창자들은 악보를 익힌 이후에 그들이 부를 수 있는 레퍼토리의 확보가 더 중요했다. 노랫말이 있어야만 가곡창의 연창이 가능할 수 있었기 때문이다. 따라서 가집은 가창자들에게 절대적으로 필요한 노랫말들을 모은 가사집이란 측면에서 그것의 편찬이 지니는 중요성이 고찰될 필요가 있다. 주지하듯이 가집은 그것의 음악적 표지가 있기는 하나, 악보가 아닌 가사집의 형태를 지니고 있다.

<청진>은 그 체제에서부터 공을 들인 흔적이 역력히 드러난다. 가집의 권두에 당시의 여항 시인인 정래교(鄭來僑)의 '청구영언서'를 싣고, 작품을 곡조별로 배열하여 수록한 다음 권말에는 종실(宗室)인 마악노초(磨嶽老樵) 이정섭(李廷燮)의 '청구영언후발'을 수록하여 책을 엮는다는 의식을 분명히 드

5) 송방송, 『한국음악통사』(일조각, 1984).

러내고 있다.[6] 또 작품을 철저히 음악적인 고려에 의해 배열·수록하였다.[7] 이러한 것들은 편자 자신이 가창자였던 까닭에, 자신과 같은 가창자들이 연창에 편리하도록 하려는 의도로 해석된다.

수록된 곡조를 살펴 당시의 음악적 환경을 밝혀내는 것도 가집의 연구에서 중요한 부분이다. <청진>에는 다음과 같은 곡조들에 작품들이 나뉘어 수록되어 있다.

1. 초중대엽	1수
2. 이중대엽	1수
3. 삼중대엽	1수
4. 북전	1수
5. 이북전	1수
6. 초삭대엽	1수
7. (이삭대엽)	391수
8. 삼삭대엽	55수
9. 낙시조	10수
장진주사	**1수**

6) 이처럼 권두와 권말에 서문과 발문을 싣는 것은 사대부들의 문집 편찬의 형식을 의식했을 것이라 여겨진다. 사대부들의 문집을 엮을 때 대부분이 다른 사람들에게 서·발문(序跋文)을 청탁하여 싣고, 본문은 시(詩)·문(文)·잡문(雜文) 등의 순서로 수록하여 편찬했다. 따라서 김천택이 <청진>을 편찬하면서 정래교와 이정섭에게 서·발문을 청탁하여 수록한 것은 자신의 가집이 사대부들의 문집에 비견되는 것이었음을 나타내고자 한 것으로 파악된다.

7) 이것은 사대부들의 작품을 엮은 작품집들과는 차별적인 면모를 보여주는 것이다. 예를 들면 정철의 <송강가사>가 여러 차례에 걸쳐 발간되었지만, 작품의 배열은 가사·단가 등의 표지로 구분하여 수록되었을 뿐이다. 따라서 <송강가사>의 작품들이 음악에 실려 불렸겠지만, 당시에 이 작품들이 어떤 악곡으로 불렸는지는 확인할 수 없다. 그러나 <청진>은 각 작품마다 특정 곡조에 배열·수록되어 있어, 어떤 작품이 어떤 곡조로 불렸는가를 확인할 수 있다. 이러한 음악적 고려에 의한 작품의 배열은 편자인 김천택 자신이 여항의 가창자였기에 그 필요성을 느꼈던 까닭이라고 하겠다.

맹상군가 1수

10. 만횡청류 116수 (총 580수)[8)]

이상과 같이 <청진>에는 모두 10개의 곡조명이 보인다. 「장진주사(將進酒辭)」와 「맹상군가(孟嘗君歌)」는 해당 작품명이면서 독립된 항목으로 설정되어 있는 것이 특이하다. 아마 이 시기까지는 이들 두 작품은 각기 독립된 곡조를 지니고 있었던 것으로 추론할 수 있다. 따라서 이 두 작품은 가곡창을 연창하는 자리에서 불렸기에 작품의 말미에 별도의 제명을 붙여 수록한 것으로 파악된다.[9)]

작품의 배열이 초중대엽으로부터 시작된 것은 <청진>이 편찬될 18세기 전반에 이미 만대엽은 음악사에서 소멸되었다는 사실을 보여주고 있다. 또한 초중대엽부터 초삭대엽까지의 곡조에는 모두 단 1수씩의 작품만이 수록되어 있다. 가집이 당대에 불렸던 음악의 실상을 반영하는 것이라고 할 때, 이 곡조들이 연행 현장에서는 그리 즐겨 연창되지 않았던 사실을 반영하고 있음을 알 수 있다. 또한 이 작품들이 해당 곡조들의 대표적인 레퍼토리였음을 알 수 있다.[10)] 약간 후대에 편찬된 <해동가요>에는 북전의 작품을 제외하고 초삭대엽까지의 작품이 그대로 재수록된다.[11)]

---

8) 활자본에는 '이삭대엽'이란 표기가 보이지 않는다. 그러나 <청진>의 영향을 많이 받은 <해동가요> 등 후대의 가집들과 비교해 보았을 때, #7 작품의 앞 부분에 아마도 '이삭대엽'이란 표기가 누락된 것으로 보인다. 그리고 「장진주사」와 「맹상군가」가 여타의 곡조 표기와 마찬가지로 독립되어 있는데, 이것은 아마도 이 두 작품이 여타의 가곡 곡조와는 구별되는 별도의 노래로 불렸기 때문이라고 여겨진다.

9) 19세기에 편찬된 가집들에서는 시조와 십이가사 등의 작품들이 같이 수록되어 있다. 특히 가사 등은 시조 작품을 수록한 뒤에 별도로 수록되어 있는 것이 일반적인 관행이다. 시조와 십이가사 등은 서로 다른 음악적 갈래였지만, 연행 현장에서는 같이 향유되었다. <청진>에서도 「장진주사」와 「맹상군가」가 가곡창과는 구별되어 독립된 제명으로 시조 작품의 뒷부분에 수록되어 있는데, 이러한 것에서 다른 '양식'이지만 같은 자리에서 불렸기에 나란히 수록된 것으로 파악된다.

10) 일부의 작품이 달라지기는 하지만, <청진> 이후에 편찬된 가집들에서도 이 작품들은 대부분 해당 곡조에 수록되었음을 확인할 수 있다. 따라서 가집의 편찬으로 적어도 특정 시기나 혹은 특정 가창집단에서는, 특정 작품이 특정 곡조로 불려지게 되었음을 알 수 있다.

수록된 작품들의 수효를 헤아려본다면, 이 시기에는 주로 이삭대엽이 가곡창의 중심에 놓여져 있음을 알 수 있다. 이삭대엽은 전체 580수 중에서 391수나 되어, 그 비중이 절대적이다. 정철의 「장진주사」를 예외로 한다면, <청진>에 등장하는 유명씨 작품들은 모두 이삭대엽에 분포하고 있다. 이러한 사실로 보아 이 시기 연행 현장에서 가장 일반적으로 불리던 곡조가 바로 이삭대엽이었음을 알 수 있다. 이밖에도 삼삭대엽과 낙시조도 초삭대엽보다 상대적으로 많이 연창되었음은 각 곡조에 수록된 작품들이 각각 55수와 10수라는 것에서 확인된다.

<청진>의 작품 수록 양상을 통하여 확인할 수 있는 것 중의 하나는 바로 특정 작품이 특정 곡조로 배속되어 불렸다는 점이다. 그동안 문학사에서는 어느 작품이든지 특정 악곡에 실려 연창될 수 있다는 것을 암묵적으로 전제해 왔다. 이런 전제에서, 문학 연구에서는 음악에 대한 배려가 상대적으로 미약했다. 그러나 시조는 음악으로 연창된 갈래이며, 가집 역시 분명한 음악적 표지를 지니고 있다는 점에서 시조 연구에서 음악적 측면은 대단히 중요하다. 곡조별로 분류된 현전 가집들 대부분은 특정 작품을 특정 곡조에 수록하고 있다. 이것은, 적어도 그 가집을 향유한 집단에서는 특정 작품이 특정 곡조로 불리는 것이 인정되었다는 사실을 알 수 있다.

<청진>에 보이는 곡조들에서 가장 주목할 것은 바로 '낙시조(樂時調)'의 존재이다. 낙시조는 삭대엽(數大葉)의 변주곡으로서 가집에 최초로 등장하는 곡조이기 때문이다. 그동안 음악사에서는 삭대엽의 변주곡인 농(弄)·락(樂)·편(編) 등의 곡조가 출현하는 시기를 18세기 후반이라고 논하였다.[12] 음악

11) 레퍼토리가 변화되었다면 북전의 곡은 상대적으로 다른 곡조보다 많이 불렸던 것이 아닌가 추론해 볼 수 있다. 다른 곡조의 작품들이 변화없이 수용되고 있는데 반해, 북전의 곡은 가집에 따라 바뀐다는 점이 이런 추론을 가능하게 한다. 특히 18세기 후반~19세기에 편찬된 각종 가집들에는 초삭대엽까지의 곡조에 더욱 많은 수의 작품들이 배분되는 양상을 보인다. 이들 곡조에 작품 수가 늘어나는 경향은 대체로 가곡창이 '한바탕'의 형식으로 연창되면서, 이전에는 잘 불리지 않았던 곡조들도 반드시 불렸던 상황을 염두에 둘 필요가 있다.

12) 송방송, 『한국음악통사』(일조각, 1984).

사에서는 금보의 편찬 시기를 살펴 그것에 수록된 악보를 통해 설명하였기 때문이다. 그런데 가집에서는 이미 18세기 전반기에 삭대엽의 변주곡이 보인다. 따라서 비록 10수에 불과하지만 <청진>에 보이는 낙시조의 출현은 기존의 음악사의 구도를 다시 논하게 할 만큼, 예술사적으로도 대단히 의미있는 표지인 것이다. 낙시조의 등장과 뒤이어 18세기 중엽에 편찬된 <해동가요>에 만삭(蔓數)·편삭(編數) 등의 곡조는 18세기 전반부터 가곡창의 분화가 빠른 속도로 진행되었음을 확인할 수 있게 한다.[13)]

아마도 <청진>의 문학사적 위치에서 가장 비중있게 다루어져야 할 부분은 바로 사설시조인 '만횡청류(蔓橫淸類)'의 수록에 있다 할 것이다. 이후의 가곡창의 곡조에서 '만횡(蔓橫)'은 보이지만, '만횡청류'라는 곡조는 확인되지 않는다. 다만 18세기 중후반에 편찬된 것으로 추정되는 정체 불명의 송계연월옹(松桂烟月翁)이라는 인물에 의해 편찬된 <고금가곡(古今歌曲)>에 '만횡청류'라는 이름이 보인다. 그러나 주지하듯이 <고금가곡>은 작품을 악곡이 아닌 주제별로 배열하고 있는 가집이다.[14)] 그렇게 본다면 '만횡청류'는 애초에 곡조명이 아닌 별도로 향유되던 갈래(장르)의 명칭이었음을 짐작할 수 있다. 따라서 <청진>에도 116수나 되는 '만횡청류'를 한데 모아 수록하였던 것이라 추정된다.[15)]

<청진>의 체제가 주목되는 점은 곡조별 작품 배열과 함께 작가의 고증 및 작품 수록에도 상당한 노력을 기울였다는 점을 들 수 있다. 앞에서도 지적했듯이 유명씨 작품들은 모두 이삭대엽에 실려 있다. 유명씨 작품은 작가의 신분을 고려하여 배열한 흔적이 뚜렷하다. 작품은 '사대부－열성어제－여항육인－기녀－연대결 작가－무명씨'의 순으로 실려 있는 데, '연대결(年代欠)'까

---

13) <해동가요>에 수록된 곡조들과 그 의미에 대해서는 김용찬, 「18세기 가집 편찬과 시조문학의 전개 양상」(고려대 박사학위논문, 1996)을 참조할 것. 이 논문은 다소의 수정을 거쳐 『18세기의 시조문학과 예술사적 위상』(월인, 1999)으로 출간되었다.

14) <고금가곡>은 작품을 인륜(人倫)·권계(勸戒) 등 20개 주제별로 묶어 배열·수록하고 있다. 이 가집의 말미에는 '만횡청류'라는 표제 아래 모두 34수의 작품을 수록하고 있다.

15) 이에 대해서는 다음 장에서 자세히 다루기로 한다.

지는 유명씨 작품이며, 이후로는 무명씨 작품들이 계속해서 수록되어 있다. '연대결'은 작가는 알 수 있으나, 해당 작가의 생존 시기를 확인할 수 없어 가장 뒷부분에 모아서 수록한 것이다.[16] '열성어제(列聖御製)'가 역대 군주들의 작품을 모아 놓은 것임을 고려한다면, 유명씨 작가의 배열은 그대로 이 시기 시조의 향유층들을 고려한 결과라고 해석된다. 시조문학은 고려말 이래로 당대까지 '명공(名公)·석사(碩士)'로 지칭되는 사대부들과 '여항(閭巷)'으로 표현된 여항의 가창자들, 그리고 '규수(閨秀)'로 표현된 기녀들이 시조문학의 주요 향유층이었음을 가집의 기록을 통해서 밝히고 있는 것이다. 유명씨 작품을 이렇게 배열하는 것은, 약간의 변동이 있기는 하나 후대의 가집들에서도 대체적으로 그대로 수용되었다.

<청진>에서 확인할 수 있는 또 하나의 특징은 약간의 예외가 있기는 하나, 작가 소개는 호를 기재하고 이름과 약력 등은 그에 부기하여 협주로 하였다. 이는 이름을 앞세운 후대의 가집들과 차별되는 면모이다. 작가의 약력을 소개한 협주의 내용도 여타의 가집보다 상세하여, 해당 인물이 특정한 정치적 사건에 연루되어 있을 경우 그러한 사항을 상세히 기록하고 있다. 그리고 '열성어제'나 '규수삼인'과 같이 별도의 소개가 필요없다고 인정되는 경우에는 협주는 생략되어 나타난다. 그리고 사대부 작가 말미에 있는 일노당(逸老堂) 김성최(金盛最) 등 4인과 자신을 비롯한 '여항육인(閭巷六人)'에도 작가의 상세한 약력이 보이지 않는데, 이는 이들이 각각 자신과 동시대의 인물이기에 약력을 기재하지 않은 것이라고 해석된다.[17] 사대부 작가들의 경우 수록 작가의 순서는 대체적으로 그들의 등과(登科) 연대에 따라 배열하였음이 확인된다.

또 무명씨 작품들은 이삭대엽과 삼삭대엽에 나뉘어 수록되었는데, 이삭대

---

16) "我東, 自麗季, 至國朝名公碩士, 及閭巷閨秀之作, 爲永言, 以傳於世者, 皆錄. 而其間, 雖不以絶作, 鳴若聞人則皆記之. 雖其人不足取也, 其永言可觀, 則亦取有記之云爾.", '有名氏作品跋', <청진>.

17) 김용찬, 「<청구영언 진본>의 성격과 편찬 의식」 참조.

엽의 작품들은 주제별로 나누어 배열되어 있다.[18] 이처럼 유명씨 작품과 무명씨 작품들을 구별했을 뿐만 아니라, 유명씨 작품들도 작가들의 신분을 고려하여 수록하였다. 특히 '여항육인'을 별도로 처리하여 작품을 수록한 것은 애초 사대부들에 의해서 주도된 시조가 이 시기에 이르면 여항인들도 향유층으로써 활발하게 참여했음을 나타내려는 의도로 해석된다. 다시 말하자면 작품 배열에서 확인할 수 있는 것은 향유층에 대한 배려라고 보여지는데, 사대부에 의해서 발전한 시조가 조선 후기로 접어들면서 여항인으로까지 그 향유층이 확대되었음을 자연스럽게 드러내고 있다. 여기에 사설시조인 '만횡청류'를 수록함으로써 기존의 음악에 새로운 '양식'이 접합되었고, 그것을 가곡창에 적극적으로 수용하려는 편찬자의 의식도 보여주고 있는 것이다.

3. '여항육인'과 '만횡청류'의 수록과 그 의의

김천택은 작품을 수록하면서, '여말(麗末)'과 '본조(本朝)'의 사대부들과는 달리 '여항육인(閭巷六人)'이라는 항목을 설정하여 자신을 비롯한 인물들의 작품을 제시하고 있다. '여항인'의 본래적 의미는 '벼슬길에 나아가지 않은 이항(里巷)의 일반민'을 의미한다. 하지만 '여항육인'의 인물 중 실제 관직을 역임한 인물이 있는 것으로 보아, '여항인'의 범주에는 신분계층적 속성이 더해졌을 것이라 파악된다.[19] 따라서 본고에서는 '여항'의 의미를 사대부와 구

---

18) 무명씨라는 제하에 모두 104수의 작품이 연군(戀君)·견적(譴謫)·보효(報效) 등 52개 항목의 주제로 수록되어 있다. 이어 삼삭대엽 작품 55수가 수록되고, 계속해서 무명씨 작품에 대한 다음의 기록이 보인다. "凡此無名氏, 世遠代邈, 莫知其姓名者, 今皆不可攷. 因錄于后, 以待該洽之士, 傍參而曲証."('無名氏作品跋', <청진>)

19) 여항·여항인의 개념에 대해서는 윤재민, 「중인·평민·위항의 개념 한계」(『어문논집』 27, 고려대학교 국어국문학연구회, 1987)와 강명관, 「조선 후기 여항문학연구」(성균관대 박사학위논문, 1991) 등을 참조하였다. 1998년 6월 13일에 있었던 한국시조학회 발표의 토론에서, 여항의 개념을 신분계층적 속성이 아닌 문화생성 공간의 개념에서 찾아야 한다는 김학성의 지적이 있었다. 여항이라는 의미 속에 문화적 측면이 없는 것은 아니지만,

별되는 '현실적 · 사회적 처지에 신분계층적 속성'이 반영된 것이라는 견해를 취하는 것이 조선 후기의 역사적 상황에 부합된다고 파악하였다.

김천택이 <청진>에 '여항육인'이란 항목을 설정해 자신을 비롯한 작가들의 작품을 수록한 것은 시조사적으로 매우 중요한 의미를 획득한다. 조선 전기 이래 시조문학의 주요 담당층이었던 '명공(名公) · 석사(碩士)'로 통칭되는 사대부들에 비견되는, 새로운 담당층으로서 '여항인'의 출현을 분명히 제시하고 있다는 측면에서 그렇다. 다시 말하자면 자신을 포함한 '여항육인'이 '명공 · 석사'들과 시조 작가로서 나란히 설 수 있다는 의도를 드러내고 있는 것이다. 실제 <청진>의 유명씨 작품 287수 중 '여항육인'의 작품은 모두 65수로, 약 23%에 달하는 만만치 않은 점유율을 보인다. 자신의 작품도 30수나 수록해, '명공 · 석사'의 작품들과 자신을 포함한 '여항육인'을 나란히 병치시키고자 하는 의도가 있었음을 쉽게 알 수 있다. 따라서 김천택이 <청진>을 편찬한 것은 역대의 시조를 수집하기 위한 것이었을 뿐만 아니라, 새로운 작가층으로서 '여항인'들의 위상을 제고하기 위한 의도도 있었던 것이다.

'여항육인'은 장현(張炫)[20] · 주의식(朱義植) · 김삼현(金三賢) · 김유기(金裕器) 등과 어은(漁隱)으로 표기된 김성기(金聖器), 그리고 남파(南坡)로 지칭된 김천택 자신을 이른다.[21] 김천택은 이들 중 주의식과 김성기 그리고 김유기의 작품 뒤에 발문을 붙여, 이들의 작품을 구하게 된 배경을 밝히고 있다. 그의 발문을 살펴보면 김천택은 이들 중 김유기와는 교유가 있었지만, 주의식과 김성기와는 직접적인 교유가 없었던 것으로 확인된다. 이 기록들을 통해서 그가 다른 작가들의 작품을 수집하기 위해 얼마나 많은 노력을 기울였던

<청진>에서 김천택이 '명공 · 석사'와 '여항인'을 명백히 구별한 것은 분명히 신분계층적 속성이 우선한다는 것을 보여준다. 그리고 필자가 확인한 조선 후기의 각종 기록에 나타난 '여항'의 의미는 문화적 측면과 함께 신분계층적 속성이 더 강하게 반영된 용어로 사용된 경우가 일반적이었음을 밝혀둔다.

20) 장현(張鉉)이라 표기되어 있으나 오기(誤記)이다.

21) '여항육인'의 작품 세계에 대해서는 김용찬, 「'여항육인'의 작품 세계와 18세기 초 시조사의 일국면」(『시조학논총』 12, 한국시조학회, 1996)을 참조할 것. 이 논문은 『조선 후기 시가문학의 지형도』(보고사, 2002)에 재수록되었다.

가를 확인할 수 있다. 또 이를 통해서 유추해보건대 김천택은 여항육인을 제외한 <청진>에 수록된 다른 작품들을 수집하기 위해서도 적지 않은 공을 들였을 것으로 해석된다.

사대부 작가들과 마찬가지로 '여항육인' 작가들의 수록 순서도 대체로 그들이 활동한 시기의 순서로 배열하였다. 가장 앞에 위치한 장현(1613~?)은 조선 후기 역관(譯官) 집안으로 유명한 인동(仁同) 장씨(張氏)의 일원으로, 장희빈의 숙부가 된다. 그는 인조(仁祖)가 중국에 인질로 잡혀갈 때 통역으로 수행하는 등의 활동으로 후에 당상관에 오르기도 했던 인물이다. 당상관에 오르기도 한 장현의 작품을 '여항육인'으로 분류한 것은 그가 중인 신분의 역관 출신이었다는 것이 고려된 것이다. 그의 작품은 <청진>에 단 1수만 수록되어 있으며, <해동가요 주씨본>의 '고금창가제씨(古今唱歌諸氏)'에도 이름이 보이는 것으로 보아 가창자로서도 활동했음을 알 수 있다.

다음에는 주의식과 김삼현의 작품이 나란히 위치하는데, 이들은 장인과 사위 사이로 알려져 있다. 김천택은 발문에서 주의식을 '주공도원(朱公道源)'이라 칭하였는데, 이는 그가 무과 출신으로 칠원 현감을 지냈다는 사실과 연관지어 생각할 수 있다. 최근의 한 연구에서 그가 현감을 지냈다는 사실을 근거로 주의식이 양반 출신이었음이 분명하다고 논하고 있으나,[22] 오히려 '관직이 겨우 현감에 머물러 관계에서 일찍 물러나' 여항인으로 생활했을 것이라 파악하는 것이 타당하다.[23] 그는 위항시집인 『소대풍요(昭代風謠)』(1737)에 한시가 수록되기도 한 위항시인이였으며, <청진>에는 모두 10수의 작품이 수록되어 있다. 김삼현의 작품은 모두 6수가 수록되어 있으며, 장인인 주의식과 마찬가지로 17세기 중반~18세기 초반에 활동했던 가창자로 파악된다. 이들의 생몰년이 정확하게 밝혀지지 않아 활동 연대는 구체적으로 상고할 수 없다.

---

22) 조규익, 「<청구영언> 소재 '여항육인'론」(『숭실어문』 10, 숭실대학교 숭실어문연구회, 1993).

23) 최동원, 「숙종·영조기의 가단 연구」(『고시조론』, 삼영사, 1980).

'어은(漁隱)'이라 소개된 김성기(1649~1724)[24]는 당대에 시조 작가로서뿐만 아니라, 오히려 '금사(琴師)' 또는 '악사(樂師)'로 지칭될 정도로 거문고 연주에 탁월한 역량을 지녔던 인물이다. 그는 특히 정래교와 사대부인 남유용(南有容)에 의해 「김성기전」으로 입전(入傳)되기도 했으며, 조수삼(趙秀三)의 『추재기이(秋齋紀異)』에도 그에 관한 일화가 소개되어 있다. 그동안 학계에서는 김성기를 김천택과 더불어 활동한 가창자로 평가해 왔으나, 새롭게 밝혀진 그의 생몰년과 <청진>에 수록된 김천택의 발문 등을 통해 보건대 이는 사실이 아닌 것으로 파악된다.[25] 김천택보다는 적어도 한 세대 앞서 활동을 했으며, 그는 당대에 시조 작가이기보다 '악사(樂師)' 즉 예인으로 더욱 더 많은 주목을 받아왔다. 그에 관련된 각종 기록은 김성기가 음악을 전수받는 과정에서부터 목호룡(睦虎龍)과의 알력으로 서호(西湖)에 은거하는 일화 등 음악가로서의 자의식(自意識)을 드러내는데 집중하고 있다. 김성기는 『어은유보(漁隱遺譜)』를 남기기도 했으며, 그의 제자들이 그의 악보를 모아 편찬한 『낭옹신보(浪翁新譜)』 또한 현전하고 있다. 이러한 궤적은 그의 예인으로서의 삶의 흔적을 확인할 수 있게 해주고 있다.[26]

김유기의 생몰년은 확인되지 않으나, 김천택의 발문으로 보아 김천택과 교유하는 등 동시대에 활동했던 가창자로 파악된다. 한유신(韓維信)의 '영언선서(永言選序)'의 내용을 통해서, 김유기는 서울 뿐 아니라 대구에서도 제

24) 그동안 김성기의 생몰년이 알려지지 않다가 김창업(金昌業)의 문집인 『노가재집(老稼齋集)』에 있는 기록을 통해서 그의 생년이 1649년임이 밝혀졌다. 이에 덧붙여 최근 김윤조가 발굴한 이유영(李英裕)의 『운소만고(雲巢謾藁)』의 「기악공김성기전(記樂工金聖基傳)」의 기록을 통해서, 김성기가 1724년에 죽었음이 확인됐다. 김윤조, 「김성기와 그 주변」(『문헌과 해석』 5호, 문헌과해석사, 98. 겨울) 참조.

25) 김성기의 작품 세계 및 김천택과의 관계에 대해서는 김용찬, 「김성기와 그의 작품 세계에 대한 고찰」(『한국시가연구』 2, 한국시가학회, 1997)을 참조할 것. 이 논문은 본서에 재수록되었다.

26) 이와 관련해 흥미로운 것은 <해주>의 '고금창가제씨'에 김성기의 이름이 보이지 않는다는 사실이다. 김수장이 그의 존재를 모를 리 없었을 터인데, 이것은 김수장이 그를 여타의 가창자들과 구별되는 '금사'로 인지하고 있었기 때문이었다고 하겠다. 따라서 그를 여타의 가창자들과 구별하여, '고금창가제씨'의 명단에 올리지 않았던 것이다.

자를 양성하며 활동했던 것으로 확인된다.[27] 그의 작품은 모두 10수가 수록되어 있는데, 김천택은 그를 '금대지독보(今代之獨步)'로 지칭하고 그의 작품을 '악보지절조(樂譜之絶調)'로 표현하는 등 김유기의 음악적 재능을 높이 평가하였다.

이와 함께 '남파(南坡)'로 표기된 김천택 자신의 작품 30수를 수록하였는데, 자신이 시조 작가이자 가창자로 활발한 활동을 했던 사실을 밝히고자 하는 의도로 파악된다. 그는 이러한 창작과 가창 활동을 통해서 음악적 재능을 키울 수 있었고, 음악에 대한 애정으로 축적된 것이 바로 현전 최초의 가집인 <청구영언>의 편찬으로 나타났던 것이다.

이상 '여항육인'들의 면모에 대해서 간략하게 살펴보았다. 조선 후기에는 새로운 예술 향유층이 다양하게 등장하면서 예인들의 예술적 공간도 점차 확대되어 갔다. 예술적 공간의 확대는 필연적으로 예술 담당층의 확대로 이어지며, 시조 방면에서는 가창자들의 확대로 현실화된다. <청진>의 '여항육인'은 이와 같은 조선 후기 예술사의 흐름 속에서 그 문학사적 의미를 찾을 수 있다. 그동안 시조 연구자들은 이들 '여항육인'을 거의 같은 시기 또는 일군의 가창집단을 이루어 활동했다는 논의를 펴왔다. 그러나 김천택의 발문 및 관련 기록, 그리고 이들의 생몰 연대를 살펴본 결과 이러한 논의는 수정되어야만 한다. 이들 중 일부가 교유를 했다는 사실을 확인할 수는 있지만, 18세기 중반 김수장에 의해 주도된 '노가재가단(老歌齋歌壇)'과 같은 가창집단은 아직 출현하지 않았던 것이다. 오히려 이들이 '여항육인'이라는 범주로 함께 묶일 수 있었던 것은 그들의 '출신 성분'에 기반한 신분계층적 측면이 동질적인 의식을 형성하게 해주는 요인이었다.

다음으로는 사설시조인 '만횡청류(蔓橫淸類)'의 성격과 의미에 대해서 간략하게 논해보기로 한다. 현재 학계에서는 사설시조의 성격 및 담당층의 문제가 쟁점으로 부각되어 활발한 논의가 진행중이다.[28] 이러한 논점들은 각기

27) 한유신, '영언선서', <해동가요 박씨본>(규장문화사 영인, 1979).

28) 다음이 그 대표적인 논문들이다. 고미숙, 「사설시조의 역사적 성격과 그 계급적 기반 분

나름대로의 근거를 지니면서도, 또한 객관적으로 수긍될 수 있도록 설득력있는 주장을 제시하지 못하고 있다. 현재 학계에서 진행되고 있는 사설시조에 관한 제반 문제들은 실상 사설시조가 문학사의 지평에 떠오를 수 있게 한 <청진>의 '만횡청류'의 성격을 구명함으로써 해결의 단서를 찾을 수 있다. 본고는 바로 이런 측면에서 <청진>에 수록된 '만횡청류'의 성격과 그 의미에 대해서 따져보기로 한다.

그동안 사설시조를 논하는 연구들에서는 어떤 방식으로든 정철의 「장진주사」를 논점의 중심부에 주고 논의를 진행해 왔다. 그러나 <청진>에는 「장진주사」가 「맹상군가」와 함께 '만횡청류'와는 별도의 항목으로 수록되어 있다는 점을 주목해야 할 것이다. <청진>의 작품 배열의 일관성이라는 측면을 고려할 때, 적어도 김천택에게 있어서는 「장진주사」 등이 '만횡청류'와는 다른 별개의 '양식'으로 인식되었음을 알 수 있다.

관련된 <청진> 자체의 기록을 주목할 필요가 있다. 116수나 되는 '만횡청류'를 수록하기에 앞서 김천택은 그것을 싣는 이유를 간략하게 밝히고 있다. 다음은 그 전문이다.

> 우리 나라 사람들이 지은 가곡(歌曲)은 오로지 방언(方言)만을 사용하는데, 간간이 문자(文字)가 섞이어 있다. 그러나 모두 언서(諺書)로 쓰여져 세상에 전한다. 대개 방언의 사용은 그 나라의 풍속이 부득불하여 그러한 것이다. 그 가곡은 비록 중국의 악보(樂譜)와 더불어 나란히 할 수는 없으나, 또한 볼 만하고 들을 만한 것이 있다. 중국의 이른바 가(歌)라는 것은 곧 고악부(古樂府) 및 신성(新聲)으로, 그것을 관현(管絃)에 올리면 노래로 갖춰진다. 우리 나라에서는 우리 땅의 음(音)으로 발(發)한 것을 문어(文語)로 맞춘 것이다. 이것은 비록 중국과 다르지만 그 정경(情境)이 모두 실려 있고, 궁상(宮商)은 모두 조화로워

석」(『어문논집』 30, 고려대학교 국어국문학연구회, 1991), 강명관, 「사설시조의 향유층에 대하여」(『민족문학사연구』 4, 민족문학사연구소, 1993), 김학성, 「사설시조의 담당층 연구」(『성균어문연구』 29, 성균관대학교 국어국문학과, 1993) 등.

사람들로 하여금 영탄(詠歎)하면서 마음을 움직이게 하고, 손으로 춤을 추고 발을 구르게 하니, 돌아가는 것은 곧 하나이다. 마침내 표표(表表)이 세상에 성행하는 것을 취하여 따로이 오른편(만횡청류)에 같이 기입해 둔다. 만횡청류는 사어(辭語)가 음왜(淫哇)하고 의지(意旨)가 비루하여 본받을 만하지 못 하다. 그러나 그 유래(流來)가 이미 오래된 까닭에 일시에 폐기(廢棄)할 수 없다. 때문에 특별히 아래쪽에 제(題)하여 둔다.[29)]

이 기록을 통해서 확인할 수 있듯이 김천택은 '만횡청류'가 '그 유래가 이미 오래되어 일시에 폐기할 수 없다'고 논하고 있다. 더욱이 그것을 '본받을 만하지 못 한' 것으로 인식하고 있음을 볼 수 있다. 그렇다면 적어도 '만횡청류'의 발생은 17세기 어느 무렵으로까지 거슬러 올라갈 수 있다. 이 기록에 의하면 '만횡청류'는 17세기 중・후반에는 이미 여항에서 불려지던 양식이었던 셈이다. 그런데 이상한 것은 이렇게 많은 수의 작품이 남아 있음에도 '만횡청류'에 관해서 <청진> 이전의 기록은 현재까지 발견되지 않는다는 점이다.[30)]

일각에서는 그것이 사대부들의 연석에서 '희락을 추구하는 과정에서 생성・향유된 것'이며, '이런 현상은 양반 사대부층이나 그들의 취미와 기호에 영합하는 중서 가객층에게 떳떳하게 내세울 노래가 못되었음으로 대부분 익명

---

29) "我東人, 所作歌曲, 專用方言, 間雜文字. 率以諺書, 傳行於世. 盖方言之用, 在其國俗不得不然也. 其歌曲, 雖不能與中國樂譜比並, 亦有可觀而可聽者. 中國之所謂歌, 卽古樂府曁新聲, 被之管絃者俱是也. 我國則發之藩音, 協以文語. 此雖與中國異, 而若其情境咸載, 宮商諧和, 使人詠歎淫泆, 手舞足蹈, 則其歸一也. 遂取其表 表盛行於世者, 別爲記之如左. 蔓横淸類, 辭語淫哇, 意旨寒陋, 不足爲法. 然其流來也已久, 不可以一時廢棄. 故特題于下方.", <靑珍>.

30) 1706년에 기록된 이형상의 <금속행용가곡(今俗行用歌曲)>에 「장진주사」를 포함한 4수의 사설시조가 가곡(歌曲)과는 구별되는 '장가(長歌)'라는 항목으로 수록되어 있는 것이 현재로서는 유일한 기록이다. 그러나 그것도 '만횡청류'의 성격을 밝혀줄 수 있는 결정적 단서는 되지 못한다. <금속행용가곡>에 대해서는 김용찬, 「병와 이형상의 <금속행용가곡>에 대한 고찰」(『고전문학연구』 10, 한국고전문학회, 1995; 『조선 후기 시가문학의 지형도』에 재수록) 참조.

으로 창작・향유하게 되는 까닭에 대부분이 작자 미상으로 남게 된 것'이라는 주장을 펴고 있다.[31] 그러나 이러한 논의는 일면적인 타당성만을 획득하고 있을 뿐이다. 이러한 논의의 근저에는 사설시조가 평시조에서 파생된 것이며, 그것의 향유 역시 평시조와 동일한 공간에서 이루어졌다는 전제가 깔려 있다. 그러나 사대부들의 창작 과정에서 사설시조화한 작품들과 <청진>의 '만횡청류'는 결코 동질적인 것으로 파악하여 논의할 수는 없다. <청진>에 있는 '만횡청류'와 연관된 또 다른 기록을 검토하기로 하자.

> 김천택(金天澤)이 하루는 〈청구영언〉 일편(一編)을 가지고 와서 나에게 보여주며 다음과 같이 말했다. "이 책에는 진실로 국조(國祖) 선배(先輩)인 명공(名公)・거인(鉅人)들의 작품이 많이 있는데, 널리 수집한 것입니다. 위항(委巷)・시정(市井)의 음왜(淫哇)한 이야기들과 비리하고 외설스러운 언사들이 또한 왕왕(往往) 있습니다. 노래는 진실로 소예(小藝)인데 또 그러한 것들이 쌓이면 군자(君子)가 보기에 병통이 없겠습니까? 선생님께서 헤아려 주십시오." 내가 다음과 같이 대답했다. "상심할 것 없다. 공자(孔子)가 『시경』을 산개(刪改)하면서 정풍(鄭風)과 위풍(衛風)을 버리지 않은 것은 선악을 갖추고 권계(勸戒)를 보존하기 위함이었다. 시가 어찌 반드시 주남(周南)・관저(關雎)라야 하며, 노래가 어찌 반드시 순(舜)임금 때의 경재(賡載)라야 하겠는가? 다만 성정을 떠나지 않으면 되는 것이다. 시는 풍아 이래로 나날이 옛 것과 멀어졌다. … 우리나라에 미쳐 그 폐단은 더욱 심해졌다. 오직 가요(歌謠) 일로(一路)에 풍인(風人)의 남긴 뜻에 거의 가까워져서, 정(情)으로부터 발(發)해진 것을 이어(俚語)에 붙여 읊조리는 사이 유연(油然)히 사람을 감동시킨다. 이항(里巷)에서 구가하는 음악이 강조(腔調)가 비록 아순(雅馴)하지 못하지만, 무릇 유일(愉佚)・원탄(怨歎)・창광(猖狂)・조분(粗莽)의 정상(情狀)과 태색(態色)이 각기 자연의 진기(眞機)에서 나온 것이다. 옛날의 민풍(民風)을 관찰하는 자에게 보고 채집

31) 김학성, 「사설시조의 담당층 연구」, 225~234면.

하게 한다면, 나는 시에서는 알지 못하겠지만 노래에서 채집할 것임은 알겠도다. 노래가 어찌 적은 것이라고 할 수 있겠느냐?" "그렇다면 원컨대 선생님의 한마디 말에 은혜를 입어서 이 책을 꾸며도 되겠습니까?"[32]

김천택이 <청진>을 편찬하기 위해 마악노초 이정섭에게 받은 발문 기록의 일부이다. 김천택은 이 기록에서 사대부인 '명공거인지작(名公鉅人之作)'과 '만횡청류'를 포함한 작품을 지칭하는 '위항시정음왜지담(委巷市井淫哇之談), 이설지설사(俚褻之設詞)'를 구분하여 논하고 있다. 적어도 김천택은 이들 작품을 '군자가 보아서 병통이 되는 것'이라고 생각하고 있었음을 알 수 있다. 이정섭은 이러한 김천택의 언급에 대해서 『시경』의 채시관(採詩觀)을 논한 다음에 '이항구유지음(里巷謳歈之音)'이 비록 조야하지만 '자연의 진기(眞機)'에서 나온 것이기에 마땅히 가집에 수록할 수 있다고 변호한다. 이정섭이 말한 '이항구유지음'에는 김천택이 '본받을 만하지 못하다'고 판단한 '만횡청류'가 포함되어 있음은 분명하다. 그렇다면 적어도 이정섭은 이들 '만횡청류' 작품들을 사대부들이 향유한 것이 아니라, '이항(里巷)'에서 향유되던 것이며 김천택이 이 작품들을 수집했다는 것을 논증하고 있다.

또 앞에서 '만횡청류'라는 명칭이, 18세기 중반에 편찬된 것으로 파악되는 <고금가곡>에도 보인다는 사실을 지적했다. 그렇게 본다면 '만횡청류'는 가곡의 명칭이 아니라, 독립된 '양식'을 지칭하는 것으로 보는 것이 타당하다. 더욱이 이를 후대의 가곡창의 곡조명에 보이는 '만횡'에서 온 명칭으로 파악하는 것은 본말이 전도된 것이다. 오히려 전혀 새로운 '양식'이던 '만횡청류'

32) "金天澤, 一日持青丘永言一編, 以來視余. 曰 是編也, 固多國朝先輩名公鉅人之作, 而以其廣收也. 委巷市井淫哇之談, 俚褻之設詞, 亦往往而在. 歌固小藝也, 而又以累之, 君子覽之, 得無病諸. 夫子以爲奚如. 余曰 無傷也. 孔子刪詩, 不遺鄭衛, 所以備善惡而存勸戒也. 詩何必周南關雎, 歌何必虞廷賡載. 惟不離乎性情則幾矣. 然詩自風雅以降, 日與古背馳. … 下逮吾東, 其弊滋甚. 獨有歌謠一路, 差近風人之遺旨, 率情而發, 緣以俚語, 吟諷之間, 油然感人. 至如里巷謳歈之音, 腔調雖不雅馴, 凡其愉佚怨歎猖狂粗莽之情狀態色, 各出於自然之眞機. 使古觀民風者采之, 吾知不于詩, 而于歌. 歌其可少乎哉. 曰 然則願徼惠夫子一言, 以賁斯卷. 丁未季夏下浣 磨嶽老樵題", 「青丘永言後跋」, <青珍>.

가 <청진>에 수록되어 여항의 가창 공간에서 불려짐으로써, 자연스럽게 가곡창화했다는 추론이 더 설득력 있다. 다시 말하면 <청진>의 '만횡청류'는 가곡창의 분화와 함께 활발하게 연창되었고, 이후 여기에 수록되었던 작품들은 창(唱)과 창작 방면에 많은 영향을 끼쳤던 것이다. 즉 '만횡청류'라는 명칭으로 수록된 <청진> 소재 작품들은 「장진주사」 등 사대부들의 작품들과도 다르고, 평시조 작품들과도 다른 형식과 연원을 갖는 양식으로 논의하는 것이 타당하다.[33)]

<청진> 이후에 편찬된 가집들에서 '만횡청류'에 수록되었던 작품들은 '낙시조·편삭' 등 삭대엽의 변주곡조에 나뉘어 수록된다. 특히 18세기는 삭대엽의 분화가 활발하게 이루어지던 시기인데, 이들 '만횡청류' 작품들이 새로운 변주곡조에 수록되는 양상이 일반적으로 나타난다. 흔히 조선 후기의 음악적 환경을 '번음촉절(繁音促節)'로 설명하는데, 사설시조의 활발한 연행과 창작이 가곡창에서는 이러한 양상을 주도했다고 할 수 있다. 다시 말하자면 사설시조가 조선 후기 시조문학의 변화에도 주도적인 역할을 했지만, 그에 못지않게 음악적 측면에서도 의미있는 변화를 이끌었다고 하겠다.

이상 간략하게 <청진>의 '만횡청류'의 성격과 그 의미에 대해서 논해 보았다. 그동안 진행되었던 사설시조에 관한 논쟁이 조선 후기 시조문학사의 주요 국면을 설명하는데 많은 활력을 불어 일으켰다는 점을 지적하면서, 그러나 앞으로의 연구에서는 사설시조의 존재 양상을 면밀히 살펴 논의할 필요가 있다. <청진>의 '만횡청류'와 관련된 각종 기록과 기타 관련 기록, 그리고 음악사적인 흐름을 고려할 때 사설시조의 성격은 몇 개의 층위를 지니고 있다는 사실을 확인할 수 있다. 먼저 <청진>의 '만횡청류', 그리고 그것의 영향으로 그 이후에 활발하게 창작되는 작품들, 마지막으로 정철의 '장진주사'를 비롯한 17세기 이전 사대부들에 의해 창작되었던 작품들은 서로 동질적인 측

33) 이에 대해서는 앞으로 관련 자료의 확보와 논의의 보완을 통하여 지속적으로 탐구해야 할 과제이다. 다만 분명한 것은 앞으로 사설시조 연구에서는 그것의 초기적 형태인 '만횡청류'의 존재 기반에 대한 해석이 선행되어야 한다는 것이다.

면과 함께 이질적인 요소를 지니고 있다. 따라서 앞으로의 연구는 동질점을 부각시키기보다 이질적인 면모를 분석해내고, 그 요인에 대해서 세밀히 따지는 속에서 진행되어야 할 것이다. 물론 이에 대해서는 아직까지 별도의 논증 과정이 남아있기 때문에, 필자 역시 지속적인 관심 속에서 과제로 삼고 있는 분야이기도 하다.

4. 맺음말

가집을 세밀히 검토하면 그 속에 담겨있는 '코드(code)'를 통해서 그것이 편찬될 당시의 예술사적인 면모를 추출해 낼 수 있다. 바로 이런 측면에서 조선 후기 시조문학을 연구하는데 있어, 1차 자료인 가집을 소홀히 다룰 수 없다. 가집은 그것이 편찬될 당시의 연행 현장에서 불리던 노래들을 수록하고 있어, 그것을 통해 음악적 환경과 유행한 작품의 실체를 구체적으로 확인할 수 있다. 가창자들의 가집 편찬은, 자신들의 실제 연창에 필요한 레퍼토리를 확보하기 위한 작업이기도 했으며, 편찬자 자신들의 작품과 함께 교유했던 인물들의 작품을 수록하기도 했던 것이다. 따라서 우리는 가집 속에 담긴 음악적 표지를 통해서 당대 음악사의 실상을 해명할 수 있을 뿐만 아니라, 수록된 작가들을 면밀히 검토함으로써 그 가집을 향유한 향유층들의 면면이나 성격을 파악할 수 있는 단서를 찾을 수 있기도 하다.

특히 현전 최초의 가집인 <청진>은 이후에 편찬되는 가집의 전범으로서 역할을 했기 때문에, 이의 성격을 구명하는 작업은 시조사에서 매우 중요한 작업이다. <청진>은 그 체제가 사대부들의 문집에 비견될 정도의 정연한 면모를 지니고 있다. 서·발문을 청탁하여 싣기도 하고, 작품을 곡조별·작가별·주제별로 배열하여 수록하는 등 그 체제에서부터 비교적 완비된 모습을 보인다.

작품 배열에 있어 가장 특이한 것은 바로 자신을 비롯한 작가들을 '여항육인'이라는 항목으로 설정해 둔 것이다. 무엇보다 창작의 측면에서 시조가 사대부들의 전유물로 자리잡고 있었던 데에 대한, 여항인들의 위상을 제기하려는 의도가 있었음을 살펴보았다. 17세기 이래 발달한 음악적 상황은 여항인들이 가창과 향유에서 차지하는 비중을 늘려갔지만, 창작의 측면에서는 여전히 그 주도권을 사대부들에 넘기고 있었던 것이 현실이다. 부분적으로 여항인들에 의해서 창작이 이루어지기는 했겠지만, 그 이름을 잃고 단지 작품만이 전해지는 상황이었다. 그러던 것이 <청진>에 사대부들의 작품과 나란히 '여항인'들의 작품이 수록됨으로써, 연창에서뿐만 아니라 창작에서도 주요한 작가층으로 자리잡게 된 것이다. 이후에 등장하는 작가들에서 여항 작가들의 비중이 점차 확대되었다는 것은 이를 실증한다. '여항육인'의 의미는 바로 이러한 측면에 있는 것이다.

아울러 사설시조인 '만횡청류'의 등장은 시조사적으로 매우 중요한 문제를 포함하고 있다. 현재 진행중인 사설시조 담당층의 문제에 있어서도 <청진>의 '만횡청류'의 존재 양상을 구체적으로 해명함으로써 그 해결의 실마리를 찾을 수 있게 되리라고 본다. 다만 아직까지 방증 자료의 부족과 논증의 과정이 남아 있다는 점에서 앞으로 좀더 보완해야 할 필요가 제기된다. 다만 <청진>의 '만횡청류'가 가창의 측면에서 뚜렷한 표지를 지니고 있다는 점에서, 17세기 이전 사대부들에 의해서 창작된 사설시조와 동궤의 차원에서 논해질 수는 없다고 본다. 또한 18세기 중·후반 이래 나타나는 사설시조 작가들이나 작품들과도 그 성격과 의미를 달리하고 있기에 이를 구분하여 논의할 필요가 있다고 본다. 다만 이에 대해서는 문제를 제기하는 차원에서 그치기로 하고, 앞으로 지속적인 연구를 통해서 이를 보완해 나가기로 하겠다.

(『시조학논총』 제14집, 한국시조학회, 1999)

시조의 연행과 작품의 가집 수록 양상에 대한 고찰

1. 머리말

조선 전기의 시조문학은 사대부들에 의해 형성·발전되었으며, 현전하는 다수의 작품들에는 그들의 미의식이 강하게 반영되어 있다. 그러나 조선 후기에 접어들면서 여항인들이 창작과 가창에 적극적으로 참여하면서 내용과 형식적인 면에서 다양한 변화를 이끌었고, 음악적으로도 지속적인 발전을 가능하게 했다. 김천택의 <청구영언>으로 촉발된 가집의 편찬과 시조를 연창할 수 있는 악보를 수록한 각종 금보(琴譜)의 등장은 예술사적인 변화를 잘 설명해주고 있다.[1] 다시 말하면 시조를 음악적인 측면에서 더욱 발전시킨 것은 조선 후기 새롭게 등장한 여항의 가창자들이었던 것이다.

대부분 중인 신분이었던 여항의 가창자들에게 있어서 가곡창은 자신의 역량을 마음껏 펼칠 수 있는 절실한 자기 표현 수단이었다. 그들은 연주자들이 금보를 편찬하여 자신의 예술적 역량을 확인하려고 했던 것만큼, 그것을 노래할 수 있는 작품을 수록한 가집의 편찬에 적극적인 노력을 기울였다. 이러

1) 가집 편찬이 지닌 의의와 여항 가창자들의 활동 및 그로 인한 18세기 시조사의 흐름에 대해서는 김용찬, 『18세기의 시조문학과 예술사적 위상』(월인, 1999)을 참조할 것.

한 가집의 편찬은 조선 후기 시조의 연행을 활발하게 할 수 있도록 하는 요인이 되었으며, 이들의 활동과 노력에 의해서 시조문학은 더욱 풍부해지고 넓은 기반을 확보할 수 있게 되었다. 여항 가창자(歌唱者)들에 의해서 촉발된 가집의 편찬 작업과 그로 인한 활발한 활동은 자신의 예술 세계를 정립하려는 시도이자, 조선 후기 여항 문화의 발전상을 그대로 확인시켜 주는 성과라 하겠다.

주지하듯이 가집은 편찬된 당시의 연행 현장에서 연창되던 시조 작품을 곡조별로 배열하여 엮어낸 것이다. 연행 현장에서 가창자들은 음악에 얹어 부르기 위한 시조 작품이 필요했고, 가집은 이러한 연창(演唱)의 필요성에 의해 당사자인 여항의 가창자들에 의해서 편찬되었다. 가집 편찬자들은 이러한 현실적 필요성에 의해 가집을 엮었던 것이다. 따라서 연행의 필요성에 의해서 만들어진 만큼 가집의 편제나 수록 작품을 세밀히 따진다면, 가집을 통해서 당대 예술사의 실상과 접할 수 있는 통로를 만날 수 있게 된다. 이러한 측면에서 가집에 수록된 각종 정보를 잘 해독해 낼 수 있다면, 가집이 편찬된 당시의 시조의 연행 양상과 문화적 상황까지도 재구해 볼 수 있게 된다. 가집 연구는 바로 이런 측면을 주목해, 단순히 가집의 형식적 측면만이 아닌 예술사적 환경을 분석적으로 검토하는 속에서 논의가 이루어져야 할 것이다.

가집의 주된 수요층은 일차적으로는 음악을 자신의 표현 수단으로 정립시키고자 노력했던 여항의 가창자들이었다. 물론 그들이 새로운 담당층으로 우뚝 설 수 있도록 만들었던 당대 사회의 변화된 예술적 여건을 전제해야 한다. 가창자들의 활동을 가능하게 했던 것은 그들의 음악을 향수하는 예술 향유층이 그만큼 사회의 저변에 폭넓게 펴져 있었기 때문이었다. 조선 후기 다양한 예술 갈래들의 활발한 활동이 이루어질 수 있었던 것은 이들의 예술 활동을 후원하거나 향수했던 수많은 향유층들이 있었기에 가능했다. 기실 '예술 향유층은 예술이 디디고 선 사회적 · 물질적 기반, 예술 자체의 내용과 형식, 예술 수용의 태도 이 삼자를 매개하는 고리 역할을 하는 바 예술사의 해명에 있어서 대단히 중요한 개념'이 된다.[2] 따라서 새로운 예술 향유층의 등장은 예술의 내용과 형식은 물론 예술사의 존재 기반 자체도 변화되었다는 것을 실증해주고 있다.

본고는 먼저 가집 편찬이 활발한 시조의 연행을 가능하게 했던 요인이었다는 점에서, 가집 편찬의 의미와 시조의 연행 양상을 연관시켜 살펴보고자 한다. 특히 현전 최초의 가집인 <청구영언 진본>(이하 '청진'으로 약칭)이 편찬되기까지의 예술사적 변화에 대하여 살펴보고, 그것을 바탕으로 조선 후기 여항 예술의 성장과 변화가 어떻게 가능할 수 있었는지에 대해서 점검해 보겠다. 조선 후기 가곡창의 발전에 따라 활발하게 편찬됐던 금보를 가집과 함께 검토하여, 그러한 변화가 조선 후기 문화사를 관류하는 하나의 거대한 흐름이었음을 논해 보겠다.

이와 함께 가집 편찬사에서 매우 독특한 성격을 지니고 있는, 이한진을 비롯한 일군의 사대부들의 가악 생활(歌樂生活)의 산물인 이한진 편 <청구영언>(일명 연민본, 이하 '청연'으로 약칭)의 특징을 검토하여 시조문학사에서의 위치를 짚어 보기로 한다. <청연>은 김용겸을 비롯한 일련의 사대부들이 주축이 되어 활동했던 풍류의 면모를 반영하고 있는 가집으로, 18세기 후반부터 활동했던 결과를 모아 1814년에 이한진이 편찬한 가집이다. 여항 가창자들이 편찬한 여타의 가집들과 달리 <청연>에는 어떠한 음악적 표지도 드러나 있지 않다. 그렇지만 그 편제를 통해서 표면에 드러나지 않은 음악적 의미를 추출해 낼 수 있다면, 조선 후기 가집과 시조문학이 지니는 의미를 좀 더 분명하게 해명해 줄 수 있을 것이다.

18세기 후반은 가곡창이 이전 시기보다 보편화되어 활발하게 연행되었는데, 그것은 그 이전 시기에 <청진>을 비롯한 <해동가요> 등의 가집이 편찬되어 연행 현장에서 폭넓게 유통되고 있었기 때문이었다. 그리고 각종 문집의 기록이나 한문 단편 등에서도 확인할 수 있듯이, 이 시기 여항에서는 전문 예능인들에 의해 가창 활동이 폭넓게 형성되어 있었다. 따라서 여항 예술이

2) 박희병, 「조선 후기 예술가의 문학적 초상-예인전을 중심으로」(『한국고전인물전연구』, 한길사, 1992), 341면.

활발하게 향유되고 있었던 이 시기에 사대부들이 중심이 되어 일군의 가악 집단을 형성하고 있었다면, 그것과 여항 예술의 양상과는 어떠한 측면에서 같고 다른 점이 나타나는지를 살펴볼 수 있을 것이다.

<청연>은 이 시기에 편찬된 다른 가집들과는 달리 사대부가 편찬했다는 것과 그 체제나 편제가 여타의 가집들과 뚜렷한 차이를 보인다는 점에서 검토의 대상이 되고 있다. 특히 이 가집을 향유했던 인물들이 대체적으로 음악에 조예가 깊었다는 사실과 여항 예술의 흐름을 잘 받아들일 수 있었던 입장에 있었다는 것도 유의할 필요가 있다. 그동안 시조문학사에서 주류적 흐름을 형성하고 있었던 여항 가창자들과 달리 사대부들에 의해 향유되어 편찬된 이 가집을 점검함으로써, 조선 후기 가집의 다양한 측면과 함께 시조 연행의 또다른 양상을 살펴볼 수 있을 것이다.

2. 조선 후기 시조문학의 흐름과 예술사적 의미

조선 후기 시조문학은 그것이 연행 공간에서 향유되었다는 사실을 전제해야 한다. 따라서 시조사의 흐름은 반드시 음악적인 측면을 함께 따져서 논해야만 한다. 다시 말하자면 시조 연구에서 음악에 대한 고려가 필요하다는 것이다. 앞에서 설명했듯이 가집은 시조 작품을 곡조명이라는 음악적인 고려를 통해 배열·수록하고 있기 때문이다. 18세기에 접어들면서 김천택에 의해 <청진>(1728)이 편찬되면서 가집은 비로소 문학사의 지평에 등장하였고, 개인적인 취향에 좌우되던 이전과는 달리 가창자들에게 보다 보편적인 텍스트로서의 역할을 할 수 있게 되었다. 때문에 가집의 연구는 문학사적으로나 음악사적으로 매우 중요한 부분을 차지하고 있다고 할 수 있다. 가집에 포함된 갖가지 문화적 코드(code)를 읽어냄으로써, 그것이 편찬된 당대의 예술사적인 면모를 파악할 수 있다.

가집과 함께 시조 연구에서 중요한 것은 금보(琴譜)의 존재이다. 금보는 가집보다 먼저 예술사의 지평에 출현했다. 금보는 그간의 연구에서는 음악사의 영역에서만 다루어지는 것으로 여겨졌고, 문학사에서 소홀히 취급해 왔던 것이 현실이다. 그러나 가집과 금보는 동전의 양면처럼 가곡창의 악보와 가사집의 역할을 해왔다. 따라서 가집의 연구는 그것의 악보를 수록하고 있는 금보와 함께 검토함으로써, 이전에는 파악할 수 없었던 새로운 면모를 드러내 줄 수 있다고 본다. 금보는 가곡창의 곡조를 악보와 함께 수록하고 있어, 가집과 마찬가지로 그것이 편찬된 당시의 음악적 양상을 읽어낼 수가 있다. 따라서 <청진>이 편찬되기 이전의 가곡창의 내용과 형식에 대해서는, 그보다 먼저 편찬된 각종 금보를 통해서 해석해 낼 수 있다. 바로 이런 측면에서 18세기 이전 시조사의 전개 과정을 예술사적 맥락으로 읽어내는데, 금보는 가집과 더불어 매우 중요한 위치를 점하게 된다.

가집이 악보가 아닌 작품만을 수록하고 있다는 점에서 가사집의 성격을 지니고 있다. 금보는 수록된 악보를 통하여 그것이 불리던 구체적인 음악적 형식을 확인시켜 준다. 그렇게 본다면 조선 후기에 활발하게 편찬되었던 각종의 금보와 가집은 악보(樂譜)와 가사집(歌詞集)으로서 시조사의 문제를 해명하는데 매우 중요한 자료인 셈이다. 따라서 우리는 가집과 금보에 수록된 곡조와 악보 등을 통하여 가곡창의 음악적 변화를 확인할 수 있다. 금보에 수록된 가곡창의 곡조 명칭을 통해 그 의미를 간략하게 점검해 보기로 하자. 가곡창은 만대엽(蔓大葉)에서 유래되었으며, 좀 더 빠른 곡조인 중대엽(中大葉)과 삭대엽(數大葉)으로 분화되어 그 음악적 형식을 갖추게 되었다. 여기에 다시 농(弄)·락(樂)·편(編) 등의 변주곡이 파생되어 그 음악적 형식이 더욱 발전하였고, 남창과 여창으로 나뉘게 되어 현행 가곡의 틀을 완성하였다. 이러한 변화의 과정은 고스란히 현전하는 금보를 통해서 확인되고 있다.

임진란 이전에 편찬된 『금합자보(琴合字譜)』(1572)에는 만대엽의 악보만이 수록되어 있다. 만대엽은 가곡(歌曲)의 기본이 되는 곡조로, 그 음악적 형식이 너무 장중하고 느리기 때문에 현행 가곡창에서는 연주되지 않는다. 『금합자보』를 통해서 이 시기의 주류를 이루었던 곡조가 바로 만대엽이었고, 16세기 후반에는 가곡창 곡조의 분화가 아직까지 본격적으로 진행되지 않았음을 알 수 있다. 그러나 이보다 40여 년 뒤에 양덕수(梁德壽)에 의해 남원에서 목판으로 인간(印刊)된 『양금신보(梁琴新譜)』(1610)에는 만대엽과 중대엽의 악보가 함께 수록된다. 이러한 사실에서 적어도 17세기 전반에 만대엽이 중대엽의 곡조를 파생시키면서, 가곡창의 음악적 틀이 서서히 분화되기 시작했음을 확인할 수 있다. 그러나 이 시기에 현행 가곡창의 중심인 삭대엽은 연행 공간에서 아직 본격적으로 연창되지는 않았던 것으로 보인다.

삭대엽이 17세기 전반 음악사에 등장했던 것은 분명하다. 이것은 『양금신보』에 수록된 '평조계면조(平調界面調) 중대엽(中大葉)'의 악보 뒤에 부기된 기록을 통해서 확인된다.3) 이 기록에 의하면 삭대엽은 '여민락(與民樂) · 보허자(步虛子) · 영산회상(靈山會上)' 등의 음악과 함께 성악곡(聲樂曲)이 아닌 무용곡으로 사용되었다. 『금합자보』와 『양금신보』에 수록된 악보의 비교를 통해서, 이 두 금보가 간행되었던 시차인 불과 40여년 만에 만대엽에서 중대엽과 삭대엽이 분화하였음을 확인할 수 있다. 가곡창의 분화는 대단히 빠르게 진행되었고, 이후 17세기 후반에는 만대엽과 중대엽은 점차 연행 현장에서 쇠퇴하게 된다. 이 두 곡조보다 더욱 빠른 삭대엽이 가곡창의 주류를 형성하게 된다. 삭대엽은 다시 삭대엽 제1 · 제2 · 제3, 또는 초삭대엽 · 이삭대엽 · 삼삭대엽으로 나뉘게 된다. 가집에는 이러한 음악적 변화가 그대로 수용되어 곡조명이 나타나는데, <청진>은 삭대엽이 주류를 이루던 18세기 전반 가곡창의 실상을 반영하고 있다.

삭대엽 변주곡의 등장은 음악사적으로 중요한 의미를 지닌다. 그것은 첫째 가곡이 17세기 후반에 새로운 형태로 발전했음을 입증하는 것으로, 향유층들이 보다 빠른 음악을 선호하게 되었다는 것을 보여주고 있기 때문이다. 둘째는 삭대엽이 17세기 후반부터 차츰 여항 풍류방의 가창자들에 의해 애창되었음을 보여주는 징표이기 때문이다.4) 이와 함께 만대엽은 적어도 18세기 초반

3) "數大葉 · 與民樂 · 步虛子 · 靈山會上等曲, 用於舞蹈之節, 非學琴之先務, 故闕之.", <양금신보>(한국음악학자료총서, 서울대학교 국악학연구회 영인, 1979), 42면.

에는 음악사에서 사라지게 된다.

이형상(李衡祥 : 1653～1733)이 남긴 <금속행용가곡(今俗行用歌曲)>(1706)의 서문에서는 장악원(掌樂院)의 전문 악사(樂師)들조차 이미 만대엽을 연주할 수 없게 되었다는 기록이 제시되어 있다.[5] 이 기록은 이전의 음악사에서 만대엽의 소멸을 확인해주는 지표로 흔히 인용했던 이익(李瀷 : 1681～1763)의 『성호사설』보다 시기적으로 앞선다.[6] 즉 18세기 초반 중대엽과 같은 곡조는 각종 금보를 통해서 그 빠르기를 알 수 있었지만, 만대엽은 이미 '절향(絶響)'의 지경에 처해 있었음을 말해주고 있다. 이형상의 이 기록에서도 또한 가곡창의 음악적 변화가 매우 빠르게 진행되었음을 알 수 있다. 17세기 후반에 이르러 더 빠른 곡조인 삭대엽이 유행되었고, 간간히 불려지던 만대엽은 1706년에는 그 명칭만 남고 음악은 사라졌던 것을 실증하고 있다.

주지하다시피 만대엽은 '가곡의 조종(祖宗)'으로, 가곡창의 분화는 여기에서 비롯되었다. '종용한원(從容閑遠)・자연평담(自然平淡)'으로 그 음악적 특징이 지칭되는 만대엽은 17세기 초반까지 사대부들에게 '인간의 감성에 오탁이 되고 막힌 것들을 씻어 내고 소통하게 해주는 효과를 발휘하게 해 주는 것으로 강조'되었던 곡조이다.[7] 즉 만대엽은 느리고 유장할 뿐만 아니라, 그 음악적 형식이 사대부의 미의식에 적합했던 양식이었다. 그러나 세월이 흐르고 시조문학의 담당층도 바뀜에 따라 그 소임을 다하고, 새로운 곡조를 파생시키면서 사라져갔던 것이다. 만대엽의 소멸과 삭대엽의 득세라는 음악적 변화

4) 송방송, 『한국음악통사』(일조각, 1984), 418면.

5) "行用中平調・羽調・界面調, 自是大綱. 而如中大葉・心方曲・感君恩・北殿之載於琴譜者, 可考而知其緩急也. 然慢大葉, 幾乎絶響, 梨園老師, 亦未有歌之者. 只取俗樂之可解者, 以分於三調之中, 使後人知有所取舍焉." <금속행용가곡>, 『병와전서(瓶窩全書)』 8(한국정신문화연구원 영인, 1982), 788면. <금속행용가곡>의 성격에 대해서는 김용찬, 「병와 이형상의 <금속행용가곡>에 대한 고찰」(『조선 후기 시가문학의 지형도』, 보고사, 2000)를 참조할 것.

6) "慢者極緩, 人厭廢久, 中者差促, 亦鮮好者, 今之所通用, 卽大葉數調也.", <국조악장조(國朝樂章條)>, 이익, 『성호사설』.

7) 임형택, 「17세기 전후 육가형식의 발전과 시조문학」(『민족문학사연구』 제6호, 민족문학사연구소, 1994), 24면.

에는 새로운 담당층인 여항 가창자들의 역할이 그대로 반영되어 있다.

가곡창의 음악적 형식이 이처럼 17세기부터 급속도로 변화해 갔다는 것은 무엇을 의미하는가? 우선 그것을 주도한 향유층의 성격이 달라졌기 때문으로 여겨진다. 사대부들에 의해 애호되었던 만대엽의 음악사에서의 퇴장과 그것보다 더욱 빠른 곡조인 삭대엽이 그 지위를 대신 차지하게 되는 것은 바로 이러한 변화를 실증해 주고 있다. 조선 전기 사대부들이 대부분을 차지하던 시조문학의 향유층은 17세기 후반부터 여항 가창자들이 중심이 된 새로운 담당층으로 바뀌게 된다. 이들에 의해 음악적 변화가 빠른 속도로 진행되었고, 새로운 형식에 맞는 새로운 내용을 통하여 시조문학은 그들의 예술적 특장을 발휘할 수 있도록 하는 양식으로 자리매김을 하였던 것이다. 즉 이러한 음악적 양식의 변화는 조선 후기 새로운 담당층의 등장으로 촉진된 것이다.[8] 시조문학에서 조선 후기 새로운 담당층의 등장과 이들의 주도적인 활동 양상에 대해서는 문학사에서 이미 충분히 검증되었다.

『양금신보』 등 대부분의 금보는 가사 없이 악보만 수록되어 있다. 가사 없이 악보만 수록하는 경향은 김성기(金聖器 : 1649~1724)의 『어은보(漁隱譜)』(1719)에까지 이어진다. 이러한 사실은 금보와 가집이 각각 서로 다른 예술적 요구에서 편찬되었다는 것을 전제해야 한다. 즉 금보는 연주자였던 금보 편찬자의 입장에서는 가곡창의 연주법이 긴요했던만큼, 작품보다 악보가 더 중요하게 취급될 수밖에 없었다. 그러나 가창자의 입장에서는 무엇보다 곡에 맞추어 부를 노랫말이 현실적으로 더 필요했다. 때문에 각 곡조에 맞추어 부

---

8) <청진> 등 18세기 이후의 가집에서 작품을 지칭하는, '고조(古調)'와 대비되는 '신성(新聲)'이란 용어는 이러한 음악적 변화를 반영하고 있는 것이다. 즉 '신성(新聲)이란 새로운 음악적 형식에 맞추어 불리던 노래'로서 당대 가곡창 곡조의 변화를 반영한 표현인 것이다. 음악적 형식의 변화와 더불어 작품의 미의식도 따라 변화되었을 것이라 여겨지는데, 이러한 점은 조선 후기 시조문학의 담당층 교체라는 측면과 함께 고찰한 필요가 있다. 이에 대해서는 그것이 사용된 용례를 통하여 앞으로 별도의 고찰을 하기로 한다. 이와 함께 조선 후기 새로운 담당층으로서의 가창자들의 활동상에 대해서는 권두환, 「조선 후기 시조가단 연구」(서울대 박사학위논문, 1984)와 김용찬, 『18세기의 시조문학과 예술사적 위상』(월인, 1999)을 참조할 것.

를 수 있는 다양한 레퍼토리의 확보가 필요했기에, 가창자들에게는 악보와 함께 작품을 담고 있는 '가사집'이 더욱 절실히 요청되었다. 대부분 가창자였던 가집 편찬자들은 이런 현실적 요구에서 출발하여 가집을 엮었던 것이다. 금보와 가집은 이러한 측면에서 상보적인 역할을 하였다.

김천택은 이러한 시대적 요구에 적절히 부응해 가집인 <청구영언>을 편찬했다. 가창자였던 김천택은 당대 시조의 연행 공간에서 폭넓게 향유되던 가곡창의 노랫말을 함께 묶을 필요성을 느꼈을 터이고, 그 결과 그것을 곡조별로 연주할 수 있는 원칙에 따라 작품을 수록하여 <청구영언>을 편찬하였다. 가집을 편찬하기까지에는 17세기 이래 충분히 성숙된 여항의 가창 공간의 조성이 선행되었던 것은 물론이다. 따라서 다양하게 활동하고 있던 가창자들에 의해 유통되고 있던 작품들을 모아, 그들이 편리하게 이용할 수 있도록 가집을 편찬하였던 것이다.[9]

음악사에서도 확인되듯이 17세기부터 풍류방을 중심으로 여항의 많은 가창자들이 나타나게 되었고, 이를 통해 가곡창의 음악적 형식 또한 매우 빠르고 다기하게 분화되어 가고 있었다.[10] 가창자들은 새로운 음악 형식을 습득하는 것은 물론, 그 음악에 맞춰 부를 수 있는 작품들도 절실히 필요했다. 그 연주법은 이미 폭넓게 유통되고 있었던 금보나 연주자들을 통해서 배울 수 있었으나, 그것에 맞춰 부를 수 있는 작품들은 자신들이 확보해야만 했다. 따라서 이 시기에 이르면 새로운 레퍼토리의 확보가 가창자들에게 있어서 매우 중요한 요인이 되었음은 짐작하기 어렵지 않다. 가집의 편찬은 당대 연행 현장의 이러한 음악적 수요도 매우 큰 몫을 차지하고 있었다.

현전하는 대부분의 가집들은 곡조별 배열을 취하고 있는 경우, 작품을 초중대엽(初中大葉)부터 삭대엽의 세 곡조, 그리고 변주곡 등의 순서로 수록하

9) <청진>의 편제 및 그것의 문학사적 의미에 대해서는 김용찬, 「<청구영언 진본>의 성격과 편찬 의식」(『어문론집』 35, 고려대학교 국어국문학연구회, 1996; 『조선 후기 시가문학의 지형도』에 재수록)을 참조할 것.

10) 송방송, 『한국음악통사』, 417~424면.

였다. 그런데 현전 최초의 가집인 <청진>에서부터 개개의 작품들이 어느 특정 곡조에 귀속되어 배열되었다는 것은 매우 중요하다. 그러한 배열의 의미는 해당 가집을 향유했던 가창자들에게 어떤 작품이 특정 곡조로 불려졌음을 말해 주고 있기 때문이다. 이러한 작품 수록의 경향은 곡조별 분류를 취하고 있는 가집들에서 공통적으로 나타난다. 적어도 그 가집을 향유한 향유 집단 내에서는 이러한 원칙이 지켜지고 있었던 것으로 보인다. 물론 동일한 작품이 편찬 시기가 서로 다른 가집에 서로 다른 곡조에 수록된 경우도 있는데, 그것 역시 특정 작품의 음악적 형식의 변화를 반영하고 있는 것이라 해석할 수 있다.

가곡창(歌曲唱)은 노래를 위주로 한 성악곡이기에 악보 못지 않게 가사가 중요하다. 가창자로서 이름을 얻기 위해서는 다양한 레퍼토리를 소화시킬 수 있는 능력이 전제되어야 했다. 가집은 이런 가창자들의 욕구를 적극적으로 반영하고 있다. 따라서 가집의 편찬은 향유자들에게 가곡의 체계적인 연창(演唱)을 가능하게 해주는 지침서로 역할을 한 셈이다. 가집의 등장으로 인해서 가곡창은 더욱 많은 레퍼토리를 확보하면서, 보다 안정적인 연창 작품의 목록과 함께 더욱 많은 사람들에게 향유될 수 있게 되었다. 그러므로 당대의 음악적 환경이 가집의 편찬을 촉발시키는 요인으로 작용했고, 가집의 유통은 다시 그것의 활발한 연행을 가능하게 해주는 상호 보완적인 역할을 했던 것이다.

가집 편찬이 갖는 또 하나의 중요한 의미는 각각의 가집에 새로운 담당층의 작품이 대거 수록된다는 점이다. <청진>은 유명씨 작품을 수록하면서 앞부분에 사대부 작품과 연대결(年代欠) 작가의 작품을 배치하고, 뒷부분에는 자신을 비롯한 6명의 작가들의 작품을 '여항육인(閭巷六人)'이란 항목으로 묶어 놓았다.[11] 이들의 작품은 모두 65수에 달한다. <청진>에 수록된 전체 유

11) '여항육인'의 작품 세계에 대해서는 다음의 논문들을 참고할 것. 박노준, 「<청구영언> '여항육인'의 현실인식과 그 극복양상 연구」(『고전시가의 이념과 표상』, 임하 최진원박사 정년기념논총 간행위원회편, 1991)와 「김천택의 시조와 위항인적 삶의 갈등」(『연민학지』

명씨의 작품은 287수인데, 이들의 작품이 차지하는 비율은 약 23%에 해당한다. 몇몇 작가의 경우 김천택 자신의 발문을 남겨 해당 작가과 그의 작품에 대한 평가를 내리기도 하였다. 따라서 김천택이 '여항육인'이라는 항목을 마련하여 이들의 작품을 수록한 것은, 기존의 사대부에 한정되어 있던 시조 향유층들이 자신과 같은 '여항인'으로 확대되었음을 드러내고자 하는 의도도 분명히 존재하고 있었다고 하겠다.12)

'여항인'들이 시조문학의 주요 작가로 등장했다는 사실은 문학사적으로 대단히 중요하다. 17세기 이래 가곡창이 여항의 유흥 공간에서 많이 불렸음은 앞에서도 언급했다. 연행과 더불어 작품의 창작에 있어서도 여항인들이 적극적인 역할을 했음은 이 시기 시조문학에서 이들의 비중이 적지 않았다는 사실을 말해준다. 사대부들과 달리 여항인들은 시조를 단순한 '여기(餘技)'가 아닌 중요한 자기 표현의 수단으로 인식했다.13) 여항인들에게 있어서 시조는 자신의 예술적 역량을 드러낼 수 있는 중요한 수단이었다. 어찌 보면 자신의 존재 의의를 확인시켜주는 전제였던 셈이다. 때문에 이들이 노래를 통하여 자신의 존재를 드러내고자 했던 것은 당연하다. 시조에 대한 여항인들의 시각은 <청진>의 '여항육인' 작품 발문을 통해서도 확인할 수 있다. <청진>의 편찬 이후 김수장에 의해 <해동가요>가 편찬되면서 시조의 창작과 연행에

제1집, 연민학회, 1991); 조규익, 「<청구영언> 소재 '여항육인'론」(『숭실어문』 제10집, 숭실대학교 숭실어문연구회, 1993); 김용찬, 「'여항육인'의 작품 세계와 18세기초 시조사의 일국면」(『시조학논총』 제12집, 한국시조학회, 1996; 『조선 후기 시가문학의 지형도』에 재수록).

12) 이러한 의미에 대해서는 김용찬, 「'여항육인'의 작품 세계와 18세기 초 시조사의 일국면」을 참조할 것.

13) 시조를 '여기(餘技)'로 여겼다고 해서 사대부들이 시조를 경시했다는 의미는 물론 아니다. 이황의 '도산십이곡발'에서 확인할 수 있듯이, 조선 전기의 사대부들은 시조를 진지한 표현 수단으로 인식했다. 그러나 문인 지식층들은 여전히 시문(詩文)을 주요한 표현 수단으로 인식했고, '노래(歌)'는 보조적인 수단으로 여겼던 것이 사실이다. 그러나 조선 후기 여항인들에게 있어서 '노래'는 그들의 정체성을 확인시켜주는 주요한 도구이자 수단이었다. 때문에 그들에게 시조는 중요한 자기 표현 수단이었고, 노래를 통하여 자신의 역량을 발휘할 수 있는 역할을 찾을 수 있었던 것이다. 바로 이런 측면에서 시조문학에 대한 사대부들과 여항인들의 의식의 차이를 엿볼 수 있다.

있어서 여항인들의 역할이 더욱 증대된다.

<청진>과 달리 <해동가요>에서는 여항 작가들을 사대부들과 따로이 구분하지 않고 섞어서 작품을 배열하였다. 이것은 '여항육인'을 별도의 항목으로 묶어 수록했던 김천택의 태도와는 매우 다른 의미를 지닌다. <해동가요>가 편찬되던 18세기 중반에는 이미 사대부와 여항인을 구분할 필요가 없을 만큼 시조의 창작과 연행에 여항인들이 폭넓게 참여하고 있었다. <청진>이 편찬되어 유통됨으로써 여항인들에게 시조의 향유가 보다 수월하게 되었고, 향유층의 확대는 자연적으로 창작의 측면에서도 영향을 끼쳤다. 18세기 중반에 이르면 시조 작가로써 여항인과 사대부의 구별이 필요치 않을 정도로 자연스럽고 보편화되었기에, 여항 가창자들의 작품을 사대부 작가들과 나란히 수록하였던 것이다.

<해동가요 주씨본>(이하 해주로 약칭)의 말미에는 이 당시까지 활동했던 56명의 가창자의 명단을 적은 '고금창가제씨(古今唱歌諸氏)'를 수록하고 있다. 먼저 이 기록의 서문을 살펴보기로 하자.

> **나라에 풍운(風雲)의 경사가 있고, 집에는 계옥(桂玉)의 근심[14]이 없다. 풍년이 들어 배고픔을 알지 못하고, 사람들은 부유하여 고생을 모른다. 이와 같은 태평 시절에 관리(官吏) · 시경(市耕) · 한유(閒遊) · 다혁(茶奕) · 서화(書畵) · 문무(文武) · 시가자(詩歌者)는 각각 그 업(業)이 있다. 노래라는 것은 곧 인성(人性)의 화기(和氣)와 국풍(國風)의 맥상(脈祥)이다. 예로부터 가자(歌者)는 많지 않았으나 간혹 있었다. 후세에 모모(某某)가 창(唱)에 능했다는 것도 알지 못하고, 성명이 무엇이며 어느 시대의 사람인지도 알지 못했다. 한가지로 돌아가매 다시 오지 못하니 어찌 애닯지 아니한가! 내가 고금(古今)의 가자(歌者)들의 성(姓)과 휘(諱)를 기록하고자 하는데, 연치(年齒)의 순서로 하였으니 반드시 노래의 우열(優劣)로 쓴 것은 아니다. 망령되이 월평(月評)을 흉내내어 천년 후**

14) '계옥지수(桂玉之愁)'란 타국에서 계수나무보다 비싼 장작을 때고, 옥보다 귀한 음식을 먹고 사는 근심을 말한다. 즉 물가가 비싼 도회에서 고학(苦學)하는 것을 말한다.

에 목숨이 전하여 없어지지 않는다면, 어찌 좋은 뜻이 아니겠는가?[15)]

이 기록은 18세기 중반의 시조문학의 연행 환경을 말해주고 있다. 가창자를 뜻하는 '시가자(詩歌者)'를 관리 등과 나란히 열거하면서, 그것을 '업(業)'으로 설명하고 있다. 이 기록의 '업'을 오늘날의 직업과 같은 의미로 설명할 수는 없지만, 적어도 그러한 부류들이 뚜렷한 계층으로 성장했음을 보여주고 있다. 노래에 대한 적극적인 의미 부여는 <청진>의 그것과 크게 다르지 않다. 그러나 김수장은 김천택과 달리 '노래를 하는 것'에 대하여 매우 적극적인 자세를 취하고 있다. 이것은 변화된 여항 문화의 토대에서 이해가 가능하다. 이 기록에 이어 가창자들의 명단을 각각의 자(字)와 함께 구체적으로 제시하고 있다. 18세기 중반 가창자로서 명성을 획득한 인물이 56명이나 되었다는 것은 여항 문화의 성장이라는 점에서도 주목을 요한다. <청진>의 '여항육인'에 비한다면 비약적인 성장이라고 봐도 틀림이 없을 것이다. 적어도 여기에 수록된 인물들은 당대에 '가자'로써 뚜렷한 족적을 남겼던 존재들이었다. 이들은 편찬자인 김수장에 의해서 음악적 역량을 인정받아 가집에 그 이름이라도 실릴 수 있었다.

이들 중에는 창작한 작품이 전혀 발견되지 않는 경우가 있는데, 대체로 가창 활동에만 전념했던 인물들이라 하겠다. 적어도 이 기록에 수록될 정도의 역량을 지닌 '창가자'들이 이처럼 많았다면, 이들 주변에서 또는 여항의 공간 여기저기에서 실제 노래를 향유했던 사람들은 그보다 훨씬 더 많았을 것이다. 따라서 이 자료는 그만큼 가곡창이 그 이전보다 변화·발전했으며, 여항의 공간에서 폭넓게 향유되었다는 것을 확인시켜 주는 실증이다. 결국 이러한 현상은 그 이전에 존재했었던 김천택의 음악적인 활동과 <청진>의 편찬에

15) "國有風雲之慶, 家無桂玉之愁. 年豊而不知飢, 人富而不知苦. 如此太平之世, 官吏·市耕·閒遊·茶奕·書畵·文武·詩歌者, 各有其業. 歌者, 卽人性之和氣, 國風之脈祥. 自古, 歌者不多, 而間或有之, 後世, 莫知其某某之能唱, 而未知其何姓名, 及何時代之人. 一歸必不復來, 豈不哀哉. 余欲記其古今歌者之姓諱, 年齒書之, 必不以歌之優劣書之. 妄擬月評, 千載後, 壽傳不泯, 豈非好意也哉.", <해주>.

힘입은 바 크다고 하겠다. 이러한 사실에서 가집 편찬과 시조의 연행이 갖는 상관성을 알 수 있다.

가집의 편찬과 관련하여 또 하나 빠뜨릴 수 없는 것은 바로 사설시조의 등장과 유행이다. <청진>의 '만횡청류(蔓橫淸類)' 항목에 등장하는 116수의 사설시조 작품은 시조의 연행이라는 측면에서 매우 중요한 의미를 지니고 있다. <청진>에는 동일한 사설시조인 「장진주사」와 「맹상군가」를 독립된 제명으로 수록하고, 여타의 사설시조는 '만횡청류' 항목으로 분류하였다. 김천택은 같은 사설시조일지라도 이들 두 작품과 '만횡청류'가 음악적으로 다른 형식으로 불렸음을 가집의 편제를 통하여 드러내고 있다. 즉 평시조와는 음악적으로나 형식적으로 전혀 다른 것이었기에 김천택은 '만횡청류발문'에서 사설시조의 성격을 논하고, 이 부류의 작품들을 함께 모아서 다른 작품들과 구별하여 수록하였던 것이다. 이것은 '만횡청류'가 가곡창과는 다른 연원을 갖고 있었기 때문으로도 해석될 수 있다.

당대에 편찬된 금보에서 '만횡청류'라는 곡조명은 찾아볼 수 없다. 가곡창의 곡조 명칭에서도 '만횡청류'가 아닌 '만횡'이란 곡조만이 보인다. 적어도 문헌상으로 '만횡청류'는 <청진>의 편찬과 함께 비로소 등장하는 셈이다. '만횡청류'로 분류된 작품은 116수나 되는데, 그렇게 다양한 내용과 많은 수의 작품이 창작되고 유통될 수 있기까지에는 상당한 기간이 소요되었을 것임은 명확하다. 이런 정황으로 보건대 '만횡청류'는 가곡창과는 다른 독자적인 음악 형식으로 연창되다가, 18세기 전반에 비로소 가곡창의 곡조로 채택되었다고 여겨진다.[16] 김천택이 이 작품들을 <청진>에 수록한 것은 가창 양식으로서 '만횡청류'의 존재를 부각시키고자 하는 의도와 함께, 점차 가곡창의 영역으로 편입되어가고 있는 사설시조를 공인하고자 했던 요인도 있었던 것이다.

16) '만횡청류'의 유래에 대해서는 김천택의 '그 유래가 이미 오래되었다(其流來也已久)'라는 언급 이외에는 아무런 단서가 없다. 그렇지만 <청진>의 '만횡청류'에 수록된 작품군들은 그 음악적 형식이나 양식적 특성이 동일했다는 것을 알 수 있다고 여겨진다. 이에 대해서는 앞으로 사설시조의 기원과 유래를 논하는 자리에서 더욱 심도 있는 논의가 이루어져야 하리라고 본다.

<청진>에 '만횡청류'로 소개된 사설시조가 후대의 가집들에서는 삭대엽의 변주곡조에 나뉘어 실린다. 이것은 사설시조가 가곡사의 영역으로 자연스럽게 편입되었음을 보여주고 있다. 음악사에서 '번음촉절(繁音促節)'로 표현되는 조선 후기의 음악적 환경의 변화가 삭대엽의 분화를 불러왔지만, 더불어 사설시조가 가곡창으로 흡수되면서 그러한 변화를 촉진시키는 역할을 했던 것이다. 18세기 가곡창의 특징으로 활발한 변주곡조의 등장을 지적하는데,[17] 가집에서 확인되듯이 실상 새로이 등장하는 변주곡들은 사설시조의 연창에 적합한 곡조들이다. 이 시기의 가집들에 '소용(騷聳)·만횡(蔓橫)·만삭(蔓數)·편삭(編數)' 등의 변주곡조로 수록된 작품들이 대부분 사설시조라는 점에서 이것을 알 수 있다. 다시 말하자면 새로운 곡조의 등장은 곧바로 그 곡조에 수록된 사설시조의 연창에 적합한 창법이 필요했었음을 말해주고 있다. 즉 평시조라는 형식이 삭대엽의 연창에 적합한 양식이었다면, 새로이 등장한 사설시조는 삭대엽의 변주곡조로 파생된 새로운 곡조들에 적합한 형식이었던 셈이다. 때문에 조선 후기의 음악사에서 사설시조의 등장은 다양한 변주곡조들을 파생시키는 역할을 상당 부분 수행하고 있었다.

이처럼 조선 후기 시조의 연행은 그 자체로 변모의 과정을 밟아 나가고 있었지만, 가집의 편찬과 유통이 연행 환경에 적지 않게 영향을 미쳤다. 그것은 또한 조선 후기 여항 문화의 성장이라는 변화된 문화적 요인이 전제되어 있음은 물론이다. <청진>의 편찬과 유통은 여항 공간에서 예술 향유에 대한 당대적 조건이 이미 충분하게 성숙되어 있었음을 보여주고 있다. 이 시기 여항 공간에서 활동한 수많은 가창자들의 존재는 시조문학을 더욱 살찌우고 있었다. 이와 함께 <청진>이 이후의 가집 편찬자들에게 하나의 전범을 제시했다는 점에서 가집에 대한 적극적인 평가가 이루어져야 한다.

그리고 여기에서는 자세히 언급하지 않았지만 19세기에는 시조문학이 음악적으로나 문학적으로 더욱 변모된 양상을 보여준다.[18] 더욱 늘어난 가집의

17) 송방송, 앞의 책, 418~422면.
18) 고미숙, 『19세기 시조의 예술사적 의미』(태학사, 1998).

편찬은 시조문학의 양적인 성장을 뒷받침해 주고 있으며, 창법의 변화 등 다양한 음악적 변화는 그것의 질적인 측면을 설명해주고 있다. 음악적인 면에서 가곡창은 다시 시조창의 창법을 파생시킨다. <남훈태평가>와 같은 다양한 시조창 가집의 등장은 이를 증명해 주고 있다.[19] 가곡창 역시 남창(男唱)과 여창(女唱)으로 분화되었으며, 그 음악적 형식도 또한 더욱 세련된 양상을 보여준다.[20] 그리고 더욱 많은 가집이 출현하는데, 이것은 시조의 연행이 대단히 활발하게 이루어지고 있음을 말해 주는 반증이다. 적어도 한 가집의 편찬은 그 가집을 둘러싼 일군의 가창자들의 존재를 전제할 수 있기 때문이다. 조선 후기에 들면서 시조문학은 음악적·문학적으로 변화하고 발전했지만, 한편으로 가집의 편찬과 활발한 유통이 그것을 가능하게 해주는 역할을 하였던 것이다.

3. 이한진편 〈청구영언〉의 성격과 시조 문헌 정착의 한 양상

앞서 논의했던 18세기 시조문학사의 주류적인 흐름과는 달리 18세기 후반에 이르면 일군의 사대부들에 의해 향유되었던 가집이 출현한다. 여항의 가창자에 의해 편찬된 <청진> 등 다른 가집과는 달리 이한진편 <청구영언>은 편찬자인 이한진(李漢鎭 : 1732~1815)과 그의 스승인 김용겸(金用謙 : 1702~1789)을 비롯한 주변 문사들의 함께 어울렸던 가악 생활(歌樂生活)을 반영하고 있다. 이한진은 박지원(朴趾源)·성대중(成大中)·홍대용(洪大容)·박제가(朴齊家) 등 이른바 '연암그룹'이라고 불리는 당대 문인 지식인들과 긴밀한 교유 관계에 있었다.[21]

---

19) 최규수, 「<남훈태평가>를 통해 본 19세기 시조의 변모양상」(이화여대 석사학위논문, 1988) 참조.

20) 신경숙, 「조선 후기 여창가곡의 연구」(고려대 박사학위논문, 1994) 참조.

21) '연암그룹'의 성격에 대해서는 오수경, 「18세기 서울 문인지식층의 성향-'연암그룹'에 관한 연구의 일단」(성균관대 박사학위논문, 1990)을 참조할 것.

이들은 대부분 농암(農巖) 김창협(金昌協)과 삼연(三淵) 김창흡(金昌翕)의 문하에서 학연으로 연결되어 있을 뿐 아니라, 18세기 후반 서울 지식인들의 사상적 동향을 선도해 나가는 위치에 있었다. 김용겸은 농암과 삼연의 아우인 김창집(金昌緝)의 아들이며, 삼연은 이한진의 외증조부가 된다. 이들은 주로 서울의 백악(白岳) 주변에서 풍류 생활을 즐기며 시(詩)·서(書)·악(樂)을 논하였는데, 이들의 일원인 성대중은 이를 일러 '악하풍류(岳下風流)'라 지칭하였다. 이들 스스로도 자신들의 생활을 풍류라고 인정하고 있었던 셈이다. 따라서 <청연>은 이한진을 비롯한 이들의 풍류 생활의 면모를 반영하고 있는 가집이다.

편찬자인 이한진은 음률에 달통하였고, 퉁소를 잘 부는 것으로 유명했다. 이들과 함께 활동한 홍대용 또한 악률에 조예가 깊었음은 물론이고, 우리 나라에 들어온 구라철사금의 연주법을 처음으로 밝혀내었다고 알려져 있다. 이들의 좌장이었던 김용겸은 음악을 관장하던 장악원(掌樂院)의 제조로 재임한 적이 있으며, 역시 음악에 대한 식견이 매우 뛰어났던 인물이다. 이밖에도 <청연>의 편찬과 직·간접적으로 연관이 있는 인물들은 한결같이 음악과 매우 밀접한 생활을 했던 것으로 알려져 있다. 다음의 자료는 이들이 어울렸던 모임의 성격을 잘 보여주며, <청연>의 편찬과 관련해서도 중요한 단서를 제공해 주고 있다.

> 담헌(湛軒) 홍대용(洪大容)은 가야금을 펼치고, 성경(聖景) 홍경성(洪景性)은 거문고를 잡고, 경산(京山) 이한진(李漢鎭)은 퉁소를 소매에서 꺼내고, 김억(金檍)은 서양금을 가지런히 하였고, 장악원(掌樂院)의 공인(工人)인 보안(普安)은 또한 국수(國手)라 생황을 연주하였다. 담헌의 유춘오(留春塢)에 모여 성습(聖習) 유학중(兪學中)은 노래로 흥을 돋우는데, 교교재(嘐嘐齋) 김용겸(金用謙)은 연장자라 상석에 임하였다. 맛있는 술로 약간 취하자 중악(衆樂)이 어우러져 일어난다. 뜰이 깊어 대낮에도 조용하고 낙화(落花)가 계단에 가득하다. 궁·우성(宮羽聲)이 번갈아 연주되니, 곡조는 그윽한 경지에 들어선다. 김용겸이 홀연히

> **자리에서 내려와 절을 하니, 뭇 사람들이 깜짝 놀라 일어서서 피하였다. 공이 말하기를 "그대들은 괴이히 여기지 말라. 우(禹)는 옳은 말에 절을 했다네. 이것은 하늘에 두루 퍼질 만한 훌륭한 음악인데, 늙은이가 한 번 절하는 것을 어찌 아까워하겠는가"라 하였다. 태화(太和) 홍원섭(洪元燮)도 또한 그 모임에 참석했는데, 나를 위하여 이와 같이 말해 주었다. 담헌이 세상을 떠난 다음 해 쓰다.**[22)]

이 기록은 홍대용이 세상을 떠난 다음 해(1784년)에 그의 '유춘오'라는 별저(別邸)에서 베풀어졌던 '악회(樂會)'의 정경을 그린 것이다. 홍대용의 거문고와 홍경성의 거문고, 그리고 이한진의 퉁소 등과 악사로 파악되는 김억의 서양금까지 갖추었던 풍류 공간이었다. 더욱이 김용겸과 홍원섭이 이 자리에서 수용자의 입장이었다 한다면, 이 모임은 그대로 시조 연행 공간의 전형적인 모습을 갖추고 있다고 하겠다. 음악을 중심으로 어울린 이러한 정경은 그야말로 이들의 예술적 취향을 여실히 보여주고 있다. 국수(國手)로 평가되는 장악원의 공인(工人)까지 어우러져 자리를 함께 했는데, 이들의 이러한 '악회'가 종종 열려 여러 사람들이 풍류를 즐겼던 것으로 파악된다. 장악원의 악공인 보안을 참여시킬 수 있었던 것은 장악원 제조로 재임했던 김용겸의 영향에 의해서 가능했을 것이다. 이 자리는 여항의 가창자들과 사대부가 함께 어울린 현장을 그대로 보여주고 있다.

특히 이 자리에서 부른 유학중의 '가(歌)'는 본 가집의 편찬과 관련해서 중요한 단서를 제공하고 있다. 유학중은 18세기 중반 가창자들의 명단을 기록한 <해주>의 '고금창가제씨'의 명단에 등장하는 가창자이다. 그는 사대부들의 연주 행위에 '노래로 흥을 돋우는' 역할을 하였다. 그렇게 본다면 이 자리

---

22) "洪湛軒大容, 置伽倻琴, 洪聖景景性, 操玄琴, 李京山漢鎭, 袖洞簫, 金檍, 挈西洋琴, 樂院工普安, 亦國手也, 奏笙簧. 會于湛軒之留春塢, 兪聖習學中, 侑之以歌, 嘐嘐金公用謙, 以年德臨高坐. 芳酒微醺, 衆樂交作. 園深晝靜, 落花盈階. 宮羽遞進, 調入幽眇. 金公忽下席而拜, 衆皆驚起避之. 公曰 諸君勿怪. 禹拜昌言. 此勻天廣樂也, 老夫何惜一拜. 洪太和元燮, 亦與其會, 爲余道之如此. 湛軒捨世之翌年記.", '記留春塢樂會', 成大中, 『青城集』 卷六, 138면.

는 당연히 이한진 등 사대부들이 중심이 되어 즐겼던 모임이다. 다른 이들이 연주를 하고, 전문 가창자였던 유학중은 노래를 했다는 것에서 이들이 즐겼던 것이 바로 가곡창이었음을 알 수 있다. 중요한 것은 '악회'의 자리에서 격에 맞는 반주를 갖추어 노래를 부를 때에는 전문 가창자가 그 역할을 하고 있었다는 점이다.

다시 말한다면 사대부들의 풍류 마당에서 사대부 자신들도 때로 창을 하기도 했지만, 그것은 취미 생활 이상을 벗어나지 않았음을 말해 주는 단서로 해석될 수 있기 때문이다. 노래를 부르는 것은 결국 가창을 전문으로 하였던 가창자들의 몫이었다는 것을 사대부들도 인정하고 있었던 셈이다. 비록 그들이 음악에 조예가 깊다 하더라도, 사대부들의 가창 행위는 전문적인 가창자들과는 구분되었던 것이다. 또한 사대부들과 전문 악사, 그리고 가창자들이 어울려 가악을 즐겼던 것은 조선 후기에 '예술을 매개로 한 인적 교류의 탈신분적 접근'이라는 측면에서도 주목할 만하다.[23]

흔히 사대부 계층이 즐겼던 줄풍류는 가곡창의 연주에 사용되는 것이었는데, 가야금 · 거문고 · 통소 · 서양금 · 생황 등의 가락과 어울린다. 이한진의 <청연>은 이와 같은 악회에서 불렸던 노래들을 모아서 훗날 편찬한 가집이었다. 물론 가집의 편찬은 그를 포함한 집단의 예술적 분위기도 큰 몫을 했겠지만, 가집을 실제 편찬했던 이한진의 역할도 충분히 고려되어야 한다. 그리고 사대부들이 이렇게 가곡창을 향유할 수 있었던 것은 또한 17세기 이래 성장한 여항 예술의 발전도 한 몫을 하고 있었다. 상석에서 후배들의 가악(歌樂)을 향수하다가, 그들의 음악에 반해 문득 일어나 절까지 한 김용겸의 태도

---

23) 김흥규, 「조선 후기 예술의 환경과 소통구조」(『한국사회론』, 사회비평사, 1995), 435~436면. 김흥규는 이러한 면모를 지체가 다른 사람들이 예술이라는 공동 관심사를 통해 만남으로써 일상적 현실에서 신분 차별을 넘어 심미적 교감과 예술 취향을 나누는 모습으로 파악하였다. 이들의 만남에서 신분적 변별 의식이 완전히 사라질 수는 없었지만, 예술에 대한 공통의 이해와 심원한 성취의 교감이 이루어질 때 신분적 격차의 의식은 완화되거나 뒤로 물러날 수 있음을 지적하였다. 특히 조선 후기에 다기하게 보이는 이러한 면모에 대해서는 여러 예술 분야의 사례를 통해서 구명할 필요가 있다고 여겨진다.

는 이들 집단의 문화적 기호를 짐작할 수 있게 해 준다. 스스로의 모임을 '악하풍류'라 지칭했던 것에서 알 수 있듯이, 이들의 활동은 자신들의 문화 생활에 대한 자부의 표출이라고 하겠다.

<청연>은 그 동안의 연구에서 '작가와 작품이 합치되지 못하'고 '작품의 개작·변이가 타 가집에 비해 뚜렷하'기에 '고증에 대한 고려가 부족'하였다고 평가되어 왔다.[24] 그러나 앞서도 지적했듯이 편찬자인 이한진은 악기를 직접 연주하기도 하였으며, 음률에 뛰어난 재능을 지니고 있었다. 그렇다면 예술적 재능을 소유한 인물에 의해 편찬된 가집이 과연 아무런 음악적 고려 없이 '무작위적으로 작품을 배열하기만 했을까' 하는 의문이 남는다. 비록 그것을 구분할 수 있는 표지가 없어 무작위적으로 보일지라도, 그 가집을 음악적으로 향유할 때는 나름의 질서가 있었을 것이다. 가집이 당대 향유된 가곡창의 실상을 반영하고 있다면 이러한 의문은 당연하다. 그렇다면 가집을 세밀히 살펴 '숨겨진 질서'를 찾아낼 수 있으며, 그것을 통해 그 가집이 지닌 문화적 의미를 파악할 수 있을 것이다. 더욱이 18세기 이래 가곡창의 발전에 비약적인 성장을 하였다는 점을 고려하면 이러한 질문은 더욱 설득력을 갖는다.

본고는 이러한 의문에 답하기 위하여 <청연>의 전후에 편찬된 가집들과 비교해 보았다. 그 결과 가집에 음악적으로 일정한 질서가 나타난다면, 그것을 통하여 가집의 성격을 파악할 수 있을 것이다. 이러한 전제에서 <청연>에 수록된 작품들을 1790년대에 편찬된 <병와가곡집>과 19세기 전반의 가집인 <청구영언 육당본>과 대조하여, 두 가집에서 어떠한 곡조로 연창되었는가를 살펴보았다. 그 결과 <청연>의 작품들이 그 동안의 통설대로 곡조에 대한 아무런 배려 없이 수록되지는 않았다는 사실을 확인할 수 있었다.[25] 흥미롭게

---

24) 심재완, 『시조의 문헌적 연구』(세종문화사, 1972), 35면; 김종화, 「이한진과 그의 <청구영언> 연구」(고려대 석사학위논문, 1994) 등.

25) <청연>과 두 가집의 작품들에 대한 구체적인 비교는 김용찬, 「18세기 가집 편찬과 시조문학의 전개 양상」(고려대 박사학위논문, 1997), 267~269면에서 전반적으로 행해졌다. 이 논문은 다소의 수정을 거쳐 『18세기의 시조문학과 예술사적 위상』(월인, 1999)로 출간되었다.

도 <청연>의 작품들은 다른 가집들과 유사하게 음악적으로 비교적 정연한 체제를 취하고 있었으며, 단지 각각의 곡조를 명시적으로 구분하지 않았을 뿐이었다.

비교의 결과 <청연>의 첫 번째 작품은 두 가집에 모두 초중대엽에 수록되어 있으며, 다음부터는 초삭대엽－이중대엽－삼중대엽－이삭대엽 순으로 배열되어 있었다. 그리고 <청연>의 #71 작품부터는 대부분 사설시조인데, 두 가집에 모두 삭대엽의 변주곡인 만횡(蔓橫)・농(弄)・락(樂)・편삭(編數) 등에 배열되어 있었다. 여타의 가집들과는 약간 다른 체제를 취하고 있기는 하지만, 작품의 배열이 음악적인 고려에 의한 것이었음을 알 수 있었다. 즉 동시대의 가집들과 비교하여 보았을 때 <청연>은 첫 작품이 초중대엽부터 일정한 곡조별로 배열되어 있었던 것이다.[26)]

각 곡조별로 작품을 구별하려는 의식은 <청진> 등 다른 가집들과 서로 상통하는 면이 있다. 그러나 <청진> 등이 해당 곡조명을 기입하여 각각의 작품에 대한 곡조별 분류를 하는 등의 음악적 고려가 강한 반면, <청연>에서는 아무런 곡조 표기를 하지 않았다. 이처럼 악곡 표기는 부재하지만 악곡적 분류에 의한 작품을 배열한 것은 당대 음악적 상황의 반영에 의한 결과물이라고 하겠다. 그러나 여항 가창자들에 의해 편찬된 가집과는 달리 상대적으로 음악적 표지를 '소홀히' 한 것은 결국 '노래'에 대한 이들 두 계층의 이해가 다르기 때문이라고 여겨진다.

여항의 가창자들은 시조의 창작과 연행 활동을 절실한 자기 표현 수단으로 인식하였다. 그들에게 있어서 노래는 바로 자신의 정체성을 확인할 수 있는 전제이자, 또한 목표이기도 했다. 때문에 그들의 음악적 식견을 담아내기 위한 노력이 그대로 가집에 반영되어 나타난다. 그들이 가집을 편찬할 때에는

26) 이러한 작품배열은 #123번 작품까지 지속되고, 이 이후에는 다시 이러한 배열이 여러번 반복되어 나타나고 있다. 이것은 가집의 편찬이 완료된 것은 비록 1814년이지만, 이들의 가악 생활(歌樂活動)이 18세기 후반부터 지속적으로 이루어지고 있었던 까닭이라 여겨진다. 본 가집이 짧은 시간에 집성된 것이 아니라, 일정한 시차를 두고 지속적으로 수집・보완되었음을 알 수 있다.

가집 편찬의 정당성을 부여하기 위해 가집의 서·발문을 수록하고, 개별 작품들에 대해서도 가능한 서·발문을 그대로 전제했다. 작품을 곡조별로 배열하면서 그것을 통해 연창의 체계와 방법 등에 대해서도 전문적인 식견을 담아 내고자 했던 것이다. 이렇듯 음악적 측면을 강하게 드러낸 것은 그들이 가진 예술적 표현 수단과 식견을 통해서, 자신들을 타인들과 구별지우고자 하는 의식이 강하게 작용했기 때문이다.

그러나 사대부들이 지니고 있었던 노래에 대한 의식은 여항 가창자들의 그것과는 큰 차이가 있다. 문인 지식층에게 노래란 단지 그들의 풍류 생활을 돕는 하나의 도구였을 따름이다. 그들에게 있어서 주요한 표현 수단은 결국 시문(詩文)이었지 노래는 아니었다. 때문에 '노래'에 대한 생각이 여항 가창자들과는 질적으로 다를 수밖에 없음은 일견 당연하다. 따라서 가집을 편찬하는데 음악적 체계나 연행의 방법 등에 관한 종합적인 고려보다, 연행 행위 그 자체에 더 큰 관심을 두고 있었다. 그렇기에 가집의 편찬에서 작품 자체의 수록을 중요하게 여기고, 곡조나 연행의 체계와 방법 등에 대해서는 상대적으로 덜 중요하게 인식하였던 것이다. 이러한 인식이 그대로 가집의 편찬에서도 반영된 결과가 바로 이러한 차이를 발생시킨 것이다.[27] 결국 이들은 가곡창을 자신들의 주요한 음악 행위로 여기기는 했지만, 여항 가창자들처럼 절실한 자기 표현 수단으로까지 인식했던 것은 아니었다.

김천택이나 김수장은 가집을 편찬하면서 자신들이 행한 작업의 의의에 대해서 서·발문을 통해 해명하고, 작품을 곡조별로 정연하게 수록하였다. 그리고 각 작품의 작가를 고증하는데 많은 노력을 기울였으며, 편찬 과정에서 더욱 많은 수의 작가와 작품을 수록하려는 태도를 보여주고 있다. 이에 반해 이

27) 흥미로운 것은 사대부들이 편찬한 것으로 확인 또는 추정되는 가집들이 대부분 <청진> 등에서 보여지는 것처럼 명시적으로 곡조별 분류를 하는 등 음악적 고려가 이루어지지 않았음이 확인되고 있다. 송계연월옹(松桂烟月翁)이 편찬한 <고금가곡>, 조황의 <삼죽사류>, 신헌조의 <봉래악부>, 그리고 이세보의 <풍아> 등은 모두 사대부가 편찬한 가집인데, 곡조별 배열에 대한 의식이 전혀 없음을 알 수 있다. 심재완, 『시조의 문헌적 연구』 참조.

한진은 기본적으로 노래의 역할을 단순하게 여겼기에, 서·발문을 갖추고 곡조별로 작품을 명기해 분류할 필요를 느끼지 않았던 것이다. <청연>은 작가 표기 의식이 적잖은 혼란을 보이고 있는 가집으로 평가되는데, 이것은 특정의 노래를 누가 창작하였느냐 보다 어떻게 부르느냐에 대한 관심이 더 컸던 탓으로 파악된다.

이것은 어찌 보면 노래를 하나의 '업(業)'으로 여겼던 여항 가창인과 단지 풍류의 도구로 파악하였던 사대부 문인 사이의 의식의 편차에서 비롯된 것인지 모른다. 이러한 차이는 연행 행위 자체에 대해서 더 큰 관심을 지니는가, 아니면 음악적 고려가 먼저인가를 보여주는 것이라 하겠다. 김천택이 '여항육인'의 작품이나 '만횡청류'의 작품을 수록하면서 서발문을 수록하는 등의 여러 가지 장치를 마련한다거나, 김수장이 '고금창가제씨'의 명단을 수록하면서 그러한 이유를 장황하게 설명하는 기록을 남긴 것 등은 여항 가창자들의 음악에 대한 적극적인 관심의 일단을 잘 보여준다. 그것은 바로 자신들의 존재 기반과 직접적으로 연관이 되기 때문이다.

우리는 이러한 것을 통해서 조선 후기 시조문학에 대한 여항 가창자들과 사대부들과의 인식의 차이를 읽어 낼 수 있다. <청연>의 체제가 <청진> 등과는 달리 아무런 곡조 구별도 하지 않고, 작가 표기에 있어서도 정확성이 떨어지는 것으로 확인되고 있다. 이것은 앞서도 언급했듯이 '가(歌)'에 대한 두 가집 편찬자 사이의 의식 차이에 의한 것으로 파악된다. 달리 말한다면 <청연>의 향유 집단은 문인 지식층이 중심이 되어 시조를 단지 '여기(餘技)'로 인식한 사대부들의 전통적인 시조관을 담고 있는 반면, <청진> 등은 시조가 바로 자신들의 주요한 예술적 표현 수단이었던 여항 가창자들의 시조관을 보여주고 있다. 바로 이런 차이가 가집의 체제에 대한 변별을 가능하게 해 주었던 요인이다.

그러나 곡조 표기를 하고 있지 않음에도 불구하고 <청연>의 수록 작품들이 나름대로 곡조별 배열을 취하고 있다는 것에서, 당시 가곡창의 연행 양상이 사대부들의 연행 활동 속에서도 일정한 영향력을 발휘했다는 것으로 해석할 수 있다. 이것은 당시 활발하게 발전되어 가던 음악적 환경의 변화를 자연스럽게 받아들여 이루어진 결과라 할 수 있다. 결국 큰 틀에서 본다면 조선 후기 시조문학의 전개가 여항 가창자들에게서 주도되었다면, 사대부들의 연행 활동도 이와 연관하여 여항 예술의 성장·발전이라는 축에서 조망되어야 함을 말해주고 있다.

4. 맺음말

이상으로 시조의 연행 양상과 가집 편찬과의 관련 양상을 살펴보았다. 무엇보다 가집은 그것이 편찬된 당시의 음악적 환경을 잘 반영하고 있다. 따라서 가집을 면밀히 분석해 냄으로써 당대 예술사의 단면을 파악해 낼 수 있는 통로를 찾을 수 있다. 조선 후기 다기하게 분화·발전해 가던 시조문학을 음악적인 측면과 연관시켜 검토하기 위해서는 가집에 대한 체계적인 분석과 검토는 반드시 필요하다. 그리고 금보는 가집과 더불어 시조문학의 음악적 형식을 확인할 수 있는 중요한 자료이기에, 앞으로 문학사의 영역에 적극적으로 수용해서 다루어야만 한다. 본고는 바로 이러한 측면에서 당대 시조의 연행이 가집과 어떻게 연관되어 있는지를 살펴보았다. 그 결과 적지 않은 성과를 검출해 낼 수 있었다.

먼저 금보와 가집을 통해서 조선 후기 새로이 등장한 여항 가창자들의 성격과 그들에 의해 주도된 시조문학사의 특징을 논하였다. 이러한 흐름 속에서 여항 가창자들이 편찬한 가집이 아닌, 사대부들의 가악 생활의 면모를 반영한 <청연>은 그것과 어떻게 다른지도 검토하였다. 여항 가창자들에 의해 편찬된 <청진> 등의 가집이 조선 후기 시조사의 주류적인 흐름을 형성하고 있었다면, 사대부에 의해 편찬된 <청연>은 그것과는 좀 다른 의미를 지니고 있다. 가집의 편제나 특징 등이 서로 상이하게 나타나는데, 이것은 이들 두 계층 사이의 노래에 대한 인식의 차이를 말해주고 있음을 알 수 있다.

그러나 비록 가집의 검토를 통해서 상이한 측면을 추출해 내었지만, 결국 큰 틀에서 변화·발전해 가던 조선 후기 시조사의 큰 흐름 속에서 한 부분을 차지하고 있었다고 하겠다. 조선 후기 사대부들의 가악 생활도 변화되어 가던 당대 예술적 흐름의 연장선 속에서 그 의미를 찾을 수 있기 때문이다. 음악에 전문적 식견을 지니고 있었던 사대부들조차 '노래'는 전문 가창자의 몫으로 남겨놓았던 것에서, 여항 가창자들의 연행 공간에서의 역할을 확인할 수 있었다. 특히 가집의 편제와 내용을 통해서 여항 가창자들의 시조관과 문인 지식인들의 시조관의 차이를 발견할 수 있었던 것이 성과의 하나로 들 수 있겠다.

물론 본고에서 시조의 연행과 가집의 정착 과정에 대해서 충분하게 논의된 것은 아니다. 특히 시조 창작의 측면에서 그것이 어떻게 가집에 변개되어 전해지는지, 또는 동일한 작품이 서로 다른 가집에서 어떻게 같고 다르게 나타나는가에 대해서도 논의가 되어야 할 것이다. 그러나 이러한 문제들은 앞으로 많은 가집들을 비교해서 다루는 속에서, 좀 더 폭넓은 시야 속에서 다루어져야 하리라고 본다. 여기에서는 다만 그러한 문제들을 앞으로의 과제로 남겨 두면서, 다만 조선 후기 시조의 연행이 가집에 어떠한 모습으로 반영되어 있는가를 살펴보는 것에 그치기로 한다.

(『고전문학연구』 제14집, 한국고전문학회, 1998)

제2부
조선 후기 작가들의 작품 세계

김천택의 삶과 작품 세계

1. 머리말

시조사에서 조선 후기는 새로운 형식인 사설시조의 등장, 가곡창을 자신들의 예술적 수단으로 예술사를 꽃피웠던 전문 가창자들의 출현, 그리고 이들에 의해 가집이 편찬됐다는 사실 등이 주요한 특징으로 지적될 수 있다. 17세기 이후 사회의 각 부문에 걸쳐 생산력의 발달로 인해 사회·경제적 변화가 활발하게 진행되었다. 예술적 환경 또한 이에 따라 이전 시기와는 전혀 다른 양태로 나타나게 된다. 예술 작품의 창작과 향유가 모두 관 주도로 이루어지던 것에서, 관의 예속을 벗어나 개인의 자유로운 활동이 가능하도록 변화되었다. 시조 분야에서 가곡창의 유행과 전문 가창자의 출현은 이러한 예술적 환경의 변화를 말해주는 지표이다.

본고에서 논할 김천택은 조선 후기 시조사에서 새로이 나타나기 시작한 제반 특징을 아우르고 있다는 점에서 매우 중요한 인물이다. 우선 그는 현전 최초의 가집인 <청구영언>을 편찬하였고, 조선 후기 음악사의 변화를 주도하는 위치에 서 있었다. 그 동안의 연구에서는 가집의 편찬과 가창자로서 그의 활동이 지니는 의미를 논하였던 것이 주류를 이루었다. 김천택에 관한 연구에서 이러한 점들은 아무리 강조하여도 지나치지 않을 정도이다. 김천택이 편찬한 <청구영언>의 원본 혹은 그것에 가장 가까운 사본이라고 평가되는 <청구영언 진본>(이하 청진으로 약칭)은 시조사 연구에서 중요한 자료적 가치를 지니고 있다. 가곡창의 곡조에 따른 작품의 배열과 사설시조로 이루어진 만횡청류의 수록은 예술사적 변화의 특징을 적극적으로 담아내고 있다는 점에서 주목을 요한다.

가집 편찬자이자 가창자로서의 김천택의 위상에 대해서는 이미 충분한 논의가 이루어졌다. 그러나 상대적으로 시조 작가로서의 면모는 그다지 크게 부각되어 나타나고 있지 않는 것으로 보인다. 그동안 김천택에 대한 연구는 가집의 편찬과 가창자로서의 역할과 의미 등을 논하는 것이 매우 중요하게 취급되었다. 그의 시조에 대해서도 조선 전기 강호시조(江湖時調)의 성격과 관련하여 아류로 평가되거나, 새로운 작가층으로서 중인 가창자의 특징을 분명히 지니고 있다는 상반된 논의가 함께 제출되어 있다. 그러나 이러한 논의는 대부분 작품보다는 김천택의 출신 계층 문제와 <청구영언>의 성격을 논하면서 이루어졌다.

따라서 이 시점에서 김천택의 작품 자체를 세밀히 따져 작품 세계와 작가의식을 논하는 것이 필요하다. 본고는 그의 작품을 중심에 두고 시조 작가로서의 면모와 그의 삶을 재구하는 것을 목적으로 한다. 최근 그의 작품에 나타난 '위항인(委巷人)'으로서의 면모를 부각시켜, 시조 작가로서의 김천택에 관하여 논한 연구는 이런 측면에서 기존의 논의와 차별되는 면모를 보여주고 있다.[1)] 다시 말한다면 가집 편찬자이자 시조 작가의 위상에 동등한 비중을 두고 김천택을 다룰 필요가 있다는 것이다. 또한 각 가집에 수록된 작품이 뚜렷한 변화를 보이고 있다면, 가집의 편찬 시차를 고려하여 작품 세계의 변화를 추적할 수도 있을 것이다. 본고에서는 김천택이 편찬한 <청진>과 김수장이 편찬한 <해동가요>에 수록된 작품을 차별적으로 논하여, 기왕의 논의에

1) 박노준, 「김천택과 위항인적 삶의 갈등」(『조선 후기 시가의 현실인식』, 고려대학교 민족문화연구원, 1998).

덧붙여 작품 세계의 변모 양상도 함께 검토해 보기로 한다.

문학사에서 차지하는 비중과는 달리 김천택의 생애에 대해서는 아직도 분명하게 밝혀지지 못한 점이 많이 있다. 그의 생몰년이나 생애 전반에 대한 기록은 아직 발견되지 않았으며, 다만 가창자로서의 활동에 대해서 단편적인 기록들만이 보인다. 김천택과 관련된 각종 기록들에서는 그가 당대의 가창자로 명성이 높았다는 점과 가집을 편찬했다는 사실, 그리고 그의 작품에 대한 간략한 평가만이 제시되어 있을 뿐이다. 비록 단편적인 것에 불과하지만 각종 기록들을 통해서, 그의 생애를 가능한 재구하는 것도 이 시점에서는 반드시 필요하다. 김천택을 통해서 동시대에 활동했던 예술가들의 상황과 의식세계를 유추할 수 있는 하나의 기준을 세울 수 있다고 보기 때문이다.

본고는 먼저 김천택과 관련된 각종 기록들을 통해서 그의 삶에 대해서 가능한 재구하도록 한다. 그의 활동 양상을 통해서 동시기 가창자들의 예술가로서의 입지와 삶의 조건도 따져보기로 한다. 이와 함께 <청진>과 <해동가요> 등 18세기에 편찬된 가집들에 수록된 그의 작품을 검토하기로 한다. 특히 편찬 시차가 있는 가집들에서 수록 작품의 면모나 특징이 서로 다르게 나타난다면, 작품 활동의 변화를 추적할 수가 있을 것이다. 무엇보다도 작가론에서는 작가의 생애와 함께 작품의 변모 양상을 살피는 것이 필요하다고 여겨지기 때문이다.

2. 김천택의 생애와 활동

김천택은 17세기 후반부터 18세기 전반에 걸쳐 시조 작가이자 가창자로서 활동을 하였다. 그에 관한 기록들은 모두 가창자로서의 능력과 가집 편찬 의의에 대해 언급하고 있다. 그는 가창자로서 활동을 했을 뿐만 아니라, 후배들을 양성하는데도 많은 노력을 기울였음도 알 수 있다. 정래교의 다음과 같은 언급은 시조 작가이자 가창자로서 후학을 양성하는 그의 면모를 잘 보여주고 있다.

> **남파 김백함은 선가(善歌)로 온 나라에 이름이 알려졌을 뿐만 아니라, 성률(聲律)에도 익숙하며 아울러 문예(文藝)도 닦았다. 스스로 새로운 작품을 지어서, 이항인(里巷人)에게 주어 그것을 익히도록 했다. … 백함은 이미 노래를 잘하여 스스로 신성(新聲)을 지었다. 또 선금자(善琴者)인 전악사(全樂師)와 함께 아양지계(峨洋之契)를 맺어 전악사가 거문고를 연주하면, 백함은 그것에 화답하여 노래를 불렀는데 그 소리가 맑아서 귀신을 감동시키고 화창한 기운을 일으킬 수 있었다. 두 사람의 기예는 일세에 뛰어난 재주라 할만 했다. 내가 일찍이 남모르게 깊이 간직한 병이 있어 가슴에 맺힌 것을 풀 수 없었는데, 백함이 반드시 전악사와 함께 와서 이 작품들을 가지고 노래를 연주하여 나로 하여금 한번 듣게 하니, 마음 속에 맺힌 것을 씻을 수 있었다. 무신년(1728) 늦은 봄에 흑와(黑窩)는 쓰다.[2)]**

정래교는 김천택이 가창과 문예에 매우 뛰어났음을 증언하고 있다. 김천택을 평가하는 다른 기록들에서도 반드시 지적되는 사항이지만, 그가 선가(善歌)로서 일국에 명성을 떨쳤다는 언급은 주목할 만하다. 이 기록에 의하면 김천택은 적어도 이 시기에는 정래교와 같은 위항 시인들에게 선가자(善歌者)로서 널리 알려져 있었다. 더욱이 그는 작품을 창작했을 뿐만 아니라, 다른 사람들에게 작품을 익혀 가창을 하도록 하였다. 정래교는 또 다른 기록에서 김천택이 자신이 지은 작품을 소년들에게 익혀서 가창을 하도록 했다고 언급하였다.[3)] 이 기록들에서 그가 노래를 익히게 했다는 대상으로 언급된 '이항

---

2) "… 南坡金君伯涵, 以善歌鳴一國, 精於聲律, 而兼攻文藝. 既自製新翻, 畀里巷人習之. … 伯涵既善歌, 能自爲新聲. 又與善琴者全樂師, 托爲峨洋之契, 全師操琴, 伯涵和而歌, 其聲瀏瀏然, 有可以動鬼神, 而發陽和. 二君之技, 可謂妙絶一世矣. 余嘗幽憂有疾, 無可娛懷者, 伯涵其必與全樂師來, 取此詞歌之, 使我一聽而得洩其湮鬱也. 歲戊申暮春上浣 黑窩序.", '青丘永言序', <青珍>.

3) "… 又製新曲數十闋, 以傳於世, 少年習而唱之. …", '金天澤作品跋', <青珍>.

인(里巷人)' 혹은 '소년(少年)'이란 그가 양성했던 가창자들로 보아도 무리가 없다. 그가 양성한 가창자들을 구체적으로 확인할 수 없지만, 자신의 기예를 널리 보급하고자 노력했던 모습을 엿볼 수 있다.

그가 창작한 작품들은 '신성(新聲)' · '신번(新翻)' · '신곡(新曲)' 등으로 지칭되어, 기존의 곡조와는 다른 새로운 경향의 음악에 맞추어 지은 것임을 알 수 있다. 새로운 음악의 조류를 재빨리 받아들이고, 그것을 익혀 자신의 음악적 자산으로 활용했던 것이다. 가집의 편찬은 이렇듯 변화해가는 음악사의 흐름을 주도하고 가곡창을 보다 널리 보급하려는 의도에서 비롯된 것이다. 18세기 전반에 가곡창의 음악적 변화가 매우 빠르게 진행되었다는 것을 감안한다면, 정래교가 그의 작품을 높이 평가하는 이유는 작품의 내용뿐만 아니라, 그가 즐겼던 음악적 형식도 한 몫을 하고 있었을 것이다.

그는 가창자들을 교육시켰을 뿐만 아니라, 자신의 음악을 이해해 줄 수 있는 악사와 더불어 연주를 하기도 했다. 악사가 곡을 연주하면 김천택은 그것에 화답하여 노래를 불렀다. 김성기가 금사(琴師)로써 거문고를 연주하면서 가창을 했던 것에 비해, 김천택은 가창을 할 때에는 노래만을 불렀던 전문 가창자였던 것이다. 김천택은 전악사와 함께 병이 든 정래교에게 가서 노래와 연주를 해서 위로하였다. 이것은 이들의 모임이 서로의 기예를 알아주는 사람들이 만나 예술을 즐기는 동호인적 성격을 지니고 있었음을 말해준다. 종실(宗室)인 마악노초(磨嶽老樵) 이정섭(李廷燮) 또한 김천택의 노래를 즐겨 들었다는 언급을 하고 있어, 예인(藝人)들이 자신들의 기예를 바탕으로 사대부들이나 위항 시인들과 교유를 했음을 알 수 있다.4)

가창자로서의 김천택의 활동에 대해서는 관련 기록들이 적지 않게 남아있는 반면, 그의 생몰년을 확인할 수 있는 기록은 전하지 않는다. 다만 <해동가요>를 편찬한 김수장(1690~?)과 5년 내지 20여년의 연령차가 있을 것이라는 추정만이 있었다.5) 그러나 비슷한 시기에 가창자로 활동을 했으면서도, 김천

4) "… 余平生好聽歌, 尤好聽汝之歌, 而汝以歌爲請, 吾安得無言. …", '靑丘永言後跋', <청진>.
5) 진동혁은 둘 사이의 연령차가 20~30세 정도일 것이라고 추정했다. 진동혁, 「김천택론」(『속

택과 김수장이 서로 교유를 했다는 증거는 발견할 수 없었다. 이것은 김천택의 생몰년과 함께 아직까지 풀리지 않는 문제로 남아 있다. 그러나 <해동가요 박씨본>(이하 해박)에 김천택의 생년을 추정할 수 있는 다음의 기록이 있는데, 이것을 통해 나름의 추론을 해보고자 한다.

> **김천택은 노래로 유명하여 당세에 매우 뛰어나고 속되지 않았으며, 그 외모는 살빛이 희고 수염은 창과 같이 날카로웠다. 어려서부터 시경을 암송하여, 나이가 60살이 되었는데도 조금도 잊지 않았다. 총명함이 다른 사람보다 뛰어남이 없다면, 어찌 이와 같을 수 있겠는가. … 을축년(1745) 봄 화사자가 욕음재에서 쓰다.**[6]

이 기록의 앞부분에서 김천택은 자신이 편찬한 가집의 서문을 화사자에게 부탁하였고, 화사자라는 인물은 가집을 살펴보고 가집 편찬의 의의와 김천택에 대해서 언급하면서 이 기록을 김천택에게 주었다는 것을 알 수 있다.[7] 이

고시조 작가론』, 백산출판사, 1990).

6) "… 天澤以歌有名, 當世爲甚丕不俗, 其貌白晳, 其髥若戟. 自幼能誦詩三百, 年六十無少忘. 非有聰明絶人, 安能若是哉. … 乙丑仲春 花史子書于欲吟齋", <해박>.

7) 이 기록을 근거로 일부 논자들은 김천택이 <청구영언>을 편찬한 이후에 '해동가요록'이라는 가집을 다시 편찬했다고 주장하였다. 그러나 김천택이 <청진>을 편찬한 이후 그것을 보완하려는 노력을 보였을 것임은 추정할 수 있으나, <청진>과 전혀 다른 가집을 편찬한 것은 아닐 것이다. 김수장의 <해동가요>가 여러 차례 개편되지만, 일부 작품의 첨삭과 곡조 등의 편제만이 변화했을 뿐이지 가집의 명칭까지 바꾸지는 않았다. 마찬가지로 만일 김천택이 1728년 <청진>을 편찬한 이후 가집을 보완했다면, 그 명칭을 바꾸지는 않았을 것이다. 그리고 이 기록에서 말하는 '해동가요록'은 단지 '우리 나라의 가요를 모아놓은 책'이라는 의미만을 지닌다는 것이 필자의 판단이다. 즉 김천택이 <청진>의 발문을 마악노초 이정섭에게 받은 이후, 다시 노래에 대해 일가견이 있는 '화사자'라는 인물에게 또다른 발문을 청탁하였던 것이다. 화사자의 이 기록은 <청진>에는 실리지 못하고 전해지다가, <해동가요> 1차본의 전사본인 <해박>에 정착된 것이다. <해박>의 후반부에 있는 한유신(韓維信)의 기록에서도 <해박>을 김천택이 편찬한 가집이라고 오인하는 부분이 있는데, 그것은 이 기록과 함께 당대 가집 편찬자로서 김천택이 널리 알려져 있었기에 그런 오해가 가능했던 것이다. <해박>의 성격에 대해서는 김용찬, 『18세기의 시조문학과 예술사적 위상』(월인, 1999) 참조.

기록을 남긴 '화사자(花史子)'가 누구인지는 아직까지 확인되지 않았다. 그가 욕음재(欲吟齋)를 소유하고 있었다는 사실과 '화사자'라는 별호를 지니고 있었음을 알 수 있을 뿐이다. 이 기록은 을축년(乙丑年), 즉 1745년의 기록이다. 따라서 화사자의 언급대로 김천택이 이 당시 60여세 정도였다면, 1685년 전후에 태어났음을 알 수 있다.

이 기록을 신뢰할 수 있다면 김천택은 김수장과 불과 5살 정도의 차이가 나고, <청진>의 편찬(1728년)은 그의 나이 40여세 전후에 이루어졌다. 화사자는 이 기록의 후반부에 김천택을 '가지성자(歌之聖者)'로 극찬하였다. 발문을 청탁하는 사람에 대하여 어느 정도의 관습적 표현을 붙이는 것을 감안한다 하더라도, 김천택이 당시 가창자로서 얼마나 유명했던가를 말해주는 단서는 될 수 있을 것이다. 이정섭과 정래교의 기록에서 보이는 바와 같이 이 시기 김천택이 가창자로 명성이 드높았음을 다시 한 번 확인할 수 있다. 김천택이 언제 죽었는지는 알 수 없지만, 적어도 화사자가 이 기록을 남긴 1745년까지는 김천택이 가창자로써 활동을 하고 있었다.

김수장은 <해박>에 1755년의 간지(干支)가 있는 글에서, 앞선 시대의 가창자들이 '창습(唱習)'으로 일가(一家)를 이룬 사실을 적시하면서, 당시에는 이러한 부류의 사람들이 '영멸(永滅)'했음을 한탄하였다.[8] 이 기록에서 언급한 30여년 전은 김천택이 <청구영언>을 편찬하면서 가창자로 활발하게 활동을 하였던 시기이다. 김수장이 <해동가요>를 편찬하면서 가창자로 활동을 했던 시기가 1755년 전후라고 한다면, 김천택과의 연령차가 비록 5년여에 불과하지만 그들이 활동했던 시기는 30여년의 차가 나는 셈이다. 이러한 활동 시기의 차이가 거의 동시대를 살았던 가창자이면서도, 같이 교유를 했던 흔적이 남아있지 않은 이유이다.

---

8) "憶! 昔古人之風儀, 觀今諸君之豪游, 浩浩大海之與潺潺細流川者也, 良可寒心. 至於三十年前, 出林幽僻之處, 瀑布長松之下, 或三或五, 盡日唱習, 終爲成家者多矣. 未知斯世, 如何而此類永絶. 豈不嗟乎! 好事者無, 樂此者無, 故恐其永滅沈晦之地, 不得已自製短歌卄餘章, 附尾於諸公之下. 幸勿嚬蹙, 恕其繼跡焉. 乙亥 孟夏之初 十州 金壽長書", <해박>.

김수장은 30여년 전만 하더라도 삼삼오오 모여 창을 익혀 일가(一家)를 이룬 사람들이 많았지만, 1755년 무렵에는 음악을 좋아하는 사람도 없으며 음악을 즐기는 사람도 없게 되었다고 말하고 있다. '선가자' 혹은 '가지성자(歌之聖者)'로 당시 사람들에게 평가를 받았던 김천택이 만일 이 기록을 남긴 시기까지 살아 있었더라면, 김수장은 음악이 '영멸침회(永滅沈晦)'의 지경에 이르렀다고 한탄하지는 않았을 것이다. 김수장은 부득이 자신이 작품을 창작하여 앞서 활동했던 '성가자(成家者)'들의 맥을 잇겠다고 언급하고 있다. 김수장은 자신을 기존의 명맥을 이어 새로운 시대를 여는 선구자로서의 의식을 곳곳에서 드러내고 있다. 그렇다면 1755년 이전에 앞선 시대의 가창자들을 대표할 수 있는 김천택은 활동을 하지 않고 있었으며, 더 나아가 이미 죽었음을 암시하고 있는 것으로도 해석된다. 이러한 상황에서 김수장 자신이 나서서 그 맥을 이어, 가집의 편찬 사업을 계속하여 <해동가요>를 편찬했던 것이다.

만일 이러한 추론이 성립될 수 있다면, 김천택은 1685년 무렵에 태어나서 1745년부터 1755년 사이의 어느 시기에 죽었다는 것을 알 수 있다. 장복소(張福紹)가 김수장의 가집에 발문을 붙이면서, '김수장과 김천택이 경정산을 상대할만 하니(金君壽長與南坡金天澤, 相對敬亭山)' 운운(云云)했던 것은 김수장의 가창자로서의 위상을 높이기 위해 당대에 이미 '명가(名歌)'로 널리 알려진 김천택의 명성을 이용한 것이라 할 수 있다. 김수장 자신도 가집의 편제와 성격에서 김천택의 <청구영언>을 그대로 수용하여 <해동가요>를 편찬하였다. 결국 김천택의 가집 편찬과 가창 활동은 김수장을 비롯한 후대의 가창자들에게 하나의 전범으로 역할했던 것이다.

김천택의 출신은 여항인(閭巷人)이다. 자신이 편찬한 <청진>에 사대부·기녀 작가들과는 별도로 '여항육인'이라는 항목을 설정하여, 자신을 포함한 여섯 작가들의 작품을 수록하였다. 이러한 편집 태도는 기존의 시조 작가들인 사대부들에 덧붙여 자신과 같은 여항인들을 새롭게 작가의 반열에 올려두려는 의식에 기반한 것이다.[9] 그의 출신에 대해서는 아직도 학계 일부의 이견이 있으나, 여항 출신임은 분명하다.[10] 그에게 작품의 발문과 '청구영언서'를 써주었던 위항 시인인 정래교(鄭來僑)는 그를 지칭해 '김군백함(金君伯涵)'이라 하였으며, 마악노초 이정섭은 '가자(歌者)' 그리고 화사자는 '산인(散人)'이라고 칭하는 등 김천택이 사대부와는 달리 지체가 낮은 신분이었음은 여러 기록들을 통해서도 확인할 수 있다.

김천택은 비교적 지체가 낮은 신분이었음에도, 당시의 가창자들 이외에 당대 사대부들과도 폭넓은 교분을 형성하고 있었음을 알 수 있다. 그는 당시 집권 세력이었던 노론의 안동 김씨 일문과 직·간접적으로 교유했던 것으로 확인된다. 그에게 발문(跋文)을 써 주었던 마악노초 이정섭(1688~1744)은 농암 김창협과 삼연 김창흡에게서 수학하였고, 노가재 김창업은 이정섭의 고모부가 된다. 또한 당대의 문장가이자 위항 시인으로 명성을 떨쳤던 정래교 역시 스승인 홍세태를 통하여 농암·삼연과 교유가 있었으며, 그는 김천택에게 '청구영언서'와 작품에 대한 발문을 써주기도 하였다.[11] 또한 <청진>의 사대부 작가 말미에 작품이 수록된 김성최(金盛最)·김창업(金昌業)·신정하(申靖夏)·조관빈(趙觀彬) 등과는 직·간접적으로 연관이 있었음은 이미 논하였다.[12]

김천택이 <청구영언>을 편찬한 1728년은 노론과 소론 사이의 치열한 정권 쟁탈전이 벌어졌던 신임사화(申壬士禍 ; 1721~1722)와 정미환국(丁未換局 ; 1728)을 거치면서, 노론이 안정적인 집권을 꾀했던 기간이기도 하다. 그와의 교유가 주로 집권 세력이었던 노론들과 이루어졌으며, 노론의 집권이 안정적으로 되어 가던 시기에 가집 편찬이 이루어졌다는 것은 시사하는 바가 크다.

---

9) 김용찬, 「여항육인의 작품 세계와 18세기 초 시조사의 일국면」(『시조학논총』 제12집, 한국시조학회, 1996). 이 논문은 『조선 후기 시가문학의 지형도』(보고사, 2002)에 재수록되었다.

10) 그가 사대부일 가능성을 제기한 논문으로는 권두환, 「조선 후기 시조가단 연구」(서울대 박사학위논문, 1984), 46~49면과 조규익, 「<청구영언> 소재 여항육인론」(『숭실어문』 제10집, 숭실대학교 숭실어문연구회, 1993) 등이 있다.

11) 정래교의 문집인 『완암집(浣巖集)』(卷四)에는 <청구영언>에 수록된 김천택의 작품 발문이 '김생천택가보서(金生天澤歌譜序)'란 제목으로 남아있다.

12) 김용찬, 「<청구영언 진본>의 성격과 편찬 의식」(『어문논집』 35, 고려대학교 국어국문학연구회, 1996). 이 논문은 『조선 후기 시가문학의 지형도』(보고사, 2002)에 재수록되었다.

이처럼 김천택은 당대의 위항 시인이나 사대부들과 폭넓은 교유를 하였고, 이러한 교분을 근거로 가창자로서의 입지를 굳힌 것으로 보인다.

김천택은 '여항육인'의 작품 발문에 자신을 소개하는 표현으로 '남파노포(南坡老圃)'라는 표현을 즐겨 썼다. 사대부 작가들이 그를 지칭할 때는 그의 자(字)를 들어 '백함(伯涵)' 또는 '이숙(履叔)'이라고 표현하는 것과 달리, 스스로는 '남파'라는 호를 즐겨 사용했다. 예전에는 자신이 거처하던 곳의 지명이나 자연물을 빗대어 호를 명명하던 관습이 있었다. 그렇다면 김천택의 '남파(南坡)'라는 호도 이러한 관습을 따라 붙인 것이라 추정할 수 있다. 그리고 '노포(老圃)'라는 표현은 『논어』의 「자로(子路)」에서 유래한 것으로, '사(士)'가 실천해야 할 '치국지도(治國之道)'에 대비되는 채소 가꾸는 일같은 하찮은 일에 익숙한 자라는 뜻을 가리킨다.13)

<청진>에 수록된 그의 작품을 통해서 이것을 유추할 수 있는 실마리를 찾아보자.

남산(南山) ᄂᆞ린 골에 오곡(五穀)을 ᄀᆞ초 심거
먹고 못 나마도 긋지나 아니 ᄒᆞ면
그 밧긔 녀나믄 부귀(富貴)야 ᄇᆞ랄 줄이 이시랴. <청진 *259, 김천택>

울 밋 양지(陽地)ㅅ 편에 외ᄡᅵ를 쌔혀 두고
ᄆᆡ거니 븟도도와 빗김에 달화 내니
어즈버 동릉 과지(東陵瓜地)ᄂᆞᆫ 예야 권가 ᄒᆞ노라. <청진 *260, 김천택>

이 작품들은 모두 생활의 자족적인 면모를 담고 있으며, 작가인 김천택 자

---

13) "樊遲, 請學稼. 子曰 '吾不如老農'. 請學爲圃. 曰 '吾不如老圃.' 樊遲出. 子曰 '小人哉, 樊須也.'", 『論語』. 여기에서 '노농(老農)'과 '노포(老圃)'는 모두 농사와 채소를 가꾸는 일을 전문으로 해왔던 사람이며, 그 일이 '사(士)'가 행하는 일과는 구별된다는 것을 말하고 있다. 따라서 공자의 이 말 속에는 '사'는 농(農)·포(圃)와 구별되는 '치국지도(治國之道)'를 행해야 한다는 의미를 담고 있다.

신의 실생활이 어느 정도 반영된 것이라 해석된다. 첫 번째 작품에서는 때로는 농사짓는 일을 하면서, '먹고 못 나마도 굿지나 아니 ᄒᆞ'다면 부귀는 바라지 않겠다는 소박한 의식을 보여준다. 이 작품의 배경이 되는 것은 '남산 ᄂᆞ린 골'이다. 만일 '남파(南坡)'라는 호, 즉 '남쪽의 고개 마루'가 지칭하는 곳이 서울의 남산 언저리를 지칭한 것이라면, 이 작품의 배경이 되는 곳은 그가 거처하였던 공간인 셈이다.

두 번째 작품은 노포(老圃)로 자처했던 자신의 모습을 잘 표현하고 있다. 초장과 중장에서 '울 밋 양지'에서 '외씨'를 정성들여 심고 가꾸는 노포(老圃)로서의 화자의 모습이 잘 드러나 있다. 종장에서는 그러한 자신의 생활을, 진(秦)의 소평(邵平)이 동릉후(東陵候)가 되었으나 진이 망하자 청문(靑門) 밖에서 외를 심어 팔았다는 고사에서 연유한 '동릉 과지'로 묘사하였다.[14] 이 두 작품은 모두 '남파노포(南坡老圃)'라고 칭했던 자신의 자족적인 생활의 면모와 의식을 표출하고 있다. 또 다른 작품에서도 '궁경가색(躬耕稼穡)이 ᄂᆡ 분(分)'(해주 443)이라고 표현하여, 노포로서 생활을 영위했음을 곳곳에서 드러내고 있다.

그렇다면 김천택은 남산 근처에서 거처하면서 때로 위항 시인이나 사대부 문인들과 교유하면서 음악을 즐기기도 하였고, 때로는 농사와 채소를 가꾸는 일에 종사하면서 자족적인 삶을 살았던 것으로 파악된다. <청진>에 수록된 그의 작품에 가악 생활과 관련된 것들이 적지 않은데, 이 작품들도 자신이 가악 생활을 영위하는 틈틈이 노포로서의 삶의 면모를 표출한 것으로 해석된다.

<해주>에서는 김천택을 '숙종조 포교'로, 김수장 자신은 '숙종조 기성 서리(騎省書吏)'로 소개하였다. 이에 반해 이정보(1693~1766)는 '금조(今朝) 대제학(大提學)·판서(判書)'로, 조명리(1697~1756)는 '금조(今朝) 판서(判書)'로 기재하여 영조조에 활동했음을 지적하고 있다. 이정보 등의 예에서 볼 수 있듯이, 작가 소개는 철저히 대상 인물이 관직에서 활동한 시기를 중심으로

14) 司馬遷, 「蕭相國世家」, 『史記』(中華書局, 1994).

하였다. 이 기록에 따른다면 김천택이나 김수장은 모두 숙종조(1674~1720)에는 포교나 서리로 활동을 하다가, 그 이후에는 관직 생활을 하지 않았던 것이다. 김천택의 생년을 1685년 전후로 본다면 적어도 30대 초반까지는 포교 생활과 가창자로서 활동을 하다가, 경종이 즉위한 1720년 이후에는 본격적으로 가창자로 나서서 활동하면서 가집을 편찬했음을 알 수 있다.

김수장은 흔히 서울의 북부라 지칭되는 필운대(弼雲臺)를 중심으로 활동을 했다. 1760년에는 화개동(花開洞)에 '노가재(老歌齋)'라는 가재(歌齋)를 짓고 그곳을 중심으로 가단을 이루어 가악 활동을 펼치기도 하였다. 이에 반해 김천택의 활동 근거지는 남산이었다. 이들이 본격적인 활동을 한 것은 서로 30여 년의 차이가 난다. 교유를 하거나 같이 활동했던 인물들을 보면, 김수장은 대체로 위항 시인들과 여항 가창자들과 주로 활동을 하였다. 김천택 역시 위항 시인들이나 여항의 가창자들과 교유가 있었지만, 김수장과 교유했던 인물들과는 거의 겹치지 않는다. 그리고 당대 집권 세력인 안동 김씨를 중심으로 한 사대부들과도 관계를 맺고 있었다. 김수장과 김천택이 같이 활동했다는 기록이나 흔적을 좀처럼 발견할 수 없다. 이것은 이 두 사람의 나이 차가 불과 5년여에 불과한데도, 30여년이라는 활동 기간의 차이로 인해 그들을 함께 묶을 수 있는 요인이 적었던 탓으로 여겨진다. 실제 1755년 <해박>의 편찬 이전에는 김수장이 가창자로 활동을 했다는 어떠한 기록이 발견되지 않는 점도 이러한 추정을 가능하게 한다.

반면 김수장이 <해동가요> 1차본을 편찬하면서 활동을 시작한 1755년 이후에는 김천택이 활동을 했다는 기록을 발견할 수가 없다. 아마도 김천택은 이 시기에는 이미 죽었기 때문이 아닌가 여겨진다. 이처럼 생활의 근거지와 교유 인물, 그리고 활동 시기의 차이가 두 가창자들을 구별짓게 해주는 중요한 요인인 것이다. 가집 편찬의 시기가 말해주듯 이 두 사람은 어느 정도의 시차를 두고 본격적인 활동을 하였다. 김천택이 시조문학을 자신과 같은 여항인들의 주요한 표현 수단으로 확립하였다면, 이러한 토대 위에서 김수장은 그의 뒤를 이어서 가창을 적극적으로 보급하는 역할을 했던 것이다. 김천택은 이처럼 조선 후기 음악의 토대를 확립하였고, 가집을 편찬함으로써 가곡창을 여항인들의 주요한 예술 양식으로 만드는데 중요한 역할을 하였다.

3. 김천택 작품에 나타난 의식과 그 의미

그동안 김천택의 작품 세계에 대해서는 지속적으로 연구되었다. 필자 역시 <청진> 소재의 30수를 중심으로 그의 작품을 고찰하고, 다른 '여항육인' 작품들과의 대비를 통해 18세기 초반 여항 작가들의 의식 세계를 살펴보았다.[15] 그러나 김천택의 작품은 <청진>의 30수 이외에 다른 가집들에도 적지 않게 나타나는데, <해동가요>의 1차본인 <해박>의 21수와 3차본인 <해동가요 주씨본>(이하 해주로 약칭)에는 57수가 수록되어 있다.[16] 그러나 중복되는 작품 수를 제외하면 김천택의 작품 수는 모두 79수이다.[17] 적어도 <청진>의 30수는 그것이 편찬되던 1728년 이전에 창작되었다. 그렇다면 <청진>에 보이지 않다가 <해동가요>에 새로이 나타난 작품의 의미를 어떻게 설명할 수 있을까.

김수장은 <해주>의 김천택 작품 발문에서 그의 작품을 선별하여 수록했음을 밝히고 있다.[18] 그렇다면 <해동가요>에 수록된 작품은 일차적으로는 김수장의 작품 선택 취향에 따라 나타난 결과로 파악된다. 그러나 김천택이 가

---

15) 김용찬, 「'여항육인'의 작품 세계와 18세기 초 시조사의 일국면」.

16) 이외에도 다른 가집들에서 몇몇 작품이 추가되기도 하지만, 이 세 가집에 가장 많은 수의 작품이 수록되어 있다. 아울러 수록 작가의 신뢰도가 비교적 높고, 가집의 편찬 시기 또한 김천택의 생존 시기와 가장 가깝다는 것도 고려되었다.

17) <해박>의 21수 중 <청진>과 겹치는 작품은 4수에 불과하고 17수가 새로운 작품이다. 그리고 <해주>의 57수 중 <청진>과 <해박>에 수록되지 않고 새로이 나타난 작품은 32수이다. <해주>의 작품은 <해박>에 비해 46수가 추가되고, 9수가 탈락되었다.

18) "伯涵所製歌曲, 其數最多, 而或有所貴者, 或有所賤者. 吾既修正作譜, 以傳於後, 則祛滓極眞, 必使識者, 開眼終至道直. 然後, 乃可以立其名, 語之眞實淳厚淸廉孝忠者, 採之. 輕忽不重脈絡絶間者, 去之. 後之全篇考之者, 獵略首, 未幸勿訝惑焉. 庚辰蒼龍杜鵑矜艶, 杏花隱香之節, 六九翁老歌齋金壽長書.", '金天澤作品跋', <해주>.

집을 편찬하면서 자신이 그동안 창작한 작품을 모두 수록했다면, <해주>에 새로이 출현한 작품들은 <청진> 편찬 이후에 창작된 것으로 볼 수 있다.[19)] 앞의 화사자(花史子) 기록에서 보듯 김천택은 적어도 1745년 무렵까지 가창자로서 활동을 했으며, 따라서 <청진>을 편찬한 이후에도 작품 창작은 계속 되었을 것이다. 다만 김수장은 김천택의 작품을 모두 싣지 않고, 자신의 취향에 따라 선별적으로 수록했을 뿐이다. 다음 작품을 통해서 이런 추론이 뒷받침될 수 있을 것이다.

> **서검(書劒)을 못 일우고 쓸ᄢᅴ 업쓴 몸이 되야**
> **오십(五十) 춘광(春光)을 ᄒᆡ옴 업씨 지ᄂᆡ연져**
> **두어라 언의 곳 청산(青山)이야 날 ᄢᅴᆯ ᄯᅮᆯ이 잇시랴. <해주 *421, 김천택>**

이 작품은 <청진>에는 보이지 않다가 <해주>에 비로소 수록되었다. 중장에서 분명히 제시되어 있듯이, 김천택의 나이가 50여세 되었을 무렵 창작된 것이다. 그렇다면 1735년 전후에 이 작품이 창작되었음을 알 수 있고, <청진> 편찬 이후에도 계속해서 작품을 창작했음을 분명하게 보여주고 있다. 이 작품에서 그는 현실 세계에서 목표로 했던 상황을 분명하게 제시하고 있다. 화자가 추구했던 것은 '서검(書劒)을 이루는' 세속적인 출세였다. 화자에게 있어 현실 세계의 성공은 애당초 불가능했기에 '오십(五十) 춘광(春光)'을 허비할 수밖에 없었다. 이제 그가 택할 수 있는 곳은 자신을 아무도 꺼리지 않는 '청산(青山)'밖에 없다. 현실 세계에서 벗어난 자연은 그에게 유일하게 허여된 공간이었던 것이다. 여항인으로서 50여년을 살아온 그에게 출세할 수 있는 기회가 오리라는 것은 애당초 기대할 수 없었다.

---

19) <청진>의 유명씨 작품 수록 태도에서 확인되듯이, 김천택은 자신이 확인할 수 있었던 대상 작가들의 작품 모두를 수록하기 위해서 노력했다. 따라서 자신의 작품도 그때까지 창작한 작품을 모두 수록했다고 파악하는 것이 타당하다. 김천택의 작품 수록 경향에 대해서는 김용찬, 「<청구영언 진본>의 성격과 편찬 의식」에서 자세히 논했다.

이렇게 본다면 가집들에 나타난 작품들의 경향을 통해서 어느 정도나마 작품을 시기적으로 변별하여 논할 수 있을 것이다. 일단 김천택의 작품을 <청진>이 편찬되던 1728년을 기준으로 설정하여, 그 이전과 이후의 경향을 비교하여 작품의 변모 과정을 살필 수 있다고 본다. 즉 <청진>에 수록된 30수는 1728년 이전의 40대 초반까지 지어진 것이고, 나머지 작품들은 그 이후에 창작된 것이라 파악된다.

<청진>에 수록된 그의 작품들에서는 동시대의 여항 작가들처럼 신분적 질곡 속에서의 갈등과 자신의 음악 세계에 대한 자부, 그리고 때로는 술에 탐닉하는 등의 다양한 면모를 보여주고 있다. 물론 이러한 면모는 그의 전 작품을 관류하는 주요한 특징이기도 하다.

운소(雲霄)에 오로젼들 ᄂᆞ래 업시 어이 ᄒᆞ며
봉도(蓬島)로 가쟈 ᄒᆞ니 주즙(舟楫)을 어이 ᄒᆞ리
출하리 산림(山林)에 주인(主人) 되야 이 세계(世界)를 니즈리라.
<청진 *262, 김천택>

녹이 상제(綠駬霜蹄) 역상(櫪上)에셔 늙고 용천 설악(龍泉雪鍔) 갑리(匣裡)에 운다
장부(丈夫)의 혜온 뜻을 쇽졀업시 못 이로고
귀 밋테 흰털이 늘니니 글을 셜워 ᄒᆞ노라. <청진 *264, 김천택>

태산(泰山)에 올라 안자 천하(天下)를 두로 보니
세로(世路)ㅣ 다기(多岐)ᄒᆞ여 어이 져리 머흔게고
완적(阮籍)이 이러홈으로 궁도곡(窮途哭)을 ᄒᆞ닷다. <청진 *274, 김천택>

첫 번째 작품에서 운소(雲霄)와 봉도(蓬島)는 신선이 사는 곳으로 이상향의 세계이다. 이곳은 현실 세계에서 화자가 겪는 온갖 불평등과 속박에서 벗어

나 자신의 이상을 실현할 수 있는 공간이다. ‘ᄂᆞ래’와 주즙(舟楫)은 그곳에 갈 수 있는 도구이며, 화자가 이러한 수단을 소유하는 것은 애초부터 불가능한 것이었다. 이상 세계로 향하는 수단의 봉쇄는 어쩌면 여항인인 그가 처한 신분적 · 사회적 한계에서 기인한 생득적(生得的)인 것이었다. 때문에 그는 ‘산림의 주인’으로 자처하면서, ‘이 세계’를 잊겠다고 언명하였다. 따라서 ‘산림’은 그에게 ‘이 세계’에 대한 대안인 셈이다.

두 번째 작품에서는 자신이 처한 상황을 좀 더 분명하게 제시하고 있다. 좋은 말굽(霜蹄)을 지닌 천하의 명마인 녹이(綠駬)도 마굿간에서 늙어 가고, 아주 날카로운 칼날(雪鍔)이 있는 보검인 용천검(龍泉劍) 또한 칼집에서 벗어날 수 없다. 실상 ‘녹이’와 ‘용천검’은 화자가 지니고 있는 타고난 능력이며, 다만 그것을 펼칠 수 있는 상응한 조건이 갖춰지지 않았던 것이다. 뛰어난 능력을 지니고 있음에도 마굿간이나 칼집에서 전혀 벗어날 수 없는 이유는 그러한 존재를 인정해주지 않는 사회적 여건 탓이다. 중장과 종장에서 볼 수 있듯이 원대한 뜻을 지니고 있으면서 그저 속절없이 늙어갈 수밖에 없는 것이 화자가 처한 현실인 것이다. 화자는 이러한 사회적 질곡에 대해서 울분을 토로하기보다 그저 체념하면서 담담하게 받아들이고 있다.

작가의 이러한 체념은 세 번째 작품에서도 잘 나타나고 있다. 맹자는 태산에 올라 사방을 둘러보면서 호연지기를 느낄 수 있다고 하였다. 그러나 이 작품에서 화자는 태산에 올라가 오히려 ‘세로(世路) 다기(多岐)’하며 험한 것을 목도한다. 맹자가 태산에서 느낀 바와는 뚜렷이 대비된다. 태산에 올라가서 본 천하는 바로 자신이 몸담고 있는 현실을 표현한다. 신분적 질곡에서 벗어날 수 없는 화자에게 있어, 그 현실은 ‘궁도곡(窮途哭)’으로 표현되었듯이 절망적인 것이었다. 화자의 답답한 심정은, 종장에서 죽림칠현(竹林七賢)의 한 사람인 완적(阮籍)이 종일토록 산수를 구경하다가 가는 곳마다 길이 막혀 통곡을 하며 돌아왔다는 ‘궁도곡’의 고사에 비견된다. 이 작품에서는 이처럼 김천택이 지닌 세계 인식의 비관적 면모가 여실히 드러나 있다.

뚫을 수 없는 견고한 세계의 질서 앞에서 화자는 입신하고자 하는 자신의 의지를 꺾을 수밖에 없으며, 아무런 대안 없이 체념이나 비관적인 의식으로 종결짓게 된다. 따라서 현실에서 길을 찾지 못한 그가 자연에 눈을 돌리는 것은 일견 당연한 귀결이다.

백구(白鷗)ㅣ야 말무러 보쟈 놀라지 마라스라
명구 승지(名區勝地)를 어듸어듸 ᄇᆞ렷ᄃᆞ니
날ᄃᆞ려 자세(仔細)히 닐러든 네와 게가 놀리라. <청진 *257, 김천택>

오수(午睡)를 느지 ᄭᆡ야 취안(醉眼)을 여러 보니
밤비에 ᄀᆞᆺ 픤 ᄭᅩᆺ이 암향(暗香)을 보내ᄂᆞ다
아마도 산가(山家)에 ᄆᆞᆰ근 맛시 이 죠흔가 ᄒᆞ노라. <청진 *273, 김천택>

인간(人間) 번우한 일을 다 주어 후리치고
강구 연월(康衢烟月)에 일 업시 노닐며셔
어즈버 성화 천재(聖化千載)에 이러구러 지내리라. <청진 *276, 김천택>

강호시조에서 백구(白鷗)는 자연을 대표하는 존재로 흔히 등장한다. 첫 번째 작품에서 화자는 매우 조심스럽게 백구에게 접근하여, '명구 승지'가 어디 있는가를 물어본다. '명구 승지'란 화자가 명리에 매인 속세를 벗어나 찾고자 하는 공간인 자연이다. 화자는 강호 자연의 상징물인 백구를 통하여 자신이 노닐 수 있는 곳을 찾고자 한다. 자연의 주인인 백구가 '자세히 닐러' 줘야만, 화자는 자연으로 가서 노닐 수 있다. 따라서 백구는 화자를 자연으로 인도하는 존재이며, 백구와 함께 하면서 비로소 화자가 자연에 동화될 수 있다. 그러나 여전히 자연에서의 주도권은 백구가 지니고 있으며, 그는 객(客)의 입장에 처해 있을 뿐이다.

두 번째 작품은 '산가(山家)'에서의 생활을 형상화하고 있다. 자연 속에서 주변의 사물을 완상하며 즐기는 모습이 잘 나타나고 있는데, 자연과의 합일을 추구하려는 화자의 태도를 잘 보여주고 있다. 갓 핀 꽃에서 풍기는 암향(暗香)은 화자에게 자연의 '몰근 맛'을 느끼게 해준다. 그러나 화자가 느끼는 이러한 맛은 초장에서 확인할 수 있듯이 취안(醉眼)으로 표현된, 술로 인해서 가능한 것이다. 취해서 늦게까지 낮잠을 자고 있는 화자는 아직까지 자연의 모습을 완전히 체득하지 못한 셈이다. 다시 말하자면 화자는 아직까지 자연과 합일된 경지에 이르지 못하였다고 하겠다.

마지막 작품에서 보듯이 '강구 연월(康衢烟月)'로 표현된 태평 성세는 화자의 이상적인 삶의 조건이다. 그러나 그러한 이상은 '인간 번우한 일'을 배제한 다음에야 가능하다. 곧 현실에서의 모습이 아니라, 화자의 관념 속에서 존재하는 형상일 뿐이다. 김천택에게는 자신의 능력을 발휘할 수 없는 현실 세계와 소통할 수 있는 여지가 좀처럼 마련되지 않았던 셈이다. 자신이 할 수 있는 어떠한 '일'도 없는 현실에서 벗어나, 태평 성세에 '일 업시' 노닐면서 '이러구러' 지낼 수밖에 없는 것이다. 때문에 현실에 대해 쉽게 체념하고, 더 나아가 비관적인 의식을 표출하였던 것이다.

<청진> 소재 작품들에서 김천택은 때로는 자연 속에서 가악을 즐기면서 고양된 흥취를 표현하기도 하고, 현실에 대해 비관적인 인식을 보여주기도 한다. 여항인으로서의 사회적 한계와 음악 외에는 어떠한 전망도 찾을 수 없는 현실적 처지는 그의 의식의 저변을 관류하고 있었다. 정래교는 김천택 작품의 성격을 '강호(江湖)·산림(山林)·방랑(放浪)·은둔지어(隱遯之語)'라고 표현하였고, 작품에 나타난 면모를 '쇠세지의(衰世之意)'라 평가하였다.[20] 정래교의 언급은 그의 작품과 현실적 처지를 고려한 종합적인 평가였던 셈이다. 이러한 처지에서 그가 음악을 통하여 자신의 능력을 인정받고자 했던 것은 일견 당연하다. 따라서 자연에서 도도한 흥취를 즐기는 작품이 <청진>에 적지 않게 수록된 이유가 해명될 수 있다.

20) '金天澤作品跋', <靑珍>.

매창(梅窓)에 월상(月上)ᄒᆞ고 죽경(竹逕)에 풍청(風淸)ᄒᆞᆫ 제
소금(素琴)을 빗기 안고 두 세 곡조(曲調) ᄒᆞᆺᄐᆞ다가
취(醉)ᄒᆞ고 화오(花塢)에 져이셔 몽희황(夢羲皇)을 ᄒᆞ놋다. <청진 *272, 김천택>

사ᄅᆞᆷ이 ᄒᆞᆫ번 늘근 후(後)에 다시 져머 보ᄂᆞᆫ 것가
갱소년(更少年) ᄒᆞ닷 말이 천만고(千萬古)에 업슨 말이
우리ᄂᆞᆫ 그런 줄 알므로 ᄆᆡ양 취(醉)코 노노라. <청진 *269, 김천택>

앞의 작품은 가악 생활의 면모를 형상화하고 있다. 달밤에 매화가 비치는 창과 대나무 사이로 난 길에서 불어오는 맑은 바람은 화자의 흥취를 고양시키는 더없이 좋은 조건들이다. 이러한 공간을 배경으로 소금(素琴)을 안고 노래를 연주하는 화자의 감흥은 지극히 고조되어 있다. 그러나 이러한 화자의 고양된 의식은 현실과 연계되지 못하고, 결국 취하여 태고 시절의 태평 성세를 꿈꾸는 것으로 종결된다. 즉 화자는 음악을 향유하는 자신의 생활을 희황(羲皇)이 다스리던 태평 성세에 비기고 있지만, 그것은 결국 취한 상태에서만 가능한 것이다. 이 작품 역시 앞의 작품들과 마찬가지로 이상 세계와 현실 세계로부터 모두 단절된 화자의 절박한 의식을 확인할 수 있게 한다.

이처럼 현실 세계와 이상 세계로부터 철저히 소외된 화자의 인식이 때로는 두 번째 작품처럼 취락으로 향하기도 한다. 한 번 지나간 세월은 다시 되돌릴 수 없다는 사실을 인정하면서, 그에 대한 탈출구로 'ᄆᆡ양 취코' 놀겠다는 자세를 보인다. 탄로가의 성격을 지니고 있는 이 작품에서는 '갱소년(更少年)'이라는 불가능한 전제 때문에 취락에 빠질 수밖에 없다고 언급한다. 취락에 빠져든 자신에 대한 합리화인 셈이다. 이 작품은 탄로가의 보편적 문법으로부터 크게 벗어나지 않다고 하겠다. 이처럼 현실로부터 어떠한 대안도 찾을 수 없는 속에서 화자의 의식은 자연스럽게 취락으로 몰입하게 된다.

이러한 의식적 면모는 어쩌면 그의 전 생애를 온전히 감싸 안고 있었을 것이다. 실상 작품의 주제나 표현의 측면에서 <해동가요>에 새로이 수록된 작

품들에서도 <청진>의 그것들과 큰 차이가 발견되지 않는다. 그러나 의식 지향에 있어서 미세한 변화가 감지되기도 한다. 커다란 틀에서 본다면 미세한 차이에 불과할지 모르지만, <해동가요> 계열에 새로이 등장하는 그의 작품은 차츰 현실 세계의 불평등에 대해서 좀 더 강한 비판의 목소리를 내기도 한다. 그러면서 그에 대한 대안으로 여전히 과거의 태평 성세를 노래한다. 물론 이 시기의 작품들에서도 여전히 현실로 향하는 그의 시선은 지속적으로 발견된다.

홍진(紅塵)에 취(醉)ᄒᆞᆫ 분(分)네 잠간(暫間) ᄭᆡ야 내 말 들어
일시(一時) 영요(榮耀)ᄂᆞᆫ 죠흔 법(法) 잇쩟만은
ᄒᆡ 졈은 환해 풍랑(宦海風浪)을 어이 ᄒᆞ려 ᄒᆞᄂᆞ니. <해박 *284, 김천택>

춘추(春秋)에 일암(日暗)ᄒᆞ고 전국(戰國)에 운요(雲擾)ᄒᆞᆫ이
만고(萬古) 장야(長夜)ᄂᆞᆫ 어ᄂᆡ 째예 ᄇᆞᆰ아질고
어즙어 당우(唐虞)ㅣ 세원(世遠)ᄒᆞ니 갈 곳 업셔 ᄒᆞ노라. <해박 *285, 김천택>

기산(箕山)에 늙은 살ᄅᆞᆷ 귀는 어이 싯돗던고
박 소릐 ᄑᆡᆼ계ᄒᆞ고 조장(操壯)이 놉건이와
지금(至今)히 영수 청파(穎水淸波)는 더러온 ᄌᆞᆨ 잇는이. <해박 *291, 김천택>

첫 번째 작품은 '홍진에 취한' 속세의 인물들에게 충고하는 내용으로 진행된다. 속세의 인물들 중에서 특히 화자가 문제 삼고 있는 대상은 '환해(宦海)'로 상징되는 위정자들이다. 벼슬이란 누구나 원하는 것이지만 '일시 영요(榮耀)'에 불과할 뿐이며, 언젠가는 해가 저물 듯이 역경을 만날 수 있다는 것이다. 벼슬살이의 문제점만을 지적하였는데, 이것은 그가 처한 위치와 관련하여 이해할 필요가 있다. 만일 김천택이 신분적 제약이 없이 자유롭게 관직에 나아갈 수 있었다면, 이처럼 '환해'를 부정적으로만 묘사하지는 않았을 것이다.

따라서 자신의 처지에서 파악한 현실 세계의 문제를 보다 직접적으로 비판한 것이다. <청진>의 수록 작품 중에도 '환해 제군자'(청진 *263)들에게 조심할 것을 당부하는 내용이 있다. 그러나 <청진> 소재의 작품이 보편적인 사람의 행실과 그 결과를 예로 들어 설명하고 있다면, 이 작품은 초장에서 위정자들에게 직접 말하는 방식을 취하고 있다. 곧 현실에 대해서 보다 직설적인 화법을 구사하고 있는 셈이다.

다음 작품에서는 제후들이 천하의 세력을 잡기 위해 피비린내 나는 투쟁을 계속하던 춘추전국시대의 암울한 현실을 제시하고, 그것이 어느 때에나 그칠 것인가를 자문하고 있다. 이 작품에 제시된 춘추전국시대는 화자를 둘러싸고 있는 현실 세계의 면모를 상징적으로 표현한 것이라 할 것이다. 그것은 '만고장야'로 표현될 정도로 암담한 것이며, 밝아 올 전망조차 내다볼 수 없을 정도의 현실이다. 때문에 그가 대안으로 상정한 '당우지세(唐虞之世)' 즉 요순시절은 현실화되기에는 불가능한 것이며, 때문에 화자는 아무런 지향도 없이 방황하게 된다.

세 번째 작품은 중국 고대의 은자(隱子)인 허유(許由)의 고사를 바탕으로 하고 있다. 요(堯)임금이 허유에게 왕위를 물려주려 하였지만, 허유는 도리어 더러운 말을 들어서 자기의 귀가 더러워졌다고 하여 영천(潁川)의 물에 귀를 씻어내고 기산(箕山)에 들어가 숨었다 한다. 작가는 이러한 허유의 태도를 중장에서 굳센 지조를 지닌 것으로 표현하였다. 종장에서 영천의 물이 지금까지 더러워졌던 때가 있었던가를 자문하면서, 천하를 사양한 허유의 태도를 높게 평가하고 있다. 요(堯)임금이 다스리던 시대는 화자가 이상적으로 생각하던 태평 성세였으나, 그러한 사회에서조차 속세의 영리를 초탈하여 살았던 허유의 태도를 긍정적으로 그리고 있다.

일견 모순되는 듯한 이러한 태도는 그가 처한 조건을 전제한다면 이해할 수 있다. 김천택은 타고난 신분적 제약으로 인해 현실 정치에 참여하여 자신의 능력을 펼치는 것이 불가능했다. 따라서 세상이 혼란스럽든 혹은 태평성대든 간에 자신의 능력이 세상에 실현될 수 없는 것은 자명했다. 결국 현실적으로 자신이 지닌 포부를 펼칠 수 없다면, 허유와 같이 세상을 철저하게 등지고 사는 것도 하나의 대안이 될 수 있는 셈이다. 그러나 불행하게도 김천택에게 그러한 생각은 관념으로 머물 뿐이었다. 여전히 현실 세계에 미련을 버리지 못하고, 때로는 체념적으로 때로는 비판적으로 지속적인 관심을 보였다. 이러한 태도가 바로 현실에 대해서 끊임없이 발언하면서, 한편으로는 관념적으로는 태평 성세를 추구하였던 이유이기도 하다. 곧 현실 속에서 대안을 찾지 못하고 복고적인 의식 지향을 보이기도 한다.

춘면(春眠)이 기성(旣成)커든 관동(冠童) 육칠(六七) 건으리고
풍호 무우(風乎舞雩)ᄒᆞ야 흥(興)을 타 돌아온이
어즙어 사수 심방(泗水尋訪)을 불을 쫄이 이시랴. <해주 *408, 김천택>

주문(朱門)에 벗님네야 고거 사마(高車駟馬) 좃타 마소
톡기 죽은 후(後)ㅣ면 ᄀᆡ마ᄌᆞ 삼기는이
우리는 영욕(榮辱)을 모른이 둘여온 일 업세라. <해주 *418, 김천택>

부생(浮生)이 ᄭᅮᆷ이여늘 공명(功名)이 아랑곳가
현우 귀천(賢愚貴賤)도 죽은 후(後)ㅣ면 다 ᄒᆞᆫ가지
암아도 살아 ᄒᆞᆫ 잔(盞) 술이 즐거온가 ᄒᆞ노라. <해주 *416, 김천택>

첫 번째 작품은 공자(孔子)의 질문에 제자인 증석(曾晳)이 답한 내용을 토대로 화자의 이상적 삶을 표현한 것이다.[21] 초장과 중장의 상황을 화자는 삶의 구체적인 면모와 결합시켜 표현하려고 노력하지만, 실은 현실을 사상(捨象)한 지극히 추상적인 구호일 뿐이다. 이러한 삶의 태도를 종장에서 주자(朱子)가 사수(泗水)를 찾아가 감탄했다는 고사와 연결시켜, 주자의 삶의 자세가

21) 『論語』, 「先進」.

부럽지 않다는 언술을 토로하고 있다. 화자가 처한 현실을 고려한다면, 이러한 언술은 현실의 다단한 문제를 배제한 이상적이고 관념적인 표현에 지나지 않는다. 이렇듯 복고적이고 관념적인 면모가 <해동가요>에 수록된 작품들에서 두드러지게 나타난다.

두 번째 작품은 이른바 '토사구팽(兎死狗烹)'의 고사를 통해 현실 정치의 냉혹함을 지적하였다. 이 작품은 그 대상을 '주문(朱門)'의 '고거 사마(高車駟馬)'를 거느리는 현달한 관리들을 시적 대상을 상정해, 그들이 비정한 현실에서 벗어날 수 없음을 말하고 있다. 화자는 그러한 영욕(榮辱)의 자리와는 상관없이 지냈기에 두려운 일이 없다고 종결짓고 있다. 실상 '고거 사마'는 세속적으로 누구나 부러워하는 지위를 상징한다. 그것과 상관없음을 애써 자위하지만, 화자에게 그러한 자리는 생래적으로 도달할 수 없는 높은 경지일 뿐이다. 이 작품의 의미를 좀 더 천착한다면, 결국 그러한 자리에 오를 수 없는 자신의 처지에 대한 체념과 그에 대한 자위를 토로한 것이었음을 알 수 있다. 이처럼 <해주>에 수록된 작품들에서 현실에 대해 시선을 돌릴 때 체념이 짙게 깔려 있다. 그러한 속에서 애써 자위하는 화자의 태도는 역설적으로 그가 처한 현실의 조건이 비관적이었음을 말해 준다.

마지막 작품에서 그가 느낀 비관적인 세계 인식의 면모를 잘 보여주고 있다. 삶 자체를 '부생(浮生)'으로 표현하면서, 누구나 추구하는 세속적 공명조차도 아랑곳하지 않겠다고 말하고 있다. 그 이유는 '현우 귀천'이라는 세속적 평가의 기준이 되는 것조차도 죽은 후면 아무런 소용이 없기 때문이다. 만일 많은 사람들이 생각하는 것처럼 현세에서의 영달이 주요한 척도가 된다면, 이러한 평가는 공허할 수밖에 없다. 현세에서의 삶을 인정하지 않기에 이러한 극단적인 인식을 표출하게 되는 것이다. 현세의 삶조차도 부정하는 이러한 의식은 결국 취락(醉樂)으로 향하게 된다. 술 이외에는 아무런 위안도 되지 못하는 현실을 화자는 절망적으로 인식하고 있다. 이러한 태도는 실상 삶 자체를 완전히 부정하는 것은 아니다. 오히려 현세에서 자신이 부귀 공명을 누릴 수 없는 위치에 있었기 때문에, 그것을 부정하는 듯한 모습으로 나타났을 뿐이다.

때문에 그가 선택한 대안은 결국 관념적 공간인 자연과 예술적 표현 수단인 음악으로 향하게 된다.

> 공명(功名)이 긔 무섯고 욕(辱)된 일 만흔이라
> 삼배주(三盃酒) 일곡금(一曲琴)으로 사업(事業)을 삼아 두고
> 이 죠흔 태평 연월(太平煙月)에 이리 졀이 늙을이라. <해주 *417, 김천택>

> 화함(花檻)에 월상(月上)ᄒᆞ고 죽창(竹窓)에 밤든 적의
> 냉랭(冷冷) 칠현금(七絃琴)을 정청(靜聽)에 빗기 탄이
> 정반(庭畔)에 셧는 학(鶴)이 듯고 우즑우즑 ᄒᆞ들아. <해주 *404, 김천택>

이 두 작품은 예술가로써 음악에 대한 작가의 입장이 잘 드러나고 있는 것들이다. 첫 번째 작품에서 화자는 현실 세계에서의 공명을 떠올리고, 그것이 '욕된 일'이 많기에 자신과 상관이 없다는 주장을 펼치고 있다. 그렇기 때문에 중장에서 볼 수 있듯이 그가 현실에서 벗어나 택한 것은 술과 음악이다. 그러나 이제 그는 그러한 삶을 자신의 '사업'으로 여기고 있다는 점에서, <청진> 소재 작품들과는 다른 의미를 지니게 된다. 생애를 논하면서 지적했듯이 김천택은 당대에 가창자로 명성을 날리고 있었다. 그가 가창에 전념하게 된 것은 현실에서 영달을 이룰 수 없는 한계를 지니고 있었던 까닭도 한 몫을 차지한다. 때문에 남들과 구별될 수 있는 자신만의 자산은 음악이다.

화자는 술과 음악이 함께 하는 그의 삶을 둘러싼 상황을 스스로 '태평 연월'이라고 인식한다. 이러한 태도는 현실 문제와 관련하여 '희황(羲皇)'을 꿈꾸거나, '당우 세계'를 추구하는 복고적인 인식과는 사뭇 다르게 느껴진다. 그 이유는 자신이 지니고 있는 능력인 음악을 전제로 하고 있기에, 작품에 드러난 태도나 어조가 다르게 나타난 것이다. 즉 똑같이 관념적인 언술일지라도, 이 작품에서의 '태평 연월'은 예술가로서 자신이 소유한 음악이라는 자질을

통해 주관적으로 그려내고 있다는 점에서 다소 다른 의미를 지니고 있다.

두 번째 작품은 앞의 작품에서 '사업'이라고 표현한 '일곡금(一曲琴)'의 실상을 잘 보여주고 있다. 달밤에 꽃난간과 대나무가 비치는 창문이 있는 고요한 대청 마루에서 칠현금을 타는 화자의 모습에서 더없이 지극한 흥취가 느껴진다. 더욱이 종장에서 칠현금의 연주에 맞춰 뜰가에서 춤을 추는 학의 형상을 묘사하여, 자연과 음악이 조화된 경지를 표현하였다. 이렇듯 작품에서 음악을 연주하는 모습을 그릴 때는 현실의 어떠한 문제도 언급되지 않는다. 다만 음악을 연주하는 모습과 주변 상황만이 제시되어 있을 뿐이다. 그만큼 화자에게 음악은 절대적인 의미를 지니고 있기 때문이다.

이 작품 이외에 <해주>에 수록된 작품들에서 자연 속에 처한 화자의 모습이 즐겨 표현되고 있다. 취락적인 면모가 두드러지는 작품이 적지 않게 보이는 것도 특기할 만하다. 화자의 시선이 자연으로 향하는 것이나 또는 취락에 몰입하는 것은 모두 현실 세계와의 연관 속에서 설명될 수 있다. 김천택의 전 작품을 통해서 현실 세계와의 끊임없는 갈등과 취락에 대한 탐닉, 그리고 관념적인 의식이 두드러지게 표출되고 있다. 현실에 대한 비판적인 면모가 <해동가요> 계열 가집에 들어서면 좀 더 직접적인 형태로 표출되는 것을 볼 수가 있다. 이것은 미세하나마 그의 작품의 지향이 변화했음을 보여주고 있다. 이러한 변화는 그의 작품 경향이 <청진>의 편찬을 계기로 달라졌다는 것을 말해준다. 다시 말한다면 김천택은 <청진>을 편찬하던 무렵까지 자신이 처한 신분적·사회적 처지에 대해서 고민하면서, 다른 한편으로 가집 편찬과 음악적 세계에 대한 강한 자부심을 지니고 있었다. 그러나 <청진> 편찬 이후 나이가 들어감에 따라 실현 불가능한 현실의 두터운 벽에 부딪혀 좌절하게 되고, 그러한 의식이 자연스럽게 새로 창작한 작품의 면면에 반영된 것이라 하겠다. 이와 같은 의식의 차이가 미세하게나마 각각의 가집에 드러나고 있다.

이상 김천택의 시조에 나타난 의미를 따져보았다. 본고는 먼저 <청진>과 <해동가요> 계열에 수록된 김천택 작품들을 일별하였을 때, 전체적인 성격과 의미가 미세하나마 차이를 보인다는 점에 주목하였다. 가집의 편찬 시기에서 유추할 수 있듯이, 그것은 창작 시기가 다르다는 것에서 기인한 것이라는 점을 전제로 논의를 펼쳤다. 김수장의 <해동가요> 편찬 의식과 <청진>에 수록된 여타 작가들의 작품들이 수록되는 경향을 통해서 볼 때, <해주>에는 김천택의 기존 작품은 가급적 배제하고 새로운 작품을 수록하였다. <해주>에 새로이 수록된 작품에서 <청진> 편찬 이후에 창작된 작품이 등장하는 것도 이를 반증한다. 따라서 가집의 편찬 시차를 따져 변모 양상을 논의하였는데, 그동안 그의 생애를 고려하지 않고 작품의 의미를 평면적으로 논의하던 것에서 한걸음 더 나아갈 수 있었다고 생각한다.

4. 맺음말

이상 그동안 단편적으로 언급되던 김천택의 생애를 현전하는 자료들을 취합하여 나름대로 재구하여 보았다. 그리고 이를 토대로 그의 시조 작품을 편찬 시차가 다른 가집에 수록된 양상을 통해 작품 세계의 변화라는 측면에 초점을 두어 고찰하였다. 기존의 김천택에 대한 작가론은 생애의 상당 부분을 미지수로 남겨두고, 그가 우리 문학사에서 최초의 가집 편찬자라는 사실과 작품에 드러난 의미를 살피는 것으로 만족해야 했다. 그러나 그에 관해 산견되는 기록들과 작품을 통해서 그의 생애에 대하여 일부분이나마 재구할 수 있었으며, 그것을 통하여 그의 작품에 나타난 인식의 변화를 살펴볼 수 있는 단서를 마련하였다.

그동안 김천택과 김수장이 거의 동시대에 활동했던 가창자들이라는 것을 근거로 함께 가단 활동을 했으리라는 입장과, 오히려 한 세대 정도의 차이가 나는 인물이었기에 서로 같이 활동을 하지 않았다는 상반된 주장이 제기되었다. 당시의 기록들에는 김천택과 김수장이 더불어 활동했다는 사실이 전혀 나타나지 않는다. 본고는 여러 가지 정황을 토대로 이러한 면모는 그들의 활동 무대가 달랐으며, 비록 연령으로는 5년여밖에 차이가 나지 않지만 그들이 활동했던 시기도 상당한 차이가 있었기 때문으로 해석했다. 김수장이 <해동가요> 1차본을 편찬한 1755년 이후에 활발한 활동을 시작했는데, 이에 반해 김천택은 그 이전에 활동을 하였음을 알 수 있다. 그리고 두 사람이 같이 활동을 했다는 기록이 어느 곳에서도 보이지 않는 것으로 보아, 김천택이 이 시기에는 아마도 죽었기 때문이 아닌가 여겨진다.

김천택의 작품 세계에 대해서도 그동안 평면적으로 논의되던 것에서 한걸음 더 나아가, 그의 작품이 수록된 문헌에 작품의 수와 성격이 다르게 나타나는 것은 창작 시기와 관련시켜 해석해야 한다는 입장을 취하였다. 그렇게 봐야만 <청진>과 <해동가요> 이본들에 수록된 김천택 작품의 변별적 의미를 설명할 수 있기 때문이다. 실상 <해주>에 수록된 일부 작품은 구체적으로 <청진> 편찬 이후에 창작된 것이라는 사실을 확인할 수 있다. 본고는 이처럼 기존의 연구에서 좀처럼 주목하지 않았던 부분에 대해서 여러 가지 단서와 기록들을 통해서 새롭게 의미를 부여하였다. 앞으로 본고에서 제기된 여러 문제들은 다른 방증 자료를 토대로 보완되고 재정립되어야 하리라 생각한다.

(『어문논집』 제39집, 안암어문학회, 1999)

김성기와 그의 작품 세계에 대한 고찰

1. 머리말

그동안 어은(漁隱) 김성기(金聖器 : 1649~1724)에 대한 연구는 <청구영언 진본>(이하 청진)의 '여항육인' 항목에 수록된 그의 작품과 김천택의 발문(跋文), 그리고 정래교의 「김성기전(金聖器傳)」 등과 같은 자료의 검토를 통해 진행되었다. 조선 후기의 시조문학은 가집의 편찬과 그것을 주도한 가창자들의 작품 및 활동에 초점을 맞추어 제반 문제가 폭넓게 검토되고, 이러한 성과를 중심으로 조선 전기 시조사와의 차별상이 부각되었다. 따라서 조선 후기 시조문학사는 이전까지 주요 작가층인 사대부들과 구별되는 새로운 여항 작가들의 존재와 그들의 활동에 초점을 맞출 필요가 있는 것이다. 특히 17세기 후반~18세기 전반의 시조문학사를 설명하는데, 김성기를 포함한 일련의 시조 작가들의 작품을 검토하는 것은 중요한 관건이라 할 수 있다.

몇몇 선행 연구를 통해서 김성기의 작품 세계를 구명하는 작업은 어느 정도의 성과를 이루었다고 평가할 수 있다. 그러나 대부분 여항 작가들의 경우가 그렇듯이 김성기의 생애와 활동에 대해서도 아직 많은 부분 해명될 필요가 있다. 그동안의 연구는 대부분 현재까지 소개된 한정된 자료를 중심으로 논의되고 있어, 진전된 논의를 펴는데 한계를 보여주고 있다. 따라서 김성기와 관련된 새로운 자료를 발굴하고, 그것을 통해 논의를 진전시키는 작업은 현단계에서 매우 긴요한 일이라 할 수 있다. 실상 조선 후기 시조문학사에서 새로운 자료의 발굴은 대단히 중요한 의미를 지닌다. 그동안 제한된 자료를 이용함으로써 시조문학사의 제반 문제에 대해 진전된 논의를 펼치는 것이 쉽지 않았기 때문이다. 특히 여항 작가들의 경우 몇몇 제한된 자료와 그들의 작품을 중심으로 연구가 진행되어, 이미 제출된 성과와 차별적인 논의를 이끌어 내는 것이 쉽지 않았다.

물론 기존에 소개된 자료들을 통해서 중요한 성과들을 검출할 수 있었던 것에 대해서까지 재론하자는 것은 아니다. 김성기의 작품 세계를 논의하는데 있어, 선행 연구들에서 적절히 지적했듯이 정래교(鄭來僑)를 비롯한 여러 문사들에 의해 입전된 「김성기전」의 기록은 매우 중요하게 취급되어야 한다. 특히 「김성기전」에 보이는 목호룡(睦虎龍)과의 일화는 그의 예술가로서의 자의식을 평하는데 유용한 자료로서 역할을 하였다. 아울러 조수삼(趙秀三)의 『추재기이(秋齋紀異)』에서 보이는 왕세기로부터 음악을 전수받는 과정은 예술가로서의 그의 기질과 능력을 해명하는데 중요한 자료이다. 이러한 자료들은 조선 후기 여항 예능인들의 음악에 대한 전수 과정을 잘 보여준다는 측면에서도 매우 중요한 의미를 지닌다.

그러나 김성기의 예술가적인 기질과 능력을 설명하는데 이들 자료의 가치가 큰 것이 사실이지만, 그의 생애와 관련된 많은 부분들은 해명할 수 없었던 것 역시 아쉬움으로 남아 있었다. 따라서 본고에서는 먼저 기존의 연구에서 주목하지 않았던 김성기에 관한 새로운 자료들을 소개하여 그의 생애에 대해 진전된 논의를 제출하고, 그것이 당대 예술사에서 지닌 의미에 대해서 살펴보고자 한다. 그리고 기왕 소개된 자료를 면밀히 재검토함으로써 김성기의 예술사에서의 위상에 대해서도 보다 진전된 논의를 펼칠 수 있으리라 기대한다. 이와 함께 그의 작품에 나타난 면모를 의식 세계와 연관시켜 살펴보고자 한다.

2. 김성기의 생애와 활동

김성기를 가창자이자 당대의 뛰어난 예인으로 자리매김한 연구는 권두환[1]에 의해 제출되었다. 권두환은 이 논문에서 그와 관련된 여러 산문 기록들을 검토하여, 김성기의 작품 세계를 그의 예인(藝人)으로서의 자의식과 긴밀하게 연관시켜 논하였다. 그리고 김천택과의 관계가 '아양지계(峨洋之契)'로 평가될만큼 긴밀한 연관을 맺고 있었다는 기존의 학설에 반론을 제기하기도 하였다. 그동안 논자들이 인용했던 자료가 후대의 자료인 <청구영언 육당본>(이하 청육)에 근거한 것임을 지적하고, <청진>의 해당 부분과의 대조를 통해서 <청육>의 '청구영언서'에서 보이는 '김악사(金樂師), 김성기(金聖器), 김사(金師)' 등의 기록은 각각 '전악사(全樂師), 전사(全師)' 등의 오식(誤植)임을 밝혀 기존의 논의는 재고되어야 한다는 의견을 제출했다. 이런 그의 지적은 <청진>의 김성기와 관련된 모든 기록을 통해 재검토한 최근의 연구에 의하여 타당한 것으로 판명되었다.[2]

즉 정래교의 '청구영언서' 기록 중 <청육>에는 '선금자 김성기와 더불어 아양지계를 맺었다(與善琴者金聖器 托爲峨洋之契)'는 기록의 김성기가 <청진>에서는 '전악사(全樂師)'로 표기되어 있으며, 동일한 기록에서 이 인물에 대한 3곳의 표기가 모두 일관되게 나타나는 것으로 보아 <청육>의 기록은 전사하는 과정에서 발생한 오류임이 분명하다.[3] 정래교는 '청구영언서'에서 '마음 속의 근심으로 병이 들었을 때 … 백함(伯涵)이 반드시 전악사와 함께 와 이 가사를 노래하여' 자신의 울적한 마음을 풀 수 있었다고 논하고 있다. 이 기록으로 보아 만일 전악사(全樂師)가 김성기(金聖器)의 오식이라면 동일한 작가인 정래교에 의해 쓰여진 「김성기전」에서도 이들과 어울렸던 사실을

1) 권두환, 「김성기론」(『백영정병욱선생 환갑기념논총』, 신구문화사, 1982).
2) 김용찬, 「<청구영언 진본>의 성격과 편찬 의식」(『어문논집』 35, 고려대학교 국어국문학연구회, 1996). 이 논문은 『조선 후기 시가문학의 지형도』(보고사, 2002)에 재수록되었다.
3) 김용찬, 앞의 논문 참조.

밝혔을 것이다. 그런데 「김성기전」에서는 이러한 사실에 대해 전혀 언급을 하고 있지 않다.

실상 김천택과 '아양지계'를 맺었던 인물이 김성기가 될 수 없음은 여타의 기록을 통해서도 파악할 수 있다. 김천택은 김성기의 작품을 <청진>에 수록하면서 이에 대한 발문을 남기고 있는데, 이 발문에서 '내가 일찍이 노래를 매우 좋아하여 국조(國朝) 이래의 이름난 사람들과 여항의 작품들을 모았다. 유독 김성기의 작품만은 간혹 전하여 듣고 암송했으나, 그 모든 작품을 알고 있는 사람이 드물었다. 그래서 널리 구하여도 얻지 못한 것을 마음속에 항상 한으로 생각했다'[4]라는 기록을 남기고 있다. 이와 같은 김천택의 언급은 매우 중요한 의미를 담고 있다. 만약 김천택과 김성기가 기존의 논의와 같이 서로 긴밀한 교류를 맺고 있었다면, 김천택은 김성기의 작품을 직접 접했을 터이고, 위의 기록과 같이 '간혹 전하여 듣고 암송하거나 그것을 구하지 못해 한스럽게 여겼다'고 표현하지는 않았을 것이다. 따라서 김천택과 긴밀한 교류를 가졌던 금객은 김성기가 아닌 '전악사'라는 새로운 인물로 보는 것이 타당하다. 이는 또한 정래교의 「김성기전」의 다음 기록을 통해서도 확인할 수 있다.

> **나는 어렸을 때 김금사(金琴師)의 이름을 익히 들었다. 일찍이 옛부터 사귀던 친구의 집에서 그를 만났는데, 수염과 머리털이 희고 어깨는 치켜지고 뼈는 앙상했으며 입에서는 기침소리가 끊이지 않았다.**[5]

이 기록에서 정래교(1681~1759)는 '유소시(幼少時)'에 친구의 집에서 목도한 김성기의 모습을 그리고 있다. 그리고 실제로 김성기는 정래교나 김천택보다는 한 세대 이상을 앞선 인물이다. 따라서 동일한 작가인 정래교의 '청구

---

4) '余嘗癖於歌, 裒集國朝以來名人里巷之作. 獨漁隱金聖器之譜, 往往傳誦, 而知其全譜者鮮, 故廣求而莫之得, 心常恨焉.', <청진>.

5) '余自幼少時, 習聞金琴師名. 嘗於知舊家遇之, 鬢髮皓白, 肩高骨稜, 口喘喘不絶咳聲.', 「金聖器傳」, 『浣巖集』 卷四(『여항문학총서』 1, 여강출판사, 1991). 이하 특별한 언급이 없는 한 번역은 필자의 것임.

영언서'에서 언급한, 그가 병이 들었을 때 김천택과 함께 와서 정래교에게 연주를 해주던 '전금사(全琴師)'와 이 기록의 '김금사(金琴師)'는 분명히 다른 인물이라고 파악하는 것이 타당하다. 따라서 후대의 잘못된 기록을 논거로 통용되었던 김성기와 김천택, 그리고 정래교 등의 관계에 대한 논의는 재검토되어야 한다. 이것은 <청진>의 '여항육인'이라는 항목에 김성기와 김천택의 작품이 나란히 수록되어 있고, 이들을 하나의 가창집단으로 파악했던 초창기의 연구를 일방적으로 수용한 결과이기도 하다. 그러나 '여항육인'에 수록된 작가들의 활동 시기는 그들의 생년만을 기준으로 할 때, 많게는 60여 년의 차이가 있다.[6] 따라서 이러한 논의는 자료를 세밀하게 검토하기보다, 기존의 논의를 일방적으로 수용하는 과정에서 발생한 오류가 후대의 연구에서 재생산되었던 결과인 것이다.

위의 기록에서처럼 정래교가 어렸을 때부터 김성기의 명성을 전해 들었을 만큼 당대 여항간에서 그는 금사(琴師)로서의 명성이 자자했다. 때문에 당시 세도가의 잔칫집에서는 '김성기가 없으면 흠'이라고 여겼을 정도였다. 기존의 연구에서는 김성기의 이러한 면모를 지적하여 그를 여항의 '가창자'라고 평가했다. 그가 시조 작품을 남기고 있다는 점에서 전혀 그릇된 논의라고는 볼 수 없다. 그러나 다른 여항 작가들과는 달리 당대의 기록들에서 보여지는 면모를 주목할 필요가 있다.

먼저 조수삼(1762~1849)의 『추재기이』에 보이는 다음의 기록을 살펴보기로 하자.

> 금사 김성기는 왕세기에게 거문고를 배웠는데, 매번 신성을 만나면 왕세기는 비밀에 붙이고 전수해주지 않았다. 김성기는 밤마다 찾아와 왕세기의 창문 앞에 붙어 몰래 훔쳐 듣고, 다음날 아침 그대로 탔는데 조금도 틀리지 않았다. 왕

6) 이의 자세한 면모에 대해서는 김용찬, 「'여항육인'의 작품 세계와 18세기초 시조사의 일국면」(『시조학논총』 제12집, 한국시조학회, 1996)을 참조할 것. 이 논문은 『조선 후기 시가문학의 지형도』에 재수록되었다.

세기가 진실로 그것을 의심하여, 이에 밤에 금곡(琴曲)을 타다가 갑자기 창문을 열어제끼자 김성기는 놀라서 땅에 떨어졌다. 왕세기는 이에 그를 크게 기특하게 여겨, 지은 바의 모든 것을 다 그에게 전수하였다.

몇 곡의 신성을 띠 속에 감추어 두었는데,
창문 열어 서로 만나 신공에 탄복했네.
물고기가 나와 놀고 학이 날아드는 것을 이제야 전수하니
너에게 바라는 것 후예의 일이 다시 없기를.[7)]

이 기록은 김성기의 예인적 기질을 잘 설명해주고 있다. 거문고 연주자였던 왕세기의 곡을 몰래서라도 배우려는 그의 태도에서 우리는 음악에 대한 강한 열정과 아울러 뛰어난 자질을 짐작하고 남음이 있다. 자신의 작품을 몰래 배우는 김성기의 재능에 탄복하여 결국 제자로써 받아들이는 왕세기와의 일화는 김성기의 음악적 소양이 매우 뛰어났음을 말해주고 있다. 조수삼 역시 그의 음악적 재능을 '신공(神工)'이라 표현하였을 정도였다. 여기에서도 김성기는 '금사'로 소개되어 있는데, 당대의 기록은 그를 '가자'라기보다는 '금사' 혹은 '악사'로 표현하고 있다. 이러한 기록들은 그를 여타의 가창자들과 다르게 인식했음을 보여준다. 흥미로운 것은 역대 가창자들의 명단을 밝히고 있는 <해동가요>의 '고금창가제씨'의 명단에 김성기의 이름이 누락되어 있다는 점이다. 여기에는 사대부인 허정(許珽)에서부터 김수장 당대의 가창자들을 망라하여 그 명단을 기록하고 있다. 김수장은 그 서문에서 '가창자들의 이름이 후세에라도 전해지는 것'을 목적으로 하고 있다고 분명히 밝혀두었다.[8)]

그렇다면 왜 김성기를 가창자들의 명단에 수록하지 않았던 것인가. '여항

---

7) '琴師金聖器, 學琴於王世基, 每過(遇)新聲, 王輒秘不傳授. 聖器夜夜來, 附王家窓前窃聽, 明朝能傳寫不錯. 王固疑之, 乃夜彈琴曲未半, 瞥然拓窓, 聖器驚墮於地. 王乃大奇之, 盡以所著授之. 幾曲新翻捻帶中 / 拓窓相見歎神工 / 出魚降鶴今全授 / 戒汝休關射羿弓.', <金琴師>, 『秋齋集』 卷之七(『閭巷文學叢書』 3, 586면).

8) '古今唱歌諸氏序', <해동가요 주씨본>.

육인'이나 <청구가요>에 수록된 발문 등 당대의 기록에서는 가창자들을 대개 '가자(歌者)'로 소개하고 있다. 그러나 어느 기록에서든지 김성기에게만은 유독 '금사(琴師)'라는 칭호가 항상 붙어 다닌다. 이것은 당대의 사람들에게 김성기가 '창가자'라기 보다는 '금사', 즉 뛰어난 예인이었다는 사실을 인정받았기 때문이라고 생각된다. 그는 금보(琴譜)인 『어은유보(漁隱遺譜)』를 편찬하여 제자들에게 직접 거문고와 퉁소 등을 가르쳤다. 많은 음악가들이 문하에서 배출되었고 그의 금보가 연주에 있어서 중요한 역할을 했다는 것은, 김성기를 여타의 여항 가객들과 구별되게 하는 중요한 요소인 것이다. 그의 이러한 뛰어난 재능이 평가되었기에 수많은 문사들에 의해 여러 차례 입전(入傳)될 수 있었던 것이다.

다음의 자료는 그동안 전혀 알 수 없었던 김성기의 생년을 밝힐 수 있는 새로운 것이다. <청진> 사대부 작가의 말미에 '석교(石郊)'라는 별호(別號)로 3수의 작품이 수록되어 있는 노가재(老稼齋) 김창업(金昌業 : 1658～1721)이 남긴 기록이다. 김창업이 경기도 양주 지역으로 유람을 하던 중 김성기가 거처하였던 서호(西湖)에서, 그를 만나 어울렸던 일을 기록한 글이 문집인 『노가재집』에 전하고 있다. 다음에 그 전문과 시를 인용해 본다.

> 김성기는 경성의 악사이다. 본래 사죽(絲竹)에 통해 뛰어나지 않음이 없다. 중년에 가업을 버리고 강호 사이에서 노닐면서 낚시질로 소일했다. 내가 이곳에 물색을 살피러 와서 양천의 강가에서 만나게 되었는데, 배를 띄우고 사립을 쓰고 손에는 낚시대를 들고 있었다. 그를 바라보니 마치 물외인(物外人) 같아, 나이가 68세가 되었으나 모습이 조금도 늙지 않았다. 기억해 보니, 옛날 정사년(丁巳年, 1677; 숙종 3) 초하룻날 밤에 종루의 큰길에서 성기의 피리 소리를 들은 후, 다시 못 본 지 지금 40년이 되었는데, 여기서 만나게 되니 또한 기이하다. 사경(士敬, 金時保 : 1658～1734)이 지은 시가 있는데, 그것에 차운한다.[9]

9) '金聖器京城樂師也. 性通絲竹, 無不妙解. 中歲棄家, 自放江湖間, 以釣魚爲事. 余是來物色, 遇於陽川江中, 扁舟篛笠手一竿. 望之, 若物外人. 其年六十八, 而貌亦不衰. 記昔丁巳元夜,

만나고도 알아볼 수 없었으니	相逢不能識
삿갓이 흰수염을 덮었기 때문이네.	篛笠覆霜鬚
자취는 이미 물고기와 섞였고,	跡已魚蝦混
형체는 오로지 산택에서 야위었네.	形惟山澤癯
마음이 영묘하니 사죽(음악)도 오묘하고,	心靈妙絲竹
몸은 늙었어도 강호를 사랑하네.	身老愛江湖
어찌하면 조각배를 사서	安得扁舟買
이내 낀 물결 속의 그대에게 갈까	烟波入爾徒

이 기록에서 김창업은 서호에 은거하고 있는 김성기를 만난 사실과 그에 대한 회포를 전하고 있다. 예전에 서울에서 활동하고 있는 김성기를 만났던 사실을 기록하고 있어, 김성기와 김창업은 이전부터 서로 알고 있었던 사이라는 것을 짐작할 수 있다. 서울에서 악사로서 활동했던 모습을 회상하며, 은거하고 있는 현재의 모습을 대비하여 기술하고 있다. 이 기록은 「김성기전」의 내용과 부합된다. 무엇보다 과거 김성기와 만났던 시기와 현재 그의 나이를 정확히 언급하고 있어 매우 중요한 자료적 가치를 지니고 있기도 하다. 그러나 김성기가 서호에 은거한 시기를 「김성기전」에서는 '만년'(晩乃僦居西湖上)이라 기록되어 있으나, 『노가재집』에서는 '중년'(中歲)으로 기록하고 있다. 김창업이 김성기와 이전에 서울에서 만났던 기억을 정확히 논하고 있는 것으로 보아, 이 기록을 더 신뢰할 수 있겠다. 김창업이 김성기를 만나 이 기록을 남긴 것이 1716년이다. 따라서 당시 68세이던 김성기의 생년을 1649년으로 확정할 수 있다. 이 기록은 그동안 대략적으로 논해지던 김성기의 생애에 대

在鐘樓大街, 聽聖器笛後, 無不復見, 今四十年, 而遇於此亦奇矣. 士敬有詩, 遂次之.' 『老稼齋集』 卷之五(규장각 소장). 위의 시에 보이는 사경(士敬)은 김창업의 족질(族姪)인 김시보(金時保)이다. 그의 문집인 『모주집(茅洲集)』(국립도서관 소장)에는 이 당시 먼저 출발한 김창업을 만나기 위해, 뒤늦게 출발한 연유를 기록한 '춘호행속노가재(春湖行屬老稼齋)'(권육)라는 제목의 시가 전하고 있다. 위에 인용한 작품은 아마도 김시보의 이 작품에 차운한 것으로 보인다.

해 좀 더 세밀하게 구분하여 재구할 수 있게 해주는 귀중한 자료이다.

김창업의 기록에 의하면 그가 서울에서 금사로서 이름을 떨치던 시기는 적어도 29세 때인 1677년이다. 그 이전부터 서울에서 '악사'로 활발하게 활동하였음은 물론이다. 왕세기(王世基)로부터 음악을 전수하여 일가를 이룬 것은 훨씬 더 젊은 시기였던 것이다. 그렇다면 '상방궁인(尙方弓人)'이라는 미관말직이나마 그만둔 것은 이보다 앞선 20대 초·중반이고, 20대 중반 이후에는 예인으로서의 활동에 전념하며 살았다는 것을 알 수 있다. 그리고 예인으로서의 뛰어난 재능과 활발한 활동으로 당시에 명성을 날리게 되었고, 신분적 질곡에서 오는 여러 가지 제약이 그를 서호로 은거하게 만들었다고 볼 수 있다. 강호에 은거하면서 마치 '물외인'과 같은 풍모와 이미 자연과 동화된 생활을 하고 있는 김성기의 모습을 인상적으로 그려내면서, 김창업은 김성기의 유유자적한 생활을 부러워하고 있다. 이러한 면모는 서호에서 배를 타고 낚시를 하다가 때때로 퉁소를 불기도 하였다는 「김성기전」의 기록과도 일치한다.

한편 위의 자료를 통해서 또 한가지 흥미로운 사실을 확인할 수 있다. 김성기가 서호로 은거하기 전 서울에서 악사로 생활할 때, 당대 노론의 핵심 가문의 자제였던 안동 김문의 일원인 김창업이 종루에서 그의 음악을 들었다는 사실이다. 김성기의 음악이 연주되던 장소에 김창업이 어떤 자격으로 참석을 하게 되었는지는 알 수 없다. 하지만 『노가재집』에는 이밖에도 여러 편의 작품에서 이 당시 김성기와 어울렸던 사실에 대해서 기술하고 있다. 그렇다면 비록 긴밀한 교유 관계는 아닐지라도, 어떤 식으로든 김창업 등과 교류가 있었던 것만은 사실이라 하겠다. 김창업 역시 자유분방한 예인적인 기질을 지니고 있다고 논의되는데, 상통하는 예인적 기질이 이들의 교류를 가능하게 해 주었다고 추정할 수 있겠다. 김성기와 관련된 『노가재집』의 또 다른 시를 전제하여 보면 다음과 같다.

퉁소 소리 유원하여 빈 정자에 퍼지고	**洞簫幽怨在虛亭**
몇 사람은 배를 띄워 별빛 위를 달리네	**數子揚舲去犯星**

해국에 밤이 깊어가니 물빛은 희고	海國三更湖水白
강가에는 십리에 자욱한 이내가 푸르네.	江蕪十里暝烟靑
은은한 뱃노래 오도(梧島)에 들리는데,	棹歌隱隱聞梧島
누각의 불빛 아름답고 버들 핀 강가는 고요하네	樓火亭亭関柳汀
달이 기울기를 기다려 취침하려 하는데	待至月傾方就寢
또 들리노니, 미친 듯이 탁주병을 찾는 소리.[10]	又聞狂叫濁醪瓶

같은 날 저녁 일행 중 일부는 뱃놀이를 하고, 김창업을 비롯한 또 다른 무리는 김성기와 더불어 관란정(關瀾亭)에서 시와 소(簫)로써 서로 차운하는 풍경을 그리고 있는 작품이다. 술자리에서조차 문인들의 시에 답하여 음악으로 화답하는 김성기의 고답적인 기질이 잘 나타나 있다. 또한 당시의 문인들도 김성기의 음악을 그만큼 높게 평가를 했다는 것을 알 수 있다.[11] 김창업 일행이 김성기와 자연스럽게 어울릴 수 있었던 것은 이전부터 서로 잘 알고 있었기에 가능하였던 것이다.[12] 40여 년 만에 다시 만난 그를 알아볼 수 없었던 것은 바로 서울에서 서호로 은거하여 '물외인'처럼 지내던 김성기의 외모가

---

10) '夜信謙純行春行履晉士安諸人以小舟泛前江 余與道以彦謙在觀瀾亭使聖器吹簫次諸人韻', 『老稼齋集』 卷之五.

11) 이 자료는 18세기 초 여항 예능인과 문인들과의 교유 관계를 구체적으로 보여주고 있다는 점에서 주목할 만하다. 여항 예능인과 당대 문인들과의 교유는 폭넓게 행해졌던 것으로 확인되는데, 이에 대해서는 별고를 통해서 상세히 논하기로 하겠다.

12) 이러한 면모는 또 다른 작품에서도 확인할 수 있다. '稼齋四年抱奇疾 思向淸江散愁鬱 / 杏湖老姪屢相邀 自冬至春煩書札 / 勝事不可更遲回 却與兩兒乘舟發 / 和風晴景亦邂逅 廠浦飛花亂如雪 / 聾齋詩客自隨來 招呼不復他人挈 / 衾枕壺榼載一艙 篷窓安穩如吾房 / 楊花渡下江面濶 岸樓津村盡瀲茫 / 拈筆欲畵還復止 注目遙山但揮觴 / 海口潮來風又逆 停棹且傍陽川石 / **西湖釣翁善吹簫 三十年前識面目 / 中流相見各敬愧 往事猶記踏橋夕 / 自言賣家買一舟 釣魚懶復向城郭 / 嗟汝身世亦不俗 此日堪爲舟中客** / 乘潮鼓枻輿若驚 顧眄已到觀瀾亭 / 輕纜容與未便繫 魚泳鷗泛皆似迎 / 主人岸幘喜可知 方與鄰老開酒瓶 / 處我高堂床簟安 筆硯琴瑟恣所歡 / 明朝携我向何處 鴨島之外雲水寬 / 江豚帶怒競投舟 葦魚動色初登盤 / 歸來共坐長松下 此閒可以吾琴彈 / 萬帆過盡月東出 但見澄江涵遠巒 / 三更小楫放容易 少輩歌笑輕波瀾 / 江湖可樂我忘歸 世事已矣君休歎 / 鵁鶄鷺鷥相譏嚇 誰似冥鴻在雲間 / 烟波萬頃若可借 我亦從君指釣竿.', '和士敬', 『老稼齋集』 卷之五.

예전의 그와 달라졌기 때문이었다. 김창업은 이러한 김성기의 모습을 보면서 자신도 그와 같이 강호 속에서 살고 싶다는 희망을 표출하고 있다. '사경에 화답함(和士敬)'이라는 또 다른 작품에서는 집을 팔아 배 한 척을 사서 지낸다는 김성기의 말을 옮기면서, 그의 속되지 않음을 높이 평가하고 있기도 하다. 김창업의 이러한 기록들은 정래교의 「김성기전」에 보이는 김성기의 면모의 실제를 그대로 확인해 주고 있다는 측면에서 중요한 의미를 지니고 있다.

물론 이 자료에서도 김성기가 서울을 떠나 서호에 은거한 구체적인 이유는 확인되지 않고 있다. '삼십년전식면목(三十年前識面目)' 운운의 기록을 통해서 보건대, 김천택이 서울을 떠난 것은 아마도 이보다 30여 년 전인 1680년대 무렵이었던 것으로 추정된다. 서호에 은거한 이후로도 그는 때때로 도성을 출입하면서, 다른 사람들을 위하여 연주를 하기도 했던 것으로 보여진다. 그러나 「김성기전」에 보이는 목호룡과의 일화 이후로 그는 도성과 영영 발길을 끊고, 남을 위해 연주하기보다는 자신의 뜻에 맞는 사람이 찾아오면 종종 연주를 하며 생을 마쳤던 것이다.

「김성기전」에서는 이 당시의 김성기를 '혹 마음에 맞는 사람이 서호로 찾아오면 퉁소를 불어서 즐겼지만, 또한 몇 곡조를 희롱하고 그쳤지 난만하게 하지는 않았다'[13]고 기록하고 있다. 김창업과 같이 자신의 음악 세계를 이해해 줄 수 있는 '심회자(心會者)'가 서호로 찾아오면, 위의 기록처럼 어울리면서 자신의 음악 세계를 마음껏 펼쳤던 것이다. 그러나 신임사화(申壬士禍)[14]의 고변자로서 당시 권세를 누리던 목호룡과의 일화를 겪은 후, 김성기는 그동안 서호에서 도도한 흥취를 누리며 견지했던 예인으로서의 자부심과 의식

---

13) '然, 有心會者, 訪至江上, 則用洞簫爲歡, 而亦數弄而止, 未嘗爛漫.'

14) 경종(景宗) 1년(1721)~2년(1722)에 걸쳐 왕위 계승 문제를 둘러싸고 노론과 소론 사이에 일어난 사화. 노론 4대신이라 칭해지는 이이명(李頤命)·김창집(金昌集)·이건명(李健命)·조태채(趙泰采) 등이 책동하여 왕의 동생 연잉군(延礽君)을 세제(世弟)로 책봉하여 정무(政務)를 대리케 하자, 소론의 김일경(金一鏡) 등이 목호룡(睦虎龍)으로 하여금 4대신을 역모로 무고하여 극형에 처하였다. 그외 노론의 많은 인물들을 사사(賜死) 혹은 유배케 하였다.

이 다시 현실과 맞부딪치면서 심한 갈등을 일으켰던 것으로 파악된다. 그러나 김창업과 같이 어울렸던 이 무렵까지만 해도 여전히 서호에서의 자족적인 생활에 만족하였다고 하겠다. 따라서 <청진>에 전하는 김성기의 작품은 대체로 목호룡과의 일화가 있기 전에 서호에서 자연 속에 동화되며 살던 시기의 작품이라고 여겨진다.

김성기는 여항의 예인으로 활동하면서 많은 제자를 길러낸 것으로 확인되고 있다. 『낭옹신보(浪翁新譜)』에 있는 다음의 기록은 그의 음악 전수 활동의 실례를 잘 보여주고 있다.

> 악사 김성기는 거문고로 세상에 유명했는데, 스스로 낭옹이라 했고 또 어옹이라 칭하기도 했다. 종실인 남원군(南原君)이 일찍이 그를 좇아 (거문고를) 배웠다. 낭옹이 죽은 후에 공자는 동학 여러 사람들과 함께 물려받은 바의 곡을 기록하여 『낭옹신보』라 했다. 공자는 금도(琴道)에 크게 공이 있었다. 공자의 이름은 설이고 자는 자직(子直)이며, 호는 수락와(隨樂窩)이다. 무신(戊申: 1728) 가을 최탁(崔濯)이 제(題)하다.[15)]

이 기록은 『낭옹신보』가 <청진>이 편찬된 1728년에 이루어졌음을 보여주고 있다. <청진>의 김성기 작품 발문에도 김천택은 그가 이미 죽었음을 나타내고 있다. 그리고 김성기가 생전에 종실의 인물에게도 거문고를 가르치며 활약했었다는 것을 알 수 있다. '동학 제인(同學諸人)'이라 한 것으로 보아 당시 김성기에게 음악을 배웠던 인물의 수는 적지 않은 것으로 보인다. 이 글의 기록자인 최탁 역시 김성기의 제자로 파악된다. 이밖에도 김천택이 김성기의 작품을 얻은 것으로 파악된 김중려(金重呂)[16)]와도 교유 관계가 있으며, <청

15) "浪翁新譜上 / 樂師金聖基, 以琴鳴於世, 自號浪翁, 又稱漁翁. 宗卿南原君, 嘗從學焉. 浪翁死後, 公子與同學諸人, 傳記所授之曲, 而名曰浪翁新譜. 公子, 於琴道大有功矣. 公子名樆, 字子直, 號隨樂窩. 戊申菊秋 崔濯之題.", 『낭옹신보』.

16) '金聖器 作品跋', <청진>.

구가요>에 작품이 수록된 가창자인 김중열(金重說)은 그에게 금(琴)과 퉁소(洞簫)를 배운 것으로 확인되고 있다.[17)]

이처럼 김성기는 17세기 후반 이래 지속적으로 여항의 예인으로 활동하면서 문인들을 비롯한 많은 인물들과 교유했으며, 또한 자신의 음악을 전수하기에 전력을 기울였음을 알 수 있다. 따라서 그가 중년 이래 서호에 은거했지만, 결코 그의 생활은 음악을 떠나지 않았던 것이다. 그가 당시에 끼친 음악적 면모는 『낭옹신보』와 『어은보』를 통해서 확인할 수 있고, <청진>에 수록된 그의 작품을 살펴 시조 작가로서의 역량을 확인할 수 있을 것이다.

3. 김성기의 작품 세계

현전하는 김성기의 작품은 모두 8수이다. 김천택은 김성기의 지기(知己)인 김중려로부터 김성기의 작품 전편(全篇)을 얻어, 발문을 붙여 자신이 편찬한 <청진>에 수록하였다.[18)] <청진>에 수록된 8수의 작품들은 모두 그가 서호에 은거하였을 때 지어졌던 것으로 파악된다. 앞서도 논했지만 김성기는 서호에 은거한 이래 '물외인'과 같은 생활을 영위하였고, 이 시기에 지어진 그의 작품에도 역시 그의 이러한 지취가 잘 반영되어 있다. 앞서도 지적했듯이 김성기가 서울을 떠나 서호에 은거했던 이유는 미천한 그의 신분이 세상과 조화될 수 없었던 데 기인한 것으로 파악된다. 때문에 그의 내면에는 현실과의 부조화로 인한 갈등이 항상 내재되어 있었을 것이다. 그러나 그의 작품에는 오히려 현실과의 갈등이 약화되어 나타나 있는 것이 특징이다.

<청진>에 수록된 다른 여항 작가들의 경우 신분적 질곡으로 인한 갈등이 작품 속에 두드러지게 표출되어 있는 것을 볼 수 있다.[19)] 그러나 김성기의 작

17) "右士淳, 卽故人金君子彬之子也. …琴聽於漁隱, 洞簫於漁隱, …", <청구가요>.
18) '金聖器作品跋', <청진> 참조.
19) 김용찬, 「'여항육인'의 작품 세계와 18세기초 시조사의 일국면」 참조.

품에서는 오히려 강호에서 고고한 흥취를 누리는 면모가 두드러지게 나타나고 있다. 이러한 면모가 바로 김성기 작품의 특징적인 성격이라 할 수 있다. 그는 비교적 이른 시기에 예인으로서 활동을 시작하여, '금사'라는 호칭을 들을만큼 음악에 대해 일가를 이루었다. 따라서 그의 작품에 드러난 면모가 다른 여항 작가들의 그것과 구별되는 점은 아마도 그가 자신의 신분적 한계를 일찍 인식하고, 강호에 은거하면서 음악과 함께 생활하였던 것에서 기인하였던 까닭으로 이해된다. 김창업과 같은 사대부들의 시에 음악으로 화답하는 김성기의 모습에서, 우리는 음악에 대해 가졌던 그의 도도한 정신을 읽어낼 수 있다. 서호 생활을 기반으로 지어진 시조에서 김성기의 이러한 의식이 수용되었고, 따라서 그의 작품 전반에 흐르는 미의식은 강호 자연 속에서 흥취를 펼치는 것으로 표출되고 있다.

앞에서 논했듯이 김성기는 시조 작가로서 뿐만 아니라, '악사'로서도 당대에 이미 널리 알려졌던 인물이다. 음악을 통해 후진을 양성하고 이후의 음악사에 뚜렷한 족적을 남긴 그는 문학사에서뿐만 아니라, 음악사에서도 주목을 받아 마땅할 것이다. '평민 예술의 발전에 정신적인 지도자로서 시조가 창을 통해 전승하도록 하는 계기를 마련했고, 조선 후기 시조가 평민문학화하는데 가악 연주의 성행을 조성시킨 인물'[20]이라는 평가에서 그의 예술사적 위치를 가늠할 수 있게 한다.

다른 여항 작가들의 작품과 마찬가지로 그의 작품에서도 현실 세계와의 거리는 이미 전제되어 있다. 그러나 '여항육인'의 다른 작가들과는 달리 현실 세계와의 갈등이 직접적으로 표출되어 나타나지 않는다는 점에서 차이를 보인다. 다시 말하자면 작품 속에서 김천택은 끊임없이 현실을 돌아보며 미련을 떨치지 못하고 있는 반면, 김성기는 자연에서의 생활에 더 큰 비중을 두고 있다. 즉 화자의 시선이 현실 세계보다는 자연으로 더 향하고 있으며, 그러한 자연 속에서 유유자적하며 드높은 흥취를 즐기는 것으로 나타나고 있다.[21]

---

20) 이창식, 「김성기론」(『속 고시조작가론』, 백산출판사, 1990), 276면.

21) 물론 그의 작품에서 등장하는 자연 역시 조선 전기 사대부들의 그것과는 분명히 구별되

그의 작품에는 자연과 조화롭게 어울리는 모습이 전 작품을 관류하고 있다.

> 강호(江湖)에 ᄇᆞ린 몸이 백구(白鷗)와 벗이 되야
> 어정(漁艇)을 흘리 노코 옥소(玉簫)를 노피 부니
> 아마도 세상 흥미(世上興味)ᄂᆞᆫ 잇분인가 ᄒᆞ노라. <청진 *238, 김성기>

> 이 몸이 ᄒᆞᆯ 일 업서 서호(西湖)를 ᄎᆞ자 가니
> 백사 청강(白沙淸江)에 ᄂᆞ니ᄂᆞ니 백구(白鷗)ㅣ로다
> 어듸셔 어가 일곡(漁歌一曲)이 이 내 흥(興)을 돕ᄂᆞ니. <청진 *240, 김성기>

> 홍진(紅塵)을 다 ᄯᅥᆯ치고 죽장 망혜(竹丈芒鞋) 집고 신고
> 현금(玄琴)을 두러메고 동천(洞天)으로 드러가니
> 어듸셔 ᄧᆞᆨ 을흔 학려성(鶴唳聲)이 구룸 밧긔 들닌다. <청진 *243, 김성기>

이 작품들은 모두 화자가 자연 속에서 고조된 흥취를 표출하고 있다. 자연과 동화되어 조화로운 의식을 표출하고 있는 것이다. 그런 중에서도 자신이 떠나온 현실에 대한 언급을 잊지 않는다. 화자가 현실을 벗어나 자연 속에 처하게 된 입장을 첫 번째 작품에서는 '강호에 ᄇᆞ린 몸'으로, 두 번째 작품에서는 '이 몸이 ᄒᆞᆯ 일 업'기 때문인 것으로 묘사하고 있다. 즉 현실 속에서 화자의 역할은 매우 제한되어 있음을 알 수 있게 해준다. 이런 까닭에 세 번째 작품에서 보듯 미련없이 '홍진을 다 ᄯᅥᆯ치고' 자연으로 향할 수 있었던 것이다. 이러한 표현에서 보듯 이미 화자는 현실 세계에 대해서 상당한 정도의 거리감을 전제하고 있고, 자신을 용납해 주지 않는 현실 세계의 벽 앞에서 발길은 자연을 향하게 된다.

는 성격을 갖는다. 그러나 동시기의 여항인의 그것과도 차이가 있다 하겠다. 그의 작품 속에 드러난 자연은 여전히 관념적인 성향이 강하지만, 그가 서호에서 추구한 '은거지락(隱居之樂)'의 실질을 어느 정도 반영하고 있는 것으로 파악된다.

첫 번째 작품의 초장에서 보듯이 화자는 자연을 상징하는 '백구'와 벗이 되었다고 말하고 있다.[22] 김성기의 작품에서는 화자가 자연 속에 몰입하는데 어떠한 주저함이나 장애가 존재하지 않는다. 그리고 자연 속에서 고깃배를 띄우고 옥소(玉簫)를 불며 지내는 생활을 '세상 흥미'라 표현하고 있다. 「김성기전」 등의 기록에서 보듯, 작품 속에 그려진 모습은 작자인 김성기의 서호 은거 생활을 반영하고 있다고 파악된다. 그렇다면 그가 이러한 흥취를 느낄 수 있었던 것은 무슨 이유 때문인가? 아마도 '옥소'로 상징되는 그의 음악 세계에 힘입은 탓이라 여겨진다. 다시 말하자면 자연 속에서 음악을 마음껏 즐길 수 있었기에 현실의 질곡에서 벗어날 수 있다고 여겼던 것이다.

이러한 면모는 두 번째 작품에서도 동일하게 나타난다. 이 작품에서는 그가 택한 자연이 구체적으로 그가 은거(隱居)하였던 '서호'로 제시되어 있다. '백사 청강'이라는 시어는 서호의 청정한 이미지를 적절하게 드러내 주고 있으며, 자연의 상징인 '백구' 역시 그 속에서 자연스럽게 노닐고 있다. 그러한 자연 속에서 화자의 '흥'을 고양시키는 것은 역시 '어가 일곡'인 것이다.[23] '어가(漁歌)' 역시 그의 감흥을 촉발시키는 수단으로서의 음악에 해당된다. '흥'이란 용어에서 확인할 수 있듯 자연에서의 생활에 대해 더없는 만족을 표

22) 그의 또 다른 작품에서는 백구에게 '너를 조차 놀리라'(#241)라고 언급하고 있다. 작품 속에 드러난 백구에 대한 태도는 작가의 자연 친화의 정도를 확인할 수 있는 척도라 할 수 있는데, 김천택 등 다른 작가들에게서 보여지는 면모와는 분명히 달리 나타난다는 점에서 흥미롭다고 하겠다. 김용찬, 앞의 논문.

23) 김흥규는 이현보(李賢輔)의 「어부가」와 윤선도(尹善道)의 「어부사시사」를 비교하면서, 「어부사시사」의 '시적 관심은 강호에서 누리는 나날의 넉넉함과 아름다움에로 집중되며, 바로 여기에서 고양된 기쁨과 충족감이 '흥'으로 나타나는 것'이라고 논하였다. 아울러 윤선도가 '노래하는 흥은 단순한 관념적 정취에 머무르지 않고 아주 생생하고도 구체적인 정황 및 행위로 표출된다'고 지적하였다. 김흥규, 「<어부사시사>에서의 '흥'의 성격」(『한국고전시가작품론』, 집문당, 1992), 553~554면 참조. 김성기의 작품에서도 '흥(興)'이라는 시어가 두 번 등장하는데, 두 작품 모두 자연을 배경으로 음악과 관련되어 나타난다는 점에서 흥미롭다. '흥'이라는 시어가 다른 작가들에게서는 보이지 않고, 김천택의 작품에서 한 번(#261) 보이는데 여기에서도 역시 음악과 연관되어 있다. 따라서 김성기나 김천택과 같은 여항 예술인들이 고양된 감정 속에서 '흥'을 표출할 수 있었던 것은 바로 그들의 음악 세계와 연관되어 있는 것이다.

출하고 있는 것이다. 따라서 이 작품들에 나타난 자연의 형상은 바로 시적 화자의 예술을 아무런 편견없이 받아들여 주는 터전으로서 기능한다.

세 번째 작품에서도 그가 '홍진'을 떨치고 들어간 곳은 바로 자연이다. 특히 종장의 '어듸셔 짝 을흔 학려성(鶴唳聲)이 구룸 밧긔 들닌다'라고 언급하고 있는데, 이것은 '짝 잃은 학'의 상대가 바로 화자 자신임을 은연중에 드러내고 있는 것이라 할 수 있다. 바로 화자 자신의 고고한 의식 세계를 학이라는 대상을 통해서 적극적으로 표출하고 있는 것이다. 아울러 자연 속에 몰입하여 자신의 자부심을 드러낼 수 있었던 것 역시 '현금(玄琴)'으로 상징되는 음악이 있었기에 가능했던 것이다. 그는 일찌감치 세속을 벗어나 강호에로 투신하였기 때문에, 더 이상 강호와 대립되는 현실 세계와의 갈등은 문제시되지 않았던 것이다. 이러한 면모가 그의 전 작품을 관류하고 있다는 점에서 김천택의 작품에서 보여지는 의식과 다르게 해석된다.

김성기의 작품에 드러난 이러한 의식적 면모는 어찌 보면 전대 사대부들의 작품에서 보여지는 것과 유사하게 파악될 수도 있을 것이다. 선행 연구들에서는 김성기 작품의 이러한 면모에 주목하여, 그의 작품을 사대부의 모방작이라고까지 평가하기도 한다. 특히 권두환은 이 작품을 포함한 일련의 작품들을 논하면서, 김성기 작품에 나타난 강호는 이른바 '강호가도(江湖歌道)'의 세계와 연결될 수 있다고 파악하였다.[24] 그러나 그의 작품에서 보여지는 미의식이 전대의 사대부들의 그것과 전혀 관계가 없다고는 할 수 없지만, 이를 바로 '강호가도'와 연결시키는 것은 타당하다고 여겨지지 않는다.

오히려 이것은 강호에서의 생활을 강조하기 위한 수사적 장치로 해석해야지, '강호가도적 면모'나 '속세에 대한 서정적 자아의 비애감'[25] 등으로 해석될 수는 없다. 그의 작품에서 보여지는 가장 큰 특징은 전대의 사대부들의 작품에서 보이는 세속에 대한 강한 지향 의식이 거의 표출되지 않고 있다는 사실이다. 이것은 자신의 예술적 능력을 마음껏 발휘할 수 있는 강호에서 '세상

---

24) 권두환, 앞의 논문.
25) 이창식, 앞의 논문, 268면.

흥미(世上興味)'를 마음껏 펼칠 수 있으며, 그에게 강호를 벗어난 세속이란 공간은 현실적으로 더 이상 어떤 선택의 여지도 남아있는 곳이 아니기 때문이다. 김성기는 일찌감치 세속에서의 생활을 포기하고 강호에서의 즐거움을 찾는 것에 우위를 두었기 때문에, 그에게는 더 이상 강호와 대립되는 속세와의 갈등은 문제가 되지 않았던 것이다.26)

이런 이유로 서호에서의 유유자적한 생활 속에서 자연스럽게 만족을 느낄 수 있었고, 이러한 그의 의식이 작품에 녹아들어 있게 된 것이다. 따라서 현실의 질곡과 부딪히며 그것을 벗어나기 위한 수단으로 자연을 노래하며 강호에서의 생활을 동경하던 김천택의 작품과는 질적으로 다른 작품이 생산될 수 있었던 것이다. 주지하다시피 김천택의 작품에서는 자신의 능력과 그를 포용해주지 못하는 현실과의 갈등이 두드러지게 나타나고 있다. 이런 상황 속에서 끊임없이 갈등하고 번민하던 김천택은 이러한 의식을 그대로 작품 속에 드러내게 되었고, 이런 까닭에 그의 작품에서 보이는 면모는 관념성이 보다 두드러지게 표출되었던 것이다. 바로 이런 측면에서 김성기의 작품과 김천택의 작품이 지닌 의미와 면모는 구별될 수 있는 것이다.27)

그러나 때로는 그 역시 다른 작가와 마찬가지로 때로는 현실 세계의 질곡

---

26) 그런 의미에서 김성기의 강호를 '그 자체로서 합목적적인, 자유롭고도 분방한 노래의 터전'이라고 해석한 것은 일면 타당하다고 하겠다. 그러나 여전히 김성기 등 예인들의 작품에서 보여지는 면모를 '강호가도'의 틀 속에서 해석하려는 논의는 재고되어야 할 것이다. 권두환, 앞의 논문.

27) 김성기와 김천택, 그리고 김수장의 작품 세계는 동일한 신분이자 예인으로서 각각 다른 면모를 지니고 있다. 각각의 특징적인 면모를 지적하여 대비해 보면 김성기의 작품에서는 자연과의 동화를 이룬 시적 자아의 도도한 흥취가 두드러지게 표출되고 있는 반면, 김천택의 작품에서는 세속적 삶과 이상과의 괴리 사이에서 갈등하고 고민하는 모습이 잘 드러나고 있다. 그러나 사설시조를 창작하기도 했던 김수장의 경우 초기작에서는 김천택과 유사한 의식적 면모가 두드러지지만, 비교적 후대에 창작된 작품에서는 시정에서의 생활과 언어를 효과적으로 구사하면서 보다 생활에 밀착된 작품이 산생되었다고 하겠다. 이들의 작품 세계에 대한 비교 연구는 18세기 전반 이들 예인들의 의식과 관련하여 흥미로운 단서를 제공해 줄 것이라 여겨지는데, 이에 대해서는 김용찬, 「18세기 가집 편찬과 시조문학의 전개 과정」(이 논문은 다소의 수정을 거쳐 『18세기의 시조문학과 예술사적 위상』으로 출간되었음)을 참조할 것.

에 의식적으로 반응하기도 한다.

> 옥분(玉盆)에 심근 매화(梅花) ᄒᆞᆫ 가지(柯枝) 것거 내니
> 곳도 됴커니와 암향(暗香)이 더옥 죠타
> 두어라 것근 곳이니 ᄇᆞ릴 줄이 이시랴. <청진 *244, 김성기>

> 구례 버슨 천리마(千里馬)를 뉘라셔 자바다가
> 조쥭 ᄉᆞᆯ믄 콩을 ᄉᆞᆯ지게 머겨 둔들
> 본성(本性)이 왜양ᄒᆞ거니 이실 줄이 이시랴. <청진 *245, 김성기>

첫 번째 작품에서는 매화의 좋은 점은 꽃보다도 향기에 있기 때문에, 비록 꺾여진 꽃이지만 곁에 두고 향기를 즐기겠다고 언명하고 있다. 일반적으로 아무런 쓸모없는 것으로 인식되는 '꺾어진 매화'조차도 버리지 않겠다는 의식은 그가 지닌 인식의 한 측면을 잘 보여주고 있는 것이라 하겠다. '꺾어진 매화'는 세상에서 버림받은 자신을 나타내며, 비록 속세로부터 버림을 받았으나 '향기'로 비유되는 자신의 재능은 자연 속에서 더없는 가치를 지닌다는 것을 역설하고 있다. 다시 말하자면 서호에서의 자신의 생활은 속세의 그것과 비교할 수 없는 고결한 의미를 지니고 있다는 의식을 드러내고 있다고 해석할 수 있다.

두 번째 작품 역시 '구레 버슨 천리마'를 아무리 길들이려 한들 그 본성을 바꿀 수 없다는 내용을 담고 있다. 이 작품의 '구레 버슨 말' 역시 화자 자신의 성격을 표현한 것이라 볼 수 있다. 따라서 '본성이 왜양ᄒᆞ'다는 것은 세속의 명리에 길들여질 수 없는 천리마의 자유로운 면모이며, 중장의 내용은 그러한 천리마를 길들이려는 세속의 헛된 노력이라 할 수 있다. 즉 비범한 존재를 일정한 제도의 틀에 가두려고 하는 것에 대한 반감을 그대로 드러내고 있다. 화자의 자유로운 의식을 표출하면서, 자신을 다른 존재들과 구별지우려는 자의식을 잘 보여주고 있다.

이 두 작품은 모두 김성기의 의식적 면모를 해명하는데 매우 중요하다. 작품 속에 제시된 '꺾여진 매화'나 '구레 버슨 천리마'는 모두 세상에서 버림을 받거나 제대로 쓰이지 못하는 존재들이다. 세속적 관점에서 본다면 모두 쓸모없는 것이지만, 그것들은 모두 세속적인 것과 구별되는 비범한 면모를 내재하고 있다. 따라서 그 본성이 지닌 진가를 인정받기 위해서는 세속적인 가치 판단의 지배를 벗어나야만 가능하다. 그곳이 바로 자신의 독자적인 가치를 실현시킬 수 있는 공간이다. 따라서 자신이 가진 예술적 재능을 편견 없이 받아 주는 세계를 선택하는 것은 그에게는 매우 중요한 문제였던 것이다. 김성기에게는 그곳이 바로 '서호(西湖)'로 구체화된 자연이다. 결국 김성기가 속세를 벗어나 자연 속에 은거할 수밖에 없었던 이유가 이들 작품에서 잘 보여지고 있다.

그리고 '매화'나 '천리마'는 모두 세속에서 버림받은 바로 자신과 같은 여항인의 처지를 나타내는 표현이라 해석할 수 있다. 이들의 현상적인 모습은 비록 볼품이 없지만, 보다 더 중요한 '암향'과 '본성'을 지니고 있기에 속세의 평범한 존재들과는 뚜렷이 구분된다. 비록 자신이 세상에서 버려진 존재로 여겨질지라도, 자신은 세상에 얽매이지 않는 자유로운 의식과 더불어 고결한 이상을 지니고 있다는 강한 자의식인 것이다. 김성기가 그의 뛰어난 음악적 재능을 바탕으로 당대 사회에 '금사'로써 이름을 얻었고, 그것을 통해 자신의 존재를 뚜렷이 각인시킬 수 있었던 것이다. 이처럼 고고한 의식 세계를 지닐 수 있었던 데에는 그의 예술가로서의 능력과 강한 자부심이 전제되어 있는 것이다.

4. 맺음말

이상 김성기의 생애와 작품 세계에 대해서 간략하게 논의해 보았다. 특히 본고에서는 이전의 연구들에서 주목하지 않았던 새로운 자료를 제시하고, 그것을 통해서 그의 생년을 밝히는 등 보다 진전된 논의를 제출하였다. 특히 김창업과 서호에서 만나 시와 음악을 주고받는 모습에서, 그의 예술적 성가가 당대의 문인 지식층 사이에서도 널리 인정받았음을 알 수 있었다. 앞으로는 그를 중심으로 형성되었던 예술적 환경과 음악의 전수 과정에 대해서도 진전된 논의가 제출될 수 있을 것이라 생각한다. 다만 그러기 위해서는 자료에 대한 관심 영역을 넓혀 김성기 등 여항 작가들과 관련된 새로운 자료를 찾는 노력이 병행되어야 할 것이다.

아울러 그의 작품 세계에 대해서도 동시대의 다른 작가들과의 비교를 통해 살펴보았다. 기존의 연구들은 대개 그의 작품을 해석하면서 작품 속에 반영된 면모가 '미천한 그의 신분으로 인한 현실과의 갈등'이 두드러지게 나타난다고 논하였다. 그러나 그의 작품을 면밀히 검토한 결과 오히려 강호에서의 자득적인 면모와 도도한 흥취가 두드러지게 표출되고, 이는 그의 서호에서의 삶과 밀접한 연관이 있다는 것을 확인할 수 있었다.

어찌 보면 조선 전기 사대부들의 작품에서 보여지는 면모와 유사하게 파악할 수도 있겠으나, 그가 처한 현실적 위상 등을 고려해 논의를 단순화하는 것은 피해야 할 것이다. 사대부들에게 있어 자연은 현실 세계와 더불어 선택 가능한 공간이었으나, 여항인의 신분이었던 김성기에게 자연은 불가피한 선택이었을 뿐이었다. 이런 차이를 논하지 않고 그의 작품을 '강호가도(江湖歌道)' 전통 속의 한 부분으로 설정하는 것은 재고의 여지가 있다고 하겠다.

그의 작품에서 표출된 면모는 동시대 여타의 여항 예인들의 작품들과도 구별되는 독특한 것이다. 따라서 그의 작품을 논할 경우 그의 생애와 좀더 밀착된 문제 의식을 가지고 접근해야 할 것이다. 본고는 그러한 문제의식에서 기존의 연구에서 다루어지지 않은 새로운 자료들을 제시하고, 그것을 통해서 진전된 논의를 펼 수 있었다. 특히 조선 후기에 활약하였던 여항 예능인들의 활동 양상을 구체적으로 살펴볼 수 있는 자료를 광범위하게 발굴하여, 작품이나 가집 주변의 한정된 자료를 가지고 시조사의 구도를 설명하려는 방식에서 탈피해야 한다는 당위를 확인했다는 점에서 의의를 찾고자 한다.

(『한국시가연구』 제2집, 한국시가학회, 1997)

김유기의 작품 세계와 18세기 가곡 전승의 양상

1. 머리말

사대부들에 의해 주로 창작되고 향유되던 시조문학이 조선 후기에 이르러 그 성격이 크게 달라졌음은 주지하는 바이다. 대체로 17세기 후반부터 시조문학사에서 여항인(閭巷人)들이 적극적으로 참여하여 시조의 창작과 연행을 주도하면서, 조선 후기 시조문학의 변화를 이끈 것으로 지적되고 있다. 특히 가집(歌集)의 편찬으로 촉발된 여항 가창자(歌唱者)들의 활발한 활동은 담당층의 확대와 더불어 시조문학사의 흐름을 크게 바꾸어 놓았다. 김천택(金天澤 : 1685?～?)이 편찬한 현전 최초의 가집인 <청구영언 진본>(1728)에는 새로운 담당층으로서의 여항인들의 출현을 강조하기 위하여, 사대부 작가들의 작품을 수록한 말미에 '여항육인(閭巷六人)' 작가들의 작품을 수록하였다. 따라서 <청진>에 수록된 '여항육인'의 등장은 시조문학사에서 여항 출신 작가들의 위상을 본격적으로 제기했다는 점에서 의의를 지닌다.

본고에서 논할 김유기(金裕器 : ?～1718?) 역시 '여항육인'의 한 사람으로 조선 후기 시조문학사에서 일찍부터 주목을 받아왔다. 하지만 관련 자료의 부족으로 주목에 값하는 만족스러운 연구 결과가 제출되지 못하고 있는 실정이다. 지금까지의 연구 경향은 대체적으로 18세기 전반의 시조문학사에서 김천택과 김성기가 논의의 중심에 놓여지면서, '여항육인'에 포함된 다른 작가들에 대한 관심은 상대적으로 미약한 편이다. 이들을 함께 다룬 대부분의 연구들이 개별 작가들의 성격을 구별하기보다 그들의 작품과 사회적 처지와 관련된 동질적인 측면을 부각시켰던 반면, 최근에는 각각의 작품에 나타난 미세한 변화를 포착하여 연구한 성과들도 제출되고 있다.[1] 본고 역시 이러한 관심의 연장선 속에서 마련되었다. 김유기에 대한 연구도 김천택을 비롯한 여항 가창자들과의 비교 차원에서 논의가 진행되었을 뿐, 독립적인 연구 논문은 단 한 편도 없는 실정이다. 때문에 그가 지닌 문학사적 의의에 비해서 상대적으로 적은 관심을 받아왔다는 것이 필자의 판단이다. 따라서 여기에서는 조선 후기의 전반적인 시조문학사를 고려하여, 김유기의 작품이 지닌 문학적 의미를 중점적으로 다루면서 작품론을 전개하고자 한다. 특히 '여항육인'에 속한 다른 작가들의 작품의 면모와 어떻게 다른가 하는 점이 구체적인 작품 분석을 통해서 확인될 수 있을 것이다.

<청진>의 편자인 김천택이 김유기의 작품에 발문(跋文)을 남기고 있는데, 이 기록을 통해 그가 가창자로 활약했던 사실과 시조 작품을 창작하고 그것이 <청진>에 수록된 경위를 확인할 수 있다. 이밖에도 여러 차례에 걸쳐 편찬된 <해동가요>의 1차본(1755)의 성격을 지니고 있는 것으로 파악되는 <해동가요 박씨본>에 김유기와 관련된 기록들이 적지 않게 나타나고 있어, 그에 대한 종합적 고찰이 요구되고 있다.[2] 여기에는 대구 지방에서 활동했던 가창자로서 그의 제자로 확인되는 한유신(韓維信 : 1690?~1765)이 김유기의 음악

1) '여항육인'에 관한 연구는 다음의 논문들을 참고할 것. 황충기, 「'여항육인'고」(『어문연구』 46·47 합, 일조각, 1985); 박노준, 「<청구영언> '여항육인'의 현실인식과 그 극복양상-주의식 등 4인의 작품을 중심으로」(『고전시가의 이념과 표상』, 1991); 조규익, 「<청구영언> 소재 '여항육인'론」(『숭실어문』 제10집, 숭실대학교 숭실어문연구회, 1993); 김용찬, 「'여항육인'의 작품 세계와 18세기 초 시조사의 일국면」(『시조학논총』 제12집, 1996; 『조선 후기 시가문학의 지형도』에 재수록) 등.

2) <해동가요 박씨본>의 체제와 성격에 대해서는 김용찬, 『18세기의 시조문학과 예술사적 위상』(월인, 1999)의 Ⅲ장에서 상세하게 논하였다.

적 면모와 죽음에 이르기까지의 과정을 상세하게 기록하고 있다. <해박>에는 김유기가 전수한 '영언선(永言選)'과 관련된 내용도 수록되어 있어, <청진> 이전의 여항 가창자의 시조집에 대한 탐구의 필요성도 제기되고 있다.[3] 이에 따라 김유기가 한유신에게 전수해 주었던 '영언선'의 성격과 그것의 문학사적 의미를 점검하기로 한다. '영언선'의 존재와 성격에 대해서는 아직도 그 실체가 확인되지 않고 있어, 관련 자료의 검토를 통한 보다 정밀한 탐색이 요구되고 있다.

본고는 김유기의 작품론에 그치지 않고 김유기의 서울 및 대구에서의 연행 활동을 통해서, 동시대에 활동했던 여항 가창자들의 가곡 전승 양상까지를 검토하기로 하겠다. 특히 18세기 가곡 전승의 양상에 대해서는 김유기뿐만 아니라, 비슷한 시기에 활동했던 가창자들의 활동 내용과 문집 등에서 발견되는 각종 기록을 통해서 그 윤곽을 그려나가고자 한다. 금보(琴譜)나 가집 등 음악 관련 자료를 통해서 확인할 수 있듯이, 이 시기는 음악적으로도 급격한 변화의 양상을 보이고 있다. 따라서 다양한 관점에서 가곡 전승의 문제와 작품의 질적 변화라는 측면을 아우를 수 있는 시각이 필요한 시점이라고 판단된다. 이는 그동안 활발한 연구를 통해서 18세기의 시조문학사를 조망할 수 있는 자료가 어느 정도 확보되었다는 점과 그동안의 연구가 산발적으로 진행되었다는 것에서 이를 종합적으로 검토할 필요성이 제기되기 때문이다.

2. 김유기 작품의 문학적 성격

김유기가 18세기 전반까지 시조 작가이자 가창자로 활약했던 사실 외에 그의 생애를 확인할 수 있는 기록들은 그리 많지 않다. 다만 <청진>의 '여항육

3) 한유신과 '영언선'의 성격에 대해서는 다음과 같은 연구가 제출되어 있다. 심재완, 「한유신과 영언선」(『모산학보』 제3집, 모산학술연구소, 1992); 손태룡, 「영남가객 한유신의 가곡활동」(『한국음악사학보』 제16집, 한국음악사학회, 1996) 등.

인'에 수록된 작가들이 대체로 나이 순서로 수록되어 있어, 김천택(金天澤 : 1685?~?)과 비슷하거나 약간 앞서 출생하였을 것으로 판단된다. 이러한 사실은 당대까지 활동했던 가창자들을 '나이 순서로 이름을 기록한(年齒書之)' <해동가요 주씨본>의 '고금창가제씨(古今唱歌諸氏)'에서도 확인할 수 있다.[4)] 김천택은 <청진>을 편찬하기 훨씬 이전부터 가집 편찬을 위해 시조 작품을 모았고, 이러한 사실이 당시의 여항 작가들에게도 널리 알려져 있었던 것으로 보인다. 특히 김유기가 자신의 작품을 김천택에게 가져가 정정(訂正)을 부탁했던 것으로 보아, 당시의 사람들에게 김천택은 작품을 평가하는 안목이 높다고 인정을 받았던 것으로 보인다.[5)]

김천택이 김유기 작품에 대하여 평가한 <청진>의 다음 기록을 통해서 논의를 시작해 보기로 하자.

> **대재 김유기는 노래를 잘하는 것으로 세상에 이름이 알려졌다. 내가 일찍이 병신년(1716)에 그의 집으로 찾아가 상자를 열고 한 권의 작품을 얻었는데, 펼쳐서 살펴보니 곧 자신이 지은 시조 작품들이었다. 이에 나에게 교정을 부탁하였다. 나는 '그 내용을 보니 사람의 뜻과 사물의 경계를 다 말하였고, 모두 음률(音律)에 적합해 진실로 악보 중의 뛰어난 작품이다. 내가 재주가 없으니 어찌 군더더기를 덧붙일 수 있겠는가.' 라고 말하였다. 마침내 서로 문답을 나누고서 돌아왔는데, (그 이후) 1~2년 사이에 이미 자취만 남았으니, 조자건[6)]에 대하**

---

4) "余欲記古今歌者之姓諱, 年齒書之, 必不以歌之優劣書之.", '고금창가제씨', <해주>. '고금창가제씨'에는 모두 56명의 가창자 명단이 기록되어 있는데, 김유기의 이름이 김천택보다 앞에 놓여져 있다.

5) 가창자이자 시조 작가로서의 역량은 정래교(鄭來僑)의 '청구영언서(靑丘永言序)'나 마악노초(磨嶽老樵) 이정섭(李廷燮)의 '청구영언후발(靑丘永言後跋)' 등의 기록에서, 그들이 김천택에 대해 내린 평가를 통해서도 확인된다.

6) 조자건(曺子建)은 중국 삼국 시대의 인물인 조식(曹植)으로, 자건(子建)은 그의 자(字)이다. 위(魏)나라 문제(文帝)인 조비(曹丕)의 아우로, 시문(詩文)에 뛰어난 재주를 지녔다. 그는 형과 왕위를 다투다가 패배하여 평생 정치적으로 불우하게 지냈는데, 형인 문제가 일곱 걸음을 걷는 사이 시 한 수를 짓지 못하면 죄로 다스리겠다고 하자 즉석에서 지은 '칠보지시(七步之詩)'로 유명하다.

여 생존했을 때와 죽은 후에 느끼는 감정이, 이에 이르러 지극해진다. 나는 이에 그가 남긴 작품을 거두어 세상에 알려 영원토록 전하게 하고자 한다.[7)]

'노래를 잘 하는 것으로 세상에 이름이 알려졌다(以善歌 鳴於世)'라고 한 김유기에 대한 평가는 김천택의 의례적인 수사만은 아니었다. 김수장이 당대의 가창자들을 수록한 <해주>의 '고금창가제씨'에도 김유기가 당대의 명창들과 함께 가창자들의 반열에 올라있는 것을 확인할 수 있다. 또한 <해동가요 박씨본>의 말미에 '영언선'과 관련된 기록 중에서 대구 사람인 신륵(申玏)이라는 인물도 자신이 젊었을 적에 서울에서 '김유기라는 이름을 익히 들었고, (그가) 노래로 세상에 유명했다'고 증언하고 있다.[8)] 신륵의 발문에는 한유신과 관련된 내용을 주로 다루고 있지만, 김유기에 대해서도 뛰어난 가창자로서의 면모를 확인할 수 있게 해준다는 점에서 의의가 있다고 하겠다. 이밖에도 한유신의 뛰어난 솜씨를 그와 비교해서 설명하는 '영언선' 관련 기록들의 평가에서도 가창자로서 김유기의 명성을 거듭 확인할 수 있다. 따라서 가창자였던 김유기는 자신이 창작한 작품을 누군가에게 보여주어 평가를 받고 싶었고, 김천택은 여항인들의 작품도 사대부들의 그것과 다를 바 없다는 인식에서 그의 작품을 <청진>에 수록했던 것이다.

이 기록에서 김천택은 자신이 김유기의 작품을 접한 1～2년 후에 김유기가 이미 죽었음을 말하고 있다. 김유기의 죽음과 관련해서는 한유신의 '영언선서'에 보다 구체적인 기록이 보이는데, 대구에 머물고 있던 무렵에 밀양의 심생(沈生)이라는 사람의 초대를 받아 길을 가다가 '객관(客舘)'에서 죽음을 맞이하게 된다.[9)] 김유기가 대구에서 처음 한유신을 만난 것은 1715년(을미년)

7) "金君大哉, 以善歌, 鳴於世. 曾於丙申間, 余嘗造其門, 叩其篋, 得一編, 開卷而閱之, 乃自家所爲新翻也. 仍要余訂正. 余曰 '觀其詞, 說盡情境, 諧合音律, 信樂譜之絶調也. 以余不才, 奚容贅焉.' 遂相與問答而歸, 一二年間, 已成陳迹, 曺子建, 存沒之感, 至是極矣. 余於是, 掇拾其遺曲, 以布于世, 傳之不朽也. 歲戊申暮春旣望 南坡老圃書", 「金裕器 作品跋」, <청진>. 특별한 언급이 없는 경우 번역은 모두 필자가 한 것이다.

8) "少時游京師, 慣聞金裕器, 以歌名於世. … 花溪 申玏書", 「韓中樞歌敍跋」, <해박>.

이며, 김천택에게 자신의 작품을 보여주며 교정을 부탁한 것은 그 다음해인 1716년(병신년)이었다. 그렇다면 김유기는 이 무렵에는 대구와 서울을 오가며 활동을 했다는 것을 알 수 있다. 대구에서도 한유신을 비롯한 제자들을 가르치면서 가창자로서의 명성이 알려졌고, 그의 노래를 듣고자 초청한 사람을 방문하고자 밀양으로 향하다가 죽음을 맞게 된다. 따라서 김천택과 한유신의 기록을 종합해 볼 때, 김유기가 죽은 해는 대략 1718년 무렵으로 파악된다. 그리고 뒤에 다시 논하겠지만, 한유신에게 가곡(歌曲)을 사사하는 과정에 대한 기록은 엄격한 예술가로서의 김유기의 면모를 확인할 수 있게 한다.

김천택이나 김수장과 달리 김유기의 신분에 관해서는 여타의 가집들에서도 분명한 기록이 남겨져 있지 않으나, 전형적인 여항 출신의 가창자로 파악된다.[10] 그의 작품은 10수가 전해지는데, 김천택에 의해 모두 <청진>에 수록되었다. 동시대 여항 가창자들의 작품과 마찬가지로 그의 작품에도 여항인으로서의 자의식이 반영되어 있다. 대체적으로 현실 세계와 일정한 거리를 두려는 면모가 두드러지며, 그에 대해서 자신만의 방식으로 갈등을 해소하려는 양상이 나타나고 있다. 그의 작품에서는 현실 세계와의 갈등을 때로는 일상생활에서 그 해답을 찾기도 하고, 때로는 그에 대해 체념하거나 관념 속으로 깊이 침잠하는 모습을 보이기도 한다. '여항육인' 작가들 중에서 김성기와 김천택은 극복할 수 없는 현실 세계와의 거리를 체감하고 발길을 자연으로 향하거나 자신만의 음악 세계를 강조한 반면, 김유기는 오히려 구체적인 생활

---

9) "一日, 密城士人, 沈生者, 以騎來邀. 沈是湖海間一奇士, 而密之嶺南樓, 久在公魂夢中矣. 遂並轡飄然而逝. 不佞等, 既留之不可, 惟以式過其歸, 爲祖道之祝. 祝訖, 登子城以望之, 居無何. <u>公遘毒癘, 卒死客館</u>. 嗚呼! 廣陵散, 從此絶矣. 不佞等, 相吊于舊舍, 倀倀然無所與歸, 而邇來五十年. 便作隣笛中過客, 雖絲竹盈堂, 四座盡歡, 而及其酒後話舊, 則喉吻輒喀喀焉.", 「영언선서」, <해박>.

10) 김유기에 대해서 <청구영언 홍씨본>에는 '한산인(閒散人)'으로, <가곡원류>계 가집에는 '산인(散人)'으로 소개되어 있다. 여항인들의 시문집인 <소대풍요(昭代風謠)>(1737) '별집(別集)'에도 '등루(登樓)'라는 5언 율시 1수가 수록되어 있는데, 여기에는 대재(大哉)라는 그의 자(字)와 함께 '남원인(南原人)'이라고 간단하게 소개되어 있다. 이로 보건대 김유기는 가창자이면서, 한시와 시조를 동시에 창작했던 여항의 예인(藝人)이었다.

속에서 그 해소 방식을 찾고 있다는 특징이 있다. 이제 작품의 검토를 통해서 그의 작품 세계를 확인해 보도록 하자.

> 장부(丈夫)로 삼겨 나셔 입신 양명(立身揚名) 못 ᄒᆞᆯ지면
> 출하리 다 ᄯᅧᆯ치고 일 업시 늘그리라
> 이밧긔 녹록(碌碌)ᄒᆞᆫ 영위(榮爲)에 걸릴길 줄 이시랴. <청진 *247, 김유기>

> 당우(唐虞)ᄂᆞᆫ 언제 시절(時節) 공맹(孔孟)은 뉘시런고
> 순풍 예악(淳風禮樂)이 전국(戰國)이 되야시니
> 이 몸이 서근 션븨로 격절 비가(擊節悲歌) ᄒᆞ노라. <청진 *250, 김유기>

> 태산(泰山)에 올라 안자 사해(四海)를 구버 보니
> 천지 사방(天地四方)이 훤츨도 ᄒᆞᆫ져이고
> 장부(丈夫)의 호연지기(浩然之氣)를 오ᄂᆞᆯ이야 알괘라. <청진 *251, 김유기>

이 작품들에는 김유기가 느끼는 현실에 대한 인식이 잘 드러나고 있다. 누구나 자신의 이름을 세상에 떨치고자 '입신 양명'을 추구하는 것은 당연한 이치일 것이다. 사회적으로 성공하여 자신의 이름을 세상에 알릴 수 있는 것이 입신 양명의 실질이라면, 그것의 현실적 수단은 바로 과거를 통해 관직에 나아가는 것이라 할 수 있다. 그러나 화자는 첫 작품의 초장에서 '입신 양명을 못 ᄒᆞᆯ지면'이라고 언급하여, 일견 자신의 처지로서는 그것이 불가능하다는 것을 당연시하고 있다. 아마도 자신의 처지에서 신분적 제약으로 과거에 응시할 수 없었기 때문일 것이다. 이러한 고민은 비단 김유기에게만 해당되는 것은 아니었고, 이 시기 여항인들의 공통적인 문제였다. 따라서 '입신 양명'으로 요약되는 사회적 성공의 길은 화자에게 결코 만만치 않은 셈이었다. 어찌 보면 화자에게는 현실에서의 입신 양명이 근본적으로 불가능한 것이었고, 여항인이라는 처지에서는 그것이 너무도 당연했을 것이다. 때문에 차라리 그

모든 것을 다 떨치고 '일 업시' 늙겠다는 언급은 현실 세계에 대한 체념인 것이다. 종장에서 애써 '녹록한 영위에 거리끼지' 않고 살겠다는 의지를 드러내고 있으나, 이는 화자가 자신의 현실적 처지로 인한 한계를 절감한 속에서 체념하듯 토로한 말이다. 봉건체제 하에서의 입신 양명이란, 이 시기에 김유기와 같은 여항인들에게는 근본적으로 접근이 쉽지 않은 것이었다.

두 번째 작품은 시대에 대한 탄식을 내용으로 하고 있다. 초장에서는 예악(禮樂)이 다스려지던 요순(堯舜) 혹은 이치를 설법하던 공맹(孔孟)이 존재하던 시대를 제시하고, 중장에서는 이에 반해 자신이 살고 있는 시대를 천하가 다투는 전국(戰國) 시대로 묘사하고 있다. 당우(唐虞)는 중국의 성군이었던 요(唐)와 순(虞)이 다스리던 시대이고, 공맹(孔孟)은 비록 천하가 안정되지는 못했지만 그래도 공자와 맹자와 같은 인물이 천하를 다스리기 위하여 노력했던 시대라는 뜻이다. 요순 혹은 공맹의 시대에는 조화로운 '순풍 예악(淳風禮樂)'이 있었는데, 자신의 시대는 그나마 사라지고 서로 다투는 전국시대와 같은 혼란이 있을 뿐이다. 따라서 자신은 그것을 바로잡을만한 역량이 없는 생각하는 것이 좁은 선비('서근 션븨')이기에, 그저 장단을 맞추며 슬피 노래할 수밖에 없다('격절 비가')고 생각한다. 자신에게 현실을 다스릴만한 어떠한 현실적인 여건도 마련되지 않았기에, 그저 땅을 치며 슬픈 노래만 부를 뿐이라는 체념적인 현실 인식인 것이다. 이 작품에서 '격절 비가'라는 용어는 화자가 바라보는 세상에 대한 비관적이고 체념적인 인식을 적절하게 드러내어 주고 있다.

현실 속에서 자신의 처지를 돌아보고 또 세상에 대해서는 체념적인 인식이 깊이 자리하고 있지만, 때로는 현실을 벗어난 관념 속에서는 세 번째 작품처럼 '호연지기(浩然之氣)'를 내세우기도 한다. 세상에서 가장 높다는 태산(泰山)에 올라 사방을 굽어보면서 호연지기를 언급했던 것은 바로 맹자였다. 맹자는 정치적 이상을 실현할 수 있고 또한 현실을 개척하는 수단으로 호연지기를 강조했다. 하지만 화자에게 그것은 오히려 현실에 적극적으로 맞서지 못하고 한 걸음 벗어난 지점에 머무르면서, 단지 관념 속에서 그려내는 인식일 뿐이다. 때문에 화자는 극복하기 어려운 현실 세계와의 대립은 피하면서도, 맹자의 이러한 정신적 경지라도 누리고 싶다는 생각을 하게 됐을 것이다. 어떤 사상이나 이념이 태동하게 된 사회적·정치적 맥락을 거세해 버렸을 때, 남는 것은 그저 이상화된 관념에 불과할 뿐이다. 누군가가 추구했던 정신 세계만을 자신의 것으로 받아들이면서, 한편으로는 고단한 현실을 벗어난 관념 속에 빠져버린 것이다. 그만큼 만만치 않은 현실 속에서는 언제나 체념적인 면모가 두드러질 수밖에 없다.

그렇다면 이처럼 현실 세계와의 거리를 느낀 화자가 찾은 대안은 무엇이었을까? 다음의 작품들을 통해서 김유기가 지닌 현실관을 찾아보도록 하자.

> 내 몸에 병(病)이 만하 세상(世上)에 ᄇᆞ리이여
> 시비 영욕(是非榮辱)을 오로 다 니저마는
> 다만지 청한 일벽(淸閑一癖)이 매 부르기 죠쾌라. <청진 *246, 김유기>
>
> 백세(百歲)를 닷 못 사라 칠 팔십(七八十)만 살지라도
> 벗고 굼지 말고 병(病) 업시 누리다가
> 유자(有子)코 유손(有孫)ᄒᆞ오면 긔 원(願)인가 ᄒᆞ노라. <청진 *248, 김유기>
>
> 오ᄂᆞᆯ은 천렵(川獵)ᄒᆞ고 내일(來日)은 산행(山行) 가ᄉᆡ
> 곳다림 모릐ᄒᆞ고 강신(降神)으란 글픠 ᄒᆞ리
> 그글픠 변사회(邊射會)ᄒᆞᆯ 제 각지호과(各持壺果) ᄒᆞ시소. <청진 *253, 김유기>

첫 번째 작품에서 화자는 자신을 '세상에 버려진' 존재로 인식하고 있다. 또 그럴 수밖에 없는 이유가 바로 자신에게 병이 많기 때문이라고 언급하고 있다. 그렇다면 이 작품에는 앞에서 살펴본 현실 세계와의 거리가 보다 명시적으로 드러나 있다고 하겠다. 여기에서 '병'이란 자신이 세상에 버려질 수밖

에 없었던 원인이며, 그것은 어쩌면 생득적으로 화자에게 주어진 여항인이라는 신분적·사회적 한계를 비유적으로 표현한 것이라고 여겨진다.[11] 세상에 나아가 옳고 그름을 따지고 영욕의 즐거움과 괴로움을 맛볼 수 있는 위치에 서는 것은 화자에게 이미 불가능하다. 따라서 '병' 때문에 세상에서 버려진 화자에게는 '시비 영욕'과 같은 것들은 모두 다 잊고 살 수밖에 없다. 그러한 속에서 화자가 택한 방법은 '청한 일벽(淸閑一癖)'으로 표현된 '매 부르기'였던 것이다. '매 부르기'는 매사냥의 다른 표현이며, 대체적으로 호사스러운 놀이로 인식되었다. 화자는 매사냥과 같은 놀이를 맑고 한가한 가운데 빠져드는 고질병으로 여기고 있다. 이러한 화자의 태도에서 현실 세계에서 영욕을 누릴 수 없다면, 자신만의 방식으로 그것을 찾겠다는 지극히 현실적인 세계관이 잘 드러난다.

이러한 현실 인식은 다음 작품에서 다시 한 번 확인된다. 두 번째 작품은 입신 양명의 길이 차단된 화자가 현실 속에서 누리고 싶은 방안을 제시한 것이라고 하겠다. 그것을 요약하면 '가난을 면하고 병이 없이 오래 살면서 자손이 번창한 것'이라고 할 수 있다. 백 살을 다 채우지 못하지만 70~80살까지 살면서도, 빈곤함을 면하여 병들지 않고 사는 것은 많은 사람들이 바라는 바이다. 어쩌면 그것은 사회적 성공과 같은 세속적인 부귀 영화보다 더 가치있다고 여겨질 만하다. 화자는 이러한 조건에 자손의 번성을 더하여, 그것이 바로 자신의 소원이라고 말하고 있다. 이 작품에서 '병(病)'은 글자 그대로 육체적 질병을 말하는 것으로, 앞 작품에서의 그것과는 전혀 다른 함의를 지닌다. 이처럼 일상 생활에서 즐거움을 찾는 것은 여항육인의 다른 작가들에게서는 좀처럼 발견할 수 없는 면모이다. 추상적이고 관념적인 것이 아니라 일상 속에서 실현 가능한 것을 추구하고 있다는 점에서, 김유기의 세계관은 관념이

11) 그의 또다른 작품인 <청진> #252에서는 스스로를 '불충 불효(不忠不孝)ᄒᆞ고 죄(罪) 만흔 이 내 몸'으로 표현하였다. 이 작품 역시 현실적으로 무력한 자신의 처지를 비관하면서, 한편으로는 자신이 살고 있는 시대를 '태평성대(太平聖代)'로 인식하고 있는 역설적인 면모가 보인다. 그러나 이 또한 극복할 수 없는 현실 세계에 대한 체념적인 면모라고 해석된다.

아닌 대단히 현실적인 면모를 지니고 있다고 평가할 수 있다. 자신이 세속의 부귀 영화를 쟁취할 수 없다고 인식을 하고서, 차라리 자신의 처지에서 가장 실현 가능한 조건을 찾아서 제시하는 것은 '현실적 세계관'을 지니고 있기에 가능한 것이다.

세 번째 작품은 지극히 자족적인 화자의 면모를 보여주고 있다. 이 작품에서 볼 수 있듯이 현실 세계에서 성취하기 힘든 입신 양명과 같은 관념들을 머리 속에서 지우는 순간, 화자가 인식한 일상의 생활은 그저 너그럽고 조화롭기만 하다. 작품의 전편에 걸쳐 자신이 속한 공동체 사람들과 일상을 즐기며 사는 여유가 짙게 배어 있다. 화자는 '천렵(川獵)', '사냥(山行)', '화전놀이(곳다림)', '마을 제사(降神)', 그리고 '활 쏘기(邊射會)' 등과 같은 놀이를 즐기면서 향리에서 자족적인 삶을 추구하고자 한다. 이러한 화자의 모습에서는 더 이상 현실 세계와의 갈등은 중요하지 않다. 경제적으로 넉넉한 여건을 통해서 일상에서 획득할 수 있는 현실적 방안에 대한 관심은 이를 반증하고 있다. 활 쏘기 놀이를 준비하면서 각자가 마실 술과 안주를 준비하라는 종장의 언술 역시 화자의 세상에 대한 넉넉한 시선을 느끼게 해준다.

여타 여항 작가들과 마찬가지로 김유기의 작품에서도 현실 세계와의 거리가 견고하게 자리잡고 있고, 그것은 좀처럼 극복할 수 없는 벽으로 묘사되고 있다. 그러나 그는 근본적으로 접근이 불가능한 현실 세계에 대해서 일찌감치 체념을 하고, 자신의 일상 생활에서 얻을 수 있는 방안을 적극적으로 찾아나서고 있다. 그가 일상에서 찾은 방안은 매사냥이나 활 쏘기와 같은 것들인데, 이러한 놀이는 경제력이 뒷받침되지 않는다면 쉽게 즐길 수 없는 놀이들이다. 작품에 관류하고 있는 면모와 그것을 통해 추출할 수 있는 의식으로 보건대, 그는 비교적 경제적으로 넉넉한 처지에 있었던 것으로 추정된다. 실제로 그가 경제적으로 풍족했었던가 하는 기록은 구체적으로 확인할 수 없지만, 서울과 대구 등을 여행하면서 생활하기도 했던 것으로 보아 무리한 추정만은 아니라고 여겨진다. 때문에 그가 현실 세계에서 느끼는 한계를 오히려 일상 생활의 적극적인 향유를 통해서 찾았던 것이라 해석된다.

난간(欄干)에 지혀 안자 옥적(玉笛)을 빗기 부니
오월 강성(五月江城)에 흣듯ᄂᆞ니 매화(梅花) ㅣ로다
ᄒᆞᆫ 곡조(曲調) 순금(舜琴)에 섯거 백공 상화(百工相和) ᄒᆞ리라.
<청진 *254, 김유기>

경성출 경운흥(景星出慶雲興)ᄒᆞ니 일월(日月)이 광화(光華) ㅣ로다
삼왕 예악(三王禮樂)이오 오제 문물(五帝文物)이로다
사해(四海)로 태평주(太平酒) 비저 만성 동취(萬姓同醉) ᄒᆞ리라.
<청진 *255, 김유기>

김유기의 작품에서도 드물긴 하지만, 예술 세계에 대한 자부심을 표출하고 있는 작품도 발견할 수 있다. 앞의 작품에서는 화자가 즐기는 가악(歌樂) 생활의 면모가 잘 드러나고 있다. 누각(樓閣)의 난간에 걸터앉아 피리를 부는 화자의 모습과 봄바람에 흔들리는 매화가 어우러져 여유로운 모습을 연출하고 있다. 여기에 누군가 거문고를 연주하며 화답하니, 그야말로 모든 악공들의 음악이 서로 어우러진 듯 조화로움의 경지를 빚어낸다. 적어도 화자에게 이 순간만큼은 현실에서의 이러저러한 고민이 끼어들 여지가 없는 셈이다. 마치 순(舜)임금이 거문고를 연주할 때, 악공들이 그에 맞춰 각종 악기로 화답하던 태평 성세의 경지에 비견된다. 가창자로서 그가 느끼는 예술세계에 대한 자부심이 이와 같은 모습으로 표출되었고, 실제 자신이 음악을 즐기는 모습을 순임금의 그것과 겹쳐서 표현했던 것이다. 이처럼 김유기는 자신이 이상적으로 추구하던 바를 성현이 다스리던 시대에 비견하여 그려내곤 했다.

두 번째 작품은 그가 이상적으로 여겼던 문화의 실질을 잘 보여주고 있다. 흔히 중국 고대의 삼황 오제(三皇五帝)가 다스리던 태고 시절은 태평 성세로 인식되며, 그 시절의 예악과 문물은 후세 사람들이 본받아야 할 전범으로서의 가치를 지닌다. 특히 상서로운 징조를 상징하는 '경성(景星)'과 '경운(慶

雲)'의 조짐이 나타나고, 일월(日月)이 빛을 비추는 것은 바로 태고 시절에 비견되는 태평 성세의 모습인 것이다. 화자는 바로 이러한 시대에 서 있기에, 사해(四海)의 물로 태평주(太平酒)를 빚어 모든 백성과 함께 마시며 취하겠노라고 말한다. 그러나 실상 이러한 태평 성대는 화자의 관념 속에서 만들어낸 상상일 뿐이다. 다른 작품들에서는 지속적으로 화자가 처한 현실 세계의 이러저러한 한계를 지적하고 있는데, 그것과 자신이 몸담고 있는 세계를 태평성세로 인식하고 있는 이 작품과는 분명 모순된 것처럼 보여진다. 그러나 다시 생각해 보면 현실 세계의 견고한 벽이 자신을 둘러싸고 있는 답답한 상황에서, 화자는 상상 속에서나마 누구에게도 제약이 가해지지 않던 고대의 태평성대를 희구했던 것이다. 실제 김유기의 작품을 보면 과거의 문물을 동경하는 양상을 보이는 경향이 두드러지게 나타난다.

앞서도 논했지만 대체적으로 김유기 작품에서는 견고한 현실 세계의 질곡 속에서 쉽게 체념하는 모습을 보여주고 있다. 그러나 한편으로는 자신이 몸담고 있는 일상 속에서 만족을 찾고자 하는 태도도 나타난다. 김성기나 김천택과 같은 다른 여항 작가들이 그 대안으로 자연으로 도피하는 모습을 보이는데 반해, 김유기는 오히려 일상의 활동 영역 속에서 해답을 찾고 있다. 따라서 그의 작품에 반영된 이러한 면모를 지극히 '현실적인 세계관'에서 비롯된 것이라고 이해된다. 하지만 현재 자신의 사회적 처지에서는 현실 세계로의 도약이 쉽지 않기에, 오히려 사회적 제약이 존재하지 않았던 시대인 고대의 태평성대 혹은 공자나 맹자와 같은 성인이 존재했던 시대를 관념적으로 그려내며 위안을 삼았던 것으로 보인다. 결론적으로 김유기는 자신에게 굳게 닫혀있는 현실 세계의 벽을 절실히 체감하고, 차라리 자신이 만족할 수 있는 일상의 생활 속에서 그 대안을 찾았다. 하지만 일상에서의 생활은 다른 한편으로 현실 세계의 질서를 무시할 수 없기에, 때때로 자신이 추구하는 바의 관념 속으로 침잠하는 방법을 택했던 것이다. 김유기의 작품 세계는 이처럼 여항인으로서의 새로운 모색과 한계를 동시에 보여주고 있다고 평가할 수 있다.

3. 〈영언선〉의 성격과 18세기 가곡 전승의 양상

1) '영언선'의 존재와 성격

<해동가요 박씨본>이 학계에 소개된 이래 '영언선(永言選)'의 존재와 그것의 편자가 김유기라는 사실은 지속적으로 거론되어 왔다. 한유신의 '영언선서(永言選序)'의 기록은 가집으로서의 '영언선'의 존재를 거듭 확인시켜 주고 있기 때문이다. 이밖에도 한유신이 다른 사람들에게 부탁하여 받은 8편의 '영언선' 관련 서・발문이 <해박>에 그대로 남아있다. 때문에 시조집으로서의 '영언선'의 존재를 부정할 수가 없다. 하지만, 결정적으로 한유신의 작품을 제외하고는 '영언선'의 핵심이랄 수 있는 작품이 수록된 부분은 전혀 남아있지 않아, 그 실체를 현재로서는 확인할 수 없다. 따라서 그동안 '영언선'과 관련하여 적지 않은 논의가 있었지만, 실증할 수 있는 자료가 남아 있지 않다는 것이 그 이상의 논의를 진행시킬 수 없게 하는 요인이기도 하다.

여기에서는 '영언선'과 관련된 한유신 등의 기록을 토대로, '영언선'의 존재와 그 성격을 검토해보기로 한다. 특히 관련 기록은 존재하고 있으나, 정작 중요한 수록 작품들이 사라진 경위에 대해서 합리적인 가설을 제시해 보겠다. 먼저 한유신의 '영언선서'의 기록 중에서 '영언선'과 관련이 있는 기록을 다소 길지만 인용하여 살펴보기로 하자.

> 내가 젊었을 때 노래를 좋아하여 거의 침식을 잊을 정도였다. 때로는 천석간(泉石間)을 좇아 자연의 소리를 듣기도 하였으며, 때로는 큰 거문고를 연주하면서 두 가지 악기로 대소현(大小絃)의 조화를 이루어, 스스로 얻음이 있는 것처럼 여겼다. 생각하기를 대방 군자(大方君子)에게 한 번 물어 미치지 못한 바에로 나아가려 하였으나, 세상을 돌아보매 말해줄 수 있는 사람이 없어 매번 곡을 연주하고 배회하면서, 헛되이 수원 산고(水遠山高)의 뜻만 지니고 있었다.

을미년(1715) 봄에 김유기 공이 마침 서울에서 왔는데, 공은 곧 지금 시대의 독보적인 존재였다. 내가 가서 인사를 드리고 시험삼아 유행하던 곡조(時譜)로 질문하니, 공이 문득 웃으면서 대답을 하지 않았다. 밤이 이슥해서야 여러 수의 작품을 읊조리니, 소리가 금석에서 나는 것처럼 마치 그림자와 소리를 구분할 수 없을 정도였다. 나는 이에 멍하여 넋을 잃고, 혼자 마음 속으로 '정성(正聲)이 여기에 있구나'라고 생각하였다. 다음날 아침 공을 별관으로 불러 맞아들여, 마침내 두 세 사람의 동지들과 옛날에 배웠던 것을 다 버리고 가르침을 청하였다. 공은 다음과 같이 말하였다. '또한 좋지 아니한가. 노래는 고금의 두 곡조가 있는데, 슬프고 빠른 것은 쇠미한 시대의 음으로 지금 사람들이 취하는 바요, 조화롭고 느린 것은 태평시대의 음으로 내가 취하는 바이다. 우리 나라의 가요는 방언(方言)이 섞이어 비록 고악부와는 다름이 있으나, 또한 풍화의 일단(一端)이므로 노래는 살피지 않을 수 없다.' 이에 주머니 속에 소장한 영언선과 공 자신이 지은 작품 10여 수를 꺼내 보여주며 '이것은 (상고시대의 음악인) 백설곡으로부터 맥을 이은 것이다' 라고 말하였다. …(중략)…

아! 나는 이미 늙고 나이가 70이 넘어, 숨이 차고 소리가 짧아 다시는 길게 끄는 소리를 내지는 못하지만, 오직 그 토탄(土炭)과 같은 버릇을 오히려 다 소진하지 못했다. 매번 가보(歌譜)를 지닌 사람을 보면 반드시 구하는 것을 게을리하지 않았다. 어떤 객이 해동가곡 1부를 남겼는데 곧 김천택이 수집한 여러 군자들이 지은 작품들이었다. 끝 부분에 국조명창(國朝名唱)과 자신(김천택)이 지은 작품, 그리고 공(김유기)의 시조 작품 7~8수가 또한 그 가운데 있었다. 두세 번 거듭 읊조리니 마음의 눈이 다 밝아지고, 처연히 가을 강물에 갈대가 있는 듯 그 사람(김유기)이 마음 속에 있어, 더욱 눈물이 흐르는 것을 멈출 수가 없었다. 마침내 1권을 베껴 영언선과 더불어 함께 상자 속에 보관하였고, 또한 시골 사람의 말로 시조 10여 수를 지어 책 뒷 부분에 기록하였다. (이것은) 내가 감히 고인의 다음 자리에 스스로 자리매김하려는 것이 아니다. 대개 파리가 준마의 꼬리에 붙어 천리를 달려가고자 하는 뜻에서 나온 것이고, 감히 내가 공이 전수하신 노력을 저버리려고 하는 것은 아니다.[12)]

이 기록은 '영언선'과 관련하여 다음의 두 가지 사실을 말해주고 있다. 그것은 '영언선'은 김유기가 본래부터 소장하고 있던 노래책이며, 한유신은 김유기가 죽은 이후에도 계속 간직하다가 자신의 작품과 여러 사람의 서・발문을 받아 새로 꾸몄다는 것이다. 그때까지 소장하고 있던 '영언선'을 새로 입수하여 베낀 가집, 그리고 한유신 자신의 작품을 함께 보관했다. 그런데 문제는 김유기가 한유신에게 전해주었던 '영언선'은 현재 전해지지 않는다는 점이다. 때문에 한유신의 작품이나 '영언선'과 관련한 기록은 정작 가장 중요한 원래의 '영언선'이 빠진 채로, 전혀 다른 가집인 <해동가요>의 전사본에 섞여 전하고 있다. 한유신이, 김천택이 편찬한 가집이라고 여겼던 것은 실상 김수장이 편찬한 <해동가요>의 전사본이었다. 이 글을 남긴 것이 1762년인데 적어도 그 이전에 한유신이 이 가집을 입수하였다면, <해동가요> 2차본(1763)이 편찬되었던 시기보다 앞서기에 1차본(1755)의 전사본임이 분명하다.

이 기록을 통해서 한유신은 자신의 스승인 김유기와 친분이 있었던 김천택의 존재를 이미 알고 있었고, 또한 당시에 <청구영언>의 편찬 사실은 대구에까지도 알려져 있었다고 여겨진다. 그리하여 한유신은 김수장의 서문까지 있는 가집을 보고도 김천택이 편찬한 것이라 언급하였던 것이다.[13] 한유신은

12) "余少而好歌, 殆忘寢食. 或從泉石間, 聽其自然, 或就琶, 二家和大小絃, 自謂若有得. 思欲一質於大方君子, 以進其所不及, 而顧世無能言者, 每按曲徘徊. 徒有水遠山高之思. 乙未春, 金公裕器適自京師來, 公卽今代之獨步也. 余往省之, 試以時譜叩之, 公輒笑而不應. 夜久始吟數闋, 聲出金石, 若不可影響焉. 余乃窅然自喪, 私語心曰 '正聲在是矣.' 厥明, 延公置別舘, 遂與二三同志, 盡棄舊學而請敎焉. 公曰 '不亦善乎! 歌有古今二調, 哀而促者, 衰世之音而時人之所取也, 和而緩者, 太平之聲而吾之所取也. 我國歌謠, 雜以方言, 雖與古樂府有異, 而亦風化之一端, 歌不可不審.' 仍出槖中所藏永言選, 及公之所自製新飜十餘闋, 以示曰 '此白雪家路脈也.' …(중략)… 噫! 余老矣, 年逾七旬, 氣促聲短, 不復作依永之音, 獨其土炭一癖, 猶不能盡消. 每見人有歌譜, 必求之不倦, 客有遺以海東歌曲一部, 乃金君天澤, 所裒集, 諸君子所製者也. 末附國朝名唱, 及其所自製, 而公之新飜七八闋, 亦在其中矣. 三復諷詠, 心目俱明, 凄然有秋水蒹葭, 其人宛在之懷, 而益不禁涕潸之下也. 遂謄一本, 與永言選, 並藏之篋笥, 又以野人語, 作短詞十餘闋, 錄之卷末. 不佞, 非敢自列於古人之次也, 盖出於附驥之意, 而不敢負我公傳授之勤云爾. 崇禎三壬午(1762)孟秋 後學 上黨 韓維信謹書", 「永言選序」, <해박>.

13) 김수장이 <해동가요>를 편찬하면서 <청구영언>을 참고했다는 사실은 자신의 기록을 통해서도 밝혀 놓았다. 그러나 당시 사람들의 관점에서는 <청구영언>과 <해동가요>의 차

김유기가 죽은 이후 한동안 시름에 빠져 있다가, 스승의 작품이 수록된 새로운 가집을 보고 반가움을 느꼈던 것이다.14) 한유신은 새로이 입수한 가집을 베껴서 스승의 노래책인 '영언선'과 함께 보관하였다. 여기에 그치지 않고 자신의 작품과 여러 사람들의 글을 받아 '권말(卷末)'에 붙여두었던 것이다. 그래서 <해동가요>의 전사본과 한유신의 작품, 그리고 관련 기록들은 우리가 확인할 수 있다. 그러나 정작 김유기가 남겼다는 '영언선'은 그 존재 자체가 막연한 실정이다. 한유신의 기록을 토대로 현전하는 <해박>이 <해동가요>와 '영언선'이 합쳐진 가집일 것이라는 추정도 가능하지만, 실제 가집을 면밀하게 검토했을 때 그 가능성은 거의 없다.15) 그렇다면 왜 '영언선'과 관련된 기록들은 전하는데, 정작 핵심이 되는 작품들은 남아 있지 않을까? 김유기가 남긴 '영언선'을 '스승의 의발(吾師衣鉢)'로까지 여기던 한유신의 태도에 비추어 보면 의문이 들지 않을 수 없다.16)

우선 지금 우리가 보고 있는 '영언선' 관련 자료에는 한유신이 죽은 이후의 기록도 보인다.17) 따라서 '영언선'이 수록되었던 <해동가요>의 전사본은 한유신이 죽은 이후에도 누군가에 의해서 지속적으로 관리되었을 것이다. '영

이가 그리 두드러져 보이지 않았을 것이고, 또한 김수장과 달리 김천택은 이미 오래 전부터 활동을 했다는 점에서 한유신의 이러한 '오해'가 가능했을 것으로 여겨진다. 그리고 이 기록을 통해서 <해동가요>가 널리 유통되기 이전에는 아마도 <청구영언>이 가집의 대명사처럼 통용되었다는 사실도 확인할 수 있다.

14) 다음의 기록에서 김유기가 죽자 한유신은 자신의 음악을 알아주는 사람이 없다고 한탄하였고, 그 이후 오랫동안 즐거움을 잊고 살았다고 하였다. "… 及裕器死, 維信歎曰 '調絶矣. 世無知我者矣.' 終身悒悒不自聊. … 歲甲申冬至 淸風金致默題", 「제영언선후」, <해박>.

15) <해박>의 체제와 성격에 대해서는 이미 필자가 『18세기의 시조문학과 예술사적 위상』의 Ⅲ장에서 상세하게 논하였다. 실제 <해박>에서 한유신의 작품과 '영언선'의 관련 기록을 제외한다면, <해동가요>의 1차본으로서의 일관된 체제를 갖추고 있다는 것을 확인할 수 있다.

16) "一日, 謂其里中朴來源曰 '吾老矣. 篋中有永言選, 此吾師衣鉢也.…' 歲甲申(1764)冬至日 淸風金致默題", 「題永言選後」, <해박>.

17) 김복현(金福鉉)의 '제영언선발(題永言選跋)'은 한유신이 죽은 이후에 발문을 쓴 것으로 기록되어 있다. "韓老少從事營府, 無所遇, 獨以善歌聞, 今年七十餘, 老且死於里巷. … 歲乙酉(1765) 四月日 無名岱人書 金福鉉", 「題永言選跋」, <해박>.

언선' 관련 기록들이 <해동가요> 전사본에 삽입된 형태로 전해지면서, 처음 김유기가 전해주었던 '영언선'은 이 과정에서 누락되었을 가능성이 크다. 그렇다면 한유신이 죽은 이후에 가집을 관리하던 누군가에 의해 '영언선' 부분이 누락되었고, 그 부분을 빼더라도 가집 전체로 보아 크게 문제될 것이 없다는 생각을 했을 것이다. 그렇다면 김유기가 전해준 '영언선'의 모든 작품들은 이미 그것과 별개의 가집인 <해동가요>의 전사본에 대부분 수록되었기 때문에, '영언선'을 빼고 한유신의 작품과 기타의 기록만을 수록하여도 그 역할이 충분하다고 여겼을 수도 있다.

이는 '영언선'에 대한 기록을 남긴 대부분의 사람들이 '영언선'과 <해동가요 전사본>을 크게 구별하여 논하지 않는다는 점에서 설득력을 얻을 수 있다.[18] 이는 하나의 추정에 불과하지만, 관련 기록은 남아있는데 실제의 작품집이 존재하지 않는 이유를 해명해 줄 수 있다고 보여진다. 그리고 한유신 자신이 기록한 '영언선서'를 비롯한 관련 기록들이 대체로 한유신의 말년에 해당하는 1760년대에 이루어졌다. 김유기가 죽은 해가 1718년 무렵이라면, 적어도 40년 이상을 보관만 해왔던 셈이다. 그러던 중 체제가 잘 갖춰진 새로운 가집을 입수하여, 문득 스승의 노래책인 '영언선'과 비교하게 된다. 보통 가집

18) 한유신이 죽은 이후에 발문을 남긴 사람들은 대체로 '영언선'을 한유신이 편찬한 것으로 여기고 있다는 공통점이 있다. 김복현(金福鉉)의 '제영언선발'(1765)은 한유신이 살아있을 때에 '영언선'을 위한 글을 자신에게 부탁했다고 적으면서, 한유신이 편찬한 것으로 기록하고 있다.("間以其所裒輯永言選者, 求余爲之一言.") 이현(李賢)이 남긴 '제영언선권후'(1766)와 심상운(沈祥雲)의 발문(1767)에서도 '영언선'을 한유신이 편찬한 것으로 알고 있다.("韓君裒輯之功也. …丙戌春, 巴陵散人 李賢書"; "達成人韓維信, 學歌於京師人金裕器, 老益自喜, 輯世俗所謂歌, 爲譜, 因人請余曰 '可跋也.' … 丁亥九月初吉, 稷下散人, 書于江陽郡齋, 沈祥雲") 한유신 생전의 기록들이 '영언선'을 김유기의 것으로 기록하고 있는 반면, 사후의 기록들은 이처럼 한유신이 편찬한 것으로 인식한다는 차이를 보인다. 이것은 '영언선'을 한유신이 오랫동안 간직하였고, 또한 여러 사람들에게 서·발문을 받는 과정에서 일부의 사람들에게는 그것이 한유신이 편찬한 것으로 받아들이게끔 했기 때문으로 파악된다. 오랜 동안의 활동을 통해서 대구 근방에서는 한유신이 가창자로 이름이 알려졌고, 그 과정에서 그가 소장하고 있던 '영언선'에 자신이 창작한 작품을 수록함으로써 가집만을 보았던 사람들은 한유신을 편자로 알게 된 것으로 보인다.

에는 가집의 편찬 경위와 음악에 관한 내용 및 주변 인사들의 서・발문 등이 작품과 함께 수록된다. 한유신이 입수한 새로운 가집인 <해박> 역시 가집의 전후에 김수장 자신의 글을 비롯한 서・발문 등이 수록되어 있다. 김유기가 전해준 '영언선'은 아마도 이런 가집들의 체제와 달랐던 것으로 보인다.

그렇다면 김유기가 한유신에게 전해준 '영언선'은 어떤 성격을 지닌 책자였을까? 아마도 그것은 <청구영언>이나 <해동가요>와 같이 음악적 고려에 의해 곡조별로 작품이 배열된 가집(歌集)의 형태는 아니었을 것이다. 당시의 가창자들은 연창의 필요에 의해 누구나 다 자신만의 레퍼토리로 부르던 작품 목록을 지니고 있었을 것이다. 조선 후기에 편찬된 가집은 연주자를 위한 악보인 금보(琴譜)와 함께, 그 음악에 맞춰 더 많은 레퍼토리를 연창하기 위해 가창자들을 위한 가사집으로서의 역할을 해왔다.[19] 가창자들에게는 더 많은 레퍼토리를 확보하는 것이 자신의 능력과 관련된다고 생각할 정도로 중요한 문제였으며, 이러한 차원에서 자기만의 연창곡 목록을 지니게 되었다. 그것은 <청구영언>과 같은 본격적인 가집이 출현하기 이전에는 단지 작품만을 적은 시조집의 형태일 수밖에 없다. 그러나 음악적 체제를 갖춘 본격적인 가집이 출현하면서 그 역할을 고스란히 가집이 떠맡게 되었던 것이다.

따라서 '영언선'은 가창자인 김유신이 즐겨 부르던 작품들을 모아놓은 작품집의 형태였을 것이고, 연창에 필요한 곡조별 분류 등 음악적 성격을 고려한 <청구영언> 등과 같은 가집들과는 그 성격이 다른 것이다.[20] 김유기가 전해주었던 '영언선'에는 본래 서・발문이 없는 작품만이 수록된 노래책이었을 것이다. 한유기는 뒤늦게 구한 가집에 각종 서・발문이 있는 것을 확인하고, 스승이 편찬한 '영언선'의 체제를 갖추겠다는 생각에 자신과 주변 사람들

---

19) 금보(琴譜)와 가집(歌集)과의 관계에 대해서는 김용찬, 「시조의 연행과 가집 수록 양상에 대한 고찰」(『고전문학연구』 제14집, 한국고전문학회, 1998)을 참조할 것. 이 논문은 본서의 제1부에 재수록되었다.

20) 김유기가 한유신에게 자신의 작품과 별도로 보관하고 있던 '영언선'을 주었다는 점과 전수를 받는 과정에서 '영언선'의 역할에 대해서 별로 언급이 없다는 점은 이를 뒷받침해주고 있다고 파악된다.

의 서·발문을 받아 책을 새로 꾸민 것으로 추정된다. 이것은 '영언선'을 단순한 노래책이 아닌 서·발문이 있는 체제를 갖춘 책으로 만들려는 의도였던 것이다. 이러한 노력은 다른 사람들에 의해 한유신 사후에도 계속되었다. 그리고 정작 가장 중요한 작품으로만 구성되어 있던 원래의 '영언선'이 빠진 채로 전해지는 이유를 다음과 같이 추정할 수 있다.

한유신 사후에 누군가가 '영언선' 수록 작품들이 <해동가요> 전사본에 대부분 수록되어 있는 것을 발견하고, 새로운 가집에 이미 '영언선'의 작품들이 중복 수록되어 있다고 여겼을 것이다. 따라서 수록 작품을 중요시하는 입장에서는 이미 새로운 가집이 '영언선'의 역할을 충분히 하고 있다고 판단했던 것이다. 이 과정에서 '영언선'의 수록 작품들이 빠진 관련 기록들과 한유신의 작품들만이 <해동가요>의 전사본의 중간 부분에 합쳐진 형태로 전해진 것이다.[21] 만일 이러한 가정이 성립될 수 있다면 '영언선'의 원래 모습을 재구하는 것은 현재로서는 대단히 힘들 수밖에 없다. 결론적으로 '영언선'은 작품을 모아 놓은 시조집이라는 성격을 갖게 되며, 음악적 표지를 동반한 최초의 가집은 김천택이 <청구영언>을 편찬하면서 그 문학사적 의의를 획득하게 된다.

2) '영언선'의 기록을 통해서 본 18세기 가곡 전승의 양상

조선 후기 시조문학사에서 여항 가창자들의 출현이 지닌 의미가 대단히 크다는 것은 주지의 사실이다. 그러나 이들이 어떻게 음악에 입문하고 활동했는가 하는 등의 과정은 관련 기록이 소략하여 확인하기가 쉽지 않다. 여항 가창자들 중에서 특별한 경우를 제외하고는 구체적인 활동 내용에 대한 기록이 전해지지 않기 때문이다. 특히 '여항육인'을 포함한 여항 가창자들의 음악 입

21) 한유신의 작품과 '영언선' 관련 기록들은 <해박>의 이삭대엽 항목의 유명씨 마지막 부분인 김수장의 발문과 무명씨 작품 사이에 삽입된 형태로 전해진다. 김수장의 발문 다음에 무명씨라는 기록과 함께 1수의 사설시조 작품이 수록되어 있지만, 이 부분은 누군가에 의해 나중에 첨가된 것으로 보인다. 따라서 자신의 작품을 '권말(卷末)에 수록했다'는 한유신의 언급은 이를 두고 한 표현인 것이다.

문 과정은 김성기를 제외하고 거의 베일에 쌓여 있다. 따라서 본고는 김유기가 대구에서 한유신에게 가곡을 전승하던 기록을 토대로, 18세기 전반 여항 가창자들의 활동과 가곡 전승 과정에 대해서 논해보기로 하겠다. 이 시기 '실제로 음악 행위를 하면서 음악 양식을 계발해 온 직업 예능인들의 의식 구조가 바로 18세기 음악 환경에서 여러 가지 음악이 생겨나는' 요인이 된다.[22] 따라서 그들의 활동 양상을 살펴보는 것은 이 시기 시조문학사의 면모를 파악하는데 무엇보다 중요하다.

<해동가요 주씨본>의 말미에 기록된 '고금창가제씨'에는 모두 56명의 가창자 명단이 수록되어 있다. 이들 중에는 자신이 창작한 작품이 남아있는 경우도 있지만, 작품을 창작하지 않고 가창자로만 활약했던 인물들도 적지 않다. 이 명단에는 김성기가 포함되어 있지 않은데, 이는 그가 가창자라기보다 악사(樂師)로 더 알려졌기 때문으로 보인다. 그렇다면 김성기처럼 연주가이면서 가창자로 활동했던 인물들까지 고려한다면, 실제 18세기 중반까지 활동했던 가창자들의 수는 더욱 늘어날 것이다. 물론 부기(附記)된 기록에는 이들이 '가자(歌者)'로 활동했다는 기록만 있을 뿐, 어떤 과정을 통해서 가창자가 되었고 또한 어떻게 활동했는가 하는 등의 문제는 전혀 알 수가 없다. 그런데 <해박>에 수록된 다음의 기록은 18세기 전반 가창자들의 수련 과정을 설명해주고 있다는 점에서 흥미롭다. 우선 여기에서부터 논의를 시작해 보자.

> 아! 옛 사람들의 풍모로 지금 사람들의 호화로운 놀음을 보건대, 넓디 넓은 대해와 잔잔하게 흐르는 세류(細流)로 비교되니 참으로 한심하다. 30년 전에는 깊은 숲이나 궁벽진 곳과 폭포나 장송의 아래에서 삼삼오오 모여 종일토록 노래를 익혀 끝내 일가를 이룬 사람들이 많았다. 알지 못하겠구나, 이 시기에는 어찌하여 이러한 부류들이 영영 끊어졌는가. 어찌 애석하지 않으리오! 애호하는 사람도 없고 이것을 즐기는 사람들도 없으니, 이런 까닭에 그것이 영영 끊어져

22) 백대웅, 「18세기 음악환경과 전문예능인들의 음악활동 연구」(『한국음악사학보』 제26집, 한국음악사학회, 2001), 20면.

> 없어지는 지경이 될까 두려워, 부득이 스스로 단가 20여 편을 지어 여러 사람들의 아래에 붙여둔다. 다행이 빈축을 사지 않고 그 자취가 이어질 수 있도록 했으면 한다. 을해(乙亥 ; 1755)년 여름에 십주(十州) 김수장은 쓰다.[23]

이 기록은 <해동가요> 1차본(1755)이 편찬될 당시의 음악적 상황을 소개하고 있다. 30여 년 전이라면 김성기나 김유기와 같은 가창자들이 주로 활동했던 시기라고 할 수 있다. 이 기록에서 볼 수 있듯이 당시에는 노래로 일가(一家)를 이루기 위하여 가창자들은 그야말로 피나는 노력을 했던 것이다. 여기에 묘사된 가창자들의 수련 과정은 마치 판소리 창자들이 득음(得音)을 이루기 위한 과정과도 비견된다. 김성기나 김천택과 같은 여항 가창자들이 자신들의 예술적 성취를 이루기 위한 노력은 이처럼 지난한 과정을 거쳤고, 그렇기 때문에 자신들의 음악에 대한 자부심도 대단했다. 사대부들은 노래를 단지 취미나 여기(餘技) 정도로 여겼지만, 여항 가창자들에게는 노래가 바로 자신들의 존재 의의와도 같았기 때문이다. 마침내 가창자로서의 사회적인 명성을 얻게 되면서, 그만큼 자신의 예술 세계에 대한 자의식이 강해졌던 것이다. 김성기가 왕세기로부터 음악을 전수받는 과정[24]과 악사로서의 명성을 얻은 이후 당시의 권신이었던 목호룡의 위세에 당당히 맞섰던 일화[25]에서, 이 시기 여항 가창자들의 음악 세계에 대한 자부심을 단적으로 엿볼 수 있다.

이렇듯 힘든 과정을 통해서 가곡을 익혀 한편으로는 활발한 연행 활동을 통해서 그것을 보급하고, 한편으로는 김천택처럼 가집을 편찬하여 가창에 도움을 주기도 했다. 그리고 자신에게 가곡을 배우고자 하는 이들에게는 교습 과정을 통해서 전수를 하기도 했다. 18세기 전반기에 여항 가창자들의 이런

23) "噫! 昔古人之風儀, 觀今諸君之豪游, 浩浩大海之與潺潺細流川者也, 良可寒心. 至於三十年前, 出林幽僻之處, 瀑布長松之下, 或三或五, 盡日唱習, 終爲成家者多矣. 未知斯世, 如何而此類永絶. 豈不嗟乎! 好事者無, 樂此者無, 故恐其永滅沈晦之地, 不得已自製短歌卄餘章, 附尾於諸公之下. 幸勿嚬蹙, 恕其繼跡焉. 乙亥 孟夏之初 十州 金壽長書", <해박>.

24) 조수삼, 「金琴師」, 『秋齋集』 卷之七(『여항문학총서』 3, 586면).

25) 정래교, 「金聖器傳」, 『浣巖集』 卷四(『여항문학총서』 1).

노력에 의해서 가곡창의 향유층이 보다 확대되었고, 또한 음악적으로도 새로운 악곡의 출현이 계속되었다. '여항육인'을 비롯한 대부분의 가창자들이 주로 서울에서 활동을 했기 때문에, 가곡의 향유와 발달 역시 서울을 중심으로 진행되었다. 이것은 현재 우리가 확인할 수 있는 자료들이 대부분 서울을 중심으로 활동한 기록들이라는 점에서도 확인된다. 그러나 김유기의 경우에서 볼 수 있듯이 가곡의 향유는 지방에서도 이루어졌다. 그리고 그것은 대개는 서울에서 활동하던 가창자들이 지방을 방문했을 때, 자신의 음악을 이해하는 사람을 만나 그들과 교유를 통해서 이루어졌다. 한유신의 다음 기록을 통해서 이 시기 가곡 전승의 일단을 살펴보도록 하자.

> … 마침내 평조(平調) 등 여러 곡을 일과로 가르쳤다. 우리들은 전심으로 학습하여 여러 해가 지난 뒤에야 비로소 흉내를 낼 수 있었다. 공이 다음과 같이 말하였다. '곡조가 이루어졌다. 아직 마치지 못한 것은 유독 심방곡(尋芳曲) 중 중대엽(中大葉) 두 곡조인데, 이것은 유교에서 말하는 종조리(終條理)라 할 수 있다. 이것을 마치면 졸업할 수 있을 것이다.' 이날 저녁 심방곡 1수를 노래하니 처음에는 천녀(天女)들이 꽃을 흩뿌리고 동정호에 파도가 없이 잔잔한 듯하더니, 마지막엔 황홀하여 느릿느릿 노를 저어 달빛을 거슬러 봉해(蓬海)에 노니는 듯하고 수선자(水仙子)와 함께 말을 하며 장군의 동철(銅鐵)과 조판(罩板)이 그 웅장함을 잃어도 깨닫지 못한 듯했다. 대개 공이 사람을 가르침에 반드시 먼저 다음날 배울 것을 창하여 감발 흥기(感發興起)의 뜻이 있도록 하였고, 단계가 매우 엄격하여 감히 건너 뛰어 배우지 못하게 하였다.[26]

대체로 김유기를 비롯한 18세기 전반의 가창자들은 가곡에서 고조(古調)와

---

26) "遂以平調等諸曲, 日課而授之. 不佞等, 專心學習, 閱累年而始能效嚬. 公曰 '調成矣. 所未竟者, 獨有尋芳曲中, 中大葉兩調, 此聖門所謂終條理也. 了此, 可卒業矣.' 是夕, 因唱尋芳曲一闋, 始如天女散花洞庭無波, 其終也, 惝怳若緩棹泝月, 而逍遙乎蓬海, 與水仙子語, 而將軍銅鐵罩板, 不覺喪其雄矣. 盖公之教人也, 必先唱明日所授者, 俾有感發興起之意, 而階級甚嚴, 不敢爲躐等計也.", 「영언선서」, <해박>.

금조(今調) 또는 시조(時調)를 구분하여, 당시에 새로이 유행하던 금조에 비해서 고조를 높이 평가하는 경향이 있었다. 현재 확인할 수 있는 기록으로 보아 고조와 금조를 구분하는 기준은 바로 음악의 빠르기이다. 김유기도 이 글의 바로 앞부분에서 당시에 유행하던 슬프고 빠른 음보다, 조화롭고 느린 곡조의 음악을 선호한다고 언급했다. 따라서 금조는 18세기 전반에 이미 가곡의 중심으로 자리잡은 삭대엽을 지칭한 것이고, 고조는 보다 느린 음악이었던 중대엽을 말하는 것으로 파악된다.[27] 따라서 그가 한유신 등에게 주로 가르친 것은 자신이 좋아하던 느린 음악이었고, 그 중에서 중대엽을 가장 중요한 것으로 여겨 마지막 단계에서 가르쳤다. 그 과정도 또한 차근차근 단계를 밟도록 하였으며, 배우는 사람들이 스스로 깨닫게 한 후에야 그 음악을 전수하는 엄격한 지도자의 태도를 지녔다. 이렇듯 김유기는 자신이 가르칠 곡을 미리 불러주어, 배우는 사람들로 하여금 먼저 곡에 대하여 깨닫게 했던 것이다. 특히 배우는 사람들로 하여금 단계를 뛰어넘지 못하도록 하는 엄격함을 함께 지니고 있었다. 그리하여 김유기가 죽은 50여 년 후에도 한유신은 여전히 스승에게 배웠던 음악을 버리지 않았던 것이다.[28]

그러나 주지하듯이 18세기에 접어들면서 가곡의 변화는 매우 빠르게 진행된다. 삭대엽과 그것의 변주곡들이 등장하면서 중대엽과 같이 느린 음악은 더 이상 향유자들에게 환영을 받지 못한다. 때문에 연행 현장과 밀접하게 생활하던 가창자들은 새로운 곡조를 받아들여, 그 변화를 통해 가창자로서의 자신의 명성을 지키려고 노력했다. 앞에서 인용한 김수장의 기록은 이처럼 변화에 민감한 당시 가창자들의 활동에 대해서 언급한 것이다. 특히 가곡 향

27) 18세기 가곡 곡조의 변화에 대해서는 김용찬, 「시조의 연행과 작품의 가집 수록 양상에 대한 고찰」(『고전문학연구』 제14집, 1998)을 참고할 것. 이 논문은 본서의 제1부에 재수록되었다.

28) 한유신이 말년까지 김유기에게 배웠던 고조(古調)의 음악을 지켜왔다는 것을 다음의 기록을 통해서 확인할 수 있다. "… 客有達成人韓維信, 倜儻人也. 一日, 袖永言選一冊, 踵門而言曰 '此金裕器, 所裒輯海東歌謠也. 裕器, 妙於歌, 能爲古調, 昔以歌授余. 余學習數年而後, 乃傳其聲. 裕器死, 垂五十年, 其人與歌, 俱不可影響, 而惟此卷傳於後耳. …' … 沙伐散人稿", 「제영언선권후」, <해박>.

유의 중심지였던 서울에서는 곡조의 변화에 둔감한 가창자들은 도태될 수밖에 없었다. 가곡의 곡조가 얼마나 빠르게 분화되는가 하는 점은 현전하는 가집과 금보 등에 수록된 곡조의 변화를 통해서도 확인할 수 있다. 그러나 가창자들은 한편으로 음악적인 변화의 물결을 따르면서도, 자신이 추구하는 음악 세계에 대한 미련을 버리지 않았다. 고조를 긍정하고 금조를 비판하는 언급이 간헐적으로 나오는 것은 가창자들의 시대적 변화와 예술적 자의식 사이의 갈등을 반영한 것이라고 할 수 있다.

특히 변화에 민감할 수밖에 없는 서울의 음악계와는 달리, 한유신이 활동하던 대구 지방에서는 상대적으로 변화의 속도가 느렸을 것이다. 자신의 스승이 전한 음악을 지키려고 한 탓도 있겠지만, 한유신이 달년까지 음악에 있어서는 고조를 지키려고 노력했다는 것[29]은 바로 이러한 까닭이라 하겠다. 한유신이 처음 김유기를 보았을 때 시험삼아 노래했다는 '시보(時譜)'가 바로 이미 변화해가는 새로운 곡조를 받아들인 것으로 이해할 수도 있다. 박사후 역시 한유신이 처음에 시조(時調)를 익혔다가 김유기에게서 비로소 고조(古調)를 배웠다는 것을 증언하고 있다.[30] 고조와 대비되는 곡조라는 점에서 한유신이 익혔다는 시조(時調)는 당시 유행하던 음악이었을 것이다. 그러나 전수 과정에 대한 기록을 보면, 그것은 김유기가 알고 있는 정상적인 창법이 아닌 것으로도 파악할 수 있다. 즉 가곡의 창법이 아직 지방까지 일반화되지 못하여, 지방마다의 시조 작품을 부르는 창법이 별도로 존재했을 법하다. 때문에 한유신은 처음에는 김유기가 불렀던 고조에 대해 오히려 생소함을 느꼈던 것이다. 이러한 차이는 바로 서울과 지방이라는 지역적 성격에서 기인한다고 보여지며, 가곡창이 보다 대중화되는 단계에서 지역에 따른 이러한 차이는 점차적으로 해소되었을 것이다.

---

29) "師死而不背, 又能守其古調, 以不趨時好, 是固今世蕭長夫耶. … 歲甲申冬至日 淸風金致默題.", 「제영언선후」, <해박>.

30) "達成韓老維信, 自少業於歌, 苦癖濃情, 尤長於時調, 遂名於嶠南. … 一日, 與洛人金裕器邂逅, 而於其所唱古調, 反而復和之, 忽不覺窅然自喪, 廓然頓悟, 以爲半生用力. … 丙戌暮春 鷩城過客跋 朴師厚.", <해박>.

김유기와 달리 김성기는 오히려 새로이 생성되는 곡조에 빠르게 적응했던 것으로 보인다. 그것은 가창자인 김유기와 달리 김성기는 가창자이면서 연주자였기 때문에 그만큼 음악적 변화에 민감했던 탓이라 여겨진다. 또한 김성기의 『어은유보』를 고조(古調)와 대비되는 '시조(時調)'라고 칭[31]한 것도 음악적 변화를 반영한 평가라 할 수 있다. 정래교의 「김성기전」에서도 김성기의 문하에서 많은 악공들이 배출되었고, '스스로 새로운 소리를 만들었는데 그의 악보를 배워 이름을 날린 사람이 또한 많았다'라고 기록하였다.[32] 백대웅은 「김성기전」의 기록을 토대로 '17세기 말에서 18세기 초에 이르는 시대에 우리 음악사에서 '김성기 악파'가 활동하면서 음악의 변화와 흐름을 주도했다는 가설을 세울 수 있는 근거가 될 수 있다'[33]고 평가하고 있다. 특히 이 기록에서 '신성(新聲)'이라는 표현은 분명 음악 양식과 연관이 있고, 그것은 이전의 곡조와 전혀 다른 스타일의 음악을 지칭하는 것이라고 해석된다.[34] 때문에 새로운 음악 양식을 전수하던 김성기의 문하에서 왕족인 남원군(南原君)을 비롯한 많은 인물들이 배출[35]되었고, 이러한 것들은 그가 그만큼 가곡을 전수하기에 전력을 기울였음을 보여주는 증좌이다.

지금까지 김유기를 중심으로 18세기 전반에 활약했던 인물들의 가곡 전승 양상을 간략하게 살펴보았다. 물론 여기에 언급되지 않은 많은 기록을 통해서 가곡 전승의 모습은 좀더 보완되어야 할 것이다. 하지만 이미 앞서 활동을 하던 선배가 있었던 한유신이나 김수장 등과는 달리 김유기와 같은 18세기 전반 여항 가창자들은 음악 입문의 과정과 활동 양상을 파악하기가 쉽지 않다. 따라서 앞으로 관련 기록들을 좀더 확보하여 풍부한 논의의 자리를 마련

---

31) "本朝梁德壽作琴譜, 稱梁琴新譜, 謂之古調. / 本朝金成器作琴譜, 稱漁隱遺譜, 謂之時調.", <병와가곡집>.

32) "樂工之善者, 皆出其下. 又旁解洞簫琵琶, 皆極其妙, 能自爲新聲, 學其譜擅名者亦衆.", 「김성기전」(『완암집(浣巖集)』 卷之四, 『여항문학총서』 1, 여강출판사 영인, 1991).

33) 백대웅, 「18세기의 음악환경과 전문예능인들의 음악활동 연구」, 13면.

34) 백대웅, 앞의 논문, 13면.

35) 김용찬, 「김성기와 그의 작품 세계에 대한 고찰」(『한국시가연구』 제2집, 한국시가학회, 1997), 258면. 이 논문은 본서의 제2부에 재수록되었다.

해야 한다. 본고는 이러한 작업을 위하여 논의의 단초를 여는 역할을 목표로 하였다. 부족한 면은 앞으로 후속 연구를 통해서 보완할 것이다.

4. 맺음말

본고는 그동안 18세기 시조사에서 중요한 위치를 차지하고 있음에도 본격적인 연구가 진행되지 않은 김유기의 작품 세계와 그의 활동을 통해서 가곡 전승의 양상을 살펴보는 것을 목적으로 하였다. 연구를 진행하는 과정에서 작품 세계의 면모에 대해서는 보다 진전된 논의를 펼칠 수 있었다. 김유기의 작품도 비슷한 시기에 활동했던 여항육인의 작가들과 마찬가지로 현실 세계에 대한 견고한 벽을 전제하고 있음을 확인했다. 그러나 김유기는 그것을 느끼는 순간 체념하거나, 혹은 일상 생활에서의 즐거움을 찾는 것에서 그 대안을 찾았다. 이러한 면모는 그의 작품이 지닌 독특한 측면이라고 평가된다. 그의 작품을 통해서 확인할 수 있는 면모는 바로 '현실적 세계관'에서 비롯되었다고 여겨진다.

김유기에 대해서는 작품 세계 못지 않게 대구에서 활동했던 한유신과의 교유와 가곡 전승의 기록이 중요하게 다뤄져야 한다. 그런 이유로 그가 남겼다는 시조집인 '영언선'의 존재와 성격에 대해서도 논의를 하였다. 물론 분명하게 가집의 존재를 확인할 수 없기에 현 단계에서는 본고의 논의가 추론에 불과하다. 하지만 여러 측면에서 고찰해보더라도 '영언선'이 음악적 측면을 고려한 가집이라기보다 자신이 즐겨 부르는 작품들을 모아 놓은 작품집의 형태를 띠고 있을 것이라 추정하였다. 그 당시에는 가창자들이 자신의 작품 혹은 자신이 노래하기 위해서 수집한 레퍼토리를 정리한 형태의 시조집이 상당수 있었다. 따라서 김유기의 '영언선' 역시 이러한 성격을 지니고 있었을 것이다. 그리고 한유신에게 가곡을 전수하는 과정을 통해서 우리는 가창자들이 매우 엄격한 과정을 통해서 음악을 가르쳤다는 것을 확인했다.

여기에서는 18세기 가곡 전승의 양상에 대해서는 소략하게 다뤘는데, 앞으로 별도의 연구를 통해서 이를 상세하게 밝혀보도록 하겠다. 특히 가창자들의 가곡 전승 과정에 대한 체계적인 자료의 수집과 연구가 진행되어야 한다. 특히 '고조'와 '시조'의 차이가 단순히 곡조의 차이인지, 아니면 음악과 노랫말을 함께 고려한 평가인지 등에 대해서도 정밀하게 논할 필요가 있을 것이다. 이런 점에서 동시대에 활동했던 시조 작가이자 가창자로서 김유기와 김성기는 훌륭한 비교 연구의 사례가 될 수 있을 것이다. 이밖에도 단편적으로 제시되어 왔던 18세기 가곡 전승과 관련된 자료들을 집약적으로 정리하는 일도 우선적으로 요구되고 있다. 이러한 문제들에 대해서는 앞으로의 과제로 남기기로 한다.

(『시조학논총』 제17집, 한국시조학회, 2001)

한유신의 가창 활동과 작품 세계

1. 머리말

조선 후기의 시조문학사는 급격한 변화의 도정에 놓여있었다. 작가층의 확산과 더불어 작가의 수적인 증가, 가창자와 연행 공간의 확대, 그리고 빠르게 변모하는 음악적 환경 등은 이러한 변화의 모습을 단적으로 설명해주고 있다. 이러한 양상은 현재 전하는 가집(歌集)과 금보(琴譜) 그리고 예술사와 관련된 각종 기록 등을 통해서 확인되는 바, 문학적인 면에서뿐만 아니라 음악적인 측면에서도 쉽게 감지할 수 있다. 그러나 조선 후기 시조문학의 연구는 일부를 제외하면 서울 중심의 시각에서 벗어나지 못하고 있는 것도 현실이다. 그러한 연구 경향이 현전하는 자료의 성격상 불가피한 측면이 없는 것은 아니지만, 조선 후기를 다룬 지금까지의 연구가 대체로 서울을 중심으로 활동했던 작가나 가창집단의 문제를 다루고 있음을 알 수 있다.

물론 시정(市井)의 문화가 활발하게 진행되었던 서울에서의 예술사적 변화는 비교적 뚜렷한 흐름이 포착되기에 연구의 주제로서 적합한 측면도 있다. 또한 18세기 이후 예술사의 변화를 주도했던 움직임은 대부분 서울을 중심으로 활동했던 예술가들의 결과물로 파악되고 있다. 이와는 달리 지방에서의 예술사적인 움직임은 단편적인 기록에 의존할 수밖에 없기 때문인 것도 사실이다. 이것이 조선 후기의 서울과 지방의 문화적 격차를 단적으로 설명해주고 있기는 하나, 실제로는 지방에서의 문화 활동도 적지 않았을 것으로 생각된다. 때문에 지방에서 활동했던 작가와 그들을 중심으로 하는 가창집단의 문제에 대해서 적극적으로 검토하는 것이 필요하다.

본고는 이러한 연구의 일환으로 18세기 전·중반에 걸쳐 경상도 대구에서 활동했던 한유신(韓維信 : 1690?~1765)의 작품과 그의 활동 양상에 대해서 살펴보기로 한다. 한유신의 존재는 박영돈 소장의 <해동가요 박씨본>이 발굴되면서 비로소 알려지게 되었다. 그러나 그동안의 연구는 <해박>이 <해동가요> 이본(異本) 중의 하나라는 의미가 더욱 중요시되었기에, 그것이 지닌 자료적 가치나 타 가집과의 비교 고찰에 집중되었다.[1] 한유신을 주목하면서 그의 생애와 활동 등에 대해서 본격적으로 다룬 것은 심재완의 「한유신과 영언선」[2]이라는 논문이다. 심재완은 청주 한씨 족보를 뒤져 한유신의 가계(家系)를 밝혔으며, 김유기와의 관계와 '영언선'의 문제에 대해서 개략적으로 다루었다. 심재완의 연구 이후 음악을 전공하는 손태룡에 의해 거듭 한유신의 생애와 그의 활동에 대해서 다루어졌다.[3] 손태룡은 이 논문에서 음악사의 흐름을 통해서 가곡의 변화를 설명하고, 한유신의 생애와 예술 활동에 대해 관

1) 박영돈, 「해동가요 이본서지 소고와 인연기」(『한국문학』 통권 63호, 1979.1); 이상보, 「해동가요 영인해제·이본 해동가요 및 영언선 고찰」(『한국문학』 통권 63호, (1979.1); 박노춘, 「박씨본 해동가요의 자료적 가치성(건·곤)」(『국회도서월보』 137~138호, 1979.1·2~3); 최동원, 「박씨본 해동가요고-청진·해박·해주의 대비적 고찰」(『부산문리대 논문집』 18, 1979; 『고시조론』, 삼영사, 1980에 재수록) 등의 논문 참조.

2) 심재완, 「한유신과 영언선」(『모산학보』 제3집, 모산학술연구소, 1992). 심재완은 한유신에 대해서 다루면서 말미에, 필사본 자료인 '영언선'의 원본 관련 기록들을 활자로 제시해 놓았다. 필자의 논문 역시 활자본 자료에 크게 의존하였으며, 다만 원본과의 대조를 통해 일부의 오·탈자를 바로 잡았음을 밝혀둔다.

3) 손태룡, 「영남가객 한유신의 가곡활동」(『한국음악사학보』 제16집, 한국음악사학회, 1996). 손태룡은 이 논문에서 '영언선' 관련 기록의 원문과 번역문을 함께 제시해 놓고 있으나, 일부 기록에서 원문이 탈락되었으며 번역이 불명확하거나 매끄럽지 못한 점이 빈번하게 발견된다. 전체적으로 그의 연구는 일부 새로운 성과가 없는 것은 아니나, 심재완의 연구를 부연해놓은 것에 지나지 않는다고 평가된다.

련 기록들을 통해서 다루었다. 그러나 손태룡의 연구에서는 작품이나 자료를 평면적으로 나열했을 뿐, 구체적인 작품의 분석이 미흡하고 관련 기록들에 대한 분석적인 논의가 이루어지지 못하였다.

이렇듯 구체적인 작품과 가창자로서의 활동 양상이 기록으로 분명하게 남아있음에도, 한유신에 대한 연구가 그동안 제대로 진행되지 못한 점은 분명 문제가 있다고 하겠다. 여기에서는 한유신이 남긴 '영언선서(永言選序)'를 포함하여 관련 기록들과 작품을 중심으로, 그의 작품 세계와 생애 그리고 관련 기록들을 통한 활동 양상에 대해 종합적으로 다뤄보기로 하겠다. 특히 한유신이 직·간접적으로 청탁하여 받은 '영언선' 관련 기록들에서는 그의 가악(歌樂) 활동과 죽음에 대한 구체적인 내용이 발견되어 주목할 만하다. 또한 관련 기록을 남긴 사람들과 한유신 및 주변 인물과의 관계도 일부 확인할 수 있었다. 이러한 기록들과 한유신의 작품을 통하여 그의 가창 활동과 작품 세계에 대하여 분석적으로 검토하기로 하겠다.

2. 한유신의 생애와 가창 활동

한유신이 경상도 달성(達城)에서 가창자이자 작가로서 활동했다는 사실은 자신이 남긴 작품과 '영언선서' 등의 기록에서도 잘 나타나 있다. 주지하다시피 '영언선'은 김유기가 소장하고 있던 작품집으로 제자인 한유신에게 남겨주었으나, 관련 기록들과 한유신의 작품만이 <해동가요>의 이본에 수록되어 있고 정작 '영언선' 자체는 전하지 않는다.[4] <해박>에는 중간 부분에 가집과는 별도로 한유신의 작품 11수와 자신이 쓴 '영언선서'를 포함하여 모두 9개의 관련 기록들이 삽입되어 전하고 있다. 이 중에서 신륵(申玏)이 쓴 '한중추

4) 김용찬, 「김유기의 작품 세계와 18세기 가곡 전승의 양상」(『시조학논총』 제17집, 한국시조학회, 2001) 참조. 여기에서는 '영언선'의 성격과 그것이 전하지 않는 이유 등에 관해 상세히 논했다. 이 논문은 본서의 제2부에 재수록되었다.

가서발(韓中樞歌敍跋)'은 한유신의 작품에 대한 발문이며, 자서(自序)를 포함한 나머지 8개의 글은 모두 한유신이 보관하고 있던 김유기의 '영언선(永言選)'에 관한 서 · 발문들이다.[5] 이들 기록에는 한유신과 김유기의 관계, 그리고 한유신의 활동 상황 등이 비교적 자세히 서술되어 있다. 다만 이들 기록이 1760년대에 쓰여진 탓으로, 김유기에 관한 기록은 단편적이며 주로 한유신에 관한 내용을 보고하고 있다. 본고에서는 이러한 점을 고려하여, 한유신의 생애와 활동 상황에 대해서 이들 기록들을 중심으로 살펴보고자 한다.

'제영언선발'을 쓴 김복현(金福鉉)에 의하면 한유신은 젊은 시절 관영(官營)에서 미직(微職)으로 근무하기도 했지만, 곧 그만두고 음악에 매달려 대구지방에서 선가자(善歌者)로 알려졌다고 한다.[6] 여러 기록들에서 발견되는 한유신의 호칭을 보건대, 그가 관영을 그만둔 뒤 특별한 관직이나 직업을 갖지는 않았던 것으로 보인다.[7] 한유신에게 직접 부탁을 받아 '제영언선권후(題永言選卷後)'를 쓴 '사벌산인(沙伐散人)'은 그가 '저자거리에 거처하면서도 생업에 종사하는 것을 달갑게 여기지 않고, 홀로 노래를 읊조리는 것을 좋아하여 스스로 자연 속에서 노닐었'다고 증언하고 있다.[8] 이밖에도 많은 사람들이 자연을 유람하면서 유유자적하는 태도로 음악을 즐기는 모습을 한유신의

5) 이 기록들 중에서 한유신의 작품 발문인 신륵의 '한중추가서발'과 사벌산인의 '제영언선권후'에는 간기(刊記)가 밝혀져 있지 않다. 나머지 기록들에는 1762년(壬午)부터 한유신이 죽은 이후인 1787년(丁亥)까지의 간기가 밝혀져 있다. 따라서 '영언선'의 발문에 대한 청탁과 수합은 한유신 사후에도 다른 사람들에 의해서 계속된 것으로 파악된다. 간기가 밝혀진 발문의 제목과 그것이 쓰여진 연도는 다음과 같다. '제영언선후'(김치묵, 1764), '제영언선발'(김복현, 1765), '제영언선후'(이현, 1766), '박사후발문'(박사후, 1766), '심상운발문'(심상운, 1767), '용산행인발문'(용산행인, 1767) 등.

6) "韓老, 少從事營府, 無所遇, 獨以善歌聞.", '제영언선발', 김복현, <해박>.

7) 한유신에 대한 기록들은 대체로 70대에 해당하는 1765년을 전후해서 작성되었는데, 그를 지칭하는 호칭은 명예직의 의미인 중추(中樞), 혹은 일정한 직업이 없는 사람을 지칭하는 낭인(浪人) · 낭옹(浪翁) 등으로 표기되어 있다. 이를 통해서 한유신은 젊은 시절 관영에서 근무한 것을 제외하면, 만년에 이르기까지 특별한 관직에 종사했던 것으로 보이지 않는다.

8) "浪翁雖居闤闠, 而不屑爲生業, 獨喜嘯歌, 自適於山水, 而樂與時之名下遊處, 則其志之所存可知也.", '제영언선권후', 사벌산인, <해박>.

특징적인 면모로 술회하고 있다. 이러한 평가들은 한유신이 일찍부터 입신출세에 대한 뜻을 버리고, 음악을 선택하여 자신의 뜻을 펴고자 했다는 것을 보여주고 있다. 이렇듯 음악에 전념했던 그를 주변 사람들은 때로는 '가은자(歌隱者)'라고까지 평했던 것이다.9)

한유신이 자신의 집안 어른(家叔)과 절친했던 사이임을 밝히고 있는 김복현은 그가 나이 70여 세로 이항(里巷)에서 죽었음을 기록하고 있는데, 이 해가 바로 1765년이다.10) 한유신이 언제 태어났는지는 확실치 않으나, 『청주한씨 족보』를 통해서 그의 가계를 확인한 심재완에 의하면 대략 1690년경에 태어났을 것으로 추정되고 있다.11) 그가 '영언선서'를 쓴 1762년에 이미 70살이 넘었음을 언급하였고,12) 아마도 비슷한 시기에 창작된 것으로 보이는 그의 작품에도 나이 70을 넘겨 80이 가깝다는 내용13)이 있어 이를 뒷받침해 주고 있다.

'족보'에 그의 부친의 경우 생몰년만 기록되어 있는 것으로 보아, 일생 동안 관직에 몸담았던 적이 없었던 것으로 보인다. 다만 그의 맏형인 한호신은 정3품인 장악원정(掌樂院正)을 역임한 것으로 되어 있어,14) 사대부 신분으로

---

9) "噫! 吾已知其人矣, 是固隱於歌者耶, 歌以不怨尤者耶.", '제영언선후', 김치묵, <해박>; "今浪翁其亦托於歌隱者歟.", '제영언선권후', 사벌산인, <해박>.

10) "今年七十餘, 老且死於里巷. … 歲乙酉四月日, 無名岱人書金福鉉.", '제영언선발', <해박>. 이 기록을 남긴 을유년은 1765년이며, 김복현은 집안 어른(家叔)과 가까이 지냈던 한유신의 부탁을 받고 이 글을 남겼음을 증언하고 있다.

11) 심재완과 손태룡에 의하면, 한유신은 부친인 한필한(韓弼漢 : 1650~1719)의 4남 4녀 중 넷째로 태어났다고 한다. 족보에서도 그의 맏형인 한호신(韓豪信 : 1677~1716)을 제외하고 다른 형제들의 생년을 확인할 수 없다. 그러나 심재완에 의하면, 김복현의 발문과 기타 한유신의 나이에 관하여 언급한 자료들을 통해서 그의 생년은 1690년경으로 추정된다. 따라서 한유신의 생몰년은 1690?~1765년으로, 대체로 70대 중반까지 살았던 것으로 보인다. 심재완, 앞의 논문, 3~5면 참조.

12) "噫! 余老矣, 年逾七旬.", '영언선서', 한유신, <해박>.

13) <해박> *322 작품의 초장인 "칠십(七十)이 고래희(古來稀) ㄴ듸 팔십(八十)들히 거의로다"의 내용 참조.

14) "字希百, 康熙丁巳四月二十日生, 掌樂院正, 丙申十二月十一日卒, 墓大邱西上面新堤內, 移葬于聖堂堤內.", 『청주한씨 족보』(심재완, 앞의 논문에서 재인용).

서 음악에 관해 상당한 정도의 조예가 있었던 것으로 파악된다.15) 따라서 사대부 신분이면서도 가창자로 활동하는 등 음악을 좋아했던 한유신의 성격에, 장악원 관리를 역임했던 그의 맏형인 한호신이 어느 정도 영향을 미쳤을 것이라 추정할 수 있다. 스스로 '젊어서부터 노래를 좋아했고, 그것 때문에 침식을 잊을 정도'였으며, 음악에 대해서 궁금한 것이 있으면 '다른 사람들에게 물어서 자신이 미치지 못한 바에로 나아가려 했다'16)는 언급은 한유신이 음악에 대해서 기울인 관심의 정도를 확인할 수 있게 한다. '종종 자연을 거닐면서 자연의 소리를 듣기도 했다'는 것으로 보아, 처음에는 누구로부터 체계적인 가르침을 받지 않고 주변 사람들과 더불어 음악을 즐겼던 것으로 파악된다. 서울과 달리 전문적으로 음악을 습득할 기회가 적었던 이 당시 대구 지역의 상황을 고려한다면, 홀로 음악에 몰두했던 그의 모습을 이해할 수 있을 것이다.

음악을 좋아했던 한유신에게 있어, 서울에서 활동했던 가창자인 김유기(金裕器 : ?~1718?)와의 만남은 그의 인생에서 커다란 전기가 되었다. 한유신이 남긴 '영언선서(永言選序)'를 통해서, 그가 김유기와의 만남을 어떻게 생각하고 있는지를 살펴보기로 하자.

---

15) 장악원의 직제는 과거 출신의 문관들로 구성되어 음악 교육에 관한 행정 사무를 맡아서 처리하였던 관리들과, 실제 음악 연주 및 습악(習樂)의 책임을 맡았던 체아직(遞兒職 : 일정한 녹봉을 받는 것이 아니라, 특별한 경우에 녹봉을 받는 직책) 녹관(祿官)으로 구분되어 있다. 문관 출신의 관리는 정3품인 정(正) 1명, 종4품인 첨정(僉正) 1명, 종6품인 주부(主簿) 1명, 종7품인 직장(直長) 1명 등 모두 4명으로 구성되었으며, 당상관(堂上官)으로서 이들의 우두머리인 제조(提調) 2명이 있었다. 체아직 녹관은 정6품인 전악(典樂) 1명, 종6품인 부전악(副典樂) 2명, 정7품인 전율(典律) 2명, 종7품인 부전율(副典律) 2명, 정8품인 전음(典音) 2명, 종8품인 부전음(副典音) 4명, 정9품인 전성(典聲) 10명, 종9품인 부전성(副典聲) 23명 등으로 구성되었다. 따라서 장악원정이란 직함은 장악원의 실무 행정을 맡는 최고 책임자라 할 수 있다. 송방송, 『악장등록연구』(영남대학교 민족문화연구소, 1980), 66~70면 참조.

16) "余少而好歌, 殆忘寢食. 或從泉石間, 聽其自然, 或就瑟, 二家和大小絃, 自謂若有得. 思欲一質於大方君子, 以進其所不及.", '영언선서', 한유신, <해박>.

을미년(1715) 봄에 김유기 공이 마침 서울에서 왔는데, 공은 곧 지금 시대의 독보적인 존재였다. 내가 가서 인사를 드리고 시험삼아 유행하던 곡조(時譜)로 질문하니, 공이 문득 웃으면서 대답을 하지 않았다. 밤이 이슥해서야 여러 수의 작품을 읊조리니, 소리가 금석에서 나는 것처럼 마치 그림자와 소리를 구분할 수 없을 정도였다. 나는 이에 멍하여 넋을 잃고, 혼자 마음 속으로 '정성(正聲)이 여기에 있구나'라고 생각하였다. 다음날 아침 공을 별관으로 불러 맞아들여, 마침내 두 세 사람의 동지들과 옛날에 배웠던 것을 다 버리고 가르침을 청하였다. 공은 다음과 같이 말하였다. '또한 좋지 아니한가. 노래는 고금의 두 곡조가 있는데, 슬프고 빠른 것은 쇠미한 시대의 음으로 지금 사람들이 취하는 바요, 조화롭고 느린 것은 태평시대의 음으로 내가 취하는 바이다. 우리 나라의 가요는 방언(方言)이 섞이어 비록 고악부와는 다름이 있으나, 또한 풍화의 일단(一端)이므로 노래는 살피지 않을 수 없다.' 이에 주머니 속에 소장한 영언선과 공 자신이 지은 작품 10여 수를 꺼내 보여주며 '이것은 (상고시대의 음악인) 백설곡으로부터 맥을 이은 것이다' 라고 말하였다.

마침내 평조 등 여러 곡을 일과로 가르쳤다. 우리들은 전심으로 학습하여 여러 해가 지난 뒤에야 비로소 흉내를 낼 수가 있었다. 공이 다음과 같이 말하였다. '곡조가 이루어졌다. 아직 마치지 못한 것은 유독 심방곡(尋芳曲) 중 중대엽(中大葉) 두 곡조인데, 이것은 유교에서 말하는 종조리라 할 수 있다. 이것을 마치면 졸업할 수 있을 것이다.' 이날 저녁 심방곡 1수를 노래하니 처음에는 천녀(天女)들이 꽃을 흩뿌리고 동정호에 파도가 없이 잔잔한 듯하더니, 마지막엔 황홀하여 느릿느릿 노를 저어 달빛을 거슬러 봉해(蓬海)에 노니는 듯하고 수선자(水仙子)와 함께 말을 하며 장군의 동철(銅鐵)과 조판(罩板)이 그 웅장함을 잃어도 깨닫지 못한 듯했다. 대개 공이 사람을 가르침에 반드시 먼저 다음날 배울 것을 창하여 감발 흥기(感發興起)의 뜻이 있도록 하였고, 단계가 매우 엄격하여 감히 건너 뛰어 배우지 못하게 하였다.[17]

---

17) "乙未春, 金公裕器適自京師來, 公卽今代之爲獨步也. 余往省之, 試以時譜叩之, 公輒笑而不應. 夜久, 始吟數闋, 聲出金石, 若不可影響焉. 余乃窅然自喪, 私語心曰 '正聲在是矣.' 厥明,

늘상 새로운 음악 세계를 갈구하던 그에게, 음악에 있어서 '금세의 독보적인 존재(今代之獨步)'로 평가되던 김유기와의 만남은 자신이 익혔던 음악(時譜)을 시험할 수 있는 좋은 기회였다. 김유기 앞에서 자신이 평소에 익힌 노래를 불러 평가를 받으려 했으나, 그에게서 아무런 반응도 이끌어내지 못했던 것이다. 대구 인근에서 '선가자'로 자처하던 한유신의 음악적 한계를 여실히 확인한 순간이다. 그날 저녁 김유기가 노래하는 여러 곡의 음악을 듣고서 한유신은 이전까지 느끼지 못했던 큰 감동을 받게 된다. 그리하여 자신이 그동안 익혔던 음악들을 모두 다 버리고, 함께 활동했던 사람들과 더불어 기꺼이 김유기의 제자가 되기로 했던 것이다. 아마도 당시 대구 지방에서 불렀고 한유신이 자신의 것으로 인식했던 음악(時譜)은 서울에서 유행했던 곡조와는 크게 달랐던 것으로 파악된다. 한유신은 이후에 김유기의 음악을 '정성(正聲)'으로 여기고, 자신을 비롯한 몇몇 사람들과 여러 해에 걸쳐 엄격한 음악 수업을 받게 된다. 혼자서 음악을 익히던 한유신의 관점에서 단계를 밟아 매우 엄격하게 지도하는 김유기의 음악 교육은 실로 새로운 경험이었던 것이다.

이후 한유신은 김유기의 음악 세계에 푹 빠져들게 된다. 그리고 이내 곧 스승의 음악을 자신의 것으로 체화시키는 과정을 밟게 되었으며, 김유기가 '태평지성(太平之聲)'으로 여겼던 '고조(古調)'를 한유신 자신도 평생 동안 고수했던 것이다.[18] 발문을 남긴 박사후는 스승이 전수한 음악을 평생토록 지키고자 노력했던 한유신을 일컬어 '김유기와 이미 하나가 되었다'고까지 평가

延公置別舘, 遂與二三同志, 盡棄舊學而請敎焉. 公曰 '不亦善乎! 歌有古今二調, 哀而促者, 衰世之音, 而時人之所取也, 和而緩者, 太平之聲, 而吾之所取也. 我國歌謠, 雜以方言, 雖與古樂府有異, 而亦風化之一端, 歌不可不審.' 仍出槖中所藏永言選, 及公之所自製新飜十餘闋, 以示曰 '此白雪家路脈也.' 遂以平調等諸曲, 日課而授之. 不佞等, 專心學習, 閱累年而始能效嚬. 公曰 '調成矣. 所未竟者, 獨有尋芳曲中, 中大葉兩調, 此聖門所謂終條理也. 了此, 可卒業矣.' 是夕, 因唱尋芳曲一闋, 始如天女散花洞庭無波, 其終也, 惝怳若緩棹泝月, 而逍遙乎蓬海, 與水仙子語, 而將軍銅鐵罩板, 不覺喪其雄矣. 盖公之敎人也, 必先唱明日所授者, 俾有感發興起之意, 而階級甚嚴, 不敢爲躐等計也.", '영언선서', 한유신, <해박>.

18) "一日, 與洛人金裕器邂逅, 而於其所唱古調, 反而復和之, 忽不覺窅然自喪, 廓然頓悟, 以爲半生用力.", '박사후발문', 박사후, <해박>.

하였다.[19] 김치묵(金致默) 역시 스승이 죽은 다음에도 '고조'를 지키며 시세에 휩쓸리지 않는 한유신의 자세를 높게 평가하였다.[20]

김유기의 음악을 듣고 크게 경도되었다는 사실은, 그의 죽음을 두고 애석해하는 한유신의 태도에서 단적으로 확인할 수 있다. 김유기가 밀양의 심생에게서 초대를 받고 가던 중에 객관에서 죽자, 한유신은 그의 죽음을 애도하면서 '세상에서 자신을 알아주는 사람이 아무도 없다'고까지 말했을 정도였다.[21] 그가 죽은 이후에도 한유신은 주위 사람들에게 늘 김유기와 그의 음악에 대해서 안타깝게 언급했다. 그리하여 자신이 죽은 이후에도 스승인 김유기의 음악이 후세에 전승되기를 바랬으며,[22] 주위 사람들에게 '영언선'의 발문을 청탁하여 받은 행위도 역시 이와 같은 의미에서 이해될 수 있는 것이다. 그리고 김유기가 죽은 이후 50여 년이 흐른 뒤에도 스승이 전수해 준 음악 세계를 고수하였던 것이다.[23]

김유기는 고조(古調)와 금조(今調)를 각각 '쇠세지음(衰世之音)'과 '태평지성(太平之聲)'으로 구분하여 설명하고, 시류의 변화에 휩쓸리지 말고 느리고 온화한 '고조'의 음악을 지킬 것임을 강조하였다. 한유신 등에게 음악을 교습하면서 '심방곡 중의 중대엽 두 곡'이 음악을 완성시키기 위해서 가장 중요한 곡조라고 말하기도 하였다. 한유신 또한 이러한 스승의 가르침을 따라서 만년에까지 '고조'에 매달렸던 것이다.[24] 그가 고조만을 고집하였던 이유는 스

---

19) "韓老爲金君歟, 金君爲韓老歟. 人之韓金, 固已一之.", '박사후발문', <해박>.

20) "師死而不背, 又能守其高調, 以不趨時好, 是固今世之蕭長夫耶.", '제영언선후', 김치묵, <해박>.

21) "及裕器死, 維信歎曰 '調絶矣, 世無知我者矣.'", '제영언선후', 김치묵, <해박>. 김유기의 죽음은 '영언선서'의 위에 이용한 바로 다음 부분에 제시되어 있다.

22) "客遊達城浪翁韓維信, 倜儻人也. 一日, 袖永言選一冊, 踵門而言曰 '此金裕器所裒輯海東歌譜也. 裕器妙於歌, 能爲古調, 昔以歌授余. 余學習數年而後, 乃傳其聲. 裕器死, 垂五十年, 其人與歌, 俱不可影響, 而惟此卷傳於後耳. …'", '제영언선권후', 사벌산인, <해박>.

23) 이밖에 김유기와 한유신의 관계, 그리고 '영언선'의 존재와 성격에 대해서는 김용찬, 앞의 논문을 참조할 것.

24) 비교적 음악계의 변화가 상대적으로 빠르지 못했던 18세기 초반에 김유기가 죽음을 맞았던 것도 일단의 원인이 되었을 것이라 여겨진다. 즉 김유기가 한유신에게 음악을 가르쳤

승인 김유기의 가르침을 견지하려는 의지가 반영된 탓이었을 것이다.

그러나 주지하듯이 17세기 후반부터 가곡창의 변화는 매우 빠르게 진행되었다. 이미 <청구영언>(1728년)이 편찬된 18세기 전반에는 삭대엽이 가곡창의 중심 곡조가 되었고, 중대엽과 같이 느린 곡조는 연행 공간에서 크게 환영받지 못했다. 18세기 중반에 이르면 삭대엽의 변주곡이 등장하여, 한유신 자신이 입수하였던 <해동가요 박씨본>에조차 편삭대엽 등의 빠른 곡조가 나타나고 있었던 것이다. 한편으로 '고조'를 지키려는 한유신의 태도는 당시의 급변하는 음악계의 변화에 호응하지 못하는 결과를 낳았다고 생각된다. 한유신이 남긴 '영언선서'에는 자신이 추구하는 음악과 당시에 유행하던 음악 사이에서 갈등하는 모습이 전혀 나타나지 않는다. 어쩌면 이 당시 대구에서의 음악적 변화는 서울에서처럼 빠르게 진행되지 않았기 때문으로도 볼 수 있겠다. 즉 급격하게 변화하던 서울에서의 음악적 환경이 대구를 중심으로 한 영남지역에서는 민감하게 수용되지 못했던 탓이라 여겨진다. 그러나 <해박>에 수록된 곡조의 상황을 보건대, 가곡창의 변화가 끼친 영향이 영남 지역이라고 예외는 아니었던 것으로 보인다. 그렇다면 '고조'를 고집했던 한유신의 태도는 스승이 전한 음악을 지켜내기 위해서, 짐짓 변화의 흐름에 비껴서 있었던 것으로도 볼 수 있다.

이 기록은 다른 측면에서 중요한 사실을 보여주고 있다. 곧 한유신을 중심으로 한 일군의 가창자들의 활동을 제시하고 있다는 점에서 주목을 요한다. '영언선서'에는 한유신이 대구에서 자신과 뜻이 맞는 사람들과 함께 음악 활동을 했음을 기록하고 있다. 김유기의 음악을 듣고 그를 함께 모시고 제자가 되었던 몇몇 사람('二三同志')들과 한유신은 그 이전부터 이미 음악을 통한 교유를 계속해 왔을 터이기 때문이다. 그렇다면 한유신은 서울에서와 같은

던 시기는 여전히 느린 음악으로서의 중대엽의 가치가 존중되었지만, 그 이후 가곡창의 곡조 변화는 급격하게 진행되었다. 따라서 스승의 유지(遺志)를 지키려는 한유신의 노력은 당대 음악계의 변화와 충돌할 수밖에 없었다. 그럼에도 그는 스승에게 배웠던 '고조'를 포기하지 않고, 만년까지 지켜냈던 것이다.

전문적인 가창집단은 아닐지라도, 18세기 전기부터 대구 지역에서 뜻맞는 사람들과 음악 생활을 함께 해왔던 것으로 볼 수 있다.[25] 이와 같이 집단을 이루어 교유를 하는 것은 이 당시 음악을 하던 사람들에게는 보편적인 양상이었던 것으로 보인다. 비교적 까다로운 반주를 동반했던 가곡창을 향유하기 위해서는, 그것을 즐기는 사람들의 모임이 전제되어야만 한다. 뜻맞는 동지들과의 음악 활동은 그의 만년에까지 지속되었을 것으로 생각되는데, 다른 사람들의 기록에서 한유신과 함께 활동했을 것으로 보이는 이들의 존재를 유추할 수 있는 단서가 발견된다.

김치묵은 '제영언선후'에서 한유신이 만년(晩年)에 같은 마을 사람인 박래원(朴來源)에게 '영언선'을 맡기면서, 다른 사람들에게 그것을 위한 발문을 받아 줄 것을 부탁하였다고 증언하고 있다.[26] 한유신이 '스승의 의발(衣鉢)'이라고까지 여겼던 '영언선'을 믿고 맡길 수 있었다는 것은 그만큼 둘 사이의 신뢰가 깊었다는 것을 말해준다. 특히 박래원이 한유신과 같은 마을에 살았다고 논하였는데, 아마도 둘 사이에 오랜 동안의 교유가 있었고 특히 '영언선'의 가치와 김유기에 대한 기억을 공유했다고 판단된다. 이밖에도 김복현은 '제영언선발'에서 자신의 집안 어른(家叔)이 한유신과 함께 교유했고, 그 둘은 삶과 죽음을 함께 하기로 한 사이였다고 기록하고 있다.[27] 그렇다면 김복현의 '가숙(家叔)'인 김아무개와 한유신은 아주 막역한 사이였다는 것을 알 수 있다.

이처럼 생사를 함께 하기로 했으며, 또한 소중히 아끼던 '영언선'을 믿고 맡기는 사이였던 이들의 관계는 주목할 만하다. 오랜 동안의 교유로 서로 긴

---

25) 위의 기록에서 김유기가 죽은 이후 그와의 관계를 언급할 때, 1인칭 복수형인 '우리들(不佞等)'이라는 용어를 지속적으로 사용하고 있는 것에서도 확인할 수 있다.

26) "一日謂其里中人朴來源曰 '吾老矣. 篋中有永言選, 此吾師衣鉢也. 吾懼其將泯滅, 願得君子一言, 以壽其傳, 子其爲我謀.'", '제영언선후', 김치묵, <해박>.

27) "叔所與遊, 有韓老者, 獨不相負死生之際.", '제영언선발', 김복현, <해박>. 이러한 내용이 '영언선' 발문에 기록되어 있는 것으로 보아, 둘 사이의 친밀한 관계는 음악을 통해서 이루어졌을 것이라 논할 수 있다.

밀한 관계를 형성했을 것이고, 이들은 젊은 시절부터 음악을 통하여 서로 교유하였을 것으로 추정할 수 있다. 적어도 이러한 기록들을 통하여 이들의 관계가 오랜 동안에 걸쳐 이루어진 것임을 알 수 있고, 한유신과 함께 김유기에게서 음악을 배웠던 사람들로 파악하는 것도 무리가 아니라고 여겨진다. 이들의 교유는 그 이전부터 지속되었을 것이나, 함께 음악을 배웠던 스승인 김유기가 죽은 이후 그가 남긴 음악을 매개로 더욱 긴밀해졌을 것이다. '영언선서'에는 김유기에게서 함께 음악을 배웠던 사람들의 구체적인 이름은 보이지 않지만, 이들의 긴밀한 관계로 볼 때 위에서 언급한 박래원과 김아무개를 한유신이 지칭한 '이삼 동지(二三同志)' 중의 일부라고 파악할 수 있겠다. 이들은 김유기가 죽은 이후에도 서로 모여 음악을 즐기면서, 술자리에서 스승에게서 음악을 배웠던 옛날을 떠올리며 회상에 젖기도 하였다.28)

문면을 통해서 보건대 '영언선' 발문을 쓴 김복현·사벌산인 등은 한유신과 면식이 있었으며, 발문 또한 그의 청탁을 받고 쓴 것으로 확인된다. 그러나 김치묵은 한유신의 부탁을 받은 박래원에게서 발문의 청탁을 받았으며, 이현·박사후·심상운·용행산인 오아무개 등은 한유신이 아닌 다른 사람의 청탁을 받고 글을 쓴 것으로 파악된다. 이들 중 박래원의 청탁을 받고 발문을 쓴 김치묵을 제외한 다른 사람들의 글은 모두 한유신이 죽은 1765년 이후에 쓰여진 것들이다.29) 발문을 쓴 사람들은 가창자가 아닌 '문인(文人)'·'문사자(文辭者)' 혹은 '업유자(業儒者)'임을 명시하고 있다. 심상운(沈祥雲)은 '영언선' 기록들을 살펴보고, 자신이 비록 노래를 잘 모르지만 기록 중에 김복현의 글이 있어 기꺼이 발문을 쓴다고 언급하기도 하였다.30) 이밖에도 다른 사람

---

28) "不佞等, 相吊于旧舍, 倀倀然無所與歸, 而邇來五十年. 便作隣笛中過客, 雖絲竹盈堂, 四座盡懽, 而及其酒後話舊, 則喉吻輒喀喀焉.", '영언선서', 한유신, <해박>.

29) 특히 한유신의 사후에 쓰여진 발문들은 대체로 '영언선'을 한유신이 편찬한 것으로 인식하고 있다. 한유신의 직접 청탁을 받고 쓴 발문들에는 '영언선'이 김유기의 편찬임이 분명하게 제시되어 있는 것과는 뚜렷이 구분된다. 이는 한유신은 글을 부탁하면서 '영언선'의 존재에 대해서 분명하게 언급하였지만, 그의 사후에는 다른 사람이 그 역할을 대신했기 때문에 아마도 한유신의 역할을 강조하는 속에서 그의 편찬으로 여겨졌을 가능성이 컸던 것으로 여겨진다.

의 글을 읽고 '문인의 글'이라 평가하기도 하는 등 '영언선' 관련 발문을 쓴 사람들은 대체로 가창자가 아닌 문인들로 확인되고 있다.

이들 중 박사후(朴師厚)는 발문(1766년)을 쓴 2년 후인 1768년에 경상도 영산(靈山) 현감으로 재직하였다.[31] 다른 사람들의 발문에서는 한유신이 김유기의 음악인 '고조(古調)'를 고수하는 것에 대해서 긍정적으로 평가했다. 그러나 박사후는 오히려 '고조(古調)'와 '금조(今調)'에 대해서 융통성있게 바라볼 것을 요구하고, '시조(時調)' 혹은 '금조'의 역할을 긍정적으로 인식하고 있다는 점이 다르다.[32] 그것은 아마도 박사후가 현실 정치인으로서 당대의 음악적 조류를 이미 파악하고 있었기 때문에, 지역 문인인 다른 사람들처럼 한유신의 음악 세계에 대해 긍정적인 평가로 일관하지 않았던 것으로 보인다.

그렇다면 한유신이 '노래책'에 대한 발문을 가창자가 아닌 문인들에게 부탁한 이유는 무엇인가? 노래책인 '영언선'은 문인들보다 가창자들에게 더 소중하고 가치있는 것임에 틀림이 없다. 그런데도 자신과 함께 음악을 같이 했던 '동지(同志)'들에게는 전혀 발문을 청탁하지 않았다. 이는 한유신이 자신의 스승인 김유기가 남긴 책의 가치를 가창자가 아닌 일반 문인들에게 평가받고 싶었기 때문이라 여겨진다. 박사후를 제외하면 발문을 남긴 문인들은 스스로를 '산인(散人)' 등으로 칭하는 것으로 보아, 아직 관직에는 나아가지 못하고 향리에 머물면서 학문을 하는 사람들로 파악된다.[33] 그러나 한유신이

---

30) "余不解歌者, 而跋之, 其可乎, 不可乎. 嘗見岱中老人亦爲之跋, 吾知其必可言也. 又奚必可不可之辨.", '심상운발문', 심상운, <해박>. 심상운의 글 중에서 '대중노인(岱中老人)'은 '무명대인(無名岱人)'이라 자호(自號)하였던 김복현을 지칭한다.

31) 『조선왕조실록』에 의하면 영조 44년(1768) 10월 16일조에 영남 암행어사 김치공에 의해 박사후를 비롯한 영남의 여러 현감들이 탄핵을 받고 국문을 당했다는 기록이 있다. 박사후가 발문에 자신의 호칭을 '취성과객(鷲城過客)'이라고 한 것으로 보아, 이 글을 썼던 1766년에는 현감으로 재직하고 있지는 않았던 것으로 파악된다.

32) "歌不必軒古輕今. 惟本於歌者之用, 心觀如何可也. 苟使古之必取而今之必放, 則自軒羲視唐虞, 簫韶之成, 今也非古, 放簫韶可乎. 自秦漢視鄭衛, 桑濮之音, 古也非今, 取桑濮可乎. 是以, 孟子曰 '今之樂, 由古之樂. 必觀其心, 而不泥於時, 明甚矣.'", '박사후발문', 박사후, <해박>.

33) 이는 발문 말미에 자신을 지칭하고 있는 용어에서 잘 드러난다. '제영언선권후'를 쓴 '사

보기에는 비록 그들이 관직에는 나가지 못했지만, 자신이 살고 있는 지방에서는 그래도 학문으로 인정받고 있다고 여겼을 것이다. 그리하여 문인들의 발문을 수록함으로써, 스승이 남긴 유저(遺著)의 가치를 인정받고자 했던 욕구가 자리잡고 있었던 것이다.[34] 동시대의 문인들을 통해서 자신이 편찬한 저서의 가치를 드러내고자 했던 것은 김천택의 <청구영언>을 비롯한 가집들에서도 흔히 발견되는 양상이다.

다시 말하자면 발문을 청탁한 행위는 자신이 살고 있던 지역의 문인들에게 가창자로서의 위치를 확인받으려는 노력의 일환이었다고 해석된다. 한유신은 일찍부터 서울과 대구 지방의 음악적 상황이 큰 차이가 있는 것을 알았을 것이고, 스스로 대구 지역의 음악을 대변하는 존재로서 자리매김하려는 의도가 있었을 것이다. 때문에 이미 인근의 가창자들에게는 자신의 역할과 위치가 충분히 알려져 있었기에, 가창자가 아닌 문인들의 평가를 통해서 그것을 새삼 확인받고 싶었던 것으로 파악된다. 물론 그 이면에는 자신이 서울에서 활동했던 가창자인 김유기의 제자임을 강조하려는 의도가 있었을 것임은 자명하다. 이러한 의미가 바로 가능한 많은 사람들에게 발문을 받아서 수록했던 이유인 것이다.

3. 작품 세계와 문학적 성격

주지하듯이 한유신이 스승으로 여겼던 김유기는 여항인 신분이면서 전문

벌산인(沙伐散人)'과 '제영언선후'를 쓴 이현(李賢)은 '파릉산인(巴陵散人)'으로 자호하였고, 심상운(沈祥雲) 역시 '직하산인(稷下散人)'이라 지칭하였다. 이밖에도 '제영언선발'을 쓴 김복현은 '무명대인(無名岱人)'으로 호칭하였으며, 이름을 남기지 않은 오아무개 역시 '용산행인(龍山行人)'이라 적어 놓았다. 이처럼 '산인(散人)', '대인(岱人)', '행인(行人)' 등의 호칭은 문인으로서 관직에 진출하지 못한 자의식 하에서 붙여진 것으로 여겨진다.

34) 이는 한유신이 박래원에게 '영언선'을 맡기며 부탁한 다음의 언급에서 잘 나타난다. "一日謂其里中人朴來源曰 '吾老矣. 篋中有永言選, 此吾師衣鉢也. 吾懼其將泯滅, 願得君子一言, 以壽其傳, 子其爲我謀.'", '제영언선후', 김치묵, <해박>.

가창자로 활동하였다. '여항육인'의 한 사람이기도 했던 그의 작품에는 신분적 한계로 인해서 세상에 나아가지 못하는 여항인으로서의 자의식이 강하게 표출되고 있다. 대체로 극복할 수 없는 현실 세계에서의 한계를 느끼고, 때로는 현실 세계와 부딪히거나 아니면 그에 대해 체념하거나 관념 속으로 깊이 침잠하는 모습을 보여주기도 한다. 자연 속에서 유유자적하는 모습이 좀처럼 보이지 않는 것도 김천택 등 다른 여항 작가들의 작품 세계와도 구별되는 면모이다. 때문에 구체적인 현실 생활의 모습을 보여주고 있는 그의 작품 세계는 18세기 초반을 살았던 여항인으로서의 새로운 모색과 한계를 동시에 보여주고 있다고 평가되고 있다.[35)]

한유신이 음악 세계에 있어서는 김유기에게서 큰 영향을 받았음에도 불구하고, 구체적인 작품 세계는 매우 이질적인 면모를 보여준다. 한유신은 11수라는 비교적 적지 않은 작품을 남기고 있는데, 그의 작품에서는 현실과의 갈등이 전혀 보이지 않는다. 대체로 자연 속에서 유유자적하며 조화롭게 생활하는 화자의 모습이 뚜렷하게 드러나고, 그러한 생활이 가능한 것은 바로 자신이 살고 있는 시대가 태평성대(太平聖代)이기 때문이라는 낙관적 세계 인식도 나타나고 있다. 때로는 세월의 흐름에 대해 어찌할 수 없다는 탄로(歎老)의 의식이 드러나기도 하며, 주변 사람들에게 도리를 지키고 살도록 권계(勸誡)하는 내용도 발견된다. 비교적 구체적인 현실의 문제가 아닌 관념적인 주제를 다루고 있으며, 이로 인해 작품 세계가 단조롭다는 느낌을 받게 되기도 한다.

음악 세계에서 서로 영향을 주고받았던 두 사람의 작품 세계가 이처럼 큰 차이를 보이는 이유는 무엇인가. 그것은 한 작가의 작품이 자신이 발딛고 있는 구체적인 현실 속에서 산생(産生)된다고 할 때, 한유신의 현실적 처지가 김유기와 달랐던 때문으로 파악된다. 비록 한유신이 현실 세계에서 입신 출세하려는 뜻을 접고 그로 인해 관직에 나가지는 못했지만, 그의 신분은 생득

35) 김유기의 작품 세계와 그 의미에 대해서는 김용찬, 「김유기의 작품 세계와 18세기 가곡 전승의 양상」에서 구체적인 작품을 들어 상세히 논했다.

적으로 현실 세계에 대해 한계가 지워진 여항인과는 근본적으로 달랐다. 그의 맏형인 한호신이 과거를 통해 장악원정(정3품)이라는 고위 관직에 오를 수 있었다는 사실은 애초 그의 집안이 사대부 가문이었음을 말해주고 있다.[36) 다만 그러한 여건 속에서도 한유신은 일찍부터 음악에 뜻을 두고, 현실 세계와 일정한 거리를 유지하면서 살았을 뿐이었다. 그렇기에 한유신에게 자연과 음악은 자신이 원해서 선택한 하나의 삶의 방식이었다. 때문에 자신이 원하는 생활을 하고 있었던 한유신에게 현실 세계와의 갈등은 애초부터 크게 문제가 되지 않았다고 하겠다.

먼저 한유신의 작품에 대해서 발문을 쓴 신륵의 '한중추가서발(韓中樞歌敍跋)'을 살펴보는 것으로 논의를 시작하기로 하자.

> 젊었을 적 서울에서 지낼 때에 김유기의 이름을 익히 들었는데, 그는 노래로 세상이 이름이 알려졌다. (그가) 왕왕 노래를 불렀는데, 그 노래를 들으면 마치 한 마리 기러기가 소상강과 동정호를 비추는 달 아래에서 길게 소리내어 우는 것과 같아서, 나는 그 소리가 맑다는 것을 알았다. 이 책(영언선)을 보았을 때, 이 책을 만든 사람이 곧 김유기의 고제자(高弟子)임을 알았다. 비록 그 사람(한유신)의 얼굴을 접하지는 못했지만, 그 소리를 귀로 들으니 음악이 바르고 사람됨이 우아하다는 것을 알 수 있었다. 무릇 노래라는 것은 마음의 한 가지 일을 볼 수 있는 것이니, 음란하고 사특하여 사람의 마음을 흐리게 하는 것도 또한 노래요, 담아(澹雅)하고 곧아서 사람의 기맥(氣脈)을 조화롭게 하는 것도 또한 노래이다. 기(氣)가 마음 속에서 발(發)하여 밖으로 소리가 되어 드러나는데, 소리와 기가 합해져서 노래가 된다. 그 마음을 베풀어 다른 사람에게 발하는 것이니 어찌 자세히 살피지 않을 수 있겠는가. 아! 이 노인은 노래에 있어서 또한

36) 사대부였던 박사후는 한유신과 김유기를 각각 '한노(韓老)'와 '김군(金君)'이라 지칭하였다. 이는 한유신이 김유기에게 '김공(金公)'이란 존칭을 사용한 것과 대비되는데, 두 사람 사이가 사제지간이었기 때문이었다. 그러나 박사후의 경우 김유기가 여항인 출신임을 알고 있었기에, 한유신과는 달리 호칭하였던 것이다.

> 성실하다고 하겠다. 성실하지 않다면 어찌 노래로써 일세(一世)에 명성이 났겠는가. 진실로 이 노인의 성실로서 마땅히 성실해야 할 곳에 성실하게 한다면, 곧 이 노인의 이름은 단지 노래에만 있는 것이 아니고, 노래 밖의 실질에도 있게 될 것이다. 애석하도다! 이 노인의 성실함이여. 그러나 태평가인 함포고복(含哺鼓腹)의 노래가 노래로 불려 나의 일생을 즐겁게 해준다면, 가히 태평 성세의 풍속과 문화를 볼 수 있게 될 것이다. 화계 신륵이 쓰다.[37)]

이 글은 한유신의 작품에 대한 발문이지만, 글쓴이와 김유기와의 인연을 논하는 것으로부터 시작한다. 또한 한유신에 대한 평가도 김유기의 제자이기에 더욱 신뢰할 수 있다고 말하고 있다. 이 글의 내용을 보면 한유신과 신륵 사이에는 교유가 없었고, 면식조차도 하지 못한 것으로 드러나고 있다. 다만 자신이 접한 책(영언선)에 수록된 한유신 작품을 보고 그에 대한 발문을 적고 있을 뿐이다. 따라서 이 글은 '한중추가서발'이라는 제목과는 달리 한유신의 작품에 대한 평가가 아니라, 글쓴이의 노래에 대한 생각과 가창자로서의 한유신의 자세에 대해서 언급하고 있다는 것을 알 수 있다. 다만 한유신의 음악이 바르고, 노래 이외에도 확장시켜 자신의 성실함을 실현했기에 그를 통하여 태평 성세의 기운을 느낄 수 있다고 표현하였다.[38)]

한유신의 작품은 대체로 자신이 '영언선서'를 썼던 1762년을 전후한 시기에 창작된 것으로 보인다. 그는 어느 객이 가져온 <해동가요>를 전사하여 '영언선'과 함께 보관하면서, 자신이 '시골 사람의 말(野人語)'로 작품을 지어

---

37) "少時游京師, 慣聞金裕器, 以歌名於世. 往往有歌, 其歌者, 聞之, 若一雁長嘶於瀟湘洞庭之月, 余知淸之. 及見是書, 乃知作是書者, 卽金裕器之高弟子也. 雖未得面其人, 而耳乎其音, 可知其音之正而人之雅也. 夫歌者, 觀心之一事, 淫哇邪慝, 蕩人情志者, 亦歌也, 澹雅平藹, 和人氣脈者, 亦歌也. 氣發於中, 聲形於外, 聲與氣合而爲歌. 播其心而發於人者, 可不審歟. 嘻! 此老於歌, 亦誠矣. 非誠豈能以歌, 而聲於一世乎. 苟使此老之誠, 誠於所當誠, 則此老之名, 不徒在歌, 而在於歌外之實地. 惜乎! 此老之誠也. 然, 含哺鼓腹之歌, 歌以樂吾天年, 足可見聖世之風化云爾. 花溪申玏書.", '한중추가서발', 신륵, <해박>.

38) 그렇다면 신륵의 발문 역시 한유신 사후에 다른 사람에 의해서 청탁이 되어 수록되었을 가능성이 높다.

'권말(卷末)'에 수록했음을 밝히고 있다.[39] 따라서 작품의 창작은 이 무렵에 이루어졌을 것이며, 그의 작품 속에서도 이러한 단서를 쉽게 찾을 수 있다.

> 평생(平生)의 고벽 농정(痼癖濃情) 산수간(山水間)의 청유(淸遊)ㅣ러니
> 세사(世事)ㅣ 차타(蹉跎)ᄒᆞ니 백발(白髮)이 쟝ᄎᆞᆺ 누ᄅᆞ럿다
> 두어라 유지자 사성(有志者事成)이라 늙다 져ᄅᆞᆯ 어이리. <해박 *314, 한유신>

> 칠십(七十)이 고래희(古來稀)ㄴ듸 팔십(八十)들히 거의로다
> 인세(人世)ᄅᆞᆯ 다 ᄯᅥᆯ치니 학려청전(鶴唳青田) 벗이로다
> 송관(松關)의 산과(山果) 든 창원(蒼猿)이 못내 즐겨 좃ᄂᆞ다. <해박 *322, 한유신>

이 작품들은 모두 표면적으로는 '늙음'의 문제를 다루고 있다. 하지만 늙음을 한탄하기보다는, 세월의 흐름 속에서도 자득적(自得的)인 면모를 잃지 않는 화자의 여유로움이 느껴지고 있다. 첫 번째 작품에서 화자는 '산수간의 청유'를 즐기는 것이 평생의 고질병('痼癖濃情')이라고 여기고 있다. 한유신 스스로도 젊어서부터 자연 속에서 유유자적하는 것을 즐겼다고 하였는데,[40] 그렇다면 작품 속에서의 면모는 작가 자신의 생활을 어느 정도 반영하고 있는 셈이다. 중장에서는 세상사가 어긋나서, 그것으로 인하여 자신의 백발이 장차 누렇게 되었다고 하였다. 이 구절만을 보면 화자가 나이를 먹으면서 세상과의 어긋남을 강하게 의식하고 있다고 여겨진다. 그러나 화자에게는 그러한 현실적 어려움조차도 '뜻이 있으면 일이 반드시 이루어진다'는 확신이 있기

39) "客有遺以海東歌曲一部, 乃金君天澤, 所裒集, 諸君子所製者也. 末附國朝名唱, 及其所自製, 而公之新飜七八闋, 亦在其中矣. 三復諷詠, 心目俱明, 凄然有秋水蒹葭, 其人宛在之懷, 而益不禁涕潸之下也. 遂謄一本, 與永言選, 並藏之篋笥, 又以野人語, 作短詞十餘闋, 錄之卷末.", '영언선서', 한유신, <해박>. 한유신이 <해동가요> 이본을 구한 것은 대체로 '영언선서'를 남긴 1762년 경이라고 파악된다. 따라서 그의 작품 창작도 대체로 이 시기에 이루어진 것으로 볼 수 있다.

40) "余少而好歌, 殆忘寢食. 或從泉石間, 聽其自然.", '영언선서', 한유신, <해박>.

에 큰 문제가 되지 않는다. 또한 늙었다고 하여 자연 속에서 '청유(淸遊)'하는 것을 포기할 수 없다는 인식을 견지하고 있다. 따라서 화자에게 더 이상 늙음은 아무런 장애가 되지 않는다.

두 번째 작품은 화자의 나이가 70살을 넘어 80살에 가깝다는 언술로 시작하고 있다. 그러나 이 작품 역시 그러한 늙음은 결코 탄식의 대상이 아니다. 충분히 세상을 살았기에 화자는 '인세를 다 썰치'고 학 울음이 들리는 자연을 자신의 벗으로 여기게 된다. 더욱이 소나무 우거진 관문에서 과일을 들고 있는 '원숭이(蒼猿)'조차 화자를 즐거이 따르고 있다. 화자에게 이 순간만큼은 자연과 합일하는 경지에 다다른 셈이다. 세속에서 벗어나 자연의 존재들과 어울릴 수 있는 경지는 비록 관념 속에서 만들어낸 것일망정, 화자가 추구하던 자연의 실질을 잘 보여주고 있다.

이처럼 한유신은 '늙음'이라는 주제를 다루더라도, 탄식이나 체념 대신 자족적이고 낙관적인 면모를 드러내고 있다. 그에게 있어 자연은 자신의 예술세계를 펼칠 수 있는 훌륭한 장이었다. 몸은 비록 저자거리에 있을지라도, 정신은 늘 자연을 향하고 있었던 것이다. 물론 한유신의 작품에서 자연의 모습이 언제나 관념적인 면만 있었던 것은 아니었다. 때로는 그 자신이 몸소 노닐었던 인근의 구체적인 자연 공간으로 표현되기도 한다. 하지만 그것을 인식하는 방식은 여전히 관념적이었음은 물론이다.[41] 때문에 강호 자연을 노래한 그의 작품은 일견 조선 전기 사대부들의 그것과 흡사하게 보이기도 한다. 하지만 조화로운 자연 속에서 머물고 있는 화자에게 속세와의 대립적인 의식이 나타나지 않는다는 점에서 분명한 차이를 보인다.

동학산(動鶴山) ᄂᆞ린 암만(岩巒) 유정(有情)도 홀세이고
대덕산(大德山) 오족봉(烏足峯)이 용호(龍虎)롤 논화 잇다

41) 때로는 다음 작품과 같이 자신을 선적(仙的)인 존재로 인식하기도 한다. "공명(功名)도 념(念) 밧기오 부귀(富貴) ᄯᅩ한 재천(在天)이라 / 죽장 망혜(竹杖芒鞋)로 무한 강산(無限江山) 노니더니 / 선방(仙尨)이 월색(月色)을 즈으니 힝여 옛가 ᄒᆞ노라."<해박 *321, 한유신>.

이 듕애 풍경(風景) 님자ᄂᆞᆫ 나ᄲᅮᆫ인가 ᄒᆞ노라. <해박 *315, 한유신>

산간 유한(山間幽閑)ᄒᆞᆫ 경(景)을 내 혼자 님재어니
사시 가흥(四時佳興)을 ᄃᆞ토 리 뉘 이시리
세상(世上)이 숨쑤지 너기나 논화 볼 줄 이시랴. <해박 *316, 한유신>

산중(山中)이 매양(每樣)이랴 강호(江湖)로 가쟈스라
연대(蓮臺)예 모든 미록(麋鹿) 못가게 섯도ᄂᆞᆺ다
연포(煙浦)의 다소 백구(多少白鷗)ᄂᆞᆫ 곳곳마다 기ᄃᆞ리ᄂᆞ니. <해박 *317, 한유신>

이 작품들에는 자연의 경치를 완상하는 화자 자신을 '자연의 주인'으로 내세우고 있다. 그만큼 자연에 집착하는 화자의 태도가 느껴진다. 첫 번째 작품에서는 자신이 평소에 활동했던 자연 공간의 지명(地名)이 그대로 제시되어 있다. 초장과 중장에 등장하는 '동학산'·'대덕산'·'오족봉'은 모두 대구 근방에 실재하는 산들이다.[42] 따라서 한유신이 평소에도 자주 찾던 장소들이며, 때로는 그곳에 머물면서 한달이 지나서도 돌아오지 않고 자연을 즐기던 곳이기도 하다.[43] 때문에 그토록 익숙한 곳이었기에 화자에게는 '유정(有情)'한 곳일 수밖에 없는 것이다. 또한 '대덕산'과 '오족봉'은 그 형세가 마치 '용호(龍虎)'가 마주하고 있는 것으로 묘사된다. 이처럼 화자는 자신에게 익숙하고 절묘한 자연 속에서 스스로 아름다운 경치의 주인으로 자처하였던 것이다. 이러한 점을 고려한다면, 그의 작품에서 자연을 노래한 것들은 구체적인 지명이 나오지 않는다 하더라도 자신의 생활의 면모를 일정 부분 반영하고 있다고 파악된다.

두 번째 작품 역시 화자 스스로 자연의 주인임을 자처하는 내용으로 이루어져 있다. 산 속에서 마주하고 있는 그윽하고 한적한 경치는, 화자가 그 가

42) 심재완, 앞의 논문, 7면.
43) "往往入洞鶴山中, 或時月不歸云.", '제영언선발', 김복현, <해박>.

치를 발견한 것이기에 스스로 임자라 여기고 있다. 따라서 그곳에서 사시사철 펼쳐지는 아름다운 모습은 누구와 다투어 나눌 수 있는 대상이 아니다. 그러나 세상 사람들은 아름다운 자연을 소유하고 있는 화자를 항상 심술궂게 대한다. 아무리 그렇더라도 화자는 자신이 발견한 자연의 아름다움을 결코 어느 누구와도 나누지 않겠다고 천명한다. 이러한 화자의 태도는 자연 속에서 노니는 것을 고질병으로 여길만한 것이라고 생각된다. 이처럼 자연을 찬미하는 일방적인 자세는 한유신이 지녔던 자연에 대한 의식의 일단을 잘 보여주고 있다고 파악된다.

세 번째 작품은 화자가 자연을 어떻게 인식하고 있는지를 잘 보여주고 있다. 이 작품에는 자연을 인식하는 작가의 독특한 관점이 잘 드러나 있다. 초장에서 언급된 '산중'이나 '강호'는 모두 속세와 구별되는 자연을 가리킨다. 하지만 화자에게는 이들이 상호 포기할 수 없는 서로 대립되는 공간으로 인식된다. 물론 그것은 사대부 작가들의 강호시조 작품에서 보이는 '현실 세계'와 '강호 자연'처럼 상호 배타적인 성격을 지닌 공간은 아니다. 화자는 이미 '산중'이라는 자연 속에 머물고 있지만, 또 다른 자연 공간인 '강호'로 갈 것을 꿈꾼다. 화자에게 있어 '산중'이나 '강호' 모두 자족적인 경지를 누릴 수 있게 해주는 공간이다. 그러나 이미 자연과 합일된 상태의 화자에게 자연의 존재인 '미록(麋鹿)'과 '백구(白鷗)'는 한편에서는 못 가게 하고, 다른 한편으로는 기다리면서 어서 오라고 재촉하고 있다. 실제 동일한 가치와 의미를 지니고 있는 자연을 더욱 세분하여 형상화하는 면모는 분명 이 작가만의 특징적인 양상이라고 할 만하다. 자연을 좋아하는 화자에게 있어 이 작품에서 보여지는 면모는 더할 나위 없는 조건인 셈이다.

현실 세계와의 아무런 갈등이 없이 자연 속에서 자족적인 생활을 즐기는 화자의 모습은 그대로 작가 자신의 조화로운 현실 인식을 보여주고 있다. 화자에게 현실 세계는 언제 돌아가더라도 늘 '뜻만 있다면 무슨 일이든지 이룰 수 있는(有志者事成)' 곳이다. 때문에 애초에 현실 세계와의 긴장이나 갈등은 전제되지 않았던 것이다. 단지 화자가 원해서 자연을 선택했고, 그 속에서의 생활에 지극한 만족을 느끼고 있었다. 오히려 자연조차도 화자에게는 '산중'과 '강호'로 나뉘어 인식되고 있을 정도이다. 이 두 공간은 화자로서는 어느 하나 쉽게 포기할 수 없는 곳이다. 또한 화자가 언제든지 선택 가능한 공간이기도 한데, 화자는 그렇게 선택한 공간을 '나 혼자 임자'로 여기고 있다. 다만 자연 속에서 함께 하는 존재들이 화자의 부재를 안타깝게 여길 뿐이다.

다음의 작품들을 통해서 한유신이 지녔던 현실 인식의 면모를 보다 자세히 살펴보기로 하자.

> 성남 소년(城南少年)드라 존심(存心)ᄒᆞ여 드러스라
> 충효 조행(忠孝操行)을 공검(恭儉) 섯거 ᄒᆞ려니와
> 그러나 위망(危亡)이 잣가올손 주색(酒色)인가 ᄒᆞ노라. <해박 *320, 한유신>

> 동령(東嶺)의 월상(月上)ᄒᆞ니 만학(萬壑)이 일색(一色)이라
> 금서(琴書)롤 겻틔 두고 층암(層巖)의 올나가니
> 북천(北天)의 자미성 광명(紫微星光明)ᄒᆞ니 성대 태평(聖代太平)이로다.
> <해박 *323, 한유신>

앞의 작품은 흡사 '훈민가(訓民歌)'를 연상케 하는 내용으로 이루어져 있다. 이 작품은 특별한 상황이나 현실에 대한 비판적 인식 하에서 지어진 것이 아니라, 단지 사람들에게 권계(勸誡)를 하기 위해서 창작된 것이다. 화자가 강조하는 것은 바로 '존심(存心)'이다. 그것을 지키기 위해서 사람들은 '충효 조행'과 '공검'을 실천해야만 한다. 그러나 이 모든 것은 결국 '주색(酒色)'을 경계하는 것에서 시작된다는 인식을 보여준다. 이처럼 사람들은 모두 자신의 마음을 굳게 지키면서 올바른 도리를 행해야 한다는 당위를 주장할 뿐이다. 때문에 작품 자체가 지니는 의미는 크게 감소할 수밖에 없다. 또 다른 작품인 <해박 *319> 역시 세상 사람들에게 '마음 공부'를 권하는 내용으로 이루어져 있다.[44] 사람들이 스스로 자신의 분수와 도리를 지키며 생활할 때, 세상이 올

바로 다스려질 수 있다는 낙관적인 세계 인식이 전제하고 있다. 대체로 이러한 작품들에서 확인할 수 있는 것은 자신이 살고 있는 세계를 아주 조화롭게 인식하고 있다는 점이다. 그렇기에 애초부터 현실 세계와의 갈등은 크게 문제가 되지 않았던 것이다. 이 점에서 당대 여항 가창자들의 작품에서 표출되는 세계 인식의 상은 한유신의 작품과는 그 전제부터 다를 수밖에 없다.

다음 작품에는 자연 속에서 '금서(琴書)'를 곁에 두고 생활하는 화자의 자족적인 면모가 두드러지게 나타나 있다. 밤이 깊어 동쪽의 산봉우리에서 달이 떠오르니, 온 자연이 달빛에 환하게 드러난다. 음악을 연주하면서 보던 '금서'를 잠시 밀어두고, 자연의 조화를 만끽하기 위해 근처의 '층암(層巖)'으로 오른다. 때마침 북쪽 하늘에 임금이 거처하는 곳을 상징하는 '자미성(紫微星)'이 밝게 비추자, 화자는 이를 통해 자신이 살고 있는 세상이 곧 '태평성대'라고 인식하게 된다. 화자에게는 자신이 자연 속에서 넉넉하게 지내는 것도 곧 나라가 잘 다스려진 때문이라 여긴다. 이러한 화자의 의식 속에서 현실 세계와의 어떠한 갈등도 애초부터 존재하지 않았다는 것을 재삼 확인할 수 있다. 이런 인식 하에서 화자 자신이 나날이 지내는 것을 '군은(君恩)'의 탓으로 여기는 작품도 등장하게 된다.[45]

그렇다면 이와 같은 조화롭고 낙관적인 세계 인식이 가능하게 된 이유는 무엇일까? 한유신 역시 젊었을 적에는 미관이나마 관직을 역임하다가, 이내 그만두고 음악에 몰두하며 자연 속에서 즐거움을 찾고자 하였다. 그러나 한유신이 관직에 뜻을 접은 것은 순전히 자신이 원한 것이지, 동시대의 여항 가창자들처럼 능력이 있음에도 입신 출세 할 수 없었던 현실 세계의 장벽 때문은 아니었다. 따라서 그가 선택한 음악과 자연은 모두 자신의 삶을 조화롭게 하는데 있어 반드시 필요한 조건이었다.

---

44) "풍진(風塵)의 모든 분(分)닉 잠간(暫間) 내 말 드러보오 / 백천 만행(百千萬行)이 다 쓰러 정심(正心)이니 / 다시금 ᄆᆞ음 공부(工夫) 긔 원(願)인가 ᄒᆞ노라."

45) "아 동방(我東方) 억만 창생(億萬蒼生) 우리 님금 은덕이여 / 부생 모육(父生母育)과 어ᄃᆡ 다혀 갑플소니 / 이 몸의 일일 영양(一日榮養)도 또한 군은(君恩)이샷다.", <해박 *313, 한유신>.

이런 여건에서 젊은 시절 스승인 김유기를 통해서 접한 음악은 한유신에게 있어 새로운 세계를 느끼게 하는 요인이 되었다. 그는 김유기가 '조화롭고 느린 것으로서 태평 시대의 음악'이라고 인식한 고조(古調)를 전수받아, 스승이 죽은 이후에도 만년에까지 그 음악 세계를 고수하기도 하였다. 이미 빠르게 변화해가는 당대의 음악계의 상황을 염두에 둔다면, 한유신의 이러한 태도는 시대의 변화를 읽지 못한 것으로 이해될 수 있다. 이미 다양한 내용과 형식의 변화가 모색되고 있는 18세기 중반 무렵에도 여전히 자연과의 조화를 노래하는 그의 작품 세계는 이런 관점에서 이해될 수 있을 것이다. 한편으로는 자연과의 조화를 꾀하는 속에서 자신만의 예술적 관점을 지켜내려는 한유신의 확고한 의지를 읽어낼 수 있다.

이미 현실 세계와 일정한 거리를 두면서 생활하고자 했던 그에게 세속에서의 이러저러한 문제는 그리 큰 관심사가 되지 못했던 것이다. 자신의 작품과 '영언선서' 등의 글에서 당시의 음악적 상황과 자신이 추구하는 음악 사이의 갈등이 전혀 나타나지 않는 것도 바로 이러한 낙관적 태도에서 비롯된 것이라 여겨진다. 한유신은 음악만이 아니라, 현실 세계와도 언제나 조화롭게 공존할 수 있는 자세가 준비되어 있었다. 도도한 변화의 흐름에서 짐짓 한 걸음 물러나 자신만의 세계를 고집하는 한 예술가의 초상을 우리는 한유신을 통해서 떠올릴 수 있는 것이다.

4. 맺음말

이상으로 18세기 전·중반에 영남 지방에서 활동했던 한유신에 대해서 살펴보았다. 한유신에 관한 자료는 비교적 이른 시기부터 공개되었음에도 불구하고, 실제 그의 활동 상황이나 작품 세계를 다룬 연구는 아주 드물다. 11수라는 적지 않은 작품과 한유신에 대해서 직·간접적으로 언급한 9편의 산문 기록은 정보의 양에 있어서 당대의 어느 작가에 비해서 뒤지지 않는다. 하지만 그동안 이 자료가 수록되어 있는 가집인 <해박>의 가치가 중요시되었던 까닭에, 정작 새로운 작가와 그의 활동이 지닌 의미에 대해서는 크게 관심을 기울이지 못한 탓이었다.

또한 한유신을 다룬 그동안의 연구도 대체로 그의 활동이나 작품 세계를 다루기보다는 '영언선'과 관련된 문제에 치중하였다. 물론 한유신의 존재가 '영언선'과 관련해서 주목받았다는 점에서, 그것과의 연관도 깊이 있게 따지는 것도 필요하다. 그러나 한유신이 자서에서 언급하고 있듯이 '영언선'은 그의 스승인 김유기가 지니고 있던 노래책이었다. 그것을 전수받은 한유신이 오랜 동안 혼자서 간직해 오다가, 누군가에게 <해동가요> 이본을 얻어 베끼면서 가집의 중요성을 인식하게 된 것이다. 그러한 자각 하에서 자신이 김유기와 인연을 맺게 된 경위에서부터 주변 사람들에게 '영언선'의 가치를 인정받으려고 발문을 받는 노력으로까지 이어졌다. 결국 한유신이 알려지게 된 단초는 '영언선'을 통해서였지만, '영언선' 관련 기록들을 통해서 그의 활동 내용이 비로소 구체적으로 드러나게 된 셈이다. 아마도 <해박>에 자신의 작품을 수록한 것도 '영언선'을 후세에 전하려는 의도에서 마련된 것이었다.

그러나 현전하지 않는 '영언선'에 대한 논의는 여전히 추론의 성격에 머물 수밖에 없다. 따라서 여기에서는 '영언선'과 관련된 문제는 가급적 선행 연구[46]에서 논해진 결과로 미루고, 한유신의 활동 상황과 작품 세계에 초점을 맞추어 다루었다. 이를 통해 대구 지방에서 활동하던 가창자로서 한유신의 면모를 살펴보고, 그 외 주변 인물들과의 관계도 따져 보았다. 특히 김유기에게 음악을 함께 배웠던 사람들을 관련 기록을 통해서 추론해 낼 수 있었던 것도 성과로 지적할 수 있겠다. 이밖에도 한유신이 작품을 통해서 자연에 대한 그의 태도와 세계를 낙관적으로 인식하는 면모와 그 의미에 대해서도 따져 보았다.

물론 본고는 한유신과 영남 지역에서의 시조문학을 살피려는 의도에서 시

46) 김용찬, 「김유기의 작품 세계와 18세기 가곡 전승의 양상」 참조.

작했지만, 그 성과가 애초의 기대에 미치는 것인지에 대해서는 좀더 따져보아야 한다. 다만 한유신과 관련 기록들은 서울을 벗어난, 영남 지역에서 활동했던 시조문학의 성과라는 점에서 앞으로도 더욱 중요한 비중으로 다루어져야 한다고 생각된다. 물론 한유신처럼 지방에서 활동을 했던 가창자들의 사례가 보다 많이 보고되었으면 하는 것은 비단 필자의 생각만은 아닐 것이다. 앞으로 더 많은 사례를 통해서 서울과 지방에서의 가창 활동의 성격과 내용을 비교하여, 조선 후기 예술사를 더욱 풍부하게 설명할 수 있게 될 것이다. 이를 위해서 이 연구가 그 중요성을 일깨우는 계기가 되었으면 하는 바램이다.

(『한민족어문학』 제40집, 한민족어문학회, 2002)

이정보 시조의 작품 세계와 의식 지향

1. 머리말

어떤 작가를 대상으로 작품을 연구할 때, 때로 작품 세계가 그 인물의 행적이나 연구자의 기대와 전혀 다른 결과로 나타났을 때 당혹감을 느끼게 되는 경우가 종종 있다. 치열한 정쟁의 와중에서 생활했지만 작품에서는 그러한 면모가 별로 보이지 않는다거나, 관직과는 무관하게 살아가던 사람의 작품에서 오히려 이념이나 정치 지향적인 면모가 강하게 나타나는 등의 예가 그것이다. 물론 이러한 예들은 그들의 작품을 통해서 추출해낸 결과가 예외적인 것이라기보다는, 연구자의 시각이 그들의 삶과 의식을 제대로 포착하지 못한 데서 연유한다고 해석해야 옳겠다. 이런 당혹감은 연구자가 대상 작가를 신분이나 배경 따위로 알아낸 지식으로 일찌감치 작품의 성격을 예단하고, 그에 따라 작품을 취사 선택하여 작품론 또는 작가론을 구성하는 자세에서 비롯되는 측면도 있다고 여겨진다.

이러한 면모는 특히 정치·사회적으로 그 이전과는 비교도 안 될 정도로 빠르게 변화해가며, 권력의 중심이 정쟁의 와중에서 시시각각 변하는 조선 후기를 살았던 작가들의 문학 작품을 읽을 때 두드러지게 느껴진다. 본고에서 다룰 이정보(李鼎輔 : 1693～1766)의 시조 작품에서도 이런 면모를 발견할 수 있다. 이정보는 당대의 권력을 장악했던 노론의 일원으로 그의 관직 생활은 몇 차례 외직에서 근무하고 때로는 과격한 언동으로 파직과 복귀를 반복하기도 했지만, 비교적 중앙 관료로서 평탄한 생활을 했다. 그의 나이 70살인 1762년에는 문신으로서는 영광이라고 여겨지는 기로소(耆老所)에 들기도 했다.[1] 그의 현전 시조 작품은 모두 97수인데,[2] 몇몇 사설시조 작품의 경우 이정보의 작품인지에 대한 논란이 있기도 하다.[3] 이정보의 일부 작품에 대한 이러한 논란은 앞에서 언급한 연구자의 기대치와 실제 결과가 어긋난 데서 빚어지는 현상을 적절히 반영하고 있는 것이다. 또한 이런 현상은 그의 작품이 지닌 문제성을 말해주고 있기도 하다.

작품의 진위에 대한 논란만큼이나 이정보의 행적과 그의 작품에서 보여지

1) 이정보의 문집은 현재 전해지지 않고 있으나, 그의 행적은 황경원(黃景原 ; 1709～1787)의 문집인 『강한집(江漢集)』에 수록된 '묘지명(墓地銘)'과 '제이대학사정보문(祭李大學士鼎輔文)', 그리고 『조선왕조실록』의 검색 기록 등을 통해 재구할 수 있었다.

2) 작품의 검색은 대규모 시조 데이터베이스인 김흥규 교수의 『컴퓨터 고시조전서』(ver. 3.0)를 이용했다. 검색 결과 모두 104수가 발견되었으나, 명백히 다른 작가의 작품으로 확인된 3수와 동일 작품이 가집 간에 약간 변개되어 서로 다른 작품이라 인식된 1수, 그리고 <청구영언 진본>에 무명씨 작으로 되어 있으나 후대의 가집에 작가가 이정보로 나타난 3수 등 총 7수를 제외하여 97수라는 결과를 얻었다. 97수가 모두 이정보의 작품인지에 대해서도 좀더 엄밀한 검증을 거쳐야 하겠지만, 현재 이를 부정할 수 있는 단서는 없기에 일단 대상 작품으로 모두 포함했다.

3) 조윤제 · 황충기는 그의 작품으로 거명되는 사설시조가 이정보의 작품이 아니라는 견해를, 진동혁 · 김학성은 일부 외설 작품을 제외해야 한다는 견해를 제시했으며, 정병욱 · 박을수 · 구수영 · 남정희 · 박노준 등은 사설시조를 모두 이정보의 작품으로 인정해야 한다고 주장했다. 본고 역시 그의 작품이 아니라고 할 이유가 없기에, 사설시조 작품은 내용에 관계없이 이정보의 작품이라고 본다. 조윤제, 『한국시가사강』(박문출판사, 1937); 황충기, 「이정보의 사설시조 연구」(『국어국문학』 55～57合, 국어국문학회, 1972); 진동혁, 「영조대 시조작가 이정보 연구」(『어문논집』 14 · 15, 고려대학교 국어국문학연구회, 1973); 김학성, 『국문학의 탐구』(성대출판부, 1987); 정병욱, 『한국고전시가론』(신구문화사, 1977); 박을수, 『한국시조문학전사』(성문각, 1978); 구수영, 「이정보론」(『고시조작가론』, 백산출판사, 1986); 남정희, 「18세기 사대부 시조 연구」(이화여대 석사학위논문, 1994); 박노준, 「이정보와 사대부 사유의 극복」(『조선 후기 시가의 현실인식』, 고려대학교 민족문화연구원, 1998); 김용찬, 『18세기의 시조문학과 예술사적 위상』(월인, 1999).

는 괴리를 연구자들은 많든 적든, 어느 정도 느끼고 있는 듯하다. 그러나 작품 세계의 다양한 면모는 조선 후기 시조사를 조망할 때 다소간 예견된 것이기도 하고, 때로는 그러한 문화적 변화의 흐름에 이정보가 적극적으로 호응하여 이루어낸 것이라 파악된다. 본고는 『실록』 등에서 이정보와 연관된 각종 기록들을 통해 치열한 정쟁이 벌어지고 있었던 당대의 역사적 상황 속에서 그가 처한 위치와 행적을 살펴보고, 조선 후기의 시조사적 흐름과 연관시켜 작품이 지니는 의미와 성격을 살펴보기로 한다. 이를 통해 이정보의 시조문학이 지니는 위상을 짚어볼 수 있을 것이다.

2. 이정보의 삶과 활동 양상

이정보가 생존했던 숙종~영조조의 정치 상황은 권력 투쟁의 와중에서 정권의 담당 세력이 바뀌는, 이른바 환국(換局)으로 일컬어지는 정치적 격변이 자주 발생했던 시기이다. 특히 중앙 정계에서 활동했던 사람들의 경우, 시시각각 변하는 당대의 정국 상황에 직·간접적으로 영향을 받을 수밖에 없었다. 당시의 권력이 어느 쪽으로 기우느냐에 따라 개개인의 환로(宦路)와 그들의 활동 양상이 크게 달라질 수밖에 없었다. 이 당시의 권력 투쟁은 그만큼 치열하게 전개되었고, 그 싸움에서 패한 사람들은 심지어 죽음을 감수해야만 했기 때문이다. 따라서 이러한 시대 상황에서 이정보가 처한 위치를 살펴보기 위해, 당시 중앙 정계의 흐름을 점검해 볼 필요가 있다.

효종의 죽음을 기화로 시작된 '예송 논쟁(禮訟論爭)'은 표면적으로는 왕실의 전례(典禮)가 주된 논란이었지만, 실제로는 차자(次子)로 왕위에 올랐던 효종의 위상을 둘러 싼 왕위 계승의 원칙인 종법(宗法)을 해석하는 당파 사이의 논쟁이었다. 결국 두 차례의 예송 논쟁을 거치면서 남인(南人)이 정권을 장악하였고, 이후 몇 차례의 환국을 거치면서 갑술환국(甲戌換局, 1694년) 이후 노론과 소론 중심의 정국이 형성되었다. 특히 1721~22년에 걸쳐 일어났던 '신임사화(申壬士禍)'는 병약한 경종(1720~1724)의 후계자를 결정하는 과정에서 소론과 노론 사이에 벌어졌던 치열한 정쟁이다. 왕세제인 연잉군(영조)을 추대하고 대리청정까지 관철하려는 노론과 이를 반대하는 소론 사이의 싸움에서 결국 소론이 승리하여 정국을 관장하게 된다. 처음에 노론 세력은 연잉군의 왕세제 책봉을 이루었고, 계속해서 왕세제의 대리청정을 주장하였다. 그러자 소론인 김일경(金一鏡 : 1662~1724) 등이 세자의 청정을 주장한 노론 4대신을 역모로 공격하였고, 이들은 파직과 함께 유배를 당하게 된다. 이어 남인인 목호룡(睦虎龍 : 1684~1724)이 노론계의 인물들이 경종을 시해하려 한다는 내용의 고변을 올려, 노론 세력이 대거 축출되었으며 이 와중에서 이이명(李頤命)·김창집(金昌集) 등 노론 4대신이 사사되고 정국은 완전히 소론의 장악 하에 들어간다.

영조(1724~1776)의 즉위와 함께 신임사화가 소론측의 무고에 의한 것임이 밝혀져 관련자가 처벌되었고, 영조는 자신을 지지했던 노론을 중심으로 정국을 운용해 나간다. 이후 일부 소론 세력이 가담한 '이인좌의 난'(戊申亂, 1728)으로 소론이 점차 입지를 잃어가고, 노론이 정국의 전면에 등장하게 된다. 영조는 왕세제 시절부터 자신을 도와준 노론 세력을 대거 중용하였지만, 한편으로 노론 일파의 세력을 견제하기 위하여 당파를 초월한 정치를 펼친다는 명분을 내세워 탕평책을 실시하였다. 탕평책은 당파를 초월하여 인재를 등용한다는 명목을 내걸었지만, 실상은 소론과 남인계의 인물을 요직에 기용하여 노론의 일당 지배에 맞서 왕권을 확보하기 위한 수단이라 평가된다.

이후 노론들에 의해 지속적으로 왕권과 다른 당파를 견제하려는 움직임이 지속되었고, 그 표면적인 명분은 신임사화에 희생된 노론 4대신의 명예 회복이었다. 결국 1741년 영조의 신유대훈(辛酉大訓)으로 노론 4대신의 명예가 완전히 회복되었고, 왕권을 강화하려는 왕실과 이를 견제하려는 노론 세력과의 밀고 당기는 힘겨루기가 지속된다. 이 와중에서 세자인 장헌세자(莊獻世子 : 1735~1762)의 기행(奇行)이 문제되고, 노론 일파의 무고와 상소 등이 이어져 세자가 폐서인되어 죽는 결과가 벌어진다. 이후 장헌세자의 아들인 정조(1776

~1800)가 왕세손을 거쳐 왕위에 오르게 되면서, 선왕인 영조의 탕평책을 그대로 따르게 된다. 그러나 정조의 탕평책 역시 당시 정권을 장악한 노론 일당 지배에 맞서 왕권을 강화하려는 노력이라고 해석된다.[4)]

이처럼 다단한 시대 속에서 살았던 이정보의 행적 역시 당시의 역사적 흐름과 밀접하게 연관되어 있다. 이정보의 성격에 대해서는 왕에게 직간할 정도의 강직한 성품과 정의감이 있는 인물로 논의된다.[5)] 이러한 평가는 그대로 그의 작품을 해석하는 하나의 틀로 상정되기도 한다. 문집이 전해지지 않아 이정보 자신의 기록을 통해서 성격과 교유 관계 등을 확인하기는 어렵지만, 『조선왕조실록』에 올라 있는 기록을 통해서 그 일단을 확인할 수는 있었다. 이정보는 1721년(29세) 진사시에 합격하지만, 그보다 11년 뒤인 1732년(영조 8) 문과에 급제하면서 40세의 비교적 늦은 나이에 관직에 나아간다. 이처럼 뒤늦게 관직에 나아간 것은 아마도 그의 정치적 기반이었던 노론 세력이 정치 투쟁에서 패배하여 실권하고, 다시 이를 확보하는 정쟁 과정과 무관하지 않은 것으로 보인다.

그는 관직에 나아가자마자 사간원·홍문관·사헌부 등의 주요 관서에서 활동한다. 연안(延安) 이씨(李氏)로 당대 노론의 핵심을 이루는 벌열가의 일원이었던 그의 정치적 이력은 뒤늦은 출사에도 불구하고 비교적 평탄하게 진행되었다. 그의 평탄한 관직 생활 역시 당대 권력을 노론이 장악하고 있었기에 가능했던 것이라 파악된다. 선행 연구자들에 의해서도 적절히 지적되었듯이 이정보는 여러 차례에 걸쳐 영조에게 극간을 행하고, 때로는 이 때문에 파직을 당하기도 한다. 이정보는 상소를 통해 영조에게 자신의 주장을 펼치는데, 그의 상소는 대부분 왕의 정책인 탕평책을 비판하는 내용이 주를 이룬다. 1736년(영조 12) 5월에 사간원 정언으로 신임사화와 관련된 소론 일파를 공격하는 상소와 전계를 여러 차례 올렸지만, 영조와 탕평론자로 기용된 이들에

4) 이상 18세기 전후의 역사적 상황에 관해서는 『한국사』 9(한길사, 1994)와 정석종, 『조선 후기의 정치와 사상』(한길사, 1994) 등의 내용을 참고하여 요약한 것임.

5) 진동혁, 「영조대 시조작가 이정보 연구」; 구수영, 「이정보론」 등 참조.

의해 집중적인 견제를 받게 되었고 왕 또한 끝내 그의 상소를 윤허하지 않는다.[6)]

그러자 그는 같은 해 11월 사헌부 지평으로 9조목에 걸쳐 왕에게 극간을 올리는데, 결국 이 상소가 문제가 되어 일시 파직을 경험하게 된다. 이 상소는 영조의 탕평책을 극력 비판하는 것이 주요 내용인데, 언로(言路)의 개방을 주장하면서 '(신하가) 아뢴 말이 자신(왕)의 의견과 다르면 문득 당론(黨論)으로 의심'한다거나, 영조의 탕평책을 '한갓 시배(時輩)들이 당여를 끌어들이고 욕심을 성취하는 데 쓰이는 하나의 와굴(窩窟)이 되고 말았다'고까지 논하고 있다.[7)] 이정보는 탕평책으로 당파가 다른 인물들을 기용하는 것에 대해서 비판한 것인데, 이 상소는 영조와 탕평론자인 소론계의 인물들에 의해 당파를 옹호한다고 집중적인 공격을 받아 끝내 파직을 당하게 된다. 이정보를 위시한 노론들의 극간을 영조는 탕평책에 대한 비판으로 받아들여 파당론으로 몰아붙이는 한편, 탕평론자의 주장을 받아들여 적극적으로 공박하여 왕권을 확립해 나아가고자 하였다. 그러나 번번이 노론의 반대에 부딪혀 재위 기간 내내 대립하게 된다.

사헌부 지평으로 복직한 이정보는 다음해인 1737년(영조 45)에 다시 탕평책을 비판하는 상소를 올리는데, 영조는 애써 이를 무시한다.[8)] 그리고 영조는 이정보의 또다른 상소와 관련해서 '얕은 참소'라고 폄하하고, 오히려 그를 위시한 사람들을 '당파에 병든 자들'이라 공박하였다. 소론으로 탕평론자인 우의정 송인명은 이 당시 당파 사이의 관계를 '초(楚)나라와 월(越)나라처럼 소원한 사람들'로 묘사하여 당파간의 알력이 적지 않았던 당시의 상황을 잘 보여주고 있다.[9)] 이정보는 영조와 소론계 인물들의 공박에도 불구하고, 당대 정

6) 『조선왕조실록』, 영조 12년 5월 25일, 5월 26일, 11월 3일, 11월 5일 기사 참조.

7) 『실록』, 영조 12년 11월 7일 기사. 구수영과 진동혁 등은 이 상소의 내용을 근거로 그의 강직성과 정의감을 보여주는 증거로 인용한다. 극간을 서슴지 않는 상소의 내용으로 보아 그의 강직한 성품이 느껴지지만, 대체적으로 그의 상소는 노론의 입장을 대변하여 영조의 탕평책을 공격하는데 초점을 맞추고 있다.

8) 『실록』, 영조 13년 2월 12일 기사.

계의 중심으로 자리잡고 있던 노론계 인물들의 적극적인 옹호로 자신의 입장을 펼칠 수 있었다.

이상에서 살펴본 것처럼 이정보는 영조가 탕평책을 명분으로 다른 당파를 적극적으로 기용하는 것에 비판하는 자세를 보이고 있다. 신임사화를 통해서 한때 처절한 패배를 경험한 노론 세력으로서는 당파의 구별없이 인재를 등용한다는 탕평책이 다른 당파가 정권을 장악할 수 있는 빌미가 된다고 여겨 극간을 통해서라도 공격했던 것이다. 이정보는 자신의 당파인 노론의 입장을 적극적으로 반영하여, 자신이 선봉이 되어 그 역할을 한 것으로 보인다. 마침내 1741년 영조의 대훈(大訓)으로 신임사화와 관련된 노론 4대신의 명예가 회복되었으며, 노론의 정치적 입지는 더욱 강화되었다.

그러나 흥미로운 것은 1742년 이후에는 탕평책을 비판하는 이정보의 상소는 보이지 않고, 오히려 자신의 언행이 빌미가 되어 사람들에게 사당론자(私黨論者)로 공격을 받게 되기도 한다. 남인인 사헌부 장령 이선태는 탕평책을 적극 옹호하면서, 이정보 형제가 노론이면서 영조의 탕평책에 참여했던 원경하(元景夏 ; 1698~1761)를 비판하고 절교한 것에 대해 '사당(私黨)에게 명예를 구하고 국론(國論)에 배치된 자'라 논하는 상소를 올렸다.[10] 영조는 탕평을 거듭 논하며 이를 덮으려고 하였으나, 이정보와 김재로 등 노론계 인물들의 연이은 상소로 이선태는 결국 삭직당하게 된다. 이 사건은 노론의 영향력을 실감할 수 있는 것이었다. 1747년에는 왕이 '당사(黨私)를 말하는 것 또한 당사(黨私)라고 하겠다'고 하였는데, 이정보가 이에 대해 반론을 펴자 당시 승정원 승지였던 그를 다른 사람으로 체차(遞差)시키기도 하였다.[11] 관직에 나아간 초기에는 왕의 정책이나 다른 당파의 인물들을 공격했던 이정보는 자신이 당상관이 되고, 노론의 정치적 입지가 확고해진 1741년 이후에는 오히려 상대 당파의 인물들로부터 공격을 당하는 입장에 처한다. 결국 그의 중앙

9) 『실록』, 영조 13년 11월 30일 기사.
10) 『실록』, 영조 18년 8월 8일 기사.
11) 『실록』, 영조 23년 11월 24일 기사.

정계에서의 활동은 당시의 권력의 흐름과 밀접하게 연관되어 있었던 것이다. 이후 여러 요직을 두루 거치고 70살에는 기로소에 들었으며,[12] 1776년 74살의 나이로 죽게 된다.

이상『실록』에 나타난 기록을 근거로 당시의 시대 상황과 그의 활동 양상에 대해서 간략하게 논하였다.『실록』은 국가적인 공식 기록이기에 그것을 통해서 그의 문화적 면모를 확인하기는 쉽지 않다. 그러나 최근 보고된 다음 기록은『실록』등 공식 기록에서 보이지 않는 이정보와 관련된 내용을 보여주고 있어 주목된다. 심노숭(沈魯崇 : 1762~1837)의『효전산고(孝田散稿)』에 수록된 18세기 가기(歌妓)인 계섬(桂纖 : 1736~?)의 일생을 그린「계섬전」(1797)의 기록 일부인데, 이정보와 계섬과의 일화가 수록되어 있다.[13]

> 계섬은 서울의 이름난 기생이다. 본디 송화현의 여비였고, 집안은 대대로 고을 아전을 했었다. 사람됨이 매우 침착하였고, 눈은 초롱초롱 빛났다. 7세 때 아비가 죽고 12세에는 어미마저 죽었으며, 16세에 주인집의 구사(丘史)[14]에게 창(唱)을 배워 자못 이름이 났다. 그리하여 귀족의 잔치마당이나 한량패들의 술판에 그녀가 없으면 부끄럽게 여기게 되었다. 시랑(侍郞) 원의손(元義孫)이 그 명성을 듣고 자기집에 두었는데, 10여 년을 함께 하다가 말 한마디에 의가 상해 바로 인사하고 떠났다. 태사(太史) 이정보(李鼎輔)가 늙어 관직을 그만두고 음악과 기예로써 자오(自娛)하였는데, 공(公)은 음악을 깊이 이해하여 남녀 선창자(善唱者)들이 그 문하에서 많이 배출되었다. 그 중에서 계섬을 가장 사랑하

12) 기로소(耆老所)는 기소(耆所) 혹은 기사(耆社)라고도 하며, 일종의 명예직으로 70세 이상 문과 출신 정2품 이상의 전·현직 관료들만이 들어갈 수 있었다. 기로소에서는 봄·가을에 기로연을 열고 명부를 관리하는 등의 일 외에는 특별한 임무가 없었으나, 관리들은 기로소에 들어가는 것을 더할 수 없는 영예로 여겼다.

13) 심노숭과 계섬전에 관한 연구는 김영진,「효전 심노숭문학 연구」(고려대 석사학위논문, 1996)에서 자세히 다뤘다.

14) 고려와 조선시대에 종친(宗親)·공신(功臣)에게 준 구종(驅從), 즉 하인. 조선시대에는 지방 관노비 중에서 뽑아 보냈는데, 주인이 죽은지 3년 뒤에는 본래의 임무로 돌아가게 되어 있으나 주인의 처가 살아 있으면 그대로 두었다.

> 여 늘 곁에 두고 그의 재능을 기특히 여겼으나, 사사로이 좋아한 것은 아니었다. 악보(樂譜)에 따라 교습하여 수년의 과정을 거치니 노래가 더욱 발전하였다. 창을 할 때면 마음은 입을 잊고 입은 소리를 잊어, 소리가 효효(梟梟)히 들보에 나타났다. 이에 전국에 이름을 떨쳐 지방의 가기(歌妓)들이 서울에 와 노래를 배울 때 다 계섬에게 몰려들었다. (당시에 이를 계랑조라고 했다.) 학사(學士)・대부(大夫)들이 노래와 시로 계섬을 칭도함이 많았다. 계섬이 이공(李公)의 집에 있을 때 원시랑이 매번 문안을 드리러 와서는 공에게 계섬이 돌아오도록 권해달라며 누차 강요했으나, 계섬은 따르지 않았다. 이공이 죽자 계섬은 마치 아버지의 상을 당한 것처럼 곡(哭)을 하였다. … 장례(葬禮)를 마치자 음식을 마련해 공의 무덤에 성묘를 가서는 술을 한잔 마셨다가, 노래를 한 곡조 했다가, 곡을 한차례 하다가를 반복하면서 종일토록 그러다가 돌아오곤 하였다. 공의 자제들이 듣고는 무덤 지키는 노비를 책망하니 계섬이 크게 한(恨)하고는 이로부터 다시 무덤에 가지 않았다. …15)

가기(歌妓) 계섬은 18세기 중・후반 이른바 '이세춘 그룹'의 일원으로 활약하며, 가곡창의 연행에 활발히 참여했던 인물이다. 계섬은 16세인 1751년 이후 창을 배워 이름을 얻었고, 서울의 귀족이나 한량들의 유흥 공간에 계섬이 없으면 부끄럽게 여겨질 정도였다 하니 그의 가창 능력이 뛰어났음을 알 수

---

15) "桂<u>纖(蟾)</u>, 京師名娼也. 本松禾縣婢, 家世縣吏. 爲人優如, 眼溜亮如照. 七歲父死, 十二歲母死, 十六歲隸主家丘史, 學唱頗自名. 侯家曲宴, 俠少群飮, 無纖恥之. 元侍郎義孫, 慕名而畜之, 旣十年, 一言不合, 輒謝去. 太<u>史(學士)</u>李公鼎輔, 老休官, 聲伎自娛, 公妙解曲度, 男女諸善唱者, 多出門下. 最愛纖, 常置左右, 奇其才, 實無私好. 按譜教授, 有科程數年, 歌益進. 當唱, 心忘口, 口忘聲, 聲梟梟在屋樑. 於是, 名振國中, 州郡妓籍京司, 來學唱, 以纖歸. <u>(時稱桂郎調)</u> 學士大夫, 多爲詩歌, 道之. 纖在李公家, 元侍郎每候公, 乞公勸纖歸, 屢强, 纖不從. 李公歿, 纖哭之, 如喪父. … 旣葬, 治肴漿, 走省公墓尊, 一盃, 一歌, 一哭, 終日而歸. 公家子弟聞之, 責守塚奴, 纖大恨之, 自是不復至.…", 「桂纖傳」, 沈魯崇, 『孝田散稿』第七冊(연세대 도서관 소장). 필사본인 이 자료의 원본(原本)에는 '계섬(桂蟾)'이라 표기되어 있었으나 누군가에 의해 모두 '계섬(桂纖)'으로 고쳐졌으며, 나머지 ( )안의 내용도 원본에 삭제 혹은 가필하여 변개된 부분이다.

있다. 이 당시 사대부들이 참여하기도 했던 서울의 유흥 공간에서는 가기를 동반한 가창 활동이 활발했음을 보여주고 있다. 계섬이 가창을 잘하는 것으로 명성을 얻자 원의손(元義孫 : 1721 이후~?)이 자기 집에 두고, 10여년 동안 그의 가창을 즐겨 듣기도 했다. 이후 이정보가 관직에서 물러날 즈음 계섬은 원의손과 뜻이 어긋나 이정보의 문하에 들어갔는데, 그 시기는 이정보의 만년인 1761년 이후이다. 원의손은 노론이며 탕평론자로 등용되었던 원경하의 둘째 아들인데, 앞서 살폈듯이 이정보는 원경하가 탕평책을 옹호하자 그와 절교를 하고 소원한 관계에 있었다.[16] 따라서 계섬은 당대의 세력가였던 이정보의 문하에 들어가 원의손의 강권에도 끝내 돌아가지 않고 보호를 받을 수 있었던 것이다.

이 기록에는 이정보가 관직을 그만두고 음악과 기예로 자오(自娛)하였고, 음악을 깊이 이해하여 '선창자'들을 배출하였음을 밝히고 있다. 이것은 그가 평소 음악을 가까이 하였고, 자신의 집과 가창 공간에서 그것을 적극적으로 향유했음을 보여준다. 특히 그의 문하에서 가창자들이 많이 배출되었다는 기록은 그가 가창자들의 후원자이자 교육자로 활동했음을 말해준다. 이 시기 사대부들과 여항 가창자들과의 음악을 매개로 한 교유의 면모는 여러 기록을 통해서 쉽게 확인할 수 있지만, 고위 관료를 지낸 사대부가 가창자들을 직접 교육시켰다는 것은 주목할만한 내용이다. 이 기록을 통해서 적어도 이정보가 당대의 여항 예술의 흐름과 긴밀하게 맞닿아 있었다는 것은 의심할 여지가 없을 것이다.

또한 이 기록은 18세기 중엽 서울의 문화적 분위기와 관련하여 두 가지 측면을 말해주고 있다. 그 중 첫 번째는 서울의 상류 계층에서는 예능인들을 초빙하여 일정 기간 자신의 집에 두고, 그 예능을 즐겼다는 점이다. 원의손과 이

16) 주 10) 참조. 원경하는 두 아들이 있었는데, 원인손(元仁孫 : 1721~1774)과 원의손이다. 원경하와 그 아들들은 노론이면서도 동서남북을 아우르는 대탕평을 주장하며 영조의 탕평책을 적극 옹호하던 인물들로, 탕평책을 반대하던 노론 일파들의 끊임없는 견제를 받는다.

정보는 모두 중앙 정계에서 활동한 세력가들로 계섬을 일정 기간 동안 자신의 집에 두고 기예를 즐기거나 교습하였다. 김창흡(1753~1722)이 병이 들자 악수(樂叟) 김수연(金壽延)을 불러 그의 음악을 감상하기도 하고,[17] 홍봉한(1713~1778)이 맹인이자 유랑 예인인 백성휘라는 비파 연주가를 불러 그의 음악을 듣고 옷과 음식을 주어 자신만을 위해 연주를 하게 하는 등의 일화[18]는 음악을 애호하던 사대부가의 문화적 분위기를 잘 보여주고 있다.[19] 이밖에도 김용겸·이한진 등이 참석한 사대부들의 연회에 장악원의 공인과 여항 가창자인 유학중(兪學中)이 참여하여 연주와 노래로 흥을 돋구는 등의 사대부들이 여항의 가창자들과 교유하는 예는 자주 발견된다.[20] 이처럼 당시 서울의 문화적 환경은 예술의 가치를 인정하고 즐김으로써, 자신의 문화적 소양을 과시하려는 움직임이 사대부들 사이에서 광범위하게 전개되었던 것이다.

다음으로는 이정보가 자신의 집에 가창자를 모아 교육을 시켰으며, 그 내용이 '악보에 따라 가르친다(按譜教授)'고 논해질 정도로 대단히 체계적이었다는 점이다. 이정보의 음악적 인식이 상당했고, 그의 문하에서 많은 창자들이 배출되었다는 이 기록은 시조에 대한 그의 적극적인 인식을 반증한다. 그의 제자인 계섬조차 지방의 관기들을 교육시킬 정도였다고 하니, 음악계에서 그의 영향력은 적지 않았을 것이다. 여타의 사대부들과는 달리 자신이 직접 가창자들을 양성하기도 했던 것은 그가 단순한 후견인이 아니라, 가창자들을 선도하는 위치를 점하고 있었음을 말해준다. 따라서 그가 가창자들 못지 않게 많은 작품을 남긴 것은 어찌보면 당연한 결과이고, 이러한 창작 활동은 당시 음악에 대한 적극적인 관심을 작품으로 표출한 것으로 보아 무방하다. 그

17) 김창흡, 「贈樂叟金壽延」(『삼연집』 권12).

18) 정래교, 『완암집』 권3.

19) 「계섬전」의 후반에는 부상(富商)인 한상찬이 많은 재화로써 계섬의 마음을 얻으려 하지만, 결국 계섬의 반대로 뜻을 이루지 못하는 일화가 보인다. 따라서 18세기 중엽에는 예능인들을 선호하고 그것을 통해 자신의 문화적 감각을 과시하려는 움직임이 사대부가와 경제력을 획득한 중인 이하의 계층까지도 확산되었음을 알 수 있다.

20) 이상의 예화와 그 의미에 대해서는 김용찬, 『18세기의 시조문학과 예술사적 위상』, 335~343면을 참조할 것.

가 배출한 '선창자(善唱者)'들의 구체적인 면모는 확인할 수 없지만, 적어도 이들과의 교유를 통해서 당대의 가곡창의 변화를 적극적으로 수용하고 때로는 그 변화를 주도해 나가는 위치를 점하고 있었다고 하겠다. 이정보가 가창자들에게 악보를 토대로 교습하였다면, 그 악보는 당대에 유행했던 가집이나 금보였을 것이다.

18세기 중엽에는 이미 삭대엽의 변주곡이 새롭게 출현하여 변화하였고, 사설시조 역시 가곡창의 영역 속에 적극적으로 수용되었다.[21] 시조 연행에 관여하고 있었던 그로서는 사설시조의 향유에 적극적인 의식을 보였을 것이고, 사설시조도 자연스럽게 창작했을 것이다. 이정보의 작품이 주로 18세기 중·후반의 가집인 <해동가요> 계열과 <병와가곡집>에 집중적으로 등장하는 것도, 가창자를 양성하고 음악에 전문적인 식견을 지니고 있었던 그의 명성이 당대 가집의 편찬자들에게 알려져 작품이 수록된 것으로 해석된다.

3. 이정보의 작품 세계와 그 의미

이정보의 시조에서 다루고 있는 시적 제재는 비교적 다양하고, 주제 의식 또한 다양한 편차를 보인다. 대부분의 조선 전기 사대부 작품에 표출되는 의식 지향이 적어도 한 작가에게는 동질적인 면모를 추출할 수 있다면, 이정보의 그것은 작품에 따라 때로는 이질적으로 느껴질 정도로 다양한 것이 특징이다.[22] 이는 100여 수에 가까운 많은 작품을 남기고 있다는 것도 한 원인이 되겠고, 사설시조와 평시조를 동시에 창작했다는 점도 무시할 수 없다고 본다. 그만큼 시조문학에 대한 그의 관심이 다대했고, 작품의 창작에도 적극적

21) 김용찬, 앞의 책 참조.

22) 예를 들면 정철·신흠·윤선도 등 비교적 많은 수의 시조를 남긴 작가들의 경우 그들의 작품에 나타난 경향이 다양한 면모를 보이고 있지만, 그 의식 지향은 비교적 동질적인 것으로 묶을 수 있는 측면이 존재한다. 그러나 이정보의 작품은 그 의미와 해석의 편차가 더 크게 나타난다는 점을 지적할 수 있다.

이었던 이정보의 문학적 기질도 작용했으리라 여겨진다. 실상 그의 작품에 드러난 다양한 면모는 당대의 김수장과 같은 여항 가창자들의 작품들과 비교해도 크게 차이가 발견되지 않을 정도이다. 그의 선조인 이정구(李廷龜)와 이명한(李明漢) 또한 시조 작품을 남기고 있어, 국문 시가의 창작과 향유에 비교적 능동적이었던 그의 가계(家系)의 영향도 어느 정도는 있었을 것이라 파악된다.

이러한 그의 개인적·환경적 요인 못지 않게 당대의 문화적 분위기도 그의 시조 창작에 영향을 끼쳤을 것이다. 즉 18세기 이래 여항의 가창 문화가 비약적으로 발달하면서, 시조사 전반에 걸쳐 다단한 변화의 양상이 보이는 것과 무관하지 않다. 18세기 이래 조선 후기의 가창 문화가 대단히 빠르고 복잡한 변화의 과정을 겪는다는 것은 주지의 사실이다.[23] 이정보 역시 이러한 변화의 흐름에 자연스럽게 합류하면서 창작과 연행 활동을 펼쳤기에, 그가 남긴 작품에 이러한 문화적 변모의 양상이 반영되는 것은 당연하다. 따라서 그의 작품을 해석하는데 문학적 기질 이외에 이러한 당대의 문화적 흐름을 주요한 논점으로 적용시킬 필요가 있다.

먼저 이정보의 작품에 보이는 다양한 양상을 포착하여 그 의미를 따져보기로 한다.[24] 각 작품들에 나타나는 편차를 살펴보고, 나아가 평시조와 사설시조에 보이는 표현과 주제 표출 양상의 차이점과 그 의미를 추출해 보기로 한다. 특히 기존의 연구들이 이정보의 사설시조 작품이 지닌 특징과 의미를 살피는데 많은 노력을 기울이고 있기에, 본고 역시 이러한 점에 유의하여 논의를 진행해 보겠다.[25] 앞서 지적했지만 이정보의 작품 세계를 구명하는데 있

---

23) 김용찬, 앞의 책 참조.

24) 앞서 논한대로 이정보의 작품은 모두 97수이며, 그 중 사설시조는 약 20%에 이르는 19수이다. 전체 작품의 규모는 말할 것도 없거니와, 사설시조의 비중도 높은 편이다. 이런 측면이 그를 사대부 작가로 다룰 때 대단히 예외적으로 느껴지게 하는 요인이었던 것이다. 그의 작품을 주제별로 분류했을 때 다음과 같은 결과를 얻을 수 있었다. ( )안은 해당 작품 중 사설시조의 수이다. ① 강호자연 : 17수(2수), ② 송축·연군 : 7수, ③ 윤리·도덕 : 5수, ④ 탄로 : 5수, ⑤ 애정·그리움 : 17수(4수), ⑥ 성 : 1수(1수), ⑦ 유락·취락 : 14수(3수), ⑧ 세태묘사 : 11수(3수), ⑨ 고사·소설수용 : 18수(6수), ⑩ 기타 : 2수.

어, 그가 사대부 신분의 작가라는 점과 그럼에도 불구하고 가창자들을 양성하는 등 조선 후기 가창 문화의 흐름에 적극적으로 참여했다는 점을 지적할 필요가 있다.

앞서 제시한 「계섬전」의 기록과 관련하여, 그가 중앙 관료로 활동하면서 음악에 적지 않은 관심을 기울였다는 것은 다음의 작품들을 통해서도 드러나고 있다.

내 집이 깁고 깁허 뉘라셔 ᄎᆞ즐쏜야
사벽(四壁)이 소연(蕭然)ᄒᆞ야 일장금(一張琴) ᄲᅮᆫ이로다
잇ᄯᅡ감 청풍 명월(淸風明月)만 올악갈악 한다. <해주 *354, 이정보, #602>[26]

가인(佳人)이 낙매곡(落梅曲)을 월하(月下)에 빗ᄭᅵ 분이
양진(樑塵)이 놀리는 듯 남은 매화(梅花) 다 지거다
내게도 천금 준마(千金駿馬) 잇신이 밧ᄭᅩ와 볼ᄭᅡ ᄒᆞ노라.
<해주 *361, 이정보, #42>

인생(人生)이 행락(行樂)이라 부귀(富貴)가 능기시(能幾時)오
옹문금(雍門琴) ᄒᆞᆫ 곡조(曲調)에 장진주(將進酒)를 섯거 ᄐᆞᆫ이
좌상(座上)에 맹상군(孟嘗君) 잇ᄃᆞᆺᄠᅳᆷ연 눈물질ᄭᅡ ᄒᆞ노라.
<해주 *362, 이정보, #2406>

---

25) 기존의 연구에서 박노준은 이정보 작품의 경향을 i) 발상의 특이성과 생활 현장에의 관심, ii) 관인의 하향적 관심과 위민적 현실 풍자, iii) 음사·연정시에 의한 성정의 드러냄이라는 항목으로 나누어 살피고 있다. 이에 비해 남정희는 18세기 노·소론계 중앙 관료층의 시조를 다루면서, 이정보를 포함한 그들의 작품을 i) 강호 자연, ii) 제재 및 소재의 다양화, iii) 탈규범적 정서로 분류하였다. 두 연구자 모두 이정보가 사대부 작가이면서 그 틀에서 벗어난 측면을 강조하고 있는 것으로 파악된다.

26) 작품의 인용은 특정 가집의 것을 취하고, 말미에 해당 가집의 가번(*)과 『역대시조전서』의 가번(#)을 병기한다. 또한 현대 어법에 맞게 띄어쓰기를 하며, 원문의 한자는 한글을 내어쓰고 괄호 안에 표기한다.

이 작품들은 모두 이정보의 가악(歌樂)을 즐기는 면모가 잘 드러나고 있다. 먼저 첫 번째 작품은 속세와 격리된 자연 속에서 음악을 즐기며 유유자적하는 화자의 여유로움을 형상화하고 있다. 아무런 장식이 없는 거처를 통해서 청빈한 삶의 태도를 강조하고, 속세와 격리된 자연 속에서 때로 '청풍 명월' 만이 존재하는 공간은 화자의 예술적 지취를 더욱 높여주는 역할을 한다. 때문에 '일장금(一張琴)'으로 표현된 음악 세계는 세속의 그 무엇과도 바꿀 수 없는 가치를 지닌 것이다. 작품 속에 그려진 상황은 그의 실제 생활이라기보다는 그가 하나의 이상으로 설정한 강호 자연의 관념형이라고 할 수 있다. 세속의 그 무엇에도 속박되지 않고, 오로지 음악과 자연만이 화자의 심적 만족을 주는 것으로 그려져 있다. 이 작품은 그의 음악에 대한 생각을 다분히 자족적이고 관념적으로 그려내고 있다.

두 번째 작품은 중국 시인인 이백의 시구를 원용하여 작품화한 것이다.27) 즉 시의 한 구절을 작품 속에 수용하여, 그것을 통해 자신의 음악에 대한 태도를 드러낸 것이다. 초장의 '낙매곡(落梅曲)'은 이백의 시 속에도 등장하는데, 원래 피리로 부는 곡이며 '매화락(梅花落)'이라고도 한다. 이 작품에서 그 음악을 연주하는 것은 '가인(佳人)' 즉 미모의 여인이며, 화자는 그것을 듣고 즐기는 존재이다. 들보의 티끌(樑塵)이 날린다는 것은 흔히 연주 솜씨가 매우 뛰어난 것을 표현할 때 관용적으로 사용되는 표현인데, 달밤에 피리를 부는 가인의 솜씨는 그것에 매화가 실제 떨어지는 것이 느껴질 정도의 경지로 제시된다. 따라서 화자는 자신이 지닌 '천금 준마'를 피리를 부는 여인과 바꿀 수 있다고 언급한다. 이 작품에서 화자가 가인에게 끌리는 것은 그녀의 미모도 무시할 수 없지만, 음악을 연주하는 뛰어난 재능이 있기 때문이다. 한시구를 원용하여 작품화한 것이지만, 음악의 경지를 이해하고 그것에 탐닉하는 화자의 면모는 작자인 이정보의 것이라 해도 무방하다.

세 번째 작품은 전반적으로 인생 무상을 주조로 하고 있다. 즉 누구나 부러

27) "千金駿馬換少妾, 笑坐彫鞍歌落梅.", 李白, 「襄陽歌」 부분.

워하는 속세의 '행락'과 '부귀'는 덧없는 것이기에 화자는 음악을 통해서 그것을 보상받으려 하고, 살아 생전 천하의 부귀를 누렸던 맹상군도 그 음악을 듣고 눈물을 흘릴 것이라 논하고 있다. 즉 인생에서 세속적인 성공으로도 채워지지 않는 것을 음악이 채워줄 수 있다고 여기는 것이다. 그만큼 음악의 역할을 중요시하고 있다고 보여진다. 그런데 이 작품은 화자가 즐기는 음악을 '옹문금(雍門琴)'과 '장진주'라는 구체적인 작품으로 적시하고 있다. 중장의 '옹문금 흔 곡조'와 '장진주'는 구체적으로 <청구영언 진본>에 '만횡청류'의 바로 앞에 별도의 항목으로 수록된 사설시조인 「맹상군가(孟嘗君歌)」와 「장진주사(將進酒辭)」를 가리키는데, 이 두 작품이 서로 화답가로 불려졌음을 알 수 있다.[28] 인생 무상을 주된 내용으로 하고 있는 이 작품들을 이정보가 가곡을 연창하면서 즐겨 불렀고, 이렇듯 시조를 통해 그러한 정황을 그려내고 있다.

이상의 작품을 통해서 이정보가 음악에 대한 일정 정도의 이해를 바탕으로 관심을 기울였고, 그러한 관심의 연장선상에서 자신의 집에서 가창자들을 양성하기도 했던 것으로 파악된다. 그의 예술적 관심은 단지 그것에 멈추지 않고, 풍류를 즐기는 것으로 연결된다. 그것이 때로는 술과 승경에 어울려 자족감을 표출하는 것으로, 때로는 애정 형상을 적극적으로 표출하고 있는 것으로 나타나기도 하였다. 애정을 노래한 것들이 그의 작품에 적지 않은데, 이들의 상당수는 가기(歌妓)를 동반한 가창 공간에서 향유되었을 것이라 파악된다. 이러한 형상은 작자가 즐겼던 삶의 한 모습이기도 하고, 그가 어울렸던 풍류 공간에서 산생된 것이기도 하다.

> 곳 픠면 둘 싱각흐고 둘 붉음연 술 싱각흐고
> 곳 픠쟈 둘 붉쟈 술 엇으면 벗 싱각흐네
> 언제면 곳 알래 벗 둘이고 완월 장취(翫月長醉) 흐련요.
>
> <해주 *369, 이정보, #219>

---

28) 김용찬, 앞의 책, 112~113면.

천산(千山)에 눈이 온이 건곤(乾坤)이 일색(一色)이로다
백옥경(白玉京) 유리계(琉璃界)ᅟᅵᆫ들 이예셔 더ᄒᆞᆯ쏜가
천수 만수(千樹萬樹)에 이화(梨花) 발(發)ᄒᆞᆫ이 양춘(陽春) 본 듯 ᄒᆞ열아.

<해주 *348, 이정보, #2767>

어화 네여이고 반갑ᄭᅩ도 놀라왜라
운우 양대(雲雨陽臺)예 무산 선녀(巫山仙女) 다시 본 듯
암아도 상사 일념(相思一念)이 병(病)이 될ᄶᅡ ᄒᆞ노라.

<해주 *322, 이정보, #1930>

첫 번째 작품은 꽃 · 달 · 술이 갖춰진 속에 벗까지 함께 즐기는 자족적 즐거움을 노래하고 있다. 전체적으로 연쇄법을 사용하여 화자의 흥취를 고양시키면서 유락적 면모를 표출하고 있다. 꽃 피면 달 생각하고, 달이 떠오르면 술을 생각하는 화자의 태도는 풍류를 즐기는 여유로운 모습이다. 그것에 벗까지 있다면 자신의 흥취를 고조시킬 수 있는 만족스러운 조건이 다 갖춰지는 셈이다. 이 작품에는 풍류를 즐기는 온갖 조건이 구비된 속에서 화자의 자족적 면모가 적절히 제시되어 있다. 종장에 '완월 장취'라는 표현이 있기는 하나 취락에 탐닉한다는 느낌보다, 모든 조건이 갖춰진 상태에서 삶을 향수하는 현세적 즐거움에 초점이 맞춰져 있다. 「계섬전」을 지은 심노숭이 이정보를 가리켜 '풍류주인(風流主人)'이라고 논하였는데,[29] 이 작품은 그가 향유한 '풍류'의 실상을 말해주고 있는 듯하다.

두 번째 작품은 마치 윤선도의 '어부사시사' 중 한 작품을 보는 듯, 눈 내린 겨울철의 승경을 천상의 세계에 비겨 극찬하고 있다. 나무 가지에 앉은 흰 눈송이를 '이화(梨花)'가 핀 것으로 묘사하여, 마치 햇빛을 보는 듯한 밝은 이미지를 그려내고 있다. 작품 속의 풍경을 눈 앞에 그려낼 수 있을 정도로 시

29) "李判書鼎輔, 沈陝川鏞, 近世風流主人.", 「自著實紀」, 沈魯崇, 『孝田散稿』 34冊(김영진의 논문에서 재인용).

각적인 이미지를 사용하여 표현하였다. 자신의 주위 풍경을 이처럼 승경(勝景)으로 묘사하고 이상적인 공간으로 설정하는 것은, 적어도 이 작품을 창작하던 당시 작자의 현실에 대한 시각을 엿볼 수 있게 한다. 전혀 새로운 면모를 보이고 있는 작품은 아니지만, 자신의 주위에 있는 사물들을 예사롭지 않게 보고 그것을 적극적으로 작품화하는 시인의 감수성을 읽을 수 있다. 이 작품 역시 현실에 대한 따뜻한 시선 속에서 창작된 것이라 파악된다.

세 번째 작품은 전형적인 애정시조라 할 수 있다. 사용되고 있는 시어도 '운우 양대', '무산 선녀', '상사 일념' 등 애정시조에서 흔히 사용되는 관용적인 표현들로 이루어져 있다. 그러나 떠나간 혹은 '지금 이곳'에 존재하지 않는 님을 그리워하며 소극적으로 애정을 표출하고 있는 작품들과 달리, 이 작품은 상대적으로 적극적인 애정의 인식 태도를 보여주고 있다.[30] 이 작품은 화자가 남성으로 상정되어 있는데, 초장의 언술로 보아 화자는 상대와 오랜만에 재회한 듯하다. 그리고 병이 들 정도의 '상사 일념'을 지니고 있었던 화자의 상대는 중장에서 유추해 볼 수 있듯 '운우지정(雲雨之情)'을 나눌 수 있는 존재인 셈이다. 따라서 작품 속에 제시된 애정 형상은 상당히 구체적이다. 화자의 눈앞에 존재하는 님에 대한 소회를 드러내고, 님을 대하지 못했던 저간의 심정을 '상사 일념'으로 표현하는 것에서 애정에 대한 적극적 인식이 두드러진다. 박노준은 이 작품을 이정보의 '직접 경험의 가식 없는 정서'를 읽을 수 있으며, '욕망의 충족을 직접 경험으로 바꾸어 놓음으로써 작자 자신의 삶의 한 형태를 엿보게' 하고 있다고까지 평가한다.[31]

이러한 작품 세계는 그가 조선 후기의 가창 문화에 매우 익숙해져 있고, 또한 그것을 즐기는 자신의 경험과 관념을 시조로 표현하는데서 나온 것이라 여겨진다. 물론 이정보는 자신을 속세의 부귀 공명과 무관하게 강호 자연에서 '안빈낙도'하는 모습으로 표현하기도 하고, 님과 이별한 화자의 정서를 통하여 애정의 형상을 드러내기도 하며, 인생의 덧없음을 탄식하면서 이룬 것

30) 이정보는 이 작품과 달리 소극적인 애정 형상을 그리고 있는 작품도 적지 않게 남기고 있다.
31) 박노준, 앞의 논문, 86면.

없이 나이를 먹어 가는 자신의 처지를 회한의 시선으로 그려내기도 한다. 이러한 작품의 면모는 기존의 시적 전통 속에서 흔히 발견할 수 있었던 주제이며, 많은 이정보의 작품 역시 이러한 시적 전통 속에서 크게 벗어나지는 않았다. 그리고 자신이 살고 있는 현실을 고대의 이상 국가를 전범으로 내세워 태평성대로 인식하기도 하며, 송죽(松竹)·국화(菊花) 등의 자연물을 통해 절개나 지조의 중요성을 강조하기도 한다.

그럼에도 기존의 시적 전통과는 구별되는 그만의 독자적인 면모를 보여주는 작품도 발견할 수 있는데, 이러한 작품들을 통해서 그가 처한 위상을 짚어 볼 수 있는 것이다. 실상 그의 작품에서 보여지고 있는 세계가 매우 다양하게 나타나고 있어, 기존의 연구자들도 이러한 면모에 주목하여 그의 작품 세계를 논했던 것이다. 즉 다른 작가들과 구별되는 특징적인 면모를 추출하여 작품에 표출된 그의 의식 세계의 일단을 짚어 볼 수 있다면, 그것이 바로 이정보를 다른 작가들과 구별되게 하는 요인이라 할 것이다.

이미 기존의 연구자들이 적절하게 지적했지만, 이정보는 강호 자연이나 관념적인 세계를 그려낼 때보다 자신이 발딛고 있는 현실 세계를 풍자하고 묘사하는 작품의 형상이 주목할 만하다. 사대부 작가로서 그가 가장 주목을 받았던 것도 바로 이러한 그의 작품 경향도 한 몫을 한다고 평가된다. 그런 다음의 작품들을 통해서 작품의 형상과 그 의미를 따져보기로 한다.

강호(江湖)에 노는 곡이 즑인다 블어 말아
어부(漁夫) 돌아간 후(後) 엿는이 백로(白鷺)ㅣ로다
종일(終日)을 ᄯᅳ락 ᄌᆞᆷ기락 한가(閑暇)ᄒᆞᆫ ᄢᅢ 업들아. <해주 *315, 이정보, #118>

ᄀᆞ을 타작(打作) 다 ᄒᆞᆫ 후(後)에 동내(洞內) 모하 강신(講信)ᄒᆞᆯ ᄶᅦ
김풍헌(金風憲)의 메덧이예 박권농(朴勸農)의 되롱춤이로다
좌상(座上)에 이존위(李尊位)는 박장 대소(撑掌大笑) ᄒᆞ덜아.
<해주 *335, 이정보, #39>

내게 칼이 잇셔 벽상(壁上)에 걸렷씬이
째째로 운은 소릐 무슴 일이 不平흔지
두우(斗牛)에 용광(龍光)이 벗쳣씬이 살릅 알까 ᄒᆞ노라.

<해주 *357, 이정보, #557>

등장하는 소재로만 본다면 '강호'·'곡이'·'어부'·'백로' 등 첫 번째 작품의 범주는 일견 강호시조인 것처럼 여겨진다. 강호시조에서는 이러한 질료들이 서로 어울려 조화로운 세계를 그려내고 있다면, 이 작품은 이들이 서로 팽팽하게 긴장하며 맞서 전혀 다른 시적 형상을 창출하고 있다. 전통적인 강호시조에서 고기는 '어약 연비(魚躍鳶飛)'의 충만한 생명력을 담보하는 존재이며, 어부나 백로는 조화로운 자연의 질서 속에서 공존하는 모습을 보여주고 있다. 그러나 강호시조에서 유유자적하며 자신의 위치를 지켰던 어부와 백로가, 이 작품에서는 서로 번갈아 가며 또 다른 자연적 존재인 고기를 잡으려고 엿보는 존재로 그려진다. 물고기는 그것을 피하기 위해 끊임없이 '쓰락 즘기락'하며 잠시도 한가로움을 맛볼 수 없다. 이처럼 이 작품 속에 등장하는 세 존재의 관계는 그대로 비유적인 의미로 나타난다. 여기에서 고기는 '약육강식의 삶의 현장에서 몰락과 죽음을 모면키 위해서 전전긍긍하는 힘없는' 존재이다.[32] 그렇다면 어부와 백로는 틈만 나면 언제라도 그 고기를 잡을 수 있는 힘을 지닌 존재이다. 이 작품은 박노준의 지적처럼 '피지배층의 고단한 생활'을 반영하고 있다고 할 수 있다.[33] 그러나 이 작품에서 주목할 것은 오히려 관용적인 제재들을 사용하여 전혀 새로운 의상을 빚어내고 있다는 점에서 이정보의 시적 자질을 엿볼 수 있다.

두 번째 작품은 공동체 사회의 행사인 향약(鄕約) 때 약법(約法)이나 계(契)를 맺는 의식인 강신(講信) 행사에서, 술을 마시고 서로 즐기는 향음례의 한 정경을 포착하여 그려내고 있다. 중장의 풍헌과 권농은 향약의 임원으로, 이

---

32) 박노준, 앞의 논문, 73~74면.
33) 박노준, 같은 논문, 같은 곳.

들이 '메덧이'를 부르고 '되롱춤'을 추는 것으로 보아 상당히 분위기가 무르익었음을 알 수 있다. 종장의 이존위(李尊位)는 연령이나 신분으로 가장 서열이 높은 인물로, 아마도 이정보 자신을 지칭한 것으로 보인다. 향임들까지 춤을 추는 상황과 좌상에서 그것을 지켜보며 박장 대소하는 작자의 시선은 비록 관찰자의 입장이지만, 공동체 행사의 질탕한 뒤풀이까지 따뜻하게 이해해줄 수 있는 면모를 보여주고 있다. 구체적인 생활의 현장에서 벌어지고 있는 상황을 잘 포착하여, 그것을 사실적으로 묘사하는 작품 형상화의 방식은 매우 탁월하다. 다시 말하면 작품의 내용도 흥미롭지만, 이정보는 자신의 주변에서 벌어지고 있는 세세한 일들조차도 문학적으로 형상화하고 있다는 점을 지적할 수 있다. 이것은 작자의 시선이 현실 생활에 보다 가까이 다가서 있으며, 그것을 놓치지 않고 작품 속으로 끌어들여 형상화한 작가의 역량을 높이 평가할 만하다.

마지막 작품은 장화(張華)라는 인물이 '두·우성(斗牛星)'에 상서로운 기가 서린 것을 보고 보검을 얻었다는 고사[34]의 내용을 토대로 하고 있다. 보검은 흔히 자신을 알아주는 존재를 기다려 세상에 등장하고, 그 보검을 얻은 사람을 통해 조화롭지 못한 세상을 다스리는 역할을 한다. 화자는 보검인 칼을 소유하고 있고, 그 칼은 때때로 울어 세상의 '불평(不平)'을 말해주고 있다. 종장에서 '두우에 용광이 벗'쳤다고 표현한 보아, 보검은 이미 세상에 나아갈 준비가 이루어진 셈이다. 이 때 칼은 자신의 생각을 대변하는 도구로 기능하고 있기에, 불평하여 운다는 것에서 자신의 뜻과 세상의 행태가 서로 맞지 않음을 은연중 드러내고 있다. 그러나 그 칼은 아직 세상에 모습을 드러내지 않은 것이며, 자신이 보검을 지니고 있다는 사실을 세상 사람이 알까 두렵다고 언술하고 있다. 이 작품에서 칼이 자신의 능력과 포부를 뜻하는 용어라고 한다면, 세상의 상황은 그것이 필요한 때이지만 그것이 제대로 쓰여질 수 없기

34) "張華見斗牛之間, 常有紫氣. 雷煥曰 '寶劍之精也.' 華卽補煥爲寶城令, 煥掘獄得一石函中有寶劍二. 竝刻題, 一曰龍泉, 一曰太阿. 是夕, 斗牛間, 氣不得見焉. 煥遣使送一與華, 留一自佩焉.", 『博物志』.

에 화자가 망설이고 있는 것으로 이해할 수 있다.

이밖에도 화자가 전가 생활의 체험과 그 속에서 자족적 즐거움을 표출하는 작품도 발견된다. 적은 수이기는 하지만 현실에 대한 비판적 인식을 보이고 있는 이정보의 작품은 대부분 비유적 의미를 사용하여 형상화하고 있다. 대체적으로 그의 작품에는 현실 세계와의 갈등이 표출되어 있는 것은 많지 않으며, 세계를 자족적이고 조화롭게 그려내고 있는 것이 상대적으로 두드러진다. 이정보는 때로 중국 고대를 전범으로 설정하여 자신이 살고 있는 세계를 태평성대로 묘사하고 있기도 하다. 이러한 주제가 시조들에서 관용적으로 사용되기는 하였지만, 기본적으로 현실에 대한 낙관적 전망에 의해 표출된 것이라고 해석된다. 이러한 면모는 중앙 관료로 활동하였던 그로서는 현실적인 정치 상황이 어떻든, '치국 안민(治國安民)'이라는 당위적인 관념을 포기할 수 없기 때문이었을 것이다. 만년까지 비교적 평탄하게 중앙 관료로 살아왔던 이정보에게 있어서, 작품 세계의 다양한 면모에도 불구하고 결국 그 의식 지향은 조화롭고 이상적인 현실의 모습으로 수렴될 수 있는 조건이었던 셈이다.

이정보는 특히 역대 고사(故事)의 인물을 대상으로 한 작품을 적지 않게 남기고 있는데, 그 대상도 장자(莊子)나 도연명(陶淵明), 그리고 한무제(漢武帝)와 같은 인물들에서부터 부모님께 직접 효를 행한 맹종(孟宗)과 육적(陸積)에 이르기까지 다양하다. 그러나 고사 인물의 수용은 대부분 형가·제갈량·장량·범증 등 군주를 도와 부침을 겪었던 인물들에 집중되어 있다. 흥미로운 사실은 연나라 태자를 도와 진나라 왕을 죽이려 하다 실패를 한 형가나, 촉나라의 유비를 도와 모사로써 활약했지만 끝내 천하 통일을 이루지 못했던 관우와 제갈량, 그리고 초나라 항우의 모사로 활약을 하다가 홍문연에서 자신의 말을 듣지 않고 유방을 놓아준 항우를 떠나 비참한 죽음을 맞은 범증 등의 인물에 대해서는 매우 안타까운 심정을 작품 속에 표출하고 있다. 반면에 한고조를 도와 천하 패업을 이루게 했던 장량에 대한 평가는 극찬을 하고 있어 대비된다.[35] 고사 인물에 대한 태도는 천하 패업을 도운 인물과 끝내 군주의

패업을 이루지 못하고 죽은 인물들을 통해 이상적인 관료의 자질과 역할을 자신의 처지에 비겨 간접적으로 드러내고 있는 것으로 해석된다. 즉 관료로서의 그의 의식 지향이 어디에 있었던가를 이들 작품은 잘 보여주고 있다고 파악된다.

이제 이정보 사설시조의 성격과 그 의미에 대해서 살펴보자. 주지하다시피 사설시조는 18세기 초반 <청구영언 진본>에 수록된 '만횡청류'를 통해 시조사에 수용되었고, 이후 빠르게 변해 가는 연창 문화의 흐름 속에 적극적으로 향유되었다. 조선 후기 음악의 특징적인 현상으로 '번음촉절(繁音促節)'을 지적하는데, 그것은 가락이나 장단의 구조가 복잡해지고 악곡의 절주가 빨라진다는 의미이다. 시조문학의 음악적 형식인 가곡창에서도 빠른 곡조인 삭대엽 변주곡의 등장이 이러한 변화를 증명해 준다. 특히 다양하게 파생되어 가는 변주곡의 생성은 그 곡조에 실려있는 작품이 사설시조라는 점에서, 사설시조가 이러한 음악적 변화의 흐름을 주도해갔음을 알 수 있다. 조선 후기에 여항의 가창자들을 중심으로 평시조와 함께 사설시조가 적극적으로 창작·향유되었음은 잘 알려져 있다.[36]

이정보 역시 당대 가창 문화의 현장과 밀접한 관계에 있었던 만큼 사설시조의 창작과 향유에도 참여했을 것은 당연하다. 그리고 전체 작품에서 사설시조가 차지하는 비중이 적지 않은 것으로 보아 향유에도 적극적이었을 것이고, 작품의 경향도 비교적 다양한 주제를 다루고 있다.[37] 전체적으로 이정보의 작품 경향이 비교적 각 주제를 고르게 다루고 있는데 비해, 사설시조는 이른바 조선 후기적인 특징을 보여주고 있는 주제들에 치우쳐 있는 것도 주목할 만하다. 강호 자연을 다루고 있는 경우 평시조에서는 관념적인 공간을 설정하여 고답적인 면모를 보여주고 있는 반면, 사설시조는 물질적 풍요가 뒷

35) 제갈량 등을 수용한 작품에서는 대부분 '유한(遺恨)'·'슬프다'·'눈물 계워' 등 안타까움을 직접적으로 드러내고 있지만, 장량의 경우 '영웅'·'호걸'·'제일 인물' 등 극찬하는 내용으로 이루어져 있다.

36) 김용찬, 앞의 책, 251~265면 참조.

37) 주 24) 참조.

받침된 속에서 술과 절대 가인이 동반된 넉넉한 생활의 풍모가 반영되어 있다. 즉 같은 주제를 다루더라도 그것을 형상화하는 것에서 크게 차이가 발견되는데, 다음 작품들을 통해서 구체적으로 살펴보기로 하자.

> 두견(杜鵑)아 우지 말아 이제야 ᄂᆡ 왓노라
> 이화(梨花)도 픠여 잇고 ᄉᆡ 달도 돗아 잇다
> 강산(江山)에 백구(白鷗) 이신이 맹서(盟誓)ㅣ 프리 ᄒᆞᆯ이라.
>
> <해주 *373, 이정보, #910>

> 대장부(大丈夫)ㅣ 공성 신퇴(功成身退)ᄒᆞ야 임천(林泉)에 집을 짓고 만권서(萬卷書)를 ᄡᅡ하 두고
> 죵 ᄒᆞ여 밧 갈리고 보라(甫羅)ᄆᆡ 질들이고 천금 준구(千金駿駒) 알픠 ᄆᆡ고 금준(金樽)에 술을 두고 절대 가인(絶代佳人) 겻틔 두고 벽오동(碧梧桐) 검은고에 남풍시(南風詩) 놀릐ᄒᆞ며 태평 연월(太平烟月)에 취(醉)ᄒᆞ여 누엇신이
> 암아도 평생(平生) ᄒᆡ올 일이 잇 분인가 ᄒᆞ노라. <해주 *388, 이정보, #829>

이 작품은 모두 속세를 벗어나 자연 속에서 생활하는 모습을 형상화하고 있다. 이른바 강호시조의 범주에 드는 작품들인데, 강호에서의 생활이 질적으로 다르게 그려지고 있음을 알 수 있다. 먼저 첫 번째 작품은 화자가 현실 세계에서 강호로 귀환하는 감회를 진술하고 있다. 어떤 연유인지는 밝혀져 있지 않지만 화자는 이제야 돌아올 수밖에 없는 자신의 심정을 드러내고, 그것이 오랜 동안의 '맹서 프리'의 결과임을 진술하고 있다. 자연으로 돌아오기 이전에는 몸이 비록 현실 세계에 있었지만, 그 의식은 언제나 강호를 지향하고 있었음을 알 수 있다. 두견·이화·달·백구 등은 모두 자연을 구성하는 존재로서, 화자의 정신적 풍모를 반영하고 조화로운 자연적 질서를 반영하는 대상이다. 이 작품은 강호 자연과 현실 세계의 대립적인 면모가 표출되어 있고, 강호 자연은 상대적으로 우위를 점하고 있다. 그러나 그렇게 형상화된 자

연은 구체적 공간이라기보다는 관념적으로 설정된 세계이다. 따라서 작품에 드러난 의식 지향 역시 고답적이고 관념적일 수밖에 없다.

사설시조인 두 번째 작품 역시 화자는 '임천(林泉)'으로 표현된 강호에서의 생활을 중심으로 형상화되고 있다. 그러나 자연에서의 생활은 앞의 평시조 작품과는 전혀 다른 면모를 보인다. 이 작품에서 화자는 현실 세계에서의 욕구를 채우고 난 뒤의 상황, 즉 '공성 신퇴(功成身退)' 이후에 자연으로 향하고 있다. 따라서 화자에게 현실 세계와의 갈등은 애초부터 문제가 되지 않는다. 그가 처한 '임천'에서의 삶은 관념적인 것이 아니라, 매우 구체적인 모습으로 제시되어 있다. 밭을 가는 종과 매사냥, 그리고 넉넉한 경제적 기반 위에서 술·여자·음악까지 갖춰져 있는 지극히 세속적인 욕구를 충족시킬 수 있는 공간이다. 이처럼 '풍부한 물질적 기반 위에서 누리는 현세적 삶의 향수'[38]를 전제한 화자의 모습은 평시조에서 보여주었던 그것과는 질적으로 다르다. 더욱이 그러한 삶의 태도를 '남아의 히올 일'이라 표현하는 것에서 화자가 지향하는 삶의 태도를 짐작할 수 있게 한다. 그런 점에서 볼 때 이 작품은 비록 강호 자연에서의 생활을 그 소재로 하고 있지만, 오히려 현세적 욕망의 구체적 표현이라 할 수 있겠다. 그 욕망이 실현되는 것도 천금 준구·금준의 술·절대 가인·거문고 등의 풍족한 생활이 기반이 되고 있으며, 어떠한 고민도 없는 화자의 삶은 그대로 태평 연월로 인식된다.

이렇듯 유사한 소재를 다루고 있다고 하더라도 평시조와 사설시조의 내용이나 의식의 지향은 전혀 다르게 나타난다. 평시조에서의 자연이 관념적이고 고답적인 면모를 강하게 띠고 있다면, 사설시조의 그것은 세속화된 면모를 보여주고 있다. 즉 평시조에서 강호로의 귀환은 부귀 공명으로 표현되는 현실적 욕구를 탈각한 정신적 풍모를 지향하고 있다면, 사설시조에서 강호로의 편입은 현실 세계의 성공을 통해서 가능하고 그 속에서의 생활도 세속적 가치를 우위에 두고 있는 것이다. 그렇다면 이정보는 같은 주제를 다룰 때 평시

38) 고미숙, 「사설시조의 역사적 성격과 그 계급적 기반 분석」(『어문논집』 제30집, 고려대학교 국어국문학연구회, 1991), 50~51면.

조와 사설시조의 지향을 서로 다르게 표출하고 있다고 할 수 있다. 사설시조들에서 다루고 있는 소재나 형상화의 수법도 평시조와는 질적으로 다르게 나타나고 있다. 실상 사설시조와 평시조 사이에 존재하는 이러한 차이는 동시대 작품들에서도 동일하게 나타나고 있는 현상이다. 본고에서는 이러한 점들을 염두에 두고 이정보의 사설시조 작품들을 통하여 그 의미를 파악하기로 한다.

물 우흿 사공(沙工) 물 알엣 사공(沙工)놈들이 삼 사월(三四月) 전세(田稅) 대동(大同) 실라 갈 ᄢᅦ

일천 석(一千石) 싯는 대중선(大重船)을 작위 다혀 ᄭᅮᆷ여ᄂᆡ야 삼색(三色) 실과(實果) 머리가즌 것 갓초와 필이 무고(巫鼓)를 둥둥 침여 오강 성황지신(五江城隍之神)과 남해 용왕지신(南海龍王之神)ᄭᅦ 손 곳초와 고사(告祀)ᄒᆞᆯ 제 전라도(全羅道)ㅣ라 경상도(慶尙道)ㅣ라 울산(蔚山) 바다 나주(羅州) 바다 칠산(七山) 바다 휘도라 안흥(安興)목이라 손돌(孫乭)목 강화(江華)ㅅ몸 감돌아 들 제 평반(平盤)에 물 담 듯시 만리 창파(萬里滄波)에 가는 듯 돌라오게 고스레 고스레 사망(事望) 일게 ᄒᆞ오소셔

어어라 어어라 저어 어어라 ᄇᆡ ᄯᅴ여라 지국총(至菊蔥) 나무아미타불(南無阿彌陀佛).

<해주 *393, 이정보, #1084>

님으람 회양(淮陽) 금성(金城) 오리남기 되고 나는 삼 사월(三四月) 츩너출이 되야

그 남게 그 츩이 낙검의 납의 감듯 일이로 츤츤 졀이로 츤츤 외오 풀러 올히 감아 얼거져 틀어져 밋붓터 ᄭᅳᆺᄭᆞ지 죠곰도 빈틈 업시 찬찬 굽의 나게 휘휘 감겨 주야장상(晝夜長常) 뒤트러져 감겨 잇셔

동(冬)셧ᄯᆞᆯ 바람 비 눈 셜이를 암으만 맛즌들 ᄯᅥᆯ어질 ᄲᅮᆫ 이실야.

<해주 *386, 이정보, #733>

간밤의 ᄌᆞ고 간 그 놈 암아도 못 니즐다

와야(瓦冶)ㅅ놈의 아들인지 즌흙에 ᄲᅳᆷ니듯시 두더쥐 영식(令息)인지 국국기 뒤지듯시 사공(沙工)의 성령(成令)인지 사어(沙禦)ᄯᅴ 질으듯시 평생(平生)에 처음이오 흉증(凶症)이도 야르제라

전후(前後)에 나도 무던이 겪거시되 참 맹서(盟誓) 간밤 그 놈은 참아 못 니즐ᄉᆡᆨ ᄒᆞ노라. <해주 *383, 이정보, #71>

첫 번째 작품은 전세(田稅)를 바치러 가는 대동선이 출발하기 전 무사하기를 비는 고사의 과정을 상세하게 그려놓고 있다. 배를 화려하게 치장하는 것에서부터 온갖 악기를 동반한 고사의 과정, 그리고 구체적인 여정의 제시에 이르기까지 매우 상세하게 그 내용을 진술하고 있다. 특히 이 작품에서는 화자는 관찰자의 위치에 있으면서, 객관적으로 작품 속의 상황을 전달하는 기능을 하고 있다. 따라서 이 작품을 작자인 이정보의 구체적 체험과 연결지어 설명할 수는 없을 것이다. 사대부 신분인 이정보가 이런 작품을 창작했다는 것도 흥미로운 일이거니와, 형상화된 면모가 뱃사람들의 생활을 이해하지 못한다면 작품으로 그려내기가 쉽지 않은 내용이다. 중장과 종장의 고수레나 나무아미타불이라는 염불은 무사 항해를 비는 뱃사람들의 절실한 원망(願望)을 여과 없이 담아내고 있다. 이 작품은 '사대부적 정서나 이념에서 완전히 벗어나' 있는 작품이며,[39] '단순한 풍속 묘사에 국한된 노래가 아니라 작자의 인정미가 용해되어 있는' 작품인 셈이다.[40] 그리고 이러한 상황을 포착하여 구어체를 그대로 사용하여 시조로 창작한 작자의 시적 자질 또한 높게 평가되어 마땅하리라 생각한다.

다음의 두 작품은 이정보의 사설시조 창작 유무와 관련하여 직접적인 논란의 계기를 이끈 것들이다. 두 번째 작품은 님과 화자와의 애정 양상을 나무에 칡이 얽히는 것에 비유하여 구체적인 표현을 사용하여 형상화한 것이다. 더

39) 남정희, 앞의 논문, 58면.

40) 박노준, 앞의 논문, 67~68면.

욱이 나무와 칡이 얽히는 광경을 거미줄에 걸린 나비를 동여매는 거미의 모습과 결부시켜 매우 구체적으로 표현하고 있다. 님과의 애정이 세상의 어떤 어려움에도 깨질 수 없다는 화자의 바램을 구체적 대상을 통해 드러내고 있어, 애정의 강도가 더욱 생동감 있게 느껴진다. 종장에서 님과의 결별을 단호히 거부하는 화자의 언술은 그래서 주목할 만하다. 노골적이고 구체적인 애정의 양태를 담고 있는 이 작품은 눈에 보이지 않는 애정을 눈으로 확인할 수 있는 구체적 형상으로 표현하고 있다는 점에서 '추상적 관념의 구체적 표현'이라 할 수 있다. 이는 '지금 여기서의 삶과 쾌락을 중시하는 현실적인 애정관'이며,[41] 그것은 사대부인 이정보를 상정할 때 예사로운 것이 아니다. 이 작품 역시 다양한 표현을 동원하여 시적으로 형상화한 작자의 시적 자질을 엿볼 수 있게 한다.

세 번째 작품은 더 나아가 여성 화자를 상정하여 자신의 성 경험을 구체적으로 들고, 그것을 '다시 되씹으면서 황홀한 미련 속에 빠져 있는 순간을 포착'[42]한 것이다. 기와를 만들기 위해 흙을 자유자재로 주물러대는 기와장이(瓦冶ㅅ놈)의 솜씨나 이곳저곳 땅 속을 파고 다니는 두더쥐, 그리고 기나긴 상앗대를 물속으로 밀어 넣는 사공의 행위는 모두 상대 남성의 성적 능력을 구체화하여 드러낸 표현들이다. 인간의 본원적 욕구라 할 수 있는 성을 이처럼 직설적으로 다루기는 쉽지 않다. 그러나 내용이 매우 구체적이면서 그 형상화의 면모는 비유적인 표현을 적시하여 드러내고 있다. 중장에서 자신의 경험을 동적인 대상의 움직임으로 대치시켜 그 느낌을 보다 구체적으로 서술하고 있다. 실상 이 작품에서 다루고 있는 성은 '퇴폐적 · 유희적 삶의 도구로 기능'하고 일정한 지향점이 없는 '무정향적 속성'을 지니고 있다.[43] 이러한 작품의 형상화 방법은 자신의 체험이나 인식을 드러내기 위하여 창작한 것이 아님은 분명하다.

41) 남정희, 앞의 논문, 48면.
42) 박노준, 앞의 논문, 81면.
43) 고미숙, 앞의 논문, 56면.

그렇다면 이러한 작품들을 어떻게 이해하여야 할까. 단순히 '사대부 작가가 지은 문제적인 작품' 정도로 치부하는 것이 옳은가. 분명 중앙 정계의 고위 관료를 지낸 인물이 이러한 작품을 지었다면, 그 이유가 무엇인지 따지는 것이 필요하다. 본고는 그 이유를 다음의 두 가지 측면에서 논해보고자 한다. 하나는 이 작품들에서 다루고 있는 내용이나 형상화의 수법은 이미 <청진>의 만횡청류 수록 작품들에서 흔히 볼 수 있었던 것들이라는 점이다. <청진> 소재 '만횡청류'에 수록된 사설시조 작품들의 면모는 기존의 시적 전통과 크게 다르며, '비시적(非詩的) 사물의 무사려(無思慮)한 시화(詩化) 기도'[44]라는 평가를 받기도 했다. 따라서 사대부 작가 이정보를 상정하면 예외적으로 보이는 이런 현상이 당대 시조사를 전제하면 매우 자연스러운 것이 되는 셈이다. 물론 이 경우 이정보가 이러한 주제의 작품을 창작했다는 의미 자체를 평가절하 하는 것은 아니다. 연행 공간에 밀착하고 있었던 이정보가 이러한 표현이나 주제를 다루고 있는 작품을 향유하는 것은 전혀 이상한 것이 아니다. 다만 향유가 창작으로 이어졌다는 점에서는 분명히 의의가 있다. 특히 작품 속의 상황을 매우 구체적으로 그려낼 수 있는 이정보의 시적 자질은 매우 뛰어나다고 평가할 수 있을 것이다.

두 번째로는 당시 향유자들의 사설시조에 대한 인식을 재점검할 필요가 있다는 점이다. 18세기 초반 사설시조가 시조사의 영역에 수용됨으로써, 그 이후 활약한 여항 가창자들은 사설시조의 창작과 향유에 비교적 적극적인 입장을 취하였다. 가집을 편찬할 때 기존의 평시조와 함께 사설시조도 새로운 변주곡조에 수록하고 그 수효도 점점 증가한다는 것은 주지의 사실이다. 그런데 평시조와 사설시조를 동시에 창작한 작가들을 살펴보면, 그 두 양식 사이에 일정한 경향성이 보인다. 평시조를 창작할 때는 비교적 관념적이든 현실적인 소재를 다룰 경우든 의식의 진지함을 드러내려고 노력하는 반면, 사설시조는 시적 대상이나 주제에 대한 진지함이 사라지고 보다 유락적이고 희화

44) 고정옥, 『고장시조선주』(정음사, 1948), 10면.

적인 시선으로 그려지고 있다. 이러한 태도는 어쩌면 이 시기 향유자들에게 평시조와 사설시조에 대한 기대가 달랐고, 어쩌면 이들을 서로 다른 '양식'으로 인식하고 있었던 때문은 아닌가 생각된다. 비록 같은 공간에서 불렸지만, 실제 향유에 있어서는 사설시조와 평시조를 구별하려는 면모가 두드러지게 나타난다는 점은 매우 시사적이다.

흥미로운 것은 박노준 역시 노골적인 애정 형상을 다루고 있는 작품을 분석하면서, 이 작품을 대하는 이정보를 '관료나 근엄한 사대부가 아닌 이야기꾼의 모습을 하고 있다'고 해석한다. 따라서 이들 사설시조의 주인공은 따로 있기에 경험의 측면에서 볼 때는 이정보와 무관하며, 타인의 경험을 시조라는 문학적 장치로 수용하고 이를 전하는 기능을 담당하고 있다는 것이다. 그리고 이러한 작품의 창작 배경을 '긴장된 일상으로부터 잠시 탈피하여 이완을 통하여 삶의 또다른 만족감을 성취하고 싶은 심리적 욕구'라 설명한다.[45] 그렇다면 평시조에서 보이지 않던 '이야기꾼'의 모습이 왜 사설시조를 창작할 때에는 나타나는가. 그것은 향유자들이 사설시조를 평시조와 달리 그러한 이야기를 전할 수 있는 '양식'으로 인식했기 때문이다. 즉 사설시조를 평시조와 일정하게 구별하려는 의식을 지니고 있었고, 그러한 경향성이 창작과 향유에도 적용되었던 것이다. 평시조와 사설시조의 이러한 차이에 대해서는 앞으로 더 심도있는 논의가 진행되어야 하리라고 본다.

이상으로 이정보의 작품 세계를 통해서 그의 의식 지향을 다양한 관점에서 논해보았다. 그의 작품 세계를 살피는데 있어 단지 그의 작가적 기질이나 작품만이 아닌, 그를 둘러싼 현실의 문화적 환경을 고려해야 한다는 것이 이 연구의 논점이다. 특히 가창 문화에 접해 있던 그를 단지 사대부 작가라는 이유만으로 작품의 성격을 파악하려는 경향은 지양되어야 하며, 오히려 당대 시조사의 흐름을 고려하는 속에서 적극적으로 살펴야 한다. 본고는 바로 이런 시각에서 이정보의 주변적 환경과 그의 작품 세계를 살펴보았다. 그의 인간

45) 박노준, 앞의 논문, 82면.

적 면모나 교유 관계 등을 분명히 알 수 있는 문집 등의 자료가 불충분하기에 이정보의 의식 지향에 대한 다양한 면모가 제대로 다루어지지 않은 감이 있으나, 현재 전해지는 그와 관련된 자료들을 통해서 나름대로의 관점을 제시해 보았다.

4. 맺음말

이정보의 작품을 일별 했을 때, 다루고 있는 주제나 그 의미 지향은 매우 다양하게 나타난다. 기존의 강호시가의 전통을 그대로 수용한 작품들에서부터 조선 후기의 주요한 제재였던 애정시가에 이르기까지 특정 주제에 치우침 없이 고르게 분포되어 있는 것도 특징적인 양상이다. 그의 신분을 고려하지 않고 작품만을 보면, 이 시기 여항 가창자들의 작품 성향과 비슷하다고 여겨질 정도이다. 이처럼 작품의 경향이 다채롭게 나타나고 있음에도 연구자들은 사대부라는 그의 신분적 측면을 항상 전면에 내세우고 접근하였다. 물론 중앙 관료 출신의 사대부 작가로서 작품 수도 많고 다루고 있는 주제도 다양하여, 시조사에서 그의 위상을 논하는 것은 대단히 중요하다.

그러나 당대 가창 문화의 중심이었던 서울의 문화적 환경은 빠르게 변화해 가고 있었다. 때문에 이정보를 다룰 때 당시의 음악사적 성격과 문화적 측면을 고려해야만 한다. 본고는 이런 측면에서 이정보와 그의 작품을 검토하고, 그 속에 드러난 의식 지향의 면모를 점검해 보았다. 당대 가창 문화의 현장에 직·간접적으로 관여하고 있던 그로서는 자신의 예술적 흥취를 드러내기 위해 시조를 적극적으로 창작·향유했을 것이고, 그것을 통해 당대의 시조사에 때로는 능동적으로 때로는 수동적으로 참여했을 것이다.

심노숭은 이정보와 심용을 가리켜 '풍류주인'으로 칭했다. 심용 역시 18세기 중·후반 가창을 전문으로 하는 '이세춘 가단'의 후원자로 활동하면서, 이 시기 문화사에 적지 않은 역할을 했던 인물이다. 그렇다면 심노숭은 이정보와 심용을 당대 가창 문화의 후원자로 활동했던 사실에 주목하여 이렇게 평했을 것이다. 그러나 심용과 달리 이정보는 단지 후원자에 머물지 않고 직접 작품을 창작하기도 하였다. 이러한 가창 문화에 적극적인 면모가 당대 새로운 '양식'으로 수용되어 가창되었던 사설시조를 창작할 수 있는 배경이 된 것이다. 이러한 사실을 전제로 하여야만 그의 다채로운 작품 세계와 사설시조를 창작한 요인이 설명될 수가 있는 것이다. 본고는 바로 이런 측면에 주목하여 이정보의 작품 세계를 검토하였다.

(『우리문학연구』 제12집, 우리문학회, 1999)

위백규 「농가」의 구조와 작품 세계

1. 머리말

조선 후기의 시조문학은 이전과는 뚜렷하게 구분되는 특징을 지니고 있다. 여항인(閭巷人)으로 지칭되는 새로운 담당층의 등장과, 시조 작품들을 광범위하게 수집하여 음악적 분류를 행한 가집(歌集)의 편찬 등은 조선 후기 시조문학의 뚜렷한 지표라고 할 수 있다.[1)] 물론 지방에 거주하는 일부 사대부들의 작품은 가집과는 별도의 경로로 창작되고 유통되었다. 작품의 창작이나 유통 경로가 어찌되었든, 전반적으로 조선 후기의 시조는 그 향유 기반이 조선 전기와는 전혀 다른 환경에 놓여 있었다고 하겠다. 이에 따라 시조 작품의 내용에서도 이전과는 질적으로 다른 변화가 수반되게 된다. 이러한 변화는 당대의 지배 계층인 사대부들의 작품에서도 폭넓게 나타나고 있다.

조선 후기로 갈수록 사대부 계층에 속하면서도 관직에 진출하지 못하고,

---

1) 가집을 중심으로 한 조선 후기 시조문학에 대한 대표적인 연구 성과로는 다음의 것들을 들 수 있다. 김용찬, 『18세기의 시조문학과 예술사적 위상』(월인, 1999); 신경숙, 『19세기 가집의 전개』(계명문화사, 1994); 고미숙, 『19세기 시조의 예술사적 의미』(태학사, 1998) 등.

향촌(鄕村)에 거주하면서 학문에 종사하는 사람들이 늘어나게 된다. 당시의 각종 기록에서 확인할 수 있듯이, 이 시기에 이르면 사대부 계층 내부의 분화가 빠른 속도로 진행되었다. 사회·경제적 변화가 급속히 진행되고 있는 가운데, 일부에서는 사대부로서의 존재 기반마저 유지하기 힘들어 자신들이 직접 농업에 투신하는 경우가 적지 않게 나타난다. 이처럼 사대부 신분을 유지하고 있으면서도 때론 직접 생계를 위하여 활동하는 사람들이 적지 않았는데, 대체로 이들에 의해 창작된 작품은 조선 후기에 편찬된 가집에는 거의 수록되지 않았다. 또한 이들의 작품에서는 작품의 형상화나 미의식의 측면에서 조선 전기 사대부들의 작품들과는 다른 면모가 발견되기도 한다.

본고에서 논할 위백규(魏伯珪 : 1727~1798)의 「농가(農歌)」[2] 역시 전형적인 사대부들의 시조와 다른 미의식을 지니고 있다고 평가되고 있다. 이 작품은 조선 후기 사대부 시조의 변모 양상을 잘 보여주고 있다는 점에서, 학계에 소개된 이래 지속적으로 주목을 받아왔다. 「농가」는 이종출에 의해 처음으로 학계에 소개되었지만,[3] 그는 논문에서 작가와 형식적 측면 등에 대해 언급하는데 그치고 있다. 조동일은 조선 후기 사대부 시조의 변이를 설명하는 가운데, 위백규의 작품을 하나의 예로 들어 설명하기도 했다.[4] 조동일의 연구는 위백규의 작품이 지닌 문학사적 의미를 정립하는 데는 어느 정도 역할을 했으나, 역시 본격적인 작품론으로 보기에는 크게 미흡하다.

이 작품에 대해서는 임주탁에 의해 비로소 본격적인 작품론이 제출되었다.[5] 그는 '연시조'라는 갈래의 변화를 설명하는 관점을 취하여, 「농가」를 언

2) 현재 연구자들에 의해 작품의 명칭은 「농가」와 「농가 구장」의 두 가지가 혼용되고 있다. 이 작품이 수록된 두 종의 문헌에는 모두 '농가(農歌)'(『사강회문서첩』) 혹은 '농가라'(『위문세전가첩』)라고 표기되어 있다. 다만 『사강회문서첩』에 '농가'라는 명칭 아래에 작은 글씨로, 연시조인 이 작품의 수를 지칭하는 '구장(九章)'이라는 협주(夾註)가 붙어있을 뿐이다. 따라서 수록된 문헌의 표기 의식을 따라 작품의 명칭을 「농가」라고 명명하는 것이 타당하다고 여겨진다.

3) 이종출, 「위백규의 시조 <농가>고」, 『사대논문집』 제1집, 조선대학교 사범대학, 1970.

4) 조동일, 『한국문학통사 3』(제2판), 지식산업사, 1989, 272면.

5) 임주탁, 「위백규 <농가>에 관한 연구」, 『관악어문연구』 15, 서울대학교 국어국문학과, 1990.

어와 내적 특성에 관한 측면에서 작품의 의미와 성격을 비교적 상세히 설명하였다. 또한 이 작품을 정약용(丁若鏞 : 1762~1836)의 한시(漢詩) 작품들과 비교하여, 두 작가의 작품에 나타난 시대적 인식의 차이를 지적하기도 하였다. 이후 김석회에 의해 위백규에 대한 포괄적인 작가론이 제출된다.[6] 그는 위백규의 문집 등을 살펴 작가의 생애와 한시 및 국문 시가의 작품 세계를 종합적으로 살피고 있다. 특히 위백규의 작품들을 '생활시(生活詩)'라는 용어로 규정하고, 시조인 「농가」는 문중 생활 공동체인 '사강회(社講會)' 활동을 통한 공동 노동과 내적 연대감을 반영한 작품이라고 파악하였다. 그런 점에서 「농가」를 개인 창작이라기보다 '사강회' 회원들의 공동 체험과 공통 정서가 어울려 이루어진 공동 창작의 성격이 짙다고 보았다. 그러나 김석회의 연구들에서는 창작 과정이나 작품의 사회적 성격을 밝히는데 집중하여, 작품이 지니고 있는 미의식과 내적 의미를 따지는 데는 다소 소홀한 감이 있다.

정승철은 작품에 사용된 언어에 방언이 많이 사용되었다는 점에서, 작품이 산출된 전남 장흥 지방의 현지 조사를 통한 「농가」의 어석(語釋)을 시도하였다.[7] 최근 권순회는 '전가시조(田家時調)'[8]를 사적(史的)으로 조망하면서, '조선 후기 전가시조의 향방'의 한 양상으로 위백규의 「농가」를 비중있게 거론하였다.[9] 권순회는 「농가」가 '궁경 가색(躬耕稼穡)'을 통해 현실의 문제를 해결해야 하는 구체적 생활 체험의 공간으로서 전가(田家) 공간을 형상하고 있으며, 조선 후기 재지 사족(在地士族)의 현실 체험의 미적 형상이라고 논하고 있다.

---

6) 김석회, 『존재 위백규 문학 연구』(이회문화사, 1995). 김석회는 그동안의 논의를 토대로 「18세기 향촌사회와 위백규의 <농가구장>」(『신편 고전시가론』, 새문사, 2002)에서 이 작품의 생성 배경과 사회적 성격에 대해서 다시 정리하였다.

7) 정승철, 「위백규의 <농가>고」, 『문학과 언어의 만남』, 신구문화사, 1996.

8) '전가시조'는 '전원 및 농가(農家)를 공간으로 삼고, 그 속에서의 구체적 생활상과 소회(所懷) · 흥취를 주된 관심사로 노래한 시조'를 지칭한다. 이 용어는 김흥규에 의해 '강호시조(江湖時調)'의 변화 양상을 설명하려는 구도에서 채택된 개념이다. 김흥규, 「16, 17세기 강호시조의 변모와 전가시조의 형성」(『욕망과 형식의 시학』, 태학사, 1999) 참조.

9) 권순회, 「전가시조의 미적 특질과 사적 전개 양상」, 고려대 박사학위논문, 2000.

이처럼 이 작품이 처음 소개된 이후 연구자들에 의해 꾸준하게 관심을 받아왔으며, 작품의 산생(産生) 배경과 문학적 의미 등에 대해서는 어느 정도 설명이 이루어졌다고 본다. 그럼에도 아직까지 작품에 사용된 시어에 대한 이견이 존재하고, 작품의 구조에 대해서도 새롭게 밝혀내야 할 점이 있다고 여겨진다. 대체로 기존 연구들은 이 작품의 성격을 당대의 사회적 관점이나 시조사의 맥락을 점검하는데 유용한 자료로 이용하고 있다. 이들 연구가 이룬 성과들은 충분히 인정할 수 있지만, 여전히 작품 자체의 문학적 의미를 검토하는 데에는 다소 미흡한 측면이 있다고 파악된다. 본고는 바로 이런 측면에서 기존의 연구 성과를 수용하여 「농가」의 문학적 의미를 다시 점검하고, 이 작품이 지니고 있는 구조의 성격과 시조사적 위상을 나름의 관점에서 정립하고자 한다.

2. 「농가」의 구조와 작품 세계

위백규는 전라도 장흥 지방에 거주하면서, 비교적 풍족하지 못한 가정 형편에도 불구하고 젊은 시절에는 과거를 위한 공부에 매달리게 된다. 집안의 배려로 한때 윤봉구(尹鳳九 : 1683~1767)에게 수학(修學)하기도 했으나, 어려운 가정 형편으로 학문에 전념할 수 없어 다시 고향에 돌아와야만 했다.[10] 그는 어려운 생활을 타개하기 위하여, 39세(1766년)에 진사(進士)에 급제한 이후 관직 진출을 포기하고 향촌에 머물면서 학문과 농사를 병행하는 삶을 선택한다.[11] 위백규가 귀향을 결심한 이유는 당시 과거 제도의 타락상에 대해

10) 위백규의 생애에 대해서는 김석회, 「존재 위백규의 생활시에 관한 연구」(『존재 위백규 문학연구』, 이회문화사, 1995)의 '제2장 생애와 사상'을 참고하여, 정리했음을 밝혀둔다.

11) 위백규의 나이 70세(1796년)에 그의 저술을 직접 접해 본 정조(正祖)의 배려로 옥과 현감을 제수받아 관직에 나아간다. 그러나 위백규의 관직 생활은 이 시기의 불과 1년여 동안이 전부이며, 나머지 기간에는 주로 향촌에 거주하면서 때로는 학문과 농사를 병행하며 지냈다.

비판적이었던 인식의 탓도 있었겠으나, 경제적으로 어려웠던 가정 형편 또한 이에 못지 않은 중요한 요인이었다.12) 이러한 상황을 타개하기 위하여 그가 취한 방안은 바로 학문과 농사를 병행하는, 이른바 독경 병행(讀耕竝行)의 문중 결사(門中結社)인 '사강회(社講會)' 활동이었다. 위백규의 문집에 수록된 '연보(年譜)'에 의하면, 사강회 활동은 그의 나이 40대에서 50대 전반에 걸쳐 이루어졌던 것으로 확인되고 있다.13)

본고에서 살펴 볼 「농가」는 이 시기에 그가 가문의 성원들을 중심으로 조직한 '사강회' 활동과 밀접한 관련이 있는 작품이다.14) 모두 9수로 구성된 이 작품은 시적 화자가 직접 노동에 종사하는 인물로 그려지고 있다. 기존의 연구들에서 작품의 의미와 한계에 대해 다양한 평가가 이루어지고 있지만, 대체로 「농가」가 작자인 위백규의 '체험적 실감에서 우러나온 것'이라는 사실에는 전반적으로 동의하고 있다. 특히 작품 속에 그려진 형상은 농번기 농촌에서 행해지고 있는 실제 노동의 과정과 추수 이후의 상황을 잘 그려내고 있다고 여겨진다. 따라서 「농가」는 작자가 농촌의 '생활 세계 속에 자신을 밀착시켜 나가는 과정에서 산출되어 나온 작품'15)이라고 할 수 있는 것이다.

전체 9수의 연시조 형태로 이루어진 「농가」는 각 작품마다 내용을 설명하는 주제어가 제시되어 있다.16) 주제어와 작품의 내용을 통해서 보건대, 「농가」

---

12) 김석회, 앞의 논문, 50면.

13) 김석회, 앞의 논문, 51면.

14) 김석회에 의하면 이 작품은 위백규가 완전 귀농(歸農)을 결심하고, 사강회를 결성하여 활동한 40대 무렵의 1767~1772년 사이에 제작된 것으로 파악하고 있다. 김석회, 앞의 논문, 171면 참조.

15) 김석회, 앞의 논문, 94면.

16) 앞서 언급했듯이 이 작품은 2종의 이본(異本)이 존재한다. 『사강회문서첩(社講會文書帖)』과 『위문세전가첩(魏門世傳家帖)』에 수록된 각각의 작품이 존재하는데, 김석회의 연구에서는 이 중 『사강회문서첩』에 수록된 작품이 원본에 해당하는 기본 텍스트임을 밝히고 있다. 작품의 수록 형태도 『사강회문서첩』본은 그 표기가 국한문 혼용으로 되어 있고, 가곡(歌曲)의 오장(五章) 형식에 맞추어 구두(句讀)가 되어 있으며, 각 작품마다 작품의 내용에 대한 주제어가 제시되어 있다. 이에 비해 『위문세전가첩』본은 표기가 순 한글로 되어 있으며, 주제어도 전혀 기재되어 있지 않다. 또한 작품의 수록 형태는 줄글이 아니라, 초장과 중장을 상단과 하단에 각각 2행으로 배열하여 그 왼쪽 여백에 '우일절(又一節)'이라 기입

는 앞의 6수와 뒷부분의 3수가 유기적으로 연결되는 구조로 되어 있다. 대체적으로 '앞의 6수는 농번기 이른 아침에 들에 나아가 김을 매고 저녁에 집으로 돌아오기까지의 하루 일과를 노래하고, 뒤의 3수에서는 초가을 풍성한 가을 들판을 바라보는 심경과 햇곡식을 맛보는 감회, 강신회(講信會)에서의 흥취를 노래하고 있다.'[17] 때문에 이 작품은 '전6수가 그것 자체로 상호 긴밀한 한 편의 구조로 완결되어 있고, 그 위에 긴밀성은 조금 떨어지지만 느슨하게 한 편으로 묶일 수 있는 후3수가 첨가된 구조'[18]라고 논의되고 있다.

이처럼 연구자들에게 이 작품의 구조가 다소 '느슨하다'고 파악되는 것은, 연시조 갈래이기에 전체 작품이 유기적으로 긴밀하게 짜여있어야 한다는 인식 때문이라고 여겨진다. 특히 조선 전기 사대부들의 주요 연시조 작품들을 준거로 볼 때에는, '전6수'와 '후3수'의 결합으로 이루어진 이 작품의 구조는 다소 느슨한 형식이라고 이해될 수도 있다. 그러나 '농번기의 하루 일과'와 '추수와 그 이후의 상황'을 구분하여 구조적으로 양분되도록 창작한 것은, 작품의 성격과 내용까지를 고려한 작자의 '의도적인 배려'라고 파악된다. 때문에 이 작품이 비록 구조적으로는 다소 '느슨하게' 보일지라도, 독자들에게 '전6수'와 '후3수'의 내용이 아주 긴밀하게 결합되어 이해되게 된다.[19]

'농번기의 하루 일과'를 아침부터 저녁까지의 시간적 순서에 따라 그려낸

했고, 종장 첫 구를 1행으로 나머지 구절을 1행으로 나란히 배열하였다. 그리고 『위문세전가첩』본은 채록이나 전사 과정에서의 명백한 오류로 보이는 부분이 나타나기도 한다. 이런 까닭에 『사강회문서첩』본이 기본 텍스트이며, 『위문세전가첩』본은 보조적인 참고자료로 활용하는 것이 타당하다고 한다. 본고 역시 김석회의 논의를 받아들여, 『사강회문서첩』에 수록된 작품을 텍스트로 하여 논의를 진행한다. 텍스트에 관한 자세한 내용에 대해서는 김석회, 「<농가>의 본문비평」(『존재 위백규 문학 연구』, 이회문화사, 1995)을 참조할 것.

17) 권순회, 앞의 논문, 128면.

18) 김석회, 「존재 위백규의 생활시에 관한 연구」, 162면.

19) 선행 논자들과는 다르게 권순회는 이러한 구조로 짜여진 위백규의 「농가」가 예외적인 작품이 아니며, '하루의 시간 단위와 한여름부터 늦가을까지 계절의 시간 단위가 중첩되어 있'는 연시조의 형태는 '전가시조에서 종종 쓰이고 있'다고 논하고 있다. 그리고 그 예로 17세기 향촌 공동체 운동을 펼쳤던 이휘일(李徽逸 : 1619~1672)의 「전가팔곡(田家八曲)」을 들고 있다. 권순회, 앞의 논문, 128면.

'전6수'의 내용은 실제 노동 현장의 성격에 맞게 배치되어 있다. 한여름을 배경으로 한 '전6수'의 작품은, 초가을 이후 수확의 과정과 결실의 기쁨을 누리는 내용으로 구성된 '후3수'와 긴밀히 결합되고 있다. 특히 농사일에 직접 뛰어든 시적 화자의 관심과 체험들이 전 작품에 걸쳐 지속적으로 드러나고 있다. 전체 9수 중 하루 동안의 노동 과정을 6수에 걸쳐 상세히 그려낸 것은, 작자가 농사에서 잡초를 제거하는 김매기의 과정을 그만큼 중요시했기 때문이라고 해석된다. '전6수'에 걸쳐 그려진 지난한 농사일의 과정을 겪음으로써, '후3수'에서 그려낸 수확의 기쁨은 그 이상의 가치를 지닐 수 있기 때문이다. 다시 말하자면 불균형하게 보이는 '전6수'와 '후3수'의 구조는, 주로 노동의 과정이 한여름에 집중될 수밖에 없는 농사의 성격을 감안한 작자의 의도된 배려에서 비롯된 것이다.

이제 구체적인 작품을 통해서, 작품의 구조와 의미 등에 대해서 논하기로 하자. 먼저 「농가」의 '전6수'는 그 성격에 따라, 내용적으로 크게 3부분으로 나뉘어진다. 아침에 집을 나서 밭으로 향하는 과정인 '조출(朝出)'과 '적전(適田)'이 그 중 한 부분이며, 오전 노동을 거쳐 잠시 쉬는 과정인 '운초(耘草)'와 '오게(午憩)'가 내용면에서 서로 연결되어 있다. 여기에 함께 모여 점심을 먹고 집으로 돌아오는 과정인 '점심(点心)'과 '석귀(夕歸)'가 또 하나의 부분으로 묶일 수 있다. 특히 점심 이후 오후 노동의 과정이 생략되어 있는데, 이는 김매기의 특성상 오전의 노동과 동일한 과정을 되풀이할 수밖에 없기에 작자가 의도적으로 생략한 것으로 파악된다. 다음 '전6수'의 내용부터 살펴보기로 한다.

서산(西山)의 도들볏 셔고, 굴움은 느제로 낸다,
비 뒷 무근 플이 뉘 밧시 짓텃든고,
두어라, ᄎᆞ례지운 일이니 ᄆᆡᄂᆞᆫ 대로 ᄆᆡ오리라.(朝出)[20]

---

20) 작품의 인용은 『사강회문서첩』에 수록된 것을 했다. 원문은 줄글 형태로 되어 있으나, 편의상 초·중·종장의 3장 형태로 인용한다. 그리고 원문은 전혀 띄어쓰기가 되어 있지 않

도롱이예 홈의 걸고, ᄲᅮᆯ 곱은 검은쇼 몰고,
고동플 ᄯᅳᆺ머기며 깃 믈ᄀᆞᆽ ᄂᆞ려갈 제,
어ᄃᆡ셔, 픔진 벗님 ᄒᆞᆷᄭᅴ 가쟈 ᄒᆞᄂᆞᆫ고.(適田)

둘너내쟈 둘너내쟈, 길ᄎᆞᆫ 골 둘너내쟈,
바라기 역괴를 골골마다 둘너내쟈,
쉬 짓튼, 긴 ᄉᆞ래ᄂᆞᆫ 마조 잡아 둘너내쟈.(耘草)

ᄯᆞᆷ은 든ᄂᆞᆫ 대로 듯고, 볏슨 쬘 대로 쬔다,
청풍(淸風)의 옷깃 열고 긴 파람 흘리 불 제,
어ᄃᆡ셔, 길 가ᄂᆞᆫ 손님 아ᄂᆞᆫ ᄃᆞ시 머무는고.(午憩)

힝긔예 보리뫼오, 사발의 콩닙ᄎᆡ라,
내 밥 만홀셰요 네 반찬 젹글셰라,
먹은 뒤, ᄒᆞᆫ숨 ᄌᆞᆷ 경이야 네오 내오 달ᄋᆞᆯ소야.(点心)

돌아가쟈 돌아가쟈, ᄒᆡ지거다 돌아가쟈,
계변의 발을 싯고 홈의 ᄆᆡ고 돌아올 제,
어듸셔, 우배 초적(牛背草笛)이 ᄒᆞᆷᄭᅴ 가쟈 ᄇᆡ아는고.(夕歸)

앞에서도 설명했듯이 한여름 하루의 일과를 그리고 있는 '전6수'의 이 부분은 내용상으로 '집을 나서 밭으로 가는 과정'(朝出, 適田)-'밭에서의 노동과 휴식'(耘草, 午憩)-'점심을 먹은 이후 집으로 돌아가는 과정'(点心, 夕歸)

지만, 필자가 현대어 맞춤법에 따라 띄어쓰기를 했다. 원전(原典)에 가곡의 5장 형식과 마찬가지로 작품을 구분하는 5개의 표지가 있어, 원문의 형식 그대로 표시했다. 작품 속의 한자(漢字)는 한글을 내어쓰고, ( )안에 표기했다. 『위문세전가첩』본과 차이가 있는 부분은 논의의 필요에 따라, 해당 부분을 적절하게 인용하여 설명하기로 한다.

의 3부분으로 나누어 볼 수 있다. 그리고 내용적 분단이 이루어지고 있는 '적전(適田)'·'오게(午憩)'·'석귀(夕歸)'의 작품들은 모두 종장 첫구가 '어듸셔(어듸셔)'라는 동일한 감탄사로 시작한다. 이러한 특징은 '후3수'의 종장 첫구에서 어김없이 감탄사가 등장하는 것과 비교할 만하다.[21] 특히 이 감탄사에 이어지는 부분은 모두 화자가 자신의 행위를 확인 받으려는 동반자를 등장시키고 있다. 작품 속에서 갑자기 등장하는 이들은 화자와 함께 노동을 하거나('픔진 벗님'), 밭에서 일하는 화자의 노동에 대해 우호적인 시선으로 바라보며('길 가는 손님') 주변에 잠시 머무르기도 한다. 또한 일을 마치고 집으로 돌아가는 화자의 발걸음을 가볍게 해주는 음악을 연주('우배 초적')하기도 한다.

'전6수'의 작품들에서 화자의 노동을 따뜻한 시선으로 바라보는 이러한 존재들을 등장시킴으로써, 바로 앞의 작품에 이어지는 내용을 일단 마무리하는 역할을 하고 있다. 형식적인 면에서도 '전6수'의 작품은 이처럼 각 2수씩 크게 3개의 부분으로 구분될 수 있다. 이러한 구조가 이 작품의 실제 형식은 '전6수'와 '후3수'라는 형식상의 '불균형'을 유지하고 있으면서도, 내용상으로는 농촌의 하루 일과와 결실로 이어지는 각각의 부분이 '전3수'와 '후3수'처럼 인식되도록 하는 효과를 주고 있다. 그런 점에서 「농가」는 '전6수' '후3수'의 작품들이 6개의 내용상으로 구분될 수 있는 구조적 특징을 아우르고 있으며, 전체적으로 이 작품들이 균형을 갖춘 형식처럼 파악되도록 하는 역할을 하고 있다고 하겠다.

이제 구체적으로 작품의 내용을 들여다보기로 하자. 첫 번째 작품인 '조출(朝出)'은 일을 하기 위해 집을 나서는 과정을 그려내고 있다. 초장에서 비가 온 뒷날의 이른 아침에 '도들볏'[22]이 서고, 피어오르는 '굴움'[23]은 화자가 생

---

21) 첫 번째 작품인 '조출(早出)'도 종장 첫구가 '두어라'라는 감탄사로 시작한다. 때문에 감탄사의 존재에만 주목한다면, '전6수'의 내용은 크게 4개의 부분으로 나뉠 수도 있다고 여겨진다. 그러나 매 2수마다 동일한 감탄사가 반복되고, '조출'의 내용이 두 번째의 '적전'과 자연스럽게 이어진다는 측면에서 크게 3개의 부분으로 구분하는 것이 적절하다고 판단된다.

활하는 농촌의 배경처럼 제시되어 있다. 중장에서는 비가 온 뒤에 특히 더 빨리 자라는 풀을 시급히 매야만 하는 상황을 설정하고, 종장에서 그 일이 이미 예정된 일이라는 것을 밝히고 있다. 종장 첫 구의 '두어라'는 힘든 노동을 해야만 하는 상황에 대한 체념적 언사이면서, 또 한편으로는 그렇기에 누군가는 해야 할 일이라는 것을 스스로 다짐하는 화자의 각오를 드러내주는 역할을 하고 있다. 특히 종장에서 한여름의 김매기가 'ᄎᆞ례지운 일'[24]이기에, 여러 집을 돌아가면서 매일매일 반복되리라는 것을 암시하고 있다. 따라서 비록 '전6수'의 작품이 단 하루 동안만의 일과를 담고 있지만, 그것은 한여름의 지속적인 농사일을 대표한다고 할 수 있다.

다음 작품에서 화자는 농기구와 소를 갖추어, 일을 하기 위하여 밭으로 향한다. 하루 종일 고단한 노동을 견뎌낼 소를 위하여 '고동플'[25]을 뜯어 먹이기도 하고, 물가를 찾아서 물을 먹이기도 한다. 이때 '어듸셔 픔진[26] 벗님'이 나타나서, 화자에게 '홈ᄭᅴ 가쟈 ᄒᆞ'는 것이다. 힘든 노동을 누군가와 함께 할 수 있다는 공동체적 일체감을 강조함으로써, 이 부분에서 화자의 마음은 어느 정도 가벼워지면서 다소 밝은 분위기가 연출된다. 이렇게 하여 '조출(朝

---

22) '돋을볕'은 처음 해가 솟아오를 때의 햇볕을 지칭한다. 그러나 '서산(西山)'이 구체적인 지명이 아니라면, 아침의 볕이 서쪽에 선다는 것은 자연스럽지 못하다. 그래서 정승철은 '도들볏'을 해의 반대쪽인 서쪽에 비치는 무지개, 혹은 그와 관련된 어떤 볕을 의미한다고 풀이하고 있다(정승철, 앞의 논문, 313면).

23) '굴움'은 '구름'을 지칭한다. 구름이 나오는 '느제'는 앞 구절의 '서산'과 마찬가지로 어떤 장소를 가리킨다고 이해된다. 이종출은 '느제로'를 '북녘으로' 또는 '서녘으로'로 풀고 있다(이종출, 앞의 논문, 46면). 정승철은 이 구절을 '구름은 (비의) 징조로서 낸다'라고 풀이하고 있다(정승철, 앞의 논문, 313면). 어느 것이 옳은 것인지는 단정할 수 없지만, 작품의 문맥상 '느제'가 '서산'과 같은 어떤 장소나 방향을 지칭한 것이라 보는 것이 타당하다고 여겨진다.

24) 'ᄎᆞ례 지운 일'이란 농사를 짓는 사람들끼리, 자기 집의 일을 언제할 지 미리 약속하여 일의 순서를 정하는 것을 가리킨다. 따라서 농번기의 농촌에서 한 동네의 일이 마무리될 때까지, 비슷한 작업이 매일 반복될 것임을 짐작할 수 있다.

25) '고동풀'은 소의 먹이가 될 만한 풀의 일종이나, 구체적인 종류에 대해서는 미상(未詳)이다.

26) 이종출은 '픔'을 '품앗이'로 해석하여, '품(품앗이)을 진'으로 해석하였다. 이종출, 앞의 논문, 46면.

出)'과 '적전(適田)'의 두 작품은 구체적인 김매기가 시작되기 전, 화자가 집을 나서 밭으로 향하는 모습을 자연스럽게 연결시켜 그려내고 있다. '어듸셔'로 시작하는 두 번째 작품의 종장은 뒤이어 '픔진 벗님'을 등장시켜 앞으로 전개될 일이 공동 노동으로 이루어질 것임을 암시하고, 이 두 작품의 내용을 종합하여 정리하는 역할을 해주고 있다.

구체적인 노동의 장면이 제시된 세 번째 작품인 '운초(耘草)'는 뜻 그대로 김매기의 모습을 담고 있다. 이 작품은 '둘너내쟈'[27]라는 용어가 반복적으로 사용되면서, 마치 노동요(勞動謠)의 분위기를 연상시키며 사람들이 밭에서 일하는 과정을 매우 역동적으로 그려내고 있다.[28] 이미 잡초가 우거져 '길츤[29] 골'이 되어 버린 넓은 밭의 골골마다, 여럿이서 함께 '바라기' · '역괴' · '쉬'[30]와 같은 풀들을 '둘너내'는 모습이 구체적으로 형상화되어 있다. 실제로는 힘든 노동의 과정이, 이 작품에서는 반복적으로 표현되는 리듬감있는 시어의 영향으로 경쾌한 분위기마저 느껴지게 한다. 작품의 내용으로 보아 김매기는 공동 노동의 형태를 취하고 있으며, 종장에서 '쉬 짓튼 긴 스래는 마조 잡아 둘너내쟈'라고 하며 참여한 사람들이 서로를 독려하는 속에서 작업을 진행하고 있다.

노동에 열중하는 화자의 모습은 다음 작품인 '오게(午憩)'의 초장으로까지 연결된다. 계속되는 작업으로 인해 이미 화자에게 '쫌은 든는 대로 듯고', 거기에 한여름의 뙤약볕은 사정없이 '쬘 대로 쬔다'. 앞의 작품에서 역동적으로 노동을 하는 일꾼들의 전체적인 모습을 그리고 있다면, 이 작품의 초장에서

27) 조동일에 의하면 '둘너내다'는 '논을 한 골씩 매어나가는 것'을 가리킨다고 한다(조동일, 앞의 책, 226면). 또한 정승철은 현지 제보자의 진술을 토대로 '둘러내다'를 '김을 휘감아서 걷어내다'라고 풀이하고 있다(정승철, 앞의 논문, 317면).

28) 조동일은 이러한 표현들을 근거로 「농가」가 민요인 논매기 노래의 사설을 수용한 것이라고 논하고 있다. 조동일, 앞의 책, 226면.

29) '길차다'는 '나무나 풀 따위가 우거져 깊숙하다'라는 의미이다.

30) '바라기'와 '역괴'는 각각 풀의 일종인 바랭이와 여뀌를 지칭한다. '쉬'도 역시 풀의 일종인 듯하나, 구체적인 종류에 대해서는 미상(未詳)이다. 따라서 이것들은 모두 밭에서 자라는 잡초의 일종이라고 이해된다.

는 일에 열중하여 비오듯이 땀을 흘리는 화자의 모습에 초점을 맞추고 있다. 화자의 형상이 한여름의 뙤약볕에서 열심히 일하고 있는 농부의 모습으로 전형화되어 있는 것이다. 누구라도 힘든 노동의 와중에 잠시 동안의 휴식은 반드시 필요하다. 화자는 쉬는 동안 불어오는 '청풍(淸風)의 옷깃'을 열고 시원한 바람을 만끽한다. 또한 잠시 일을 멈추고 쉬는 동안의 기분에 때로는 '긴 파람'이 절로 나오기도 한다.

이때 '어딕셔 길 가는 손님'은 마치 농사일을 하고 있는 화자의 심정을 '아는 드시' 주위에 잠시 머문다. 종장의 '길 가는 손님'은 화자의 노동을 매우 우호적으로 바라보는 이웃 동네의 일상적인 인물일 것이다. 어쨌든 이 '손님'을 통하여 화자는 자신의 노동이 가치있고 보람이 있다는 것을 드러내고 있다고 하겠다. '어딕셔'로 시작하는 종장의 내용은 화자의 행위를 친화적으로 바라보는 '손님'을 관찰자적인 동반자로 등장시켜, 자신이 행한 노동의 중요성과 가치를 재삼 강조하는 역할을 한다. 이러한 작품의 흐름은 노동과 휴식의 긴밀성을 강조하는 효과가 있으며, 그런 까닭에 앞뒤의 두 작품이 내용적으로도 굳게 결합되어 이해되게 된다. 다시 말하면 '운초'와 '오게'의 두 작품은 한 차례의 노동과 이어지는 휴식의 과정을 그려냄으로써, 내용상으로도 긴밀히 결합되어 연결되고 있다. 한 차례의 휴식 이후에 김매기는 계속되었을 것이나, 그 내용은 결국 반복적인 노동일 수밖에 없기에 작자는 그 과정을 과감하게 생략하였다.

그리하여 다음 작품은 '점심(点心)'을 먹는 내용으로 이어진다. 초장에서 보듯이 화자 일행이 먹는 음식은 '힝긔[31]예 보리뫼오 사발의 콩닙칰'가 전부이다. 비록 보리밥에 콩잎으로 만든 보잘 것 없는 반찬이지만, 함께 일을 한 사람들에게 밥과 반찬을 서로 권하기도 한다. 자신보다 남을 먼저 배려하는 화자의 자세는 농촌 공동체의 조화로운 모습을 잘 보여주고 있다. 어찌 보면 이 작품의 창작 동인이라 할 수 있는 '사강회' 활동도 역시 구성원들 상호 간

31) '힝긔'는 '주발'의 전라도 사투리로, 놋쇠로 아래보다 위가 더 벌어지게 만든 밥그릇을 가리킨다.

에 동질감을 나눌 수 있는 공동체 의식이 없다면 성공할 수 없었을 것이다. 종장에서는 점심 이후 잠깐 동안의 '흔숨 좀'을 재촉하며, 다시 반복될 오후의 고단한 노동에 대비하는 모습을 보여주고 있다. 아마도 잠을 깬 이후 오후의 일정은 오전과 동일한 작업의 과정이 반복되었을 것이다. 때문에 그 구체적인 노동의 모습이 이미 앞 부분에 위치한 '운초(耘草)'의 작품에서 제시되었기에, 반복을 피하여 오후의 노동과 휴식 과정은 생략되어 있다.

때문에 '전6수'의 마지막 작품은 힘든 하루의 노동을 마치고 집으로 돌아가는 '석귀(夕歸)'의 내용으로 종결된다. 이 작품 역시 초장에서 '돌아가쟈'를 세 번이나 반복하여 매우 경쾌한 느낌을 자아내고 있다. 누구나 경험했겠지만 하루의 일과를 마치고, 안식처인 집으로 돌아가는 발걸음은 그만큼 가벼울 수밖에 없다. 중장에서는 그렇듯 하루 일을 마친 후의 가벼운 마음으로 맑은 물이 흐르는 '계변(溪邊)'에서 발을 씻고, 농기구인 호미를 메고 돌아가는 화자의 모습이 선명하게 잡힐 듯하다. 이 작품에서도 예외없이 화자의 행위를 보족하는 동반자적 존재가 등장한다. 그러나 다른 작품들과 달리 일을 마치고 집으로 돌아가는 화자의 귀가에 동반하는 것은 사람이 아니라, 바로 어디선가 들려오는 풀피리 소리이다.

음악에 대한 느낌은 상황에 따라 다르게 느껴질 수 있지만, 이 작품의 상황에서는 화자에게 풀피리 소리는 매우 경쾌하게 들렸을 것이다. 아마도 '우배초적(牛背草笛)'은 화자와 마찬가지로 저녁 무렵 집으로 들아가는 목동이 부는 풀피리 소리일 것이다. 따라서 어디선가 들리는 나지막한 풀피리 소리는, 역시 같은 심정이었을 화자의 발걸음을 경쾌하게 만들어 재촉하는 역할을 했던 것이다.[32] 또한 자신이 행한 하루 동안의 노동에 대해서 어느 정도 자족적인 느낌을 지니고 있었기에, 근처에서 들려오는 음악 소리를 흥겹게 인식했을 것이다. 이 작품의 종장 역시 '어듸셔'로 시작하여 함께 모여 점심을 먹고 그 이후의 작업 과정이 생략된 채, 다음 작품에서 집으로 돌아가는 과정과 자

32) '빈아다'는 '재촉하다'의 뜻이다.

연스럽게 연결되어 이해되고 있다. 매일 반복적으로 이루어지는 한여름 동안의 고단한 노동에 대한 결과로, 이제 화자는 다음 작품에서 이어지게 될 내용처럼 풍족한 결실을 기대할 수 있게 되는 것이다.

이상에서 설명한 것처럼 「농가」의 '전6수'는 농번기인 한여름 농촌의 하루 일과를 시간적 순서에 따라 추적하여 그려내고 있다. 그러면서 중간중간에 반복되는 과정은 과감하게 생략하고, 내용의 특성에 맞게 운율과 분위기를 적절하게 조화시켜 형상화하고 있다. 또한 그 내용은 비록 힘든 노동의 과정을 담고 있으나, 작품의 분위기는 전체적으로 매우 밝고 자족적인 면모가 두드러진다. 특히 한정된 호흡을 담을 수밖에 없는 시조의 특성 때문에, '전6수'의 작품들은 다시 각 2수씩 묶어 내용을 긴밀히 결합시켜 표현하고 있다. 내용의 종합이 이뤄지는 작품들의 종장 첫 구에는 어김없이 '어ᄃᆡ셔(어디셔)'라는 감탄사를 위치시키고, 계속해서 자신의 행위에 대한 가치와 의미를 확인받으려는 동반자가 수반되고 있다. 이렇게 크게 3개의 내용으로 구분되는 한여름 농번기의 일과는, 초가을 이후를 배경으로 하는 이어지는 3수의 작품들과 내용적으로 균형을 맞추면서 상호간에 긴밀히 조응되고 있다.

앞부분에 위치한 '전6수'의 작품이 한여름을 배경으로 하고 있다면, '후3수'의 작품은 초가을 농촌의 한가로운 정경과 공동체 성원들이 모여 결실의 즐거움을 나누는 내용으로 이어진다. 이처럼 「농가」는 구조상으로도 '조출(朝出)에서 석귀(夕歸)까지, 석귀(夕歸)에서 한 판의 향연이 베풀어지기까지, 농번기의 시작에서 끝까지 첨가나 삭제의 여지가 없이 잘 짜여져 있'다.[33] '후3수' 역시 매우 자족적인 면모가 두드러지게 나타나고 있는데, 이는 한여름 고단한 노동의 과정에 대한 보상이라는 점에서 어찌 보면 너무나 당연한 형상일 것이다. 그럼 이어지는 작품의 검토를 통해 내용과 구조적인 특성을 살펴보기로 한다.

---

33) 임주탁, 앞의 논문, 254면.

면화(棉花)ᄂᆞᆫ 세 ᄃᆞ래 네 ᄃᆞ래요, 일은 벼ᄂᆞᆫ 픠ᄂᆞᆫ 모개 곱ᄂᆞᆫ 모개,
오뉴월(五六月) 어제런 ᄃᆞᆺ 칠월(七月)이 ᄇᆞᄅᆞᆷ이다,
아마도, 하ᄂᆞ님 너희 삼길 제 날 위ᄒᆞ여 삼기샷다.(初秋)

아ᄒᆡᄂᆞᆫ 낫기질 가고, 집사ᄅᆞᆷ은 저리치 친다,
새밥 닉을 ᄣᅢ에 새술을 걸릴셰라,
아마도, 밥 들이고 잔 자불 ᄣᅢ예 호흥(豪興)계워 ᄒᆞ노라.(嘗新)

취(醉)ᄒᆞᄂᆞ 니 늘그니요, 웃ᄂᆞ 니 아희로다,
흐튼 순ᄇᆡ 흐린술을 고개 수겨 권ᄒᆞᆯ ᄣᅢ예,
뉘라셔, 흙장고 긴 노래로 ᄎᆞ례춤을 미루ᄂᆞᆫ고.(飮社)

이 작품들은 가을날 곡식이 익어가는 과정과, 그 결실을 향유하며 즐기는 자족적인 면모가 두드러지게 나타나고 있다. 또한 '전6수'와는 다르게, 이 작품들은 모두 종장 첫 구가 '아마도' 혹은 '뉘라셔'와 같은 감탄사로 시작하고 있다. 작품의 의미도 문맥적으로는 서로 연결되어 있지만, 각각의 내용은 독립적으로 읽혀질 수 있는 구조를 지니고 있다. 따라서 '전6수'가 '한여름의 농사일'이라는 주제와 내용으로 긴밀히 짜여진 하나의 '작품'과 같은 구조를 취하고 있다면, '후3수'는 내용과 주제적인 측면에서 연결되면서도 각각 독립된 3개의 작품이 이에 병렬적으로 연결되고 있다고 할 수 있다.

이제 작품의 면모를 차례대로 살펴보기로 하자. 첫 번째 작품인 '초추(初秋)'[34]는 초가을의 들판에서 익어가는 곡식을 넉넉한 시선으로 바라보는 화

34) 『사강회문서첩』본과 『위문세전가첩』본 사이에 가장 변이가 심한 것이 바로 이 작품이다. 『위문세전가첩』본의 작품은 다음과 같다. "면홰ᄂᆞᆫ 세 ᄃᆞ래 네 ᄃᆞ래요 일원 벼ᄂᆞᆫ 픠ᄂᆞᆫ 모가 곱ᄂᆞᆫ가 / 오뉴월이 언제 가고 칠월이 분이로다 / 아마도 하ᄂᆞ님 너희 삼길 제 날 위ᄒᆞ여 삼기샷다." 초장과 중장의 일부 구절의 변이는 어떤 텍스트를 취하느냐에 따라, 작품의 의미마저 조금씩 다르게 인식될 수 있다. 그러나 곡식이 익어가는 가을 들판의 모습을 자족적으로 바라보는 화자의 감흥을 노래한 작품의 본질은 크게 달라지지 않는다고 본다.

자의 형상을 잘 보여주고 있다. 작자는 이미 앞에서 6수에 걸쳐 한여름의 뙤약볕 아래에서 힘든 노동을 하는 과정을 자세하게 보여주었다. 따라서 이 작품에서는 그러한 고단한 노동의 과정을 거치고, 곡식이 자라 만족할만한 수확이 있기를 바라는 화자의 모습을 등장시켰다. 초장에서는 점차 익어가는 면화와 벼 이삭을 구체적으로 헤아리며 바라보는 화자의 여유로운 시선이 느껴진다. 중장에서는 한창 김매기에 열중했던 '오뉴월'이 마치 '어제런 둧' 여겨지고, 칠월의 시원한 바람을 느낄 수 있을 만큼의 시간이 흘렀음을 알 수 있으며, 그러한 상황을 바라보는 화자의 여유가 돋보인다. 종장의 '하ᄂᆞ님 너희 삼길 제 날 위ᄒᆞ여 삼기'게 했다는 구절에서, '진인사 대천명(盡人事待天命)'이란 표현처럼 최선을 다하고 그 결과를 기다리는 화자의 겸허한 자세가 구체화되어 나타나고 있다. 특히 이 부분에서는 힘써 기른 곡식이 반드시 자신에게 합당한 결실을 가져다 줄 것이라는 낙관적 인식의 면모가 두드러지게 표출되어 있다.

다음 작품은 추수를 한 햇곡식을 맛보는 내용의 '상신(嘗新)'을 주제로 하고 있다. 흔히 부엌에 놓인 부지깽이도 한몫을 거들어야 한다는 농번기의 바쁜 시절이 지나고, 이제 추수를 끝낸 이후의 화자에게 여유로움이 찾아왔다. 아이는 낚시질을 가고, 아내는 아마도 화자의 안주가 될 '저리치'[35]를 담그는데 열중한다. 이처럼 추수 이후의 농촌은 가족의 성원들 모두가 나름의 여유를 즐길 수 있게 된 것이다. 화자는 새로운 곡식을 수확한 후의 햇곡식으로 만든 '새밥'과 '새술'을 맛보기 위해서, 밥이 익고 술이 걸러지기를 기다리고 있다. 종장에서는 자신이 손수 일궈 거둔 곡식으로 만든 밥과 술을 대하면서, 고조된 흥취를 맛보게 되는 것이다. 종장의 '호흥(豪興)'이란 표현은 '바로 스스로 일군 결과물을 대하는 시적 화자의 고조된 흥취와 자부심의 표현'[36]인 것이다. 이렇듯 이 작품에서는 수확의 구체적인 결실을 확인하면서, 농사의

35) '저리치'는 '절이김치'를 가리킨다. 절이김치는 흔히 '겉절이'라고도 하는데, 배추나 열무 따위를 절여서 양념을 해서 바로 무쳐 먹는 김치를 말한다.

36) 권순회, 앞의 논문, 132면.

보람을 음미하는 화자의 자족적인 면모가 잘 드러나고 있다.

마지막 작품인 '음사(飮社)'는 아마도 향촌에서 연륜이 높은 이를 모시고 술을 마시며 잔치를 하는 향음주례(鄕飮酒禮)의 광경을 그리고 있는 것으로 파악된다. 위백규가 결성한 '사강회'의 '사약 강령(社約綱領)'의 항목에도 '장유유서(長幼有序)'가 포함되어 있는데,[37] 향음주례 역시 어진 이를 존중하고 노인을 봉양하는데 뜻을 두고 있다. 이제 수확의 기쁨이 화자 자신의 가족만의 그것에 그치지 않고, 함께 농사를 지었던 마을 공동체의 성원으로까지 확대되어 잔치를 즐기게 된다. 초장에서는 '장유유서'의 덕목이 잘 표현되어 있고, 중장에서는 그러한 취흥이 어느 정도 무르익어 다소간 분위기가 흐트러지게 된다. 그러나 그러한 분위기에서도 서로를 존중하며 잔을 권하는 마을 사람들의 모습이 그려지고, 이윽고 고조된 흥취에 때맞춰 음악이 등장한다. 누군가 '흙장고'[38] 소리에 맞춰 노래를 부르자, 한편에서는 춤을 추는 모습이 연출된다.

'전6수'와 마찬가지로 '후3수'도 역시 음악에 맞춰 고조된 분위기를 표출하는 것으로 마무리하고 있는데, 그것은 아마도 음악이 대체로 사람들의 고조된 흥취를 표현하는데 적합한 수단이기 때문일 것이다. 또한 화자의 자족적인 생활상을 표현('상신')하기도 하고, 공동체 성원들이 함께 모여 결실의 기쁨을 나누는 질박(質朴)한 모습이 그려지기도 한다. 특히 '탁주(濁酒)'는 '전가시조'에서 시적 자아의 흥취를 두드러지게 표현하는데 가장 빈번하게 쓰이는 시어라고 논의되는데,[39] 「농가」에서도 마지막 작품인 '음사'에서 '흐린술'이 등장하여 공동체 성원들이 함께 어울린 질탕한 모습으로 제시되고 있다. 이 작품에서 등장하는 '흐린술(탁주)'과 '흙장고'는 박실함을 드러내는 소재

37) 사강회의 강령은 모두 8개의 항목으로 이루어져 있는데, 그 구체적인 내용은 오륜(五倫)의 다섯 항목과 육행(六行)·육덕(六德)·육예(六藝) 등이다(위백규, 『존재전서』 하, 461면).

38) 『위문세전가첩』본에는 '흐러장고'로 표기되어 있다. 이는 전사자가 옮겨 적으면서 내리쓰기 된 3음절의 '흙장고'를 4음절로 파악하여 '흐러장고'로 잘못 독해한 때문으로 파악된다. 정승철, 앞의 논문, 305면.

39) 권순회, 앞의 논문, 18면.

로써, 전가 형상의 자족적 면모를 부각시키는 역할을 하고 있다. 따라서 이 작품은 전체적으로 힘든 농업 노동의 고단함을 그리기보다, 노동의 과정에 대한 여유로움과 추수 이후의 화자를 포함한 공동체 성원들의 자족적인 면모를 두드러지게 표출하고 있다고 할 수 있다.

이상으로 「농가」의 구조와 작품 세계를 '전6수'와 '후3수'로 나누어 살펴보았다. 대체로 기존의 연구들에서는 전9수로 이루어진 이 작품에 대한 전체적인 분위기를 탐색하고, 그 의미를 논하는 것이 주류를 이루고 있다. 때문에 각각의 작품에 드러난 세밀한 부분들을 살피는데 상대적으로 소홀할 수밖에 없었다. 하지만 본고에서는 이러한 점에 유의하여, 각각의 작품들을 보다 꼼꼼하게 분석하여 시어와 내용적인 측면들을 아우르려고 노력하였다. 그 결과 개별 작품들이 지닌 문학적 특징들이 「농가」라는 연시조의 특성 속에서 어떠한 역할을 하고 있는가를 살펴볼 수 있었다. 그리하여 기존의 연구에서 미처 지적되지 못했던 다양한 측면을 살펴볼 수 있었으며, 이러한 논의가 이 작품이 지닌 해석적 지평을 확대시킬 수 있었다고 여겨진다. 그런 점에서 본고의 논의가 작품 이해의 측면에서 기존 연구에 비해 보다 나아간 성과를 거둘 수 있었다고 판단된다.

「농가」의 작품 분위기는 전체적으로 농사일의 어려움을 표출하기보다, 화자가 직접 참여한 노동 과정이 다소 낭만적으로 표현되고 있다. 특히 추수 이후의 상황을 그린 작품들에서 자족적인 면이 두드러지게 보여지고, '당위론적인 세계와 이상적인 농부의 삶의 형상만이 형상화되'[40]어 있다. 이것은 '자족감이 넘치는 이상적인 공동체의 모습'[41]이라고 할 수 있는데, 「농가」의 작품 전체를 관류하는 두드러진 세계 인식의 면모라고 하겠다. 또한 작품 속에서 화자를 제외한 다른 인물들은 잠시잠시 스쳐 지나거나, 작품의 문맥 속에서 또 다른 배경처럼 설정되어 있는 것도 특징적이다. 전반적으로 공동체적 일체감을 강조하는 작품의 분위기와는 달리, 거의 모든 작품들에서 시종일관

---

40) 임주탁, 앞의 논문, 256면.
41) 권순회, 앞의 논문, 133면.

화자의 형상과 행위만이 도드라지게 그려지고 있는 것도 주목할 만하다. 그런데 이러한 특징은 아마도 비교적 짧은 호흡 속에서 내용을 채워야 하는 시조라는 갈래가 지닌 특성에 기인한 것일 수도 있겠다.

이 작품의 구조는 이미 지적했듯이 한여름의 하루 일과를 그린 '전6수'와 수확을 기다리며 그 결실을 맛보는 '후3수'의 구조로 되어 있다. 이처럼 내용적 측면에서 바라보았을 때, 다소 '느슨한' 결합으로 보이기도 하는 이러한 구조는 오히려 농사의 성격을 감안한 작자의 의도된 배려에서 비롯된 것으로 해석된다. 앞에서도 논했듯이 오히려 그러한 구조가 작자의 체험적 면모를 그려내고 있는 「농가」라는 작품의 성격에 잘 들어맞는다고 여겨진다. 실제 농촌 현장에서 힘들여 투여한 노동력은 그에 걸맞는 수확으로 이어질 때, 더욱 큰 의미와 가치를 얻게 된다. 그런 의미에서 농사일에 대한 체험적 진술을 담고 있는 '전6수'와, 그 결실을 기다리고 마침내 그 기쁨을 공동체의 성원들과 나누는 '후3수'는 긴밀하게 조응되고 있다고 하겠다.

때문에 외견상 다소 '느슨하게' 비춰지는 「농가」의 형식적 측면은 오히려 전·후반부에 놓여진 작품들이 서로의 내용들에 크게 기대어 있는 셈이다. 다시 말한다면 '전6수'에 보여지는 노동 현장의 체험적 목소리는 '후3수'의 결실과 수확에 대한 원인이면서 과정으로서 돋보이게 된다. 반대로 그러한 결실은 한여름 동안의 힘겨운 농사일의 체험으로 얻어진 것이기에 더욱 큰 의미를 획득하게 된다. 이러한 의미를 고려한다면 '전6수' 혹은 '후3수'만으로는 「농가」가 획득한 문학적 성취에는 미치지 못할 것이다. 결과적으로 이 작품의 '완성도'는 전·후반부의 작품들이 서로 긴밀히 호응하면서 이뤄낸 것이라고 할 수 있겠다.

또 하나의 측면은 이 작품의 체험이나 시선이 확대되어 가는 과정이 전 작품에 걸쳐 자연스럽게 이어지고 있다는 점을 지적할 수 있겠다. 간혹 주변 인물들이 등장하기도 하지만, '전6수'와 '후3수'의 첫 번째 작품인 '초추(初秋)'는 화자의 개인적 체험과 감정을 위주로 서술되어 있다. 그러던 것이 결실의 향유라는 측면에서 '상신'에서는 화자의 가족으로 확대되고, '음사'에서는 향촌이라는 공동체의 모습으로 더욱 확장되어 나타난다. 농사에서 노동은 실제로 공동 노동의 형태로 이루어지지만, 작품 속에 반영된 양상은 화자를 중심으로 한 개별적인 형태를 취할 수밖에 없었다. 비록 그렇다 할지라도 역시 전통 사회에서 농사의 결실은 작게는 가족 성원들, 더 나아가 향촌의 성원들이 모두 공유하고 향유한다는 특성을 지니고 있다. 앞에서도 지적했지만 작품에서 구체적인 노동의 표현은 아무래도 전체를 조망하기보다는, 어느 한 측면을 집중적으로 묘사할 때 농사일의 구체적인 성격이 보다 잘 드러날 수 있기 때문일 것이다. 결과적으로 '전6수'와 '후3수'로 나뉘어진 「농가」의 구조는 이러한 농업의 특성을 적절히 반영하도록 마련된 것으로서의 역할을 하고 있다고 해석된다.

이 작품이 위백규 자신이 조직한 '사강회' 활동과 밀접한 관련이 있는 만큼, 그러한 창작의 의도 속에서도 해석될 수 있다. 아마도 사강회 활동이 지속될 수 있기 위해서는 이를 뒷받침할 수 있는 경제적인 자립은 매우 중요했을 것이다. 때문에 이를 독려하기 위한 수단으로 이 작품을 창작했을 가능성이 높고, 일정한 의도를 지니고 창작한 이 작품을 통해서 농사에서 노동이 중요하다는 사실을 강조하고 있는 것이다. 그렇기에 작품의 창작 과정에서도 농업에 열중하고 있는 화자의 형상을 부각시켰고, 그렇듯 지난한 과정을 통해서 결실의 기쁨을 맛볼 수 있다는 의미가 작품 속에 내포되어 있는 것이다. 또한 「농가」는 마지막 작품에서 보듯이, 음악이 어우러진 속에서 전체 구성원들이 취흥을 만끽하면서 마무리가 되고 있다. 때문에 개별 작품들에서 보이는 농사의 구체적인 면모가 잘 나타나 있으면서도, 전체적으로는 낙관적 분위기와 조화로운 세계상이 표출되고 있다.

3. 작품의 문학적 성격과 시조사적 의미

이 작품의 사회적 성격에 대해서는 이미 선행 연구들에서 상당한 정도로 밝혀 놓았다. 따라서 본고에서는 기존 연구들의 성과들을 일정 부분 수용하면서, 「농가」의 작품적 성격과 시조사적 위상을 점검해보기로 하겠다. 이미 초기의 연구에서부터 이 작품의 '내용이 진술 곡진하여 농부들의 생활 감정이 자주 절실하게 드러나 있으며, 더구나 순수한 우리말의 허식 없는 표현과 호남 지방 사투리의 거침없는 구사가 또한 향토미를 한결 더하고 있다'[42]고 그 특징을 설명하고 있다. 이처럼 무엇보다 <농가>는 작품 전체에 걸쳐 이해하기 쉬운 언어로 씌여져 있다는 점이 특징적이다. 이와 더불어 몇몇 작품에서 사용된 반복적 표현의 효과는 4음보의 율격에 맞추어 경쾌한 느낌을 자아내면서, 민요적 표현이 시조에 수용된 구체적인 사례로 지적되기도 하였다.[43] 또한 이 작품에서 '표준어 아닌 특정 지방의 사투리를 작품 속에 그대로 수용한' 것은 '위백규의 언어에 대한 인식, 나아가 현실 사회에 대한 인식의 새로움'[44]이라고까지 평가되고 있다.

또 한편으로는 연시조라는 갈래의 흐름에서 '「농가」는 연시조의 구성적 특성은 유지하되 연시조 장르의 본질적인 주제적 내용을 담을 수 없었'[45]다고 평가되기도 한다. 특히 현실 인식의 측면에서 위백규가 지니고 있는 현실에 대한 '비판적인 목소리마저 표현할 수 없었'[46]다고 논해지기도 한다. 분명 조선 전기 이래 뚜렷한 흐름을 형성하고 있는 연시조라는 갈래의 관점에서 작품의 성과를 살피는 것도 의미 있는 작업일 것이다. 또한 이 작품의 형상화 방식이나 구조적 측면에서 '전통적 연시조의 세계에서 크게 벗어나 있'[47]는 것도 사실이다. 그러나 다른 측면에서 접근한다면 「농가」는 1수의 시조로는 소화할 수 없는 내용과 호흡을 연시조라는 형태를 빌어 표현하고 있다는 점에서, 어쩌면 연시조라는 갈래의 새로운 모색이라고 적극적으로 평

42) 이종출, 앞의 논문, 43면.
43) 조동일, 앞의 책, 226면.
44) 임주탁, 앞의 논문, 252면.
45) 임주탁, 앞의 논문, 266~267면.
46) 임주탁, 앞의 논문, 267면.
47) 김석회, 「<농가>의 본문비평」, 223면.

가하는 것이 옳겠다. 구체적인 현실을 담아낼 수 있는 양식으로 사용되었다는 점에서도, 이 작품은 오히려 연시조라는 갈래의 새로운 '실험적 모색'이라고 할만하다.

한 작가의 세계관을 살펴보기 위해서는, 그가 지은 다양한 갈래의 작품들을 살펴보고 그에 합당한 평가를 내려야 할 것이다. 일찍부터 농촌의 어려운 현실을 직접 체험했고, 경제적인 사정 때문에 학문과 농사를 병행해야 했던 위백규가 자신이 처했던 현실에 대해 분명 낙관적으로만 인식하지는 않았을 것이다. 실제 그는 여타의 글들에서 자신이 체험한 당대 농촌의 현실에 대해 매우 비판적인 시선으로 그려내고 있다.[48] 그러나 「농가」에서는 대상을 바라보는 관점이나 세계 인식의 면모가 다분히 낙관적으로 그려져 있다. 김석회의 연구에서도 적절히 지적되었듯이, 위백규의 한시(漢詩)들에서는 민생의 문제를 다룬 작품들이 적지 않게 발견된다.[49] 가뭄철에 식량 대용으로 사용했던 구황 식물(救荒植物)들을 시적 대상으로 삼기도 하고, 자연 재해와 관(官)으로부터의 수탈 속에서 겨우 연명해 가는 삶의 굴레를 그리고 있는 작품들도 남아 있다.

이처럼 그가 지은 한시들에서는 당대 현실을 비판적으로 바라보고 있음을 확인할 수 있다. 그러나 한시 작품들과는 달리 「농가」에서는 엄연히 존재하고 있는 당대 농촌 사회의 '대립이나 갈등조차 형상화되지 않고 있으며, 다만 이상적인 농부의 생활상만이 형상화되어 있을 뿐'[50]이다. 그가 창작한 다른 한시들에서 충분히 현실비판적인 면모가 발견된다면, 「농가」에 표출된 작품 세계는 분명히 작가로서의 위백규가 지닌 인식의 한계라고만 치부할 수는 없을 것이다. 그것은 오히려 시조라는 갈래가 지닌 표현 방식의 측면에서 그 원인이 찾아져야 한다고 본다.

---

48) 이에 대해서는 김석회, 「존재 위백규의 생활시에 관한 연구」의 "제2장 생애와 사상"에서 자세히 다루고 있다.
49) 김석회, 「존재 위백규의 생활시에 관한 연구」의 "제4장 한시의 작품 세계"를 참조할 것.
50) 임주탁, 앞의 논문, 256면.

그리고 작품 세계가 자족적이고 이상적으로 표현되고 있는 또 하나의 원인은 「농가」가 창작된 맥락에서도 찾을 수 있을 것이다. 이 작품이 위백규가 조직한 '사강회' 활동과 밀접한 관련이 있음은 이미 앞에서 지적했다. 「농가」의 텍스트가 사강회 활동의 구체적인 기록들인 『사강회문서첩』에 수록되어 있으며, 특히 농사의 규약을 규정한 '농규(農規)' 다음에 위치하고 있다는 사실은 이미 이 작품이 뚜렷한 의도를 지니고 있다는 것을 말해주고 있다.[51] 모임을 조직하여 농사와 학문의 병행을 독려하는 입장에서는, 책을 읽는 행위만큼이나 자신의 생계를 뒷받침할 수 있는 농사도 그에 못지 않게 중요했을 것이다. 때문에 사강회에서 주도적인 역할을 하고 있던 위백규로서는 구성원들에게 농사를 독려할 구체적인 수단이 필요했다. 그러한 현실적 요구에 의해 그는 「농가」를 창작하게 되었던 것이다. 말하자면 「농가」라는 작품은 사강회의 성원들에게 '농규'를 뒷받침할 구체적인 실천 지침으로서의 역할을 했던 것이다.

애초에 이 작품이 그처럼 분명한 목적을 지니고 있었기에, 작품 속에 그려진 면모는 조화로울 수밖에 없었던 것이다. 비록 당시 사람들이 접해야 하는 현실 세계는 농민들에게 고단한 상황으로 다가왔지만, 농사를 권장하고 독려

51) 농규의 내용은 다음과 같다. "나이의 늙고 어린 것을 무론하고 힘이 김을 맬만한 자면 스스로 김을 맬 것이요 감당치 못할 자도 또한 종들을 신칙하거나 퇴비를 만드는 일을 도울 것이다. 여름날엔 매일 이른밥을 먹고 각자 도롱이와 호미 낫을 갖추고 아울러 강독하고 있는 바의 책자와 붓주머니를 가지고 그날 일하는 밭으로 모인다. 사시(巳時)에 김매기를 그치고 시원한 나뭇그늘 밑에서 쉬되, 혹은 책을 읽고 혹은 글을 짓고 혹은 신을 삼을지요 게을리 잠을 자서는 안된다. 미시(未時)에 다시 김을 매러 나간다. 비오는 날을 만나면 강당에 모인다. 겨울철엔 맷방석이나 자리를 매는 일과 겸하여 한다. 무릇 자제들 가운데 과거 공부를 오로지 하고 있는 자는 이 규례 안에 들지 않지만 과거 공부와 농삿일을 겸하여 하려는 자는 그 하고자 하는 대로 들어줄 일이다. 치산(治産)을 잘하여 본을 이룬 자는 약중(約中)에서 포장하고 농삿일에 게으른 자는 검은 동그라미를 쳐서 벌점을 준다." ("無論年之老少, 力可耘田者, 自耘, 不堪者, 亦申飭僮僕, 助備糞壅. 每夏日早食, 各具簑笠鋤鎌, 及所講冊子筆帒, 會于日直田. 巳時輟耘, 憩于凉樹下, 或讀或做或織屨, 毋得懶睡. 未時赴耘, 遇雨日會講堂, 每冬月兼織席. 凡子弟專治科業者, 不在此例, 欲兼治者聽. 能治産有成效者, 約中有褒, 惰者與墨圈同罰."), 농규(農規), 『존재전서』 하, 465~466면. 번역은 김석회(앞의 논문, 176~177면)의 것을 취했음.

하는 입장에서는 노동의 의미나 가치 등에 대해 이상적으로 형상화하는 것은 지극히 당연하다. 이미 문중의 구성원들 중에서도, 학문보다 농업에 종사하는 사람들이 점차 늘어나고 있었기 때문에, 그 내용도 구성원들이 이해하기 쉽게 만들어야만 했을 것이다. 그렇기에 이 작품에 사용된 시어들이 '한자 성어나 사전적 지식을 필요로 하는 전고(典故)는 거의 사용되고 있지 않'[52]았던 것이다. 즉 애초 작품 창작의 맥락이 교화적 의미를 분명히 지니고 있었기에, 작품 속에서 농사의 중요성과 즐거움에 대해서 당위적으로 역설했던 것이다.

분명한 창작의 의도성을 지니고 있었지만, 그럼에도 불구하고 작품 속에 형상화된 면모는 작자 자신의 체험적 실상이 반영되어 있다. 맹목적인 교화의 목소리를 강요하는 것이 아니라, 「농가」는 '교화의 자세를 누그러뜨리고 생활 세계 속에 자신을 밀착시켜 나가는 과정에서 산출되어 나온'[53] 작품이었다. 때문에 농민의 입장에 보다 가까이 다가가, 그들의 처지를 중심으로 작품을 형상화할 수 있었던 것이다. 때문에 작품 속에 사투리의 사용과 쉬운 언어가 선택되었던 것이다. 그러나 실제 '농규'의 내용처럼 농사를 지으면서도, 틈틈이 쉬는 시간에 밭 주변에서 모여 책을 읽는다는 것은 쉽지 않았을 것이다. 어찌 보면 '농규'가 농사와 독서를 병행해야 한다는 것에 대한 지침이라 한다면, 「농가」는 농사짓는 사람들의 자세에 대한 의미를 형상화하고 있다고 하겠다. 「농가」의 한 작품인 '오게(午憩)'의 내용에서도 확인할 수 있듯이, 이 작품은 '사강회의 노선이 강(講) 중심에서 농(農) 중심으로 이동해 가는 양상도 반영되어 있다'[54]고 파악된다.

이처럼 「농가」는 앞 시기의 사대부 작가들과는 달리 '궁경 가색(躬耕稼穡)하며 스스로 생활을 해결할 수밖에 없는 그들의 구체적인 현실 체험을 노래하고 있'[55]는 것이다. 그리고 당대 농촌 현실에 대한 비판적인 인식을 담고

52) 임주탁, 앞의 논문, 249면.
53) 김석회, 앞의 논문, 94면.
54) 김석회, 앞의 논문, 94면.
55) 권순회, 앞의 논문, 140면.

있는 그의 글들은 농민의 보편적 상황에 대한 '위민적(爲民的)' 목소리이지만, 「농가」는 자신이 중심이 되어 조직한 사강회의 결속을 목표로 한 '위아적(爲我的)' 목소리라는 차이를 인정해야만 한다. 따라서 자신이 직접 농사를 지을 때는 그만큼 애정의 시선으로 대상을 끌어안아야 하며, 그렇기 때문에 작품 속에 반영된 면모는 자족적이고 낙관적인 면모가 두드러질 수밖에 없었던 것이다. 또한 조선 후기 출사(出仕)의 길이 막힌 지방에 거주하는 사대부 계층으로서는 필연적으로 맞닥뜨릴 수밖에 없었던 문제가 바로 농업에 종사하는 것이었다. 즉 농사일은 그들이 선택 가능했던 많지 않은 현실적 대안 중의 하나였던 것이다. 그런 의미에서 비록 특정 집단의 성원들의 교화 수단으로 창작되었다는 한계는 있지만, 농사에 대한 당대 농민들의 구체적인 체험을 배경으로 하고 있다는 점에서 이 작품이 지닌 의미는 충분히 찾을 수 있다고 본다. 바로 이런 측면에서 「농가」라는 작품이 지닌 문학사적인 의미를 규정할 수 있을 것이다.

4. 맺음말

위백규의 「농가」는 그동안 연구들에서는 대체로 작품론의 측면보다는, 작품의 창작 동인이나 사회적 배경에 대해서 관심이 집중되었다. 연시조의 형식을 취하고 있으면서도, 연시조의 전통과는 다소 거리가 있는 것이 사실이다. 언어의 측면에서는 특정 지방의 방언을 사용하고 있으며, 이해하기에 어렵지 않은 표현들이 사용된다는 것도 특징적인 현상으로 이해되고 있다. 또한 작품의 구조적인 측면에서도 상호 긴밀성이 다소 떨어지는 느슨한 구조를 취하고 있다고 파악되기도 하였다.

전체 9수의 연시조로 이루어진 「농가」는 구조적으로 '전6수'와 '후3수'로 나뉘어 진다. 내용적으로는 서로 연결되고 있지만 작품 사이의 긴밀성은 다소 느슨한 것처럼 보이는 것이 사실이다. 그러나 작품의 구체적인 분석을 통해서 살펴 본 결과, 농촌의 현장에서 이루어지고 있는 농사일의 성격을 고려한 작자의 의도적인 배려가 개재되어 있다고 파악하였다. 이는 농사에서 그만큼 노동의 중요성이 중요하다고 여겨졌기 때문이다. 여기에 수확을 기다리며, 결실의 기쁨을 즐기는 화자와 구성원들의 자족적인 면모가 '후3수'에 곁들여져 있는 것이다. 이들 각각의 작품들은 서로 긴밀하게 조응되어 이해되고 있다.

또한 한여름의 하루 일과를 그리고 있는 '전6수'의 작품도 밭에서의 직접적인 노동과 휴식을 그린 내용을 중심으로, 그 이전과 이후로 구분되어 크게 3개의 내용으로 나뉘고 있다. 특히 내용적 분단이 이뤄지고 있는 작품들에서는 종장 첫 구가 '어듸셔'라는 감탄사로 시작하고, 이어지는 부분에서는 화자에게 동반자적 역할을 하는 존재들이 등장하고 있다. '후3수'의 작품들이 모두 종장 첫 구가 감탄사로 시작하고 있다는 측면과 비교해 본다면, 이러한 내용적 형식적 측면이 지니는 의미는 적지 않을 것이다.

특히 전체적인 작품의 분위기는 자족적이고 낙관적인 면모가 두드러지게 나타나고 있다. 이러한 작품적 면모는 위백규가 조직한 사강회 활동과 연계시켜 파악될 수 있다. 즉 학문과 농사를 병행하는 위씨 문중의 조직인 사강회의 성원들을 대상으로 하고 있다는 점을 지적할 수 있다. 모임의 주도자로서 농사를 독려하는 입장에서, 「농가」의 내용에는 자연히 낙관적 측면이 강하게 반영될 수밖에 없었을 것이다. 그러나 이러한 성격에도 불구하고, 자신의 체험을 기반으로 농민의 입장에서 작품을 형상화 할 수 있었던 것이다. 바로 이런 측면에서 이 작품이 지닌 문학적 의미를 지적할 수 있을 것이다.

마지막으로 이 작품의 음악적 성격에 대해서 간략하게 논하기로 한다. 민요적 취향을 다분히 지니고 있는 이 작품이 실제 농업의 현장에서 불렸는가는 작품의 성격과 관련하여 매우 중요한 문제이다. 그러나 그것을 실증하기란 쉽지 않기에, 제기될 수 있는 가능성들에 대해 간단하게 지적하기로 한다. 현전하고 있는 2종의 이본 중 『사강회문서첩』에는 전 작품이 가곡의 5장과 일치되는 형식으로 표기되어 있다.[56] 그렇다면 적어도 필사자는 이 작품이 분명히 가곡으로 연창되었음을 인식하고 있었다는 반증이 된다. 실제 가곡창으로 불렸다면, 가곡의 음악적 형식으로 보아 그것이 노동요로 불리기에 적당했었는지는 의문이다.

그러나 또 다른 이본인 『위문세전가첩』에는 그곳에 수록된 다른 가사들과 같이, 초·중·종장의 어귀들이 모두 2행으로 나뉘어 수록되어 있다. 때문에 적어도 2종이 이본이 존재하는 환경에 다소의 차이가 있음은 분명하다. 무엇보다 작품의 내용으로 보아, 어떤 형식으로든 농사의 현장에서 「농가」가 불렸을 가능성을 전혀 배제할 수 없다는 점이다. 그러나 이러한 문제는 현재로

56) 위백규가 어린 시절에 가곡을 향유했다는 다음의 기록은 주목할 만하다. 이러한 문제에 대해서는 앞으로 별도의 연구를 통해서 보다 천착할 필요성이 있다고 여겨진다. "내가 10여세 무렵에 70여세 가량 된 박세절이란 노인이 있었는데, 그 위인됨이 근후하고 독실했다. 소시에 경보(京譜)를 익혀서 능히 중대엽의 평조·우조를 노래했는데, 그 소리가 완만하고 느려서 거듭 듣는 자가 마음이 편하고 기상이 펴졌다. 매번 와서 들리면 가군께서 명하여 내가 듣게 하고 말씀하기를 '이것이 고조(古調)인데 지금 사람들이 기뻐하지 않아, 이 노인이 죽은 후에 이 보(譜)가 없어질 것이 애석하구나.' 하였다. 내가 어려서 비록 절주는 알 수 없었으나, 그러나 들어서 권태롭지는 않았다. 박노인이 술을 즐겨서 혹 술을 주어서 다시 하기를 청하였다. 세절이 죽은 지 지금이 50년이어서 그 사이에 가창(歌唱)으로 이름있는 자가 심히 여럿이 되었으나, 내가 구하니 과연 능히 방불할 자가 없었고, 지금은 화상은 끊어졌다. 만약 금고보(琴古譜)를 베끼면 가히 얻을 수 있을 것이다. 지금 고보(古譜)를 연주할 사람이 없음을 보니 안타깝구나, 다시 볼 수 없음에랴. 세절이 또 고조(古調) 영산회상(靈山會上)을 잘하여 근조(近調)에 비하면 심히 느리고 완만하고 편안하고 펴져서, 매번 오장(五章)으로 일성(一成)을 이루니, 춤추는 자가 일역(一易)으로 이으면 삼성(三成)에서 춤이 멈춘다. 그 중대엽에 완만하게 북을 치면 춤이 더욱 아름답다고 하나 내 아직 보지 못했다. 다만 영산회상은 지금도 또한 모방하여 하는 자가 있는데, 고조에 비하면 10에 3은 촉급하나, 그러나 가히 그것으로부터 옛것을 복구하기는 쉬울 듯하다. 내가 매번 종이에 그려 악보를 만들어 예기의 노고(魯鼓), 설고(薛鼓)와 같이 하게 해도 겨를이 없었다.", 위백규, 「격물설」 상 '사물', 『잡저』, 『존재집』 권13. (余年十餘歲時, 有老人朴世節, 年七十餘, 爲人謹厚篤實. 少時學習京譜, `能唱中大葉平羽調, 其聲寬緩遲重, 聽者心夷氣暢. 每來過, 家君必命不肖聽之曰 '此是古調, 今人不喜, 此老死後, 此譜亡矣, 可惜.' 余幼雖不識節簇, 然聽之不之倦. 朴嗜酒, 或與之酒而請復之. 世節死今五十年, 其間以歌唱名者甚衆, 余求之果無能彷彿者, 今影像絶矣. 若以琴古譜而寫之可得矣, 而見今無彈古譜者, 噫, 不可復見矣. 世節又善古調靈山會上, 比近調甚遲緩安舒, 每五章爲一成, 而舞者一易綴,(音拙 舞位) 三成而舞止. 其中大葉緩鼓, 舞儀尤美云, 而余未及見也, 但靈山會上, 今亦有依倣爲之者, 比古調促急十之三, 然可因而復古似易矣. 余欲每畵紙爲譜, 如禮記魯鼓薛鼓, 而未暇也, 「格物說」 上 '事物', 『雜著』, 『存齋集』 卷13.)

서는 실증하기가 결코 쉽지 않다. 따라서 이 문제에 대해서는 조선 후기 시조 문학의 음악적 환경을 다루는 자리에서 매우 주목할 만한 하나의 사례로 다루어질 필요가 있다고 본다. 다만 현 단계에서는 작품의 내용이나 형식으로 보아, 「농가」가 농업의 현장에서 노동요로 불렸을 것인가에 대해서는 그 가능성을 열어두는 것으로 만족할 수밖에 없다.

(『어문논집』 제48집, 민족어문학회, 2003)

제3부
시조문학의 주제론

시조에 나타난 음악의 양상과 그 의미의 변주

1. 머리말

주지하다시피 시조(時調)는 음악으로 향유되었던 갈래이다. 때문에 현전하는 다양한 작품들과 수록된 가집들, 그리고 향유층의 성격과 관련된 제반 문제들은 조선시대 예술사를 해명하는데 매우 유용한 자료로써 역할을 한다. 최근 연구자들에 의해서 다양한 관점에서 시조문학과 음악사와의 연관을 밝히려는 시도가 진행되면서, 그동안 지적되지 않았던 예술사적 문제들이 논의의 지평에 부상하고 있다. 특히 연구자들에게 있어 시조문학의 향유층이 여항인으로 확산되었고, 예술사적인 변화가 빠르게 전개되었던 조선 후기는 가장 중요한 관심 영역인 셈이다.

본고는 당시 음악으로 향유되었던 시조 작품들을 대상으로, 시조라는 갈래에서 음악이 어떻게 인식되고 있는가를 살펴보고자 한다. 즉 음악을 소재 혹은 주제로 다루고 있는 작품들[1]의 내용을 통해, 시조 속에 반영된 음악의 모

---

1) 대상 작품의 선정은 『역대시조전서』(심재완 편, 세종문화사, 1972)와 그밖의 자료집에 수록된 작품들을 필자가 직접 검토하면서 추출하였다. 그 결과 직·간접적으로 음악과 연관된다고 여겨지는 314수의 작품을 선정하였고, 이들 작품을 검토·분석하면서 논의의

습이 어떻게 나타나고 있는가를 구체적으로 검토해보았다.[2] 시조 작품들에는 음악 자체에 대한 관심에서부터 구체적인 연주 형태와 악기의 편성 등이 나타나기도 하고, 특정 음악 양식의 연행 양태도 자세히 묘사되고 있다. 또한 단순한 소재로서만이 아니라, 다양한 양식의 음악에 대해서 전면적으로 형상화하고 있는 작품들도 적지 않다. 가급적 시조사의 전반적인 문제를 다루고자 하지만, 역시 자료의 성격상 논의는 대체로 조선 후기의 문제에 집중될 수밖에 없다는 점을 미리 지적하고자 한다.

대상 작품들을 일별했을 때 두드러지게 나타나는 특징은 시조라는 갈래에서 음악에 대해서 매우 다양한 관심들이 펼쳐져 있다는 점이다. 음악이 교화의 수단으로 인식되었던 당시의 상황에서, 음악 양식인 시조에서 음악과 연관된 주제들이 다루어지는 것은 너무도 자연스럽다 할 것이다. 법도를 벗어난 음악에 대해서 부정적인 평가를 내리기도 하지만, 중세적 관념 속에서 음악은 대체로 긍정적으로 인식되는 것이 보통이다. 또한 음악이 단지 소재로써 사용된다 할지라도, 작품 속에서 차지하는 의미는 결코 적지 않다. 예를 들면 시조 속에 등장하는 '목적(牧笛)'[3]이라는 시어는 단순한 소재로서의 '피리 소리'에 그치지 않고, 시적 화자의 심적인 상태를 적절히 설명해주는 역할을 하기도 한다.[4] 그만큼 음악이 지니는 의미가 적지 않다는 반증이라고 할

자료로 삼았다.

2) 이러한 주제는 문학과 음악을 포함한 학제간 연구가 절실히 요청되는 부분이다. 본고는 이를 위한 기초 작업으로 작품 자체의 검토를 통하여, 그 예술적 의미를 고찰해 본 것이다. 시조 작품에 나타난 음악적 성격에 대해서는 이미 2편의 선행 논문이 발표되었다. 하지만 이들 연구는 대체로 작품 속에 나타난 시어 혹은 소재에 대한 의미를 파악하는데 주된 관심이 놓여져 있어, 다소 미흡한 측면이 있다고 여겨진다. 김길운, 「고시조의 악기고(Ⅰ)」, 『이혜구박사 구순기념 음악학논총』(이혜구학술상 운영위원회, 1998); 김영운, 「시조에 나타난 관념성과 사실성-음악관련 내용을 중심으로」, 『민송김용진교수 송수기념 헌정논문집』(간행위원회, 1999).

3) 작품에 따라 '어적(漁笛)', '장적(長笛)', '초적(草笛)', '어가(漁歌)', '호가(胡笳)' 등의 시어가 쓰이기도 한다.

4) 대표적인 것이 '회고가(懷古歌)'의 성격을 지니고 있으며, 작가가 원천석으로 알려진 다음의 작품을 들 수 있다. "흥망(興亡)이 유수(有數)ᄒᆞ니 만월대(滿月臺)도 추초(秋草)ㅣ로다 / 오백년(五百年) 왕업(王業)이 **목적(牧笛)**에 부쳐시니 / 석양(夕陽)에 지나는 객(客)이 눈

수 있을 것이다. 하지만 본고에서는 가급적 음악이 작품 속에서 주요한 역할을 하고 있는 경우들을 집중적으로 살펴보겠다.

앞서 지적했듯이 시조에는 음악에 대한 기본적인 인식을 다룬 것들로부터, 음악의 효용과 향유 태도에 관련된 작품들이 적지 않다. 또한 음악에 대한 화자의 주관적 인식을 다루기도 하고, 중세적 가치에 의해 재단된 일정한 '틀'을 고수하려는 관념적인 양상도 보인다. 어떤 경우라도 시적 화자의 관심은 과거의 관념에 더 큰 가치를 부여하며, '옛날의 음악'을 본받아야 할 규범으로 인식하는 경향이 두드러진다. 시조의 담당층은 '변화하는 현실' 속에 살고 있으면서, 가치의 지향은 늘 '불변하는 과거'에 두고 있는 셈이다. 물론 드물기는 하지만 '오늘의 음악'에 대한 가치를 긍정하면서, 변화하는 현실을 인정해야 한다는 인식도 종종 보인다.

여기에서 다루고 있는 시조 작품들에서는 역시 '시조 음악'에 대한 관심이 가장 큰 비중을 차지하고 있다. 때문에 시조문학의 음악적 형식이었던 가곡(歌曲)과 '시조(時調)' 음악에 대해서도 비교적 상세하게 살펴볼 것이다.5) 시조문학의 음악적 형식과 관련해서는, 대개의 경우 '시조창'보다는 가곡창의 내용과 연관된 작품들이 주류를 이루고 있는 것도 특징적이다. 이들 작품의 검토를 통해서 당대에 통용되었던 음악적 양상과 그 의미를 따져볼 수 있을 것이다. 이밖에도 음악의 다양한 연주의 양태와 그에 사용된 악기들의 구성을 살펴보는 것도 흥미로운 작업이 될 것이다.

이를 위해서 우선 대상 작품들을 그 성격에 따라 분류하고, 각각의 내용들

물계워 ᄒᆞ노라.", <청진 *363, #3325>. 이 작품에서 '목적'은 폐허가 된 옛 왕조의 터를 바라보는 화자의 비감한 심정을 대변하는 소재로 역할하고 있다. 이하 작품의 인용은 현대 어법에 맞게 띄어쓰기를 하며, 원문의 한자는 한글을 내어쓰고 괄호 안에 표기한다. 또한 말미에 수록된 가집의 약칭과 가번(*) 및 작자, 다음으로 『역대시조전서』의 가번(#)을 차례로 기입한다.

5) 시조(時調)라는 용어가 음악적인 명칭에서 왔다는 것은 주지의 사실이다. 그러나 그것이 이미 문학 갈래를 지칭하는 용어로 사용되고 있는 현실을 고려하여, 음악 형식인 가곡(歌曲)이나 '시조(時調)'와 구별하여 지칭하기로 한다. 본고에서는 음악 형식으로서의 가곡(歌曲)은 가곡으로, 음악으로서의 시조는 '시조' 혹은 '시조창'으로 사용하겠다.

이 어떻게 파악될 수 있는지를 검토해 보았다. 이러한 작업을 통해서 드러난 특징적인 양상들을 짚어보고, 그 의미를 살펴 음악으로서의 시조의 성격을 밝히는데 유용한 자료로 삼고자 한다. 나아가 각 작품이 산출된 작가별 혹은 시대별로 그 성격이 같고 다른 점이 있다면, 그 의미를 따져보는 것도 필요한 것이다. 본고는 일차적으로 시조 작품만을 대상으로 논의를 진행하면서, 그 논의의 결과가 음악사의 제반 문제를 설명하는 하나의 단서가 될 수 있기를 기대한다.

2. 시조 속의 음악과 그 양상

1) 음악에 대한 인식

시조는 음악과 문학이 결합된 형식의 시가(詩歌) 예술이다. 즉 시조는 단지 시(詩)일 뿐인 한시(漢詩)와는 전혀 다른 '노래'인 것이다. 때문에 조선 전기 대표적인 시조 작가인 이황(李滉 : 1501~1570)은 '도산십이곡발(陶山十二曲跋)'에서 한시는 '읊조릴 수는 있지만 노래할 수는 없다(歌詠而不可歌也)'고 하여, 우리말 노래인 시조가 한시로써는 소화할 수 없는 욕구를 해소하는 수단이라는 것을 분명하게 밝혀놓기도 하였다. 이러한 인식이 당대인들에게 일반적으로 받아들여졌고, 그러한 이해의 바탕 위에서 시조가 지속적으로 창작되고 향유될 수 있었던 것이다.

노래에 대한 본질적인 효용을 언급하고 있는, 신흠(申欽 : 1566~1628)의 다음 작품을 설명함으로써 논의를 시작해보기로 하자.

> 노래 삼긴 사룸 시름도 하도 할샤
> 닐러 다 못 닐러 불러나 푸돗든가
> 진실(眞實)로 풀릴 거시면은 나도 불러 보리라. <청진 *144, 신흠, #630>

이 작품은 음악의 효용을 인간의 보편적인 정서의 측면에서 찾는다. 처음으로 노래를 만든 사람은 시름이 많고 많았을 것이라는 인식이 흥미롭다. 말로는 가슴에 맺힌 시름을 다 풀 수 없었기에, 노래를 만들어 불러서 풀었다는 것이다. 그런 관점에서 자신도 가슴에 맺힌 시름을 노래로 풀어보겠다는 시적 화자의 태도는, 노래의 가치를 적극적으로 옹호하고 있는 셈이다. 이 작품에서와 같이 시조는 당대의 사람들에게 시름을 해소시키는 수단으로까지 인식되었다. 사람의 마음을 다스리는 의미로서의 음악, 그 중심에 바로 시조가 놓여있었다.

대체로 음악 자체에 대한 긍정적인 인식은 당시 사람들에게 보편적이었다. 아마도 성리학적 예악관(禮樂觀)에서 그 원인을 찾을 수 있을 것이며, 인간의 성정(性情)을 다스리는 도구로써 음악의 역할이 그만큼 더 중시될 수밖에 없었던 것이다. 그렇기에 시조에서 음악은 시적 화자의 여유로움을 강조하기 위한 배경의 하나로 등장하는 경우가 많다. 물론 법도를 벗어난 음악, 즉 '정성(鄭聲)'이나 '음악(淫樂)'에 대한 비판도 같은 맥락에서 이해될 수 있다. 때문에 '번음촉절(繁音促節)'로 표현되는, 빠르게 변화해 가는 조선 후기의 음악은 '옛날의 음악'을 추종하는 사대부들에게 늘 비판의 대상이 되었던 것이다.

음악의 기능이 성정(性情)을 다스리고 시름을 해소하는 것에 있다고 여겼던 중세 지식인들의 관점에서 음악을 긍정적으로 여기는 것은 너무도 당연하다. 중세의 지식인들에게 '금서(琴書)'[6]는 늘 주변에 놓여져 있으면서, 자신의 마음을 다스리는데 매우 유용한 수단이기도 했다.[7] 또한 이런 인식의 연장선

6) 시조 작품의 시어에서 악기가 등장하는 것을 분류한 김길운의 연구에 의하면, 악기 중에서 '거문고'가 57회로 가장 높은 빈도를 보인다고 한다. 이밖에도 한자어인 '금(琴)'·'순금(舜琴)' 등을 포함하면 그 빈도는 더욱 늘어난다. 김길운, 앞의 논문, 47~53면 참조.

7) 다음과 같은 작품들에서 이러한 인식이 잘 나타나 있다. "ᄇᆞ람은 절노 ᄆᆞᆰ고 ᄃᆞᆯ은 절노 발짜 / 죽정 송함(竹庭松檻)애 일점진(一點塵)도 업ᄉᆞ니 / 일장금(一張琴) 만축서(萬軸書) 더옥 소쇄(瀟灑)ᄒᆞ다.", <송암 *11, 권호문, #1127>(한거십팔곡(閑居十八曲) 중 제11수); "정우정(淨友亭) 도라 드러 최락당(最樂堂) 한가(閑暇)ᄒᆞᆫ ᄃᆡ / 금서 생애(琴書生涯)로 낙사(樂事)ㅣ 무궁(無窮)ᄒᆞ다마ᄂᆞᆫ / 이 밧긔 청풍 명월(淸風明月)이야 어ᄂᆡ 그지 이시리.", <청진

상에서 '현실의 음악'보다 관념적인 '자연의 음악'을 더욱 높이 평가하는 자세를 보여주기도 한다.[8] 때로는 송계연월옹(松桂煙月翁)의 작품[9]에서처럼 거문고를 밀쳐두고, 오히려 자연의 소리를 탐닉하는 모습을 보여주기도 한다. 물론 이들 작품에 나타난 음악에 대한 인식 태도는 지나치게 관념적이라 평가할 수 있을 것이다. 하지만 이러한 인식의 기저에는 음악의 가치를 높이 평가하는 자세가 자리잡고 있기도 하다.

달리 말한다면 작품 속에서 보여지는 이러한 면모는 음악 자체보다도, 그것을 인식하는 사람들의 마음가짐이 더 중요하다는 것을 말하고 있다고 하겠다. 때문에 노래 자체의 효용 못지 않게 연주자와 수용자의 자세를 역설한 작품들도 보인다. 윤선도(尹善道 : 1587~1671)는 '증반금(贈伴琴)'[10]이라는 제목의 시조에서 음악의 '소리'와 이를 연주하는 사람의 '마음'이 일치해야만 음악으로서의 진정한 의미를 지닐 수 있다고 강조한다. 또한 안창후(安昌後 : 1687~1771)의 작품에서는 음악이란 듣는 사람의 마음에 따라서 달라지기도 한다고 언급하기도 한다.[11] 이러한 내용들은 결국 음악을 보다 잘 이해하

---

*173, 낭원군, #2589>; "소시(少時)에 다기(多氣)ᄒᆞ여 공명(功名)의 유의(有意)터니 / 중년(中年)의 셰ᄃᆞᄅᆞᄌᆞ 부운(浮雲)이라 / 송하(松下)의 일당 금서(一堂琹書)가 내 분(分)인가 ᄒᆞ노라.", <고금 *292, 송계연월옹, #1666>. 이 작품들에서 '금서(琴書)'는 대체로 예술적 취미로서의 '거문고(琴)'과 학문적 도구로서의 '책(書)'을 아울러 지칭한 것이다.

8) "청풍(淸風)이 습습(習習)ᄒᆞᆫ이 송성(松聲)이 냉랭(冷冷)ᄒᆞ다 / 보(譜) 업고 조(調) 업쓰니 무현금(無絃琴)이 절엇튼가 / 지금(至今)에 도연명(陶淵明) 간 후(後)ㅣ니 지음(知音) ᄒᆞᆯ 재 업도다."<청요 *30, 김진태, #2916>. 이밖에도 소나무에 스치는 바람소리를 최상의 음악으로 여기는 모습은 다양한 작품들에서 나타난다.

9) "거믄고 ᄐᆞ쟈 ᄒᆞ니 손이 알파 어렵거늘 / 북창 송음(北窓松陰)의 줄을 언져 거러두고 / ᄇᆞ람의 제 우ᄂᆞᆫ 소ᄅᆡ 이거시야 듯기 됴타.", <고금 *294, 송계연월옹, #141>. 초장의 내용은 거문고의 연주법을 알고 있는 작가만이 표현할 수 있는 것이라고 지적된다(김영운, 앞의 논문 참조).

10) "소ᄅᆡᄂᆞᆫ 혹(或) 이신ᄃᆞᆯ ᄆᆞᄋᆞᆷ이 이러ᄒᆞ랴 / ᄆᆞᄋᆞᆷ은 혹(或) 이신ᄃᆞᆯ 소ᄅᆡᄅᆞᆯ 뉘 ᄒᆞᄂᆞ니 / ᄆᆞᄋᆞᆷ이 소ᄅᆡ예 나니 그ᄅᆞᆯ 됴하 ᄒᆞ노라.", <고유 *22, 윤선도, #1652>. 이 작품은 음율(音律)을 잘 알고 거문고를 잘 타서 반금(伴琴)이라는 호를 지어주었던 권해(權海)라는 인물에게 주는 형식의 노래이다. 그러나 작품의 내용은 결국 윤선도가 생각하는 음악인의 자세를 다루고 있다고 파악되기에, 일반적인 관점으로 다루었다.

11) "풍악이 즐겁다 ᄒᆞ나 듯기로셔 달ᄋᆞ도다 / 즐거운 이 드르면 즐기고 술푸 니 드르면 슬퍼

기 위해서는 그것을 받아들이는 사람의 마음자세가 무엇보다 중요하다는 사실을 지적하고 있다.

음악의 이해에 사람의 마음가짐이 중요하다는 인식은 자연스럽게 '옛 음악'에 대한 선호로 이어진다. 흔히 '고조(古調)'에 대한 선호를 언급하고 있는 일련의 작품들을 들 수 있다.[12] 그러나 작품 속에서 '고조'는 화자를 제외한 세상 사람들이 '알 수 없는' 혹은 '좋아하지 않는' 음악일 따름이다. 그렇기에 그것을 좋아하는 화자의 음악적 취향은 매우 특별한 것이며, 그것으로 인해 세상 사람들과 구별되기도 한다. '고조'에 대한 화자의 인식의 근저에는 자신의 음악에 대한 자부심과 연결되어 논해지는 것이 일반적이다. 이처럼 '고조'를 높게 평가하는 인식에는 구체적인 음악의 형태가 아니라, 옛 문헌의 악론(樂論)을 통해서 받아들인 음악적 지식을 드러내려는 의도가 자리잡고 있는 것이다.

이 작품들에서는 오히려 당시에는 '고조'를 아는 사람이 매우 드물었다는 것을 역설적으로 잘 보여주고 있다. 그렇기 때문에 '고조'를 아는 시적 화자는, 그것을 알지 못하는 다른 사람들과 구별되는 '특별한' 존재인 셈이다. 적어도 음악에 대해서 시적 화자는 '고조'라는 불변의 가치를 추구하고 지향하지만, 세상 사람들은 늘 새롭게 변화하여 자신의 기호에 적합한 '오늘의 음악'에 더 큰 관심을 기울이고 있었던 것이다. 엄연히 존재하는 현실과 '이상적 가치' 사이의 괴리 속에서, '고조'에 대한 시적 화자의 태도는 그리하여 특

ᄒᆞ니 / 아마도 심락(心樂)이 본(本)이요 악(樂)락은 말인가 ᄒᆞ노라.", <한설, 안창후>.

12) "팔곡(八曲)은 어듸미오 금탄(琴灘)에 ᄃᆞᆯ이 ᄇᆰ다 / 옥진금휘(玉軫金徽)로 수삼곡(數三曲)을 노는말이 / 고조(古調)을 알 이 업스니 혼ᄌᆞ 즐거 ᄒᆞ노라.", <병가 *120, 이이, #3078>(고산구곡가(高山九曲歌) 중 제9수); "ᄇᆞ렷던 가얏고ᄅᆞᆯ 줄 연저 노라보니 / 청아(淸雅)ᄒᆞᆫ 녯소릐 반가이 나ᄂᆞ고야 / 이 곡조(曲調) 알 리 업스니 집겨 노하 두어라.", <고유 *21, 윤선도, #1133>(고금영(古琴詠)); "풍아의 깁흔 ᄯᅳᆺ을 뎐ᄒᆞᄂᆞ니 긔 뉘신고 / 고됴를 됴하ᄒᆞ나 아ᄂᆞ니 젼혀 업ᄂᆡ / 정셩이 하 미망ᄒᆞ니 다시 불너 보리라.", <고금 *1, 권익륭, #3116>(풍아별곡(風雅別曲)). 김영운 교수의 조언에 의하면, '고산구곡가'의 '옥진금휘(玉軫金徽)'는 칠현금(七絃琴)을 가리키는데, 이 악기로 가곡을 연주한 경우는 19세기 말에 윤용구가 편찬한 <휘금가곡보>가 유일하다고 한다.

별한 의미를 띨 수밖에 없다.

이와는 달리 시속(時俗)의 음악을 비판하면서, 자신의 음악적 재능을 강조하는 다음과 같은 작품들도 보인다.

> **옥루 사창(玉樓紗窓) 화류 중(花柳中)의 백마 금편(白馬金鞭) 소년(少年)들아**
>
> **긴 노릐 칠현금(七絃琴)과 적(笛) 필이 장고(長鼓) 혜금(嵇琴) 알고 져리 즐기나냐 모르고 즐기나냐 조음 체법(調音體法)을 날다려 뭇게 되면 현묘(玄妙)ᄒᆞᆫ 문리를 낫낫치 니르리라**
>
> **우리ᄂᆞᆫ 백년(百年) 삼만 육천 월 일(三萬六千月日)의 이갓치 밤낫 즐기리라.**
>
> **<해악 *643, 김태석, #2101>**

작자인 김태석(金兌錫)은 조선 후기에 활동했던 여항 가창자(歌唱者)이다. 이 작품은 표면적으로 당시 음악을 즐기는 풍조에 대한 비판적인 인식을 담고 있다. 여항의 풍류 공간에서 흥청거리며 음악을 즐기는 '소년'들에 대한 야유인 셈이다.[13] 물론 그러한 발언의 배경에는 '조음 체법'의 '현묘한 문리'를 '낫낫치' 알고 있는 화자의 음악에 대한 자신감이 자리를 잡고 있다.[14] 진정으로 음악을 즐기기 위해서는 그 법도에 대해서 잘 알아야 한다는 것을 지적하고 있다.

역시 여항 가창자인 김수장(金壽長)의 작품에서도 음악의 이해를 위해서는 '절강 고저(節腔高低)'와 '율려(律呂)'를 제대로 갖춰 '진실한 묘리'를 터득해야 한다고 강조하기도 한다.[15]

---

13) 이 작품의 종장에는 당시 여항 공간에서 향유되었던 노래('긴 노릐')의 형태와 연주에 사용되었던 구체적인 악기의 편성(칠현금·적·필이·장고·혜금 등)이 일부 제시되어 있다.

14) 가창자로서의 음악에 대한 자신감은 안민영의 다음 작품과 같이 자신의 음악 활동에 대한 자부심으로 연결되기도 한다. 안민영의 경우 자신의 음악 활동의 목적이 타인을 기쁘게 했다는 점에 있다는 것을 보여주고 있다. "십이(十二)에 학금(學琹)ᄒᆞ니 금운(琴韻)이 냉랭(冷冷)이라 / 칠십년 수연(七十年繡筵) 우에 몃 ᄉᆞ람을 열영(悅榮)헌고 / 지금(至今)에 수류 운공(水流雲空)ᄒᆞ니 못닉 늣겨 ᄒᆞ노라.", <금옥 *120, 안민영, #1806>.

자신은 그만큼 음악가로서의 자부심이 강하기에, 시속(時俗)을 좇는 세상 사람들과 다르다는 것을 한껏 드러내고 있는 것이다. 때로는 그것이 '고악(古樂)'이든 '금악(今樂)'이든 문제가 되지 않는다고 말하기도 한다.[16] 결국 이러한 작품들은 음악을 대하는 사람들의 자세와 인식이 무엇보다 중요하다는 사실을 강조하고 있는 것이다. 다시 말하자면 어떤 음악인가의 문제가 아니고, 그 음악이 어떤 효용을 지니고 있는가 하는 점이 더 중요하다는 인식인 것이다.

이상에서 살펴보았듯이 시조라는 갈래에서 음악에 대한 인식은 매우 긍정적이다. 또한 때로는 관념적이고 이상적인 기준에 의거하여 음악의 호오(好惡)를 평가하기도 한다. '고조'에 대한 강조와 '자연의 음악'에 대한 선호에는 이러한 인식이 자리를 잡고 있다고 하겠다. 그러나 결국 대부분의 시조 작품 속에서 음악은 그것을 즐기는 사람의 마음가짐에 따라서 인식될 수 있다는 것으로 귀결될 수 있는 것이다.

2) 연주의 형태와 악기의 편성

시조문학의 음악 형식으로서의 가곡(歌曲) 반주는 '대금 · 세피리 · 해금 · 거문고 · 가야금 · 장구 등으로 이루어지며 양금이나 단소가 추가되기도 한다'[17]고 알려져 있다. 현재 연창(演唱)되고 있는 가곡은 이러한 악기 반주에

15) "성음(聲音)은 각각(各各)이연이 절강 고저(節腔高低)을 일지 말고 / 오음(五音)을 취 몰라도 율려(律呂)를 찰ᄒᆞ슬라 / 진실(眞實)ᄒᆞᆫ 묘리(妙理)를 모르면 일홈 셔기 쉬우야.", <해주 *522, 김수장, #1597>.

16) "고악(古樂)도 못 보앗고 금악(今樂)도 못 비홧ᄂᆡ / 냉랭 조조 중(冷冷嘈嘈中)에 정성 음성(正聲淫聲) 다ᄅᆞ도다 / 그러나 여중악락(與衆樂樂)ᄒᆞ고 낙이불음(樂而不淫) ᄒᆞ오리라.", <한설, 안창후>. 이 작품에서 시적 화자는 '고악(古樂)'도 '금악(今樂)'도 배우지는 못했지만, '정성(正聲)'과 '음성(淫聲)'을 구분할 수 있다고 말하고 있다. 나아가 어떤 음악이든지 그것이 '여중악락(與衆樂樂)'하고 '낙이불음(樂而不淫)' 할 수 있으면 된다고 주장하고 있다.

17) 『전통음악개론』(김해숙 · 백대웅 · 최태현 공저, 어울림, 1995), 172면.

맞추어 매우 엄격하게 불리고 있다. 그러나 시조 작품들을 살펴보았을 때, 이것이 조선 전기부터 엄격하게 지켜져 오던 '규칙'이었는지는 자못 의문이다. 적어도 시조 작품에서 그려지고 있는 연주의 모습이 당시에 연주되던 가곡의 모습을 어떠한 식으로든 반영하고 있을 터이기 때문이다.[18] 물론 작품에 따라서는 악기의 모습을 갖춰 연행을 하는 모습을 보이고 있는 작품들도 적지 않게 찾을 수 있다. 하지만 많은 작품들에서 화자는 거문고의 반주만으로 음악을 연주하기도 하고, 그것에 맞춰 노래를 부르기도 한다. 때문에 현재처럼 다양한 악기의 반주가 곁들여진 가곡 연주법이 정착되기 이전에는, 이러한 다양한 악기를 갖춘 연주법과 함께 거문고만으로도 가곡이 연창되었다고 보는 것이 타당하다고 여겨진다.

> 단풍(丹楓)은 연홍(軟紅)이요 황국(黃菊)은 토향(吐香)홀 제
> 신도주(新稻酒) 맛 들고 금린어회(錦鱗魚膾) 별미(別味)로다
> 아희야 거문고 닉여라 자작 자가(自酌自歌) ᄒᆞ리라. <해주 *515, 김수장, #762>

> 싀소리 지져괴니 날 밝근줄 알고 니러
> 일호주(一壺酒) 겻희 노코 삼척 현금(三尺玄琴) 희롱(戲弄)ᄒᆞ니
> 이윽고 한가(閑暇)ᄒᆞᆫ 벗님니은 날을 차ᄌᆞ 오더라. <청육 *257, 김민순, #1519>

첫 번째는 18세기의 가창자인 김수장(金壽長 : 1690~?)의 작품이다. 단풍과 노란 국화가 한창인 추수를 끝낸 늦가을을 배경으로 하고 있으며, 화자는 햅쌀로 빚은 '신도주(新稻酒)'에 '금린어회(錦鱗魚膾)'를 갖추어 놓고 여유로움을 한껏 즐기고 있다. 종장에서 화자는 흥을 이기지 못하여, 거문고를 연주하며 '자작 자가(自酌自歌)'하는 모습을 연출한다. 전문 가창자인 김수장의 경우에도 혼자서 거문고를 연주하며 노래를 불렀던 것이다.[19]

---

18) 작품 속의 상황이 반드시 가곡과 연관된다고는 말할 수 없을 것이다. 그러나 적어도 그러한 형상 속에는 가곡의 연주 모습도 포함되어 있을 것임은 분명하다.

두 번째는 19세기에 활동했던 작자인 김민순(金敏淳 : 1776~1859)의 작품이다. 이 작품에서 화자는 아침에 일어나면서, 혼자서 거문고를 연주한다. 화자의 이러한 생활이 매일 반복적으로 지속되고 있다는 것을 쉽게 짐작할 수 있다. 이 작품에서도 술과 거문고는 화자의 여유로움을 드러내주는 소재로 기능한다. 술과 음악이 함께 하는 생활 속에서, 때로는 종장에서처럼 벗들과 함께 자연에서의 여유로움을 즐기기도 했을 것이다.

이상의 작품들에서 보는 바와 같이, 거문고를 혼자 연주하며 노래를 부르는 것은 자연스러운 모습이었다.[20] 주지하다시피 거문고는 조선시대 사대부들에게 중요한 역할을 했던 악기였다.[21] 또한 많은 작품들에서는 화자의 여유로운 생활을 드러내주는 중요한 소품으로서의 역할을 하고 있기도 하다.[22]

---

19) 거문고를 혼자 연주하며 노래를 부르는 것을 '거문고 병창(竝唱)'이라고 하는데, 김영운 교수의 조언에 의하면 거문고 병창은 최근에 나타난 연주 형태이며, 신쾌동(申快童 : 1910~1978)이 처음 짜서 불렀다고 한다. 대체로 공식적인 연주의 형식을 갖출 경우에는, 가곡은 병창이 아니라 반주에 맞추어 노래를 하는 형태를 취한다고 한다. 그러나 김수장의 작품에서 보듯이, 혼자서 즐길 때에는 거문고를 연주하면서 노래를 부르기도 했었던 것이다. 이는 현대 성악가들도 무대에서 공연을 할 때에는 다른 사람의 반주에 맞투어 노래를 부르지만, 혼자서 연습할 때 피아노를 치면서 노래를 하는 것에 비견될 수 있을 것이다.

20) 이러한 모습은 18세기의 여항 가창자인 김천택의 작품에서도 보인다. "매창(梅窓)에 월상(月上)ᄒᆞ고 죽경(竹逕)에 풍청(風淸)ᄒᆞᆫ 제 / 소금(素琴)을 빗기 안고 두 세 곡조(曲調) ᄒᆞᆺᄐᆞ다가 / 취(醉)ᄒᆞ고 화오(花塢)에 져 이셔 몽희황(夢羲皇)을 ᄒᆞ놋다.", <청진 *272, 김천택, #1008>. 이밖에도 주 12)에 인용된 이이의 작품 역시도 '옥진금휘(玉軫金徽)', 곧 칠현금(七絃琴)을 혼자서 연주하는 모습을 그리고 있다. 이처럼 화자 혼자서 거문고를 연주하는 모습은 조선 전기부터 후기에 이르기까지 지속적으로 작품 속에 등장한다.

21) 권헌(權攇 : 1713~1770)이란 인물의 다음과 같은 언급은 이러한 이유를 잘 설명해주고 있다. "고인들은 유우(幽憂)의 질환이 있으면 거문고를 배워서 치유했다. 성음(聲音)이 인간에 있어 분서 질만(奮舒疾慢)이 혹 사람의 동작과 연관이 된즉 저절로 그 감흥에 마음의 울적한 것들이 소통될 수 있다.", 권헌, 「광려도폭제영서(匡廬圖幅題詠序)」, 『진명집(震溟集)』(임형택, 「18~19세기 예술사의 성격」, 『한국학연구』 7, 고려대학교 한국학연구소, 1995, 19면에서 재인용). 이 뒤에 「광려백운도(匡廬白雲圖)」라는 그림의 효용에 대해서 이어지고 있으나, 이 언급은 기본적으로 당대의 지식인들이 생각하는 거문고에 대한 인식의 일단이라고 보여진다.

22) 대상 작품들 중에서 상당수가 거문고가 등장하더라도, 실제 연주되는 모습보다 화자의 주변에 놓인 소품으로서의 역할을 하는 경우가 많다. 그만큼 화자에게 거문고가 차지하는 비중이 적지 않다는 것을 말해주고 있다고 하겠다. 한 작품을 예로 들면 다음과 같다. "풍

위의 작품처럼 거문고와 함께 하는 화자의 생활은 대체로 술이 등장하기도 한다. 또 몇몇 작품들에서는 구체적으로 거문고의 연주 모습을 다루고 있기도 하다.[23] 이러한 모습들은 결국 거문고가 시조를 창작하고 향유했던 사람들에게 매우 중요한 역할을 했음을 말해주고 있다 할 것이다.

조선 전기의 작품들에서는 대체로 여러 악기의 협연이 잘 드러나지 않는 것도 특징적이다. 그러던 것이 17세기 후반 이래 작가들의 작품에서 다양한 악기가 등장하고, 각 악기들이 어울려 이루어진 연주의 모습도 보인다.

구포동인(口圃東人)은 춤을 츄고 운애옹(雲崖翁)은 소릐헌다
벽강(碧江)은 고금(鼓琴)허고 천흥손(千興孫)은 필릐로다
정약대(鄭若大) 박용근(朴龍根) 혜금(嵇琴) 적(笛) 소릐에 화기 융농(和氣融濃)허더라.
<금옥 *92, 안민영, #307>[24]

청 월백야(風淸月白夜)에 삼척금(三尺琴)을 겻틔 로코 / 사시 가흥(四時佳興)을 백화 중(百花中)에 븟쳐시니 / 이 몸도 승평 성택(昇平聖澤)에 저젓는가 ᄒᆞ노라.", <화암 *2, 송타, #3122>(화암구곡(花庵九曲) 중 제2수). 이처럼 대부분의 작품에서 거문고는 화자의 자족적 면모를 돋보이게 해주는 중요한 도구이다.

23) "거믄고 대현(大絃)을 티니 ᄆᆞ음이 다 눅더니 / 자현(子絃)의 우조(羽調) 올라 막막됴 쇠온 말이 / 섧기는 젼혀 아니 호되 이별(離別) 엇디 ᄒᆞ리.", <송성 *36, 정철, #139>.; "거믄고 대현(大絃) 올나 한 과(棵) 밧글 디퍼시니 / 어름의 마킨 믈 여흘ᄋᆡ셔 우니는 ᄃᆞᆺ / 어ᄃᆡ셔 년닙픠 디는 비솔ᄋᆡ는 이를 조차 마초ᄂᆞ니.", <송성 *65, 정철, #138>.; "한중(閑中)에 홀노 안ᄌᆞ 현금(玄琴)을 빗기 안고 / 궁상각치우(宮商角徵羽)를 주줄이 집허시니 / 창(窓) 밧긔 엿듯는 학(鶴)이 우쥵우쥵 ᄒᆞ더라.", <병가 *455, 김중열, #3195>. 특히 김영운의 논문에서 적절히 지적하고 있듯이, 정철의 작품들은 거문고를 직접 타 본 사람이 아니면 표현하기 어려운 내용을 담고 있다고 한다. 즉 대현(大絃)이니 과(棵)니 하는 악기의 부분품 이름이 나오고, 특히 대현을 타서 '마음이 눅고' 자현(子絃)은 우조(羽調)이니 막막조(邈邈調)(높은 조)라는 점을 구체적으로 표현하였다. 이는 단순한 관념적 표현이 아니라 거문고 각 줄의 악조(樂調)와 음색(音色)을 사실적으로 표현한 것이라 할 수 있다.(김영운, 앞의 논문 참조)

24) 이 작품에는 다음과 같은 기록이 첨가되어 있다. "口圃東人, 石坡大老所賜號也. 余在三溪洞家時, 東園後有口字圃田, 故稱口圃東人. 雲崖翁, 弼雲圩朴先生號也. 碧江, 金允錫君仲號也. 千興孫, 鄭若大, 朴龍根, 皆當世第一工人也. 又石尙書, 命我以口圃東人, 爲頭作三數大葉, 故構成焉.", 안민영, <금옥총부>.

쥬렴에 달 비취엿다 멀닛 난다 옥져쇼ᄅᆡ 들니난고나

벗님네 오자 희금 져 피리 싱황 양금 죽장고 거문고 가지고 달쓰거든 오마드니

동자야 달빗만 살피여라 호마 올 ᄶᅥᆨ <남태 *191, #2631>

앞의 작품은 19세기 후반 안민영의 작품으로, 대원군의 장자인 우석공을 모시고 악인(樂人)들과 함께 풍류를 즐기는 모습을 그리고 있다. 거문고와 피리・혜금・적 등을 연주하는 이들은 대체로 삼현 육각을 연주하는 악공(樂工)과 세악수(細樂手)들로 보이며, 이 작품은 가객과 반주자들과의 협연을 그려내고 있다고 지적되고 있다.25) 이처럼 음악의 수요자는 여항 예술의 후원자였던 왕족과 전문 가창자로 구성되어 있으며, 이와 같은 연행의 모습도 당시의 풍류 공간에서 일반적으로 이루어지고 있었던 것을 보여주고 있다.

두 번째 작품 역시 다양한 악기가 갖춰진 속에서 풍류를 즐기고 있는 모습이다. 이러한 악기 구성은 18세기 이래 여항의 문화 공간에서 흔히 연주되었던 줄풍류26)의 그것과 흡사하다. 특히 이 작품은 '시조창' 가집에만 수록되어 있는 작품이다.27) 흔히 '시조'는 '장구로 장단만 짚거나 피리・대금 혹은 단소 등 선율 악기가 수성(隨聲) 가락에 의한 반주를' 하는 것으로 이해되고 있다.28) 그렇다면 '시조창'으로 불렸던 이 작품의 연주에도 이러한 악기 구성이 갖춰져 있었던 것인지,29) 아니면 당시의 일반적인 풍류 공간의 모습을 그리

---

25) 신경숙, 「정가가객론」(『한국학연구』 9, 고려대학교 한국학연구소, 1997), 126면. 안민영의 작품에서는 구체적으로 '세악(細樂)'이라는 명칭이 제시되어 있는 작품이 다수 있다. "석양(夕陽)에 청가 세악(淸歌細樂)은 교주태평(交奏太平) 허더라.", <금옥 *57, 안민영, #1826>(종장).; "뒤혜는 기라군(綺羅裙) ᄯᅳ로거늘 압혜 세악(細樂)이러라.", <금옥 *64, 안민영, #814>(종장).; "잇다감 섬가 세악(纖歌細樂)은 학(鶴)에 춤을 니루현다.", <금옥 *66, 안민영, #2604>(종장).

26) 백대웅에 의하면 '줄풍류는 거문고・가야금・피리(세피리)・대금・해금・장고에 단소와 양금이 추가되기도 한다'고 논해진다. 백대웅, 「18세기의 음악환경과 전문예능인들의 음악활동 연구」(『한국음악사학보』 제26집, 한국음악사학회, 2001), 23면.

27) 이 작품은 <시조>・<남태>・<시여> 등의 '시조창' 가집에만 수록되어 있다.

28) 김해숙・백대웅・최태현 공저, 『전통음악개론』, 179면 참조.

29) 이와 유사한 양상은 역시 '시조창'을 염두에 두고 창작된 이세보의 다음 작품에서도 보인

고 있는 것인지에 대해서는 좀더 따져봐야 할 문제라고 여겨진다.[30]

이 작품들은 모두 조선 후기의 상황을 반영하고 있는 것으로 파악된다. 18세기의 가창자인 김수장의 작품에서도 가곡의 다양한 곡조들을 '육각(六角)'[31] 혹은 '가즌 혜적(嵇笛)'(해주 *598, #629)에 맞추어 연창하는 모습이 보인다. 그러나 다양한 작품들에서 언급된 가곡의 여러 '노래들이 '가즌 혜적'(해금·피리·대금)과 같은 실내악 편성의 반주에 맞추어 분위기가 고조되어 가는 모습'[32]을 잘 보여주고 있다. 따라서 다양한 악기의 반주에 맞추어 가곡과 같은 음악을 연주하는 것은 조선 후기의 문화 공간에서는 일반적이었다고 하겠다.[33] 따라서 당시의 음악 문화의 급속한 변화는 가집이나 금보와 같은 악서(樂書)의 등장과 이를 소화해 낼 수 있는 다양한 가창자들과 악인(樂人)들이 폭넓게 존재하고 있었기에 가능했던 것이다.[34] 다시 말하면 여항의 풍류 공

다. "니동현 거문고 타고 젼필언 양금치쇼 / 화션 연홍 미월드라 우됴 계면 실슈 업시 / 그 즁의 풍뉴쥬인은 뉘라든고.", <풍대 *84, 이세보>.

30) 김영운 교수의 조언에 의하면, 시조의 반주에 줄풍류 편성이 사용된 흔적을 발견하기가 쉽지 않다고 한다. 다만 1800년경의 양금(洋琴) 악보에 '시조창'의 곡도 있으며, 19세기 중엽의 거문고 악보에 역시 시조의 악보가 실린 점으로 보아 시조 반주에 쓰였을 것으로 짐작된다고 한다.

31) "곳도 픠려 ᄒᆞ고 버들도 프르려 ᄒᆞᆫ다 / 비즌 술 다 닉엇ᄂᆡ 벗님네 가ᄉᆡ 그려 / 육각(六角)에 두렷시 안ᄌᆞ 봄마지 ᄒᆞ리라.", <해주 *504, 김수장, #198>. 흔히 '삼현육각(三絃六角)'은 북·장구·해금·대금·피리 한 쌍 등의 악기를 말하는데, 이 가운데 '육각(六角)'이란 시기에 따라 다른 의미를 지녔다고 한다. 어쨌든 이 작품에서는 '다양한 악기'가 갖추어져 있다는 상황을 제시한 것으로 이해된다. 따라서 이 작품도 다양한 악기 구성과 그에 어울리는 반주의 양상을 반영하고 있는 것으로 보인다.

32) 백대웅, 「18세기의 음악환경과 전문예능인들의 음악활동 연구」, 16면.

33) <청진>에 수록된 다음 작품은 이미 이런 모습이 18세기 전반 이전에도 있었음을 보여주고 있다. "손약정(孫約正)은 점심(點心) ᄎᆞ리고 이풍헌(李風憲)은 주효(酒肴)을 장만ᄒᆞ소 / 거문고 가야(伽倻)ㅅ고 혜금(嵇琴) 비파(琵琶) 적(笛) 필률(觱篥) 장고(杖鼓) 무고(巫鼓) 공인(工人)으란 우당장(禹堂掌)이 ᄃᆞ려오시 / 글 짓고 노ᄅᆡ부르기와 여기 여화간(女妓女花看)으란 내 다 담당(擔當) ᄒᆞ리라.", <청진 *525, #1673>. 이 작품의 중장에 나열되고 있는 악기와 종장에 나오는 '노래 부르기'의 표현으로 보아 가곡 연주 장면을 묘사한 것이라고 판단된다(김영운, 앞의 논문 참조).

34) 김용찬, 「시조의 연행과 작품의 가집 수록 양상에 대한 고찰」, 『고전문학연구』 제14집, 한국고전문학회, 1998, 32~44면 참조. 이 논문은 본서의 제2부에 재수록되었다.

간에 그것을 충분히 수용할 수 있는 조건이 마련되어 있었다고 하겠다.

이상에서 살펴본 바와 같이 당시의 음악 향유자들에게 거문고는 필수적인 악기의 구실을 하고 있었다. 물론 경우에 따라서는 '옥적(玉笛)',[35] '비파(琵琶)'[36]와 같은 악기만으로 반주되는 모습을 담은 작품들도 등장한다. 또한 화자의 자족적 면모를 그리고 있는 작품들에서 거문고를 등장시키거나, 혼자서 연주하는 모습이 매우 빈번하게 등장하는 것도 특징적이다. 앞서도 지적했지만 대체로 조선 전기의 작품들에서는 여러 악기들의 협주의 모습이 잘 나타나지 않고, 후기로 갈수록 다양한 악기가 함께 등장하면서 전문 악사와 가기(歌妓)들이 나타나기도 한다. 이러한 양상을 통해서 아직까지 분명하게 밝혀져 있지 않은 이른 시기의 시조문학이 어떻게 음악적으로 향유되었는지를 추적할 수 있는 단서가 될 수도 있을 것이라고 여겨진다.

3) 연행 양태의 다양한 면모

여기에서는 연주의 곡조와 갈래들이 비교적 자세히 드러나 있는 작품들을 중심으로 그 양상을 살펴보기로 한다. 상당수의 작품들에서 가곡이나 '시조'와는 다른 갈래의 명칭이나 연행 양상이 구체적으로 드러나기도 한다. 이러한 작품들을 통해서 다양한 음악 갈래들의 모습의 일단을 확인할 수 있을 것이다.

---

35) "난간(欄干)에 지혀 안자 옥적(玉笛)을 빗기 부니 / 오월 강성(五月江城)에 흣듯ᄂᆞ니 매화(梅花)ㅣ로다 / ᄒᆞᆫ 곡조(曲調) 순금(舜琴)에 섯거 백공 상화(百工相和) ᄒᆞ리라.", <청진 *254, 김유기, #486>.

36) "비파(枇杷)야 너는 어이 간 듸 녠 듸 앙쥬아리ᄂᆞᆫ / 힘금ᄒᆞᆫ 목을 에후로혀 안고 엄파 ᄀᆞᆺ튼 손으로 ᄇᆡ를 쟈바 잡뜻거든 아니 앙쥬아리랴 / 아마도 대주(大珠) 소주(小珠) 낙옥반(落玉盤) ᄒᆞ기ᄂᆞᆫ 너뿐인가 ᄒᆞ노라.", <청진 *536, #1367>. 이 작품은 현악기(絃樂器)의 하나인 비파의 모양과 연주법을 표현하면서 작가 자신의 비파에 대한 애호심(愛好心)을 표현하고 있다. 현재에는 비파의 연주가 이루어지지 않고 있으나, 이 작품에서 보듯이 조선 후기 어느 무렵까지는 음악 연주에 사용되었다고 한다(김영운, 앞의 논문 참조).

검은고 다스림 ᄒᆞ니 노래 몬져 깃춤이로다
중대엽(中大葉) 긴 강(腔)이 굽의굽의 용(龍)이로다
대(臺)밧침 첫ᄌᆞ즌한닙흔 여의주(如意珠)고 ᄒᆞ노라. <해박 *311, 김수장>

팔십일세 운애 선생(八十一歲雲崖先生) 뉘라 늙다 일엇던고

동안(童顏)이 미개(未改)ᄒᆞ고 백발(白髮)이 환흑(還黑)이라 두주(斗酒)를 능음(能飮)ᄒᆞ고 장가(長歌)를 웅창(雄唱)ᄒᆞ니 신선(神仙)의 밧탕이요 호걸(豪傑)의 기상(氣像)이라 단애(丹崖)의 셜인 님흘 ᄒᆡ마다 사랑ᄒᆞ야 장안 명금 명가(長安名琹名歌)들과 명희 현령(名姬賢伶)이며 유일 풍소인(遺逸風騷人)을 다 모와 거나리고 **우계면(羽界面) ᄒᆞᆫ밧탕을 엇겨러 불너 ᄂᆡᆯ 제** 가성(歌聲)은 요량(嘹亮)ᄒᆞ야 들ᄡᅩᆫ 틔ᄭᅳᆯ 날녀 ᄂᆡ고 금운(琹韻)은 냉랭(冷冷)ᄒᆞ야 학(鶴)의 춤을 일의현다 진일(盡日)을 질탕(迭宕)ᄒᆞ고 명정(酩酊)이 취(醉)ᄒᆞᆫ 후(後)의 창벽(蒼壁)의 불근 입과 옥계(玉階)의 누른 ᄭᅩᆺ츨 다 각기 ᄭᅥᆨ거들고 수무 족도(手舞足蹈) ᄒᆞ올 젹의 서릉(西陵)의 ᄒᆡ가 지고 동령(東嶺)의 달이 나니 실솔(蟋蟀)은 재당(在堂)ᄒᆞ고 만호(萬戶)의 등명(燈明)이라 다시금 잔(盞)을 씻고 일배 일배(一盃一盃)ᄒᆞ온 후의 **션소리 제일 명창(第一名唱) 나는 북 드러 노코 모송(牟宋)을 비양(比樣)ᄒᆞ야 ᄒᆞᆫ밧탕 적벽가(赤壁歌)을 멋지게 듯고 나니** 삼십삼천(三十三天) 파루(罷漏)소ᄅᆡ ᄉᆡ벽을 보(報)ᄒᆞ거늘 휴의 상부(携衣相扶)ᄒᆞ고 다 각(各)기 허여지니 성대(聖代)에 호화락사(豪華樂事)ㅣ 이 밧긔 ᄯᅩ 잇ᄂᆞᆫ가

다만적(的) 동천(東天)을 바라보아 [ ]을 ᄉᆡᆼ각ᄒᆞᄂᆞᆫ 회포(懷抱)야 어늬 ᄀᆡ지 잇스리. <금옥 *178, 안민영, #3081>[37)]

37) 이 작품에는 다음과 같은 기록이 첨가되어 있다. "庚辰秋九月, 雲崖朴先生景華, 黃先生子安, 請一代名琴名歌名姬賢伶遺逸風搔人於山亭, 觀楓賞菊 學古. 碧江金允錫字君仲, 是一代透妙名琴也. 翠竹申應善字景賢, 是當世名歌也. 申壽昌, 是獨步洋琴也. 海州任百文字敬雅, 當代名簫也. 張字稚殷, 李濟榮字公楫, 是當世風騷人也. 適於此際, 海州玉簫仙, 上來而此人, 即非但才藝色態之雄於一道, 歌琴雙全, 雖使古之揚名者, 復生, 未肯讓頭, 眞國內之甲姬也. 全州弄月, 二八半客, 歌舞出類, 可謂一代名姬. 千興孫鄭若大朴龍根尹喜成, 是賢伶也. 朴有田, 孫萬吉, 全尙國, 是當世第一唱夫, 與牟宋相表裏, 喧動國內者也. 噫! 朴黃兩先生, 以九十耆老, 豪華性情, 猶不減於青春强壯之時, 有此今日之會, 未知明年又有此會也歟.", 안민영,

첫 번째 작품은 거문고로 연주하는 다양한 곡조들이 등장한다. 여기에 등장하는 '다스림'·'중대엽'·'대밧침'·'첫즈즌한닙' 등은 모두 가곡창의 곡조들이다. '다스림'은 대엽에 앞서 연주하는 곡이다.[38] 이 작품에서는 '다스림'을 본격적인 노래를 하기에 앞서 '기침(깃춤)'을 하는 것과 같은 역할에 비견되고 있다. 또한 '중대엽'은 '긴 강(腔)'으로 굽이굽이 늘어진 용의 모습에 비유되고, '대밧침 첫즈즌한닙'[39]은 여의주와 같은 의미를 지닌다고 평가하고 있다. 이처럼 가곡의 곡조들의 특징을 비유적으로 설명하고 있는 것은 김수장의 다른 작품에서도 보인다.[40] 이러한 면모는 김수장이 가창자로서 가곡 각 곡조의 음악적 특징을 누구보다 잘 알고 있었기 때문에 가능할 수 있었을 것이다.

다음은 가곡과 판소리가 같은 장소에서 연창되는 상황을 다루고 있는 안민

<금옥총부>.

38) '다스림'은 '조음(調音)' 혹은 '다사림'이라고도 한다. 『양금신보(梁琴新譜)』에 의하면 '다스림'은 그 위치가 대엽의 앞에 놓인다고 한다. "調音, 似當書于大葉之上, 而初學未及, 連音不能成形, 故書之于末.", 양덕수, 『양금신보』(서울대학교 음악대학 국악학연구회 영인, 1979), 43면.

39) '대밧침 첫즈즌한닙'이 '초삭대엽으로 연주되는 대밧침'인지, 아니면 '대밧침과 초삭대엽'인지가 분명치 않다. 문맥상으로 보아 전자라고 여겨지지만, '대밧침'은 중대엽의 마지막 곡이기에 주저되는 바가 없지 않다(송방송, 『한국음악통사』, 일조각, 1984, 424면).

40) "노리갓치 죠코 죠흔 줄을 벗님네 아돗든가 / 춘화류(春花柳) 하청풍(夏淸風)과 추월명(秋月明) 동설경(冬雪景)에 필운 소격(弼雲昭格) 탕춘대(蕩春臺)와 한북 절승처(漢北絶勝處)에 주효 난만(酒肴爛熳)혼듸 죠흔 벗 가즌 혜적(嵇笛) 아름다온 아모가히 제일 명창(第一名唱)들이 차례(次例)로 벌어 안즈 엇결어 불을 썩에 **중(中)한닙 삭대엽(數大葉)은 요순우탕 문무(堯舜禹湯文武)갓고 후정화(後庭花) 낙시조(樂時調)는 한당송(漢唐宋)이 되엿는듸 소용(搔聳)이 편락(編樂)은 전국(戰國)이 되야 이셔** 도창 검술(刀槍劍術)이 각자 등양(各自騰揚)ᄒ야 관현성(管絃聲)에 어리엿다 공명(功名)도 부귀(富貴) ᄂᆡ 몰ᄂᆡ라 / 남아(男兒)의 이 호기(豪氣)를 나는 죠화 ᄒ노라.", <해주 *598, 김수장, #629>. 세악이 어우러진 '남가여창'과 '군악'의 연주 모습을 그리고 있는 다음의 작품도 참고할 만하다. "… 명기가반 기회(名妓歌伴期會)ᄒ야 세악(細樂)을 전도(前導)ᄒ고 … 브른 ᄇᆡ 나려오니 소고(簫鼓)는 훤천(喧天)ᄒ야 동학(洞壑)이 울히는 듯 산영루(山映樓) 올라 안즈 화전(花煎)에 점심(點心)ᄒ고 가야(伽倻)ㄱ고 검은고에 가즌 혜적(嵇笛) 섯겻는듸 남가 여창(男歌女唱)으로 종일(終日)토록 노니다가 부왕사(扶旺寺) 긴 동구(洞口)에 군악(軍樂)으로 드러간이 …", <해주 *563, 김수장, #2898>(중장 일부).

영의 작품이다.[41] 여기에서 '장안 명금 명가'와 '명희 현령'들의 악공과 가창자들이 함께 어울어진 연행 공간에서 가곡의 '우계면 흔밧탕'이 연창되었음을 구체적으로 드러내주고 있다.[42] 흔히 남창과 여창의 분화와 일련의 작품들을 곡조별로 묶어 연주하는 편가(編歌:한바탕)의 완비 등으로 특징 지워지는 19세기의 가곡사의 면모를 '가곡 예술의 절대적 가치를 추구하는 과정'을 잘 보여주고 있다고 평가하기도 한다.[43] 이 작품에서 또 하나 주목할 것은 동일한 연행 공간에서 판소리가 같이 공연되었다는 것이다. 특히 판소리를 '선소리'로 칭하고 있는데, '이것은 새로 생긴 판소리에 대한 보편적인 명칭이 아직 통용되지 않은 상태로 볼 수도 있고, 앉아서 노래하는 관습에 익숙한 보수적인 관점에서 서서 노래하는 연주 형태를 이색적으로 표현한 것으로 볼 수도 있다.'[44]

이상에서 살펴보았듯이, 시조 작품들에는 조선 후기 변화해 가는 가곡의 모습이 반영되어 있기도 한다. 김이익(金履翼 : 1743～1830)의 작품[45]에서는 가곡과 '휘모리 시조'의 특성을 구별해서 설명하기도 하였으며, 또 다른 작품들에서는 가곡의 악조인 평조(平調)와 계면조(界面調)의 특징을 제시하기도

---

41) 이 작품의 판소리와 연관된 해석과 관련해서는 정출헌, 「판소리 담당층의 변화에 따른 19세기 판소리사와 중고제의 소멸」(『민족문화연구』 제31호, 고려대학교 민족문화연구원, 1998), 307～311면을 참고할 것.

42) 그의 다른 작품에서 이 당시 가기(歌妓)인 연연(娟娟)이란 인물이 노래와 춤, 그리고 거문고 연주에도 능했음을 말해주기도 한다. "옥질(玉質)이 수연(粹然)ᄒᆞ니 해서 명희(海西名姬) 네 아니냐 / 섬가(纖歌)는 알운(遏雲)ᄒᆞ고 무수(舞袖)는 등공(騰空)이라 / 허물며 옥수농현(玉手弄絃)을 더욱 사랑 ᄒᆞ노라.", <금옥 *78, 안민영, #2118>. 이 작품에는 다음과 같은 기록이 부기되어 있다. "海州妓娟娟, 於丁丑進宴時上來, 而與碧江金君仲, 有數夜歌琹之會."

43) 신경숙, 「19세기 가곡사(시조문학사) 어떻게 볼 것인가」(『한국문학연구』 창간호, 고려대학교 민족문화연구원 한국문학연구소, 2000), 195～201면 참조.

44) 백대웅, 「18·19세기 서울의 도시문화 변천에 따른 음악문화의 변화 양상」(『민족문화연구』 제31호, 고려대학교 민족문화연구원, 1998), 66면. 백대웅은 서서 노래부르는 입창(立唱)을 조선 후기 음악에 대한 관념의 중요한 변화 중의 하나라고 설명한다.

45) "노래로 두고 보면 세상 인심(世上人心) 거의 알다 / 휘모리 시조(時調)의는 조오던 이 눈을 쓰ᄂᆡ / 아셔라 이 내 노래 ᄭᅵ야 안즌 사름 잠들일가 ᄒᆞ노라.", <금강 *40, 김이익>.

한다.46) 아울러 '장진주'와 '파연곡' 등의 구체적인 곡목의 노래를 부르는 장면을 제시하기도 한다.47) 이처럼 시조 작품 속에는 다양한 음악의 표현 양상들이 제시되어 있는 것이다.

다음은 주변 갈래와 연관된 내용을 담고 있는 작품들을 살펴보기로 하자.

보허자(步虛子) ᄆᆞᆺ츤 후(後)에 여민락(與民樂)을 니어 ᄒᆞ니
우조 계면조(羽調界面調)에 객흥(客興)이 더어셰라
아ᄒᆡ야 상성(商聲)을 마라 ᄒᆡ 져믈가 ᄒᆞ노라. <청진 *145, 신흠, #1262>

생 소 종경(笙簫鐘磬) 느지 듣고 백료 준분(百僚駿奔) 하는 때에
문무가(文武歌) 길이 불고 일무 방장(佾舞方張) 하였으니
아마도 재천(在天)하신 명령(明靈)이 척강 양양(陟降洋洋) 하실가.
<옥소 *12, 권섭>

고흘샤 월하보(月下步)에 깁ᄉᆞᄆᆡ ᄇᆞ롬이라
곳 앏히 셧는 태도(態度) 님의 정(情)을 맛져셰라
아마도 무중최애(舞中最愛)는 춘앵전(春鶯囀)인가 ᄒᆞ노라.
<원국 *754, 익종, #185>

---

46) "평조(平調) 한 닙히 백운(白雲)이 절로 존다", <해주 *472, 김수장, #2947>(중장).; "아ᄒᆡ야 계면됴 불러라 긴조롬 씌오쟈.", <선석 *9, 신계영, #2493>(전원사시가(田園四時歌)중 夏1의 종장).; "일흥(逸興)을 못 익의여 계면조(界面調)를 읇퍼 ᄂᆡ이", <해주 *537, 김수장, #2674>(중장 일부). 평조(平調)는 구름마저도 졸 정도이며, 이에 반해 계면조(界面調)는 졸음을 깨우는 것으로 비교되고 있다. 또한 계면조는 '일흥(逸興)을 못 익의여' 읊어내는 곡조이기도 하다.

47) "이봐 노래 한 곡조 장진주(將進酒)로 불러라 / 앞집에 술이 익고 일촌이 도화(桃花)로다 / 진실로 춘풍이 지나곳 가면 놀아볼 새 없어라.", <옥소 *39, 권섭>.; "인생(人生)이 행락(行樂)이라 부귀(富貴)가 능기시(能幾時)오 / 옹문금(雍門琴) ᄒᆞᆫ 곡조(曲調)에 장진주(將進酒)를 섯거 ᄐᆞᆫ이 / 좌상(座上)에 맹상군(孟嘗君) 잇돗뜬연 눈물 질까 ᄒᆞ노라.", <해주 *362, 이정보, #2406>.; "파연곡(罷讌曲) ᄒᆞ셔이다 북두칠성(北斗七星) 잉도라졋네 / 잡을 임 잡으시고 날갓튼 님은 보ᄂᆡ쇼셔 / 동자(童子)야 신 돌려 노와라 갈 길 밧바 ᄒᆞ노라.", <대동 *316, #3077>(파연곡(罷讌曲)).

첫 번째 작품은 보허자와 여민락이 계속해서 연주되는 장면을 포착하고 있다. 중장의 '우조 계면조'의 분위기는 '객흥을 더'해주는 기능을 하고 있는데, 아마도 보허자와 여민락 등의 음악을 연주하던 악조(樂調)인 듯하다. 종장의 '상성(商聲)'은 흔히 '망국지음(亡國之音)'으로 칭해지는 것으로, 이들 갈래의 음악적 분위기에는 적합하지 않다는 것을 말해주고 있다. 종장의 내용으로 보아, 신흠(申欽 : 1566~1628)이 활동한 당시에 이들 갈래가 비교적 활발하게 연주되었음을 보여주고 있다고 하겠다.[48]

다음 작품은 권섭(權燮 : 1671~1759)의 작품으로 '제악숙(祭樂肅)'이란 제목이 붙어 있으며, 그 내용으로 보아 '종묘제례악'이 거행되는 숙연한 분위기를 담고 있는 것으로 파악된다. 권섭은 '육영(六詠)'이란 연시조 작품을 남겼는데, 이 작품 외에 '군악정(軍樂整)',[49] '선악정(禪樂定)',[50] '여악탕(女樂蕩)',[51] '용악처(傭樂悽)',[52] '무악음(巫樂淫)'[53] 등과 같은 작품을 남기고 있다. 이 작품들은 내용으로 보아 '군대의 훈련 모습(군악정)', '불교의 예불 정경(선악정)', '여기(女妓)의 춤추는 모습(여악탕)', '떠돌이 연희패들의 탁발(용악처)'과 '굿판에서의 무당의 연희 모습(무악음)' 등을 다루고 있다. 이러한 작품들을 통해 권섭이 지닌 음악에 관한 다양한 관심 세계의 일단을 확인할 수 있을 것이다.

48) 여민락(與民樂)은 원래 성악곡이었으며, 지금은 기악곡으로만 연주된다고 한다. 『전통음악개론』, 108면.

49) "단(壇) 우에서 수기를 들어 육화 팔진(六花八陣) 정제(整齊)하고 / 쟁(錚) 치며 북 울리고 사 오합(四五合)을 싸우더니 / 잠간 새 호령포(號令砲) 한 방에 만마 무성(萬馬無聲) 하구나.", <옥소 *13, 권섭>.

50) "가사 장삼(袈裟長衫) 갖추 입고 차례로 벌여서서 / 탁하(卓下)에 삼배(三拜)하고 천수 공양(天壽供養) 돋우는 양 / 아마도 삼대 상(三代上) 위의(威儀)를 다시 본 듯 하여라.", <옥소 *14, 권섭>.

51) "거문고 가야금 해금 피리 장고 섞어 타며 / 나삼(羅衫)을 반(半)만 들어 보허사(步虛辭)로 얼려 추니 / 밤중만 금연 화촉(錦筵華燭)에 취(醉)하는 줄 몰라라.", <옥소 *15, 권섭>.

52) "적차비(笛差備) 비파차비(琵琶差備) 필이자비 셋이 나서 / 집집마다 줏갑 일고 걸량조(乞糧調)로 불며 타며 / 싫도록 홀라홀라 하다가 멋만 듯고 가는구나.", <옥소 *16, 권섭>.

53) "몽도리에 붉은 갓 쓰고 칼 들고 너펄면서 / 잡(雜)소리 지저리고 제석군흥(帝釋軍興) 청(請)하누나 / 새도록 장고 북 덩덩덩 하며 그칠 줄을 모른다.", <옥소 *17, 권섭>.

마지막 작품은 순조의 아들인 익종(翼宗 : 1809~1830)이 주도하여, 어머니를 위하여 창작했다고 전하는 정재무(呈才舞)인 '춘앵전(春鶯囀)'의 춤사위를 담고 있는 작품이다. 익종은 부왕인 순조를 대신하여 대리청정을 하면서, 왕권 강화책의 일환으로 진찬(進饌) 등을 자주 열었다. 그는 부왕에 대한 효성이 지극하여, 궁중 잔치 때마다 새로운 정재를 만들어 부왕인 순조를 즐겁게 했다.[54] 이 작품은 자신이 주도하여 만든 정재무인 '춘앵전'을 보고, 그에 대한 내용을 담아낸 것이다.

이상 시조 작품에 나타난 음악의 다양한 면모를 간략하게 살펴보았다. 앞에서 살펴보았듯이 가곡에 대한 곡조와 연행 방식에 대한 내용은 물론, 다양한 음악 갈래들을 다루고 있는 작품들도 상당수 포진하고 있다. 특히 이러한 작품들에는 당시의 음악에 대한 구체적인 면모가 반영되어 있기도 하여, 음악사적으로도 중요한 자료의 역할을 할 수 있을 것이라 여겨진다.

3. 작품을 통해 본 음악의 양상과 그 의미

음악을 다루고 있는 작품들을 살펴보았을 때 가장 특징적인 것은, 작품 속에 음악에 대한 다양한 정보들이 제시되어 있다는 점이다. 무엇보다 음악의 연행 상황에 대해서 비교적 구체적인 형상을 제시하고 있는 점은 음악으로서의 시조문학의 특징에 걸맞는 것이라 할 수 있다. 음악 자체에 대한 구체적인 인식에서부터 당대에 유행하고 있는 음악적 현상에 대한 작가의 고민이 다양한 측면에서 제시되어 있기 때문이다. 다루고 있는 주제 또한 시조음악에 대한 것에서부터 주변 갈래에 이르기까지 매우 다양하게 나타나고 있다. 작품 속에 음악에 대한 구체적인 형상이 제시되어 있다는 점에서, 음악사를 논하는데 어느 다른 기록들에 뒤지지 않는 자료적 가치를 지니고 있다고 할 수 있다.

54) 송방송, 『한국음악통사』, 387면.

또 하나 흥미로운 것은 대체로 유명씨 작품들에서 구체적인 음악의 면모가 잘 드러나 있다는 사실이다. 일부 무명씨 작품들에서도 그러한 양상이 나타나지 않은 것은 아니지만, 대체로 무명씨 작품들에서는 관습적 표현과 내용들이 두드러지게 나타난다는 것을 확인할 수 있었다. 이에 반해 유명씨 작품들에서는 음악에 대한 다채로운 양상과 여러 갈래들에 대한 관심이 보다 다양하게 표현되고 있다. 그것은 아마도 어느 정도 음악에 대한 전문적 식견이 있어야만, 그와 연관된 내용들을 상세하게 담아낼 수 있기 때문이라고 여겨진다. 그렇기에 몇몇 작가들의 작품들에 음악에 대한 관심이 집중적으로 나타나고 있음도 확인할 수 있었다. 특히 유명씨 작품에서는 시조음악에 대해서 비교적 상세하게 묘사되어 있다는 점을 들 수 있다면, 상대적으로 무명씨 작품들에서는 주변 갈래들에 대한 관심이 높게 나타난다는 것도 지적할 수 있을 듯하다.

또한 음악에 대한 묘사나 평가는 대체로 긍정적으로 내려지고 있다는 사실도 지적할 수 있겠다. 기본적으로 음악에 대한 우호적인 관점은 성리학적 예악관(禮樂觀)에 기초한 것으로 파악할 수 있다. 하지만 본질적으로 시조라는 갈래가 음악을 전제로 한 양식이기에, 이를 창작하고 즐기는 사람들에게 음악이 보다 긍정적으로 인식될 수밖에 없는 측면도 간과할 수 없겠다. 중세 지식인들에게 있어 음악은 전통적으로 늘 불변하는 '과거의 가치'를 추구하는 것으로 나타나게 된다. 어느 시대나 마찬가지이겠지만, 음악에 대한 관념적 인식과 이에 어긋나는 변화되어 가는 현실은 음악인들에게 늘 고민이 되어왔다. 적어도 인식의 측면에서는 '과거의 관념'과 '오늘의 현실'이 충돌하는 것으로 비춰지지만, 길게 본다면 예술사의 흐름은 언제나 변화하는 현실을 수용하는 것으로 귀결된다. 앞서 살펴보았듯이 시조 갈래에서도 이와 같은 양상이 잘 보여주고 있다고 하겠다.

몇몇 작품들에서 시속(時俗)의 음악적 경향에 대한 비판적인 인식이 내비치기도 하지만, 그것은 음악에 대한 본질적인 비판과는 거리가 멀다. 또한 시속에 대한 비판적 내용조차도, 화자 자신의 음악적 우월성을 강조하려는 의도로 사용되는 경우가 일반적이다. 이러한 연장선상에서 일부 작가들이 '고조(古調)'를 강조하는 것은 역설적으로 당시의 음악적 경향이 그만큼 빠르게 변화해 갔다는 반증이 되는 것이다.[55] 이 역시 변화해 가는 당대의 음악적 현실에 대한 고민의 일단이라고 이해할 수 있을 것이다.

일부 특정 작가들의 작품에서 음악에 대한 관심이 두드러지게 보이기도 하지만, 전반적으로 조선 후기로 갈수록 구체적인 음악적 상황을 다루고 있는 작품들이 보다 많이 나타나는 경향이 강하다. 이는 점차 세분화되고 빠르게 변화해 가는 당시의 음악적 현실을 반영한 것이고, 또한 그러한 여건 속에서 음악에 관심을 갖는 사람들이 증가했다는 반증으로도 읽힐 수 있겠다. 이런 속에서 앞에서 살펴보았던 다양한 음악적 상황과 여타 갈래들에 대한 관심으로 형상화되어 나타나고 있다고 하겠다. 이런 작업이 다양한 각도에서 진행될 수 있다면, 그 과정에서 기존의 음악사에서 간과되었던 측면을 발견할 수도 있을 것이다. 본고는 이에 대한 첫걸음을 내딛는 의미를 지니고 있다.

우리가 시를 대할 때, 일반적으로 우리의 인식 속에서 특정한 시어가 환기하는 의미가 몇몇 이미지로 수렴되어 이해되는 경우가 적지 않다. 본고에서 살펴본 음악을 다루고 있는 시조 작품들도 이러한 경향에서 크게 벗어나지 않는다. 여러 세기에 걸쳐 지속적으로 향유되면서 특정한 이미지가 생성되기도 한다. 예를 들면 대상 작품들에서 '거문고'라는 소재는 화자의 주변에 놓여져 있으면서, 그 인물의 여유로운 일상과 넉넉한 생활을 보완해주는 역할을 하고 있는 것을 발견할 수 있었다. 그리고 거문고와 함께 하는 화자의 생활에는 '술'과 '벗'이 곁들여지는 경우가 많이 보인다. 그리하여 관습화되어

---

55) 백대웅은 18세기를 '새로운 음향의 시대'라도 평가하면서, 그 이유로 ① 이 시대에 활동한 음악인들의 전기(傳記)와 음악 관련 기록들에서 당시의 음악이 신성(新聲)·신조(新調)·신곡(新曲) 등으로 규정된 것처럼 전시대와 다른 레퍼토리가 주로 연주되었으며, ② 줄풍류·대풍류·세악(細樂) 등으로 불리는 삼현 육각이나 새로운 실내악 편성이 크게 유행해서 기악의 울림이 전시대와 달라진 점을 꼽을 수 있다고 지적하고 있다. 백대웅, 「18세기의 음악 환경과 전문 예능인들의 음악활동 연구」(『한국음악사학보』 제25집, 한국음악사학회, 2001), 5면 참조.

간다는 의미도 있지만, 다른 한편으로는 오랜 기간 동안 향유되면서 특정 갈래의 작품들에서 어떤 이미지가 보편적인 의미를 획득하게 된다고 할 수도 있을 것이다.

4. 맺음말

이상으로 음악을 소재 혹은 주제로 다루고 있는 시조 작품들을 통해서 그 양상과 의미를 살펴보았다. 무엇보다 대상 작품 속에 나타난 면모가 매우 구체적이며, 당시의 음악적 인식 혹은 환경을 잘 형상화하고 있다는 것을 확인할 수 있었다. 이러한 까닭에 작품 속에 반영되어 있는 형상을 꼼꼼히 따져봄으로써 당대의 예술사적 면모를 적절히 해석해 낼 수 있다고 여겨진다. 다시 말하자면 문학 작품 역시 예술사를 재구하는데 있어 매우 중요한 '자료적 가치'를 지니고 있다는 점을 새삼 확인한 셈이다.

시조라는 갈래에서, 음악 자체에 대한 인식에서부터 시조음악과 주변 갈래들에 이르기까지 다양한 주제들을 다루고 있었다. 어느 시대이든지 '노래'는 사람들에게 자신의 감정을 표현하는 매우 유용한 수단이다. 앞서 제시한 신흠의 작품에서도 확인할 수 있듯이, 노래는 기본적으로 시름을 해소하는 수단으로서의 의미를 강하게 지니고 있다. 따라서 대상 작품들은 대체로 화자의 주관적 인식을 다루고 있는 것이 가장 큰 비중을 차지하고 있다.[56] 그렇지만 여기에 머무르지 않고 시조음악 자체에 대한 구체적인 형상을 그러낸 작품들도 적지 않아, 당대 시조음악의 양상을 적절히 재구해 낼 수 있기도 하다. 뿐만 아니라 다양한 주변 갈래들에 대한 관심도 여러 작품들에서 표현되

56) "늘어지니 벗이 업고 눈 어두어 글 못 볼 싀 / 고금가곡(古今歌曲)을 모도와 쓰ᄂᆞᆫ 뜻은 / 여긔나 흥(興)을 브쳐 소일(消日)코져 ᄒᆞ노라.", <고금 *304, 송계연월옹, #710>. 이 작품은 <고금가곡>이라는 가집을 엮은 소회를 기록한 것이지만, 그 근저에는 '노래'에 대한 인식이 자리잡고 있다고 여겨진다. 이 작품에서도 노래는 '흥을 브쳐 소일코져' 하는 대상으로 인식되고 있다.

고 있음도 지적할 수 있을 것이다.

사실 본고에서는 작품 분석의 결과를 통한 구체적인 의미를 추출해 내는 데는 논의가 충분하지 못한 측면이 있다. 다양한 현상만을 지적했을 뿐, 그것이 어떻게 변화하고 그 의미가 어떻게 달라지는가에 대한 깊이있는 논의에는 미치지 못했음을 자인하지 않을 수 없다. 이 역시 문학 작품을 통한 예술사에 대한 접근이 지닐 수밖에 없는 어쩔 수 없는 한계이기도 하다. 하지만 이 문제는 앞으로 음악계와 함께 고민하면서 풀어가야 할 부분이 많다고 여겨진다. 단지 본고에서는 '시조 작품들에 구현된 음악'이라는 주제에 대해서 논하면서, 앞으로 음악으로서의 시조 갈래의 특징을 보다 다듬어나가야 할 책임이 있음을 강조하고자 한다.

(『한국시가연구』 제15집, 한국시가학회, 2004)

시조에 나타난 여성 이미지의 양상과 의미

1. 문제 제기

본고는 시조문학에 내재해 있는 특성 중에서 작품 속에 보이는 여성 이미지에 주목해 논의의 출발점으로 삼았다. 기실 그동안 여성 형상에 대한 논의는 사설시조와 기녀시조를 중심으로 이루어져 왔는바, 내용의 분류나 시조사적 의미에 대해 주로 관심을 기울여 왔다. 그러한 연구들이 나름의 성과를 얻어냈음에도 불구하고, 아직도 시조문학 속에 나타난 여성의 의미에 대해서는 탐색할 부분이 많다고 여겨진다. 시조의 창작과 향유 과정에 여성이 많든 적든 참여를 했음에도, 여성을 중심으로 한 연구는 그다지 많지 않은 것이 현실이다. 따라서 이 논의는 시조에 보이는 여성 이미지를 추출하고 분석해 냄으로써, 시조라는 갈래 속에서 여성이 어떻게 인식되었는지를 점검하려는 의도로 마련되었다.

여기에서 이미지라 함은 작품 속에 나타난 시적 화자인 여성의 목소리와 작품 속에 표출된 여성 형상, 그리고 여성적 정조를 포괄적으로 지칭한다. 서정시인 시조에서 시적 화자의 성(gender)이 명시적으로 제시되어 있는 경우는 그리 많지 않다. 그러나 사용되고 있는 시어와 시적 정조를 통해서 그것을 유추해 낼 수 있다. 때로 작가와 시적 화자의 성이 일치하지 않는 경우도 있다. 작품 속에 시적 화자의 성이 명시적으로 제시되어 있지 않은 경우, 그 작품의 어떠한 측면이 '여성적'이라고 인식되는지를 살피는 것도 중요하다. 대부분의 향유자가 그것을 통해서 여성적 정조를 떠올리게 된다면, 향유자들의 인식 속에 자리잡고 있는 '여성성'의 성격과 의미를 따져볼 수 있을 것이다.[1)]

시조는 주로 남성들에 의해 형성되고 창작·향유되어온 갈래이며, 때로는 일부 여성들이 창작과 향유 과정에 참여하기도 했다. 특히 연행이 활발해지던 조선 후기에 이르게 되면, 연창 과정에 기녀를 중심으로 한 여성들의 참여가 두드러지게 나타나기도 한다. 그러나 시조의 연행 과정에서 주체가 되었던 것은 남성이었으며, 여성은 대체로 연행 공간에서 보조적인 존재로 역할했다. 따라서 시조에 나타난 여성 이미지를 읽어냄으로써, 시조의 향유층들이 여성이라는 존재를 어떻게 인식했는가 파악할 수 있다고 본다. 시조라는 갈래 속에서 그것이 일정한 경향성을 띠고 나타난다면, 그 의미는 무엇이고 그러한 경향이 출현하게 된 요인이 무엇인지에 대해서도 살펴볼 수 있을 것이다.

문학 텍스트는 그것을 향유한 향유자들의 의식이 자연스럽게 녹아들어 있어, 그들이 어떠한 방식으로 세계와 사물을 인식했는가를 보여준다. 또한 그것이 향유되면서 작품 속에 반영된 의식이 어떤 방식으로든 후대의 향유자들에게 전승되고 교육되는 효과를 지니게 된다. 기존 작품들이 다시 새로운 작품의 창작에도 자연스럽게 영향을 끼치게 되는 것은 당연하다. 바로 이런 면에서 여성의 이미지가 어떻게 그려지고 형성되었는지를 밝힘으로써, 시조라

---

1) 최근 박혜숙에 의해 여성문학의 관점에서 고려 속요의 여성 화자를 다룬 연구가 제출되었다. 박혜숙은 작가의 성별과 상관없이 시적 화자가 여성인 작품을 대상으로 성격을 분류하고, 그 의미를 다루었다(박혜숙, 「고려속요의 여성화자」, 『고전문학연구』 제14집, 한국고전문학회, 1998). 본고는 문학의 '여성성'을 다룰 때, 그것이 단지 시적 화자의 성격을 논하는 것에 머물러서는 부족하다고 생각한다. 시적 화자를 포함하여 작품 속에 제시된 여성 형상을 통해서 여성이 어떻게 다루어지고 있으며, 그러한 양상의 의미가 무엇인가를 따져야만 향유층들의 인식을 더 정확하게 짚어낼 수 있다고 보기 때문이다.

는 갈래 속에 그것이 어떤 의미를 지니면서 자리를 잡아가게 되었는지를 확인할 수 있을 것이다. 이것은 또한 중세 사회의 이념적 기반을 설명하는 하나의 자료가 될 수도 있을 것이다.

본고는 사설시조를 제외한 평시조만을 대상으로 하였다. 주지하다시피 사설시조는 문학사적인 변화의 흐름을 타고 17세기 후반 이후에 새로이 등장한 갈래이다. 그리고 그 내용과 성격도 평시조와는 질적으로 다른 면모를 보이고 있으며, 그 창작과 연행의 기반도 상이한 측면이 존재한다. 무엇보다도 작품 속에 드러난 여성 형상이 평시조와는 매우 다르기 때문에, 평시조와는 별도의 논의의 장을 마련하여 검토할 필요가 있기 때문이다. 사설시조가 조선 후기에 시조사로 편입된 갈래였다면, 평시조는 그 형식이 전대부터 지속되어 온 양식이다. 따라서 지속된 양식인 평시조에서의 인식의 변화를 살핌으로써, 갈래 속에 형성된 의식의 변화를 좀 더 쉽게 확인할 수 있을 것이다.

2. 이해의 전제

서정시에 있어서 작가와 화자가 일치하는 경우가 많으나, 일치하지 않는 경우도 흔히 발견된다. 즉 작가는 자기가 말하고자 하는 바를, 자신이 아닌 다른 화자를 내세워 얘기하게 된다. 그렇지만 이 경우에도 비록 그 목소리가 작가의 것이 아닐지라도, 작품 속에는 작가의 사고와 세계관이 반영되기 마련이다.2) 때로는 남성 작가가 여성 화자를 내세우기도 하고, 그 반대의 경우

2) 문학비평 용어로는 이것을 '퍼스나(personar)'라고 한다. 이 용어는 고전극에서 배우들이 사용하는 '가면'(mask)을 가리키는 라틴어였는데, 서정시에서는 가공의 1인칭 화자를 지칭하는 것으로 사용된다. 퍼스나는 허구의 산물, 즉 특정의 예술적 목적을 위하여 창조된 인물이다. 서정시의 화자는 바로 이런 역할을 하는데, 시를 쓴 작가와는 일정한 거리를 두고 존재하며 특정한 상황에서 역할을 수행하고 특정한 효과를 지니기 위해 창조되는 것이다. M. H. Abrams, 『문학비평용어사전』(권택영・최동호 공역, 새문사, 1985), 246~247면 참조.

도 흔히 발견할 수 있다. 때문에 여성 이미지의 연구는 동일한 작품을 작가론에서 다루는 것과는 방향을 달리할 필요가 있다.

우리의 전통 시가에서도 이러한 양상은 쉽게 찾아볼 수 있다. '동방의 이소(離騷)'라고 평가되는 정철의 가사 「속미인곡(續美人曲)」은 여성 화자를 내세워, '미인(美人)' 즉 '님'으로 상징되는 임금에 대한 간절한 마음을 표출하고 있다. 이것은 남성 작가인 정철이 '연정과 그리움'이라는 주제를 표출하고자 할 때에는 여성 화자를 내세워 정서를 표출하는 것이 더 적절하다고 여겼기 때문이다. 즉 남성은 '남성/여성'이라는 관계 속에서는 주체이지만, 자신보다 우월한 존재인 임금과의 관계 속에서는 여성의 목소리를 빌어 감정을 표현하는 것이 일반적이었다.[3] 따라서 작품 속에 제시된 여성 화자의 속성은 작가인 남성에 의해서 선험적으로 규정된 것이라 할 수 있다. 사대부들의 연군시조에서는 화자가 대부분 여성으로 설정되어 있는데, 그것은 여성의 목소리를 빌어 말함으로써 전하고자 하는 바의 감정을 더 증폭시켜 표현할 수 있기 때문이다.

실상 시조는 그 형성에서부터 발전 과정에 이르기까지 남성들에 의해서 주도된 갈래이다. 물론 기녀를 포함한 일부의 여성 작가들이 있기는 했지만, 시조의 형성과 발전 그리고 연행에 이르기까지 그것을 주도한 것은 남성이었다. 물론 19세기에 접어들면 시조 음악이 다양하게 분화되면서 여창 가곡이 등장하여, 여성들의 역할이 그 이전과는 비교할 수 없을 정도로 증가된다.[4] 여창 가곡의 등장은 적어도 연창(演唱)에 있어서 여성들이 독자적인 자기 영역을 구축한 것으로 해석할 수 있고, 그것을 통해서 자신들의 감정을 좀더 분명하게 제시했다는 의미를 획득한다. 그러나 연행의 현장에서 여창 가곡을 향유하고 즐기는 것은 주로 남성들의 몫이었다. 따라서 여창 가곡에서 다루어진 주제들 역시 향유자인 남성들의 기호에 영합하는 작품들이 상대적으로 높은

3) 박혜숙은 이것을 보봐르의 개념을 빌어 주체에 대응되는 '타자(他者)'의 속성에 비겨, '여성에 빗대어 말하기'라는 개념으로 설명하고 있다. 박혜숙, 앞의 논문, 18~19면.

4) 신경숙, 「조선 후기 여창 가곡의 연구」(고려대 박사학위논문, 1994) 참조.

비중을 차지한다. 아울러 남성들에 의해 주도된 갈래에서 여성 화자가 등장하는 것은 향유자들이 그러한 주제의 표현에서는 여성들의 목소리가 더 적절하다고 여겼기 때문이었다.

여기에서는 먼저 조선 전기 사대부들의 작품과 주요한 여성 작가였던 기녀들의 시조를 간략하게 살펴보기로 한다.

천만리(千萬里) 머나먼 길에 고은 님 여희옵고
내 ᄆᆞ음 둘 듸 업서 냇ᄀᆞ에 안자이다
져 물도 내 안 ᄀᆞᆺ도다 우러 밤 길 녜놋다. <청진 *17, 왕방연, #2762>[5)]

내 ᄆᆞ음 버혀 내여 뎌 ᄃᆞᆯ을 ᄆᆡᆼ글고져
구만리 장천(九萬里長天)에 번드시 걸려이셔
고온 님 계신 고ᄃᆡ 가 비최여나 보리라. <청진 *69, 정철, #566>

앞의 작품은 왕방연의 것으로, 세조가 즉위한 후 폐위된 단종과 관련된 작품이다.[6)] 왕방연은 사육신(死六臣)을 중심으로 한 '단종 복위운동'이 발각되었을 때, 강원도 영월에 유배 중인 단종(노산군)에게 그 책임을 물어 사약을 내리는 역할을 맡았던 의금부 도사였다. 따라서 이 작품은 사약을 바치고 돌아오면서, 역사의 소용돌이에서 죽임을 당할 수밖에 없었던 단종을 그리는 애뜻한 심경을 담고 있다. 화자는 님과 이별한 이후에 냇가에 앉아 흐르는 물소리가 마치 울음과 같이 느껴지고, 마음이 비감하여 그 물과 같이 자신도 눈물을 흘리며 가고 싶다고 표현하였다. 님에 대한 한없는 애정과 안타까움이 절실히 표출되어 있는 작품이다. 이 때 시적 대상인 님은 화자가 한때 임금으

5) 작품을 인용할 경우 현대 어법에 맞게 띄어쓰기를 하며, 원문의 한자는 한글을 내어쓰고 괄호 안에 표기한다. 또한 말미에 인용한 가집과 가번(*) 및 작가와 함께 심재완의 『역대시조전서』(세종문화사, 1972)의 통번(#)을 함께 작품 뒤에 밝히기로 한다.

6) "王邦衍, 世宗時人. 以金吾郞, 押去魯山, 及還彷徨川邊, 有感而作是歌. 盖即此一曲, 斯人愛君之誠, 可見矣.", <청진>.

로 모시기도 했던 지고한 가치를 지닌 존재이다.

연군시조에서는 님이 자신을 어떻게 인식하는가는 전혀 문제가 되지 않는다. 오히려 화자 자신이 님을 얼마나 절실히 생각하는가의 여부가 중요하다. 특히 연군시조의 작가는 대부분 남성이지만, 님에 대한 충과 애정을 표현할 때 여성의 목소리를 빌어 작품화하였다. 여타의 연군시조에서도 군신(君臣) 사이의 관계를 남녀(男女)의 관계로 환치시켜 표현하는 것이 일반적이었다. 이 작품을 작가와 창작 배경을 고려하지 않고 읽어 낸다면, 한편의 애정시조로 인식할 수도 있다. 즉 연군시조는 연군(戀君)이라는 정서를 바탕에 깔고 있어, 화자는 '타자'인 여성으로 설정될 수 있는 전제가 마련되어 있다고 하겠다.

뒤의 작품 역시 작가인 정철이 관직에서 물러나 있을 당시에 지은 것으로, '자신의 심장을 베어 달로 만들어 님에게 비추고 싶다'는 일방적인 감정 토로의 내용으로 이루어져 있다. 무슨 이유에선지 화자는 불가피하게 님의 곁을 떠나서 모실 수는 없지만, 누구에게나 환하게 드러나 가려지지 않는 달이 되어 님에게 자신의 속마음을 보이고 싶다고 표현하고 있다. 이 작품에서도 '님'의 권위는 절대화되어 불변하는 것으로 상정되어 있으며, 화자가 단지 그 님을 어떻게 생각하는지를 표현하는 것이 더 중요하다. 따라서 시적 화자는 시적 대상인 '님'에 대해 철저히 종속적이다. 님에 대한 원망은 전혀 할 수 없으며, 오히려 불가능한 상황을 상정하여 자신의 감정과 의지를 역설적으로 표현할 뿐이다. 따라서 수동적이고 종속적인 처지에 있는 화자의 목소리는 자연히 여성적인 목소리를 빌게 된다.

이 작품들에서 시적 화자는 모두 여성 또는 여성적 목소리를 지닌 존재로 상정되어 있으며, 그 대상인 '님'을 향한 애정의 표출은 일방적이다. 봉건 국가에서 임금의 권위는 추호도 의심되어서는 안되며, 신하의 처지에 있는 사람은 자신의 충성심이 얼마나 강한가만을 표현하면 된다. 때문에 연군시조에서 시적 대상과 시적 화자 사이의 감정의 상호 교류는 성립할 수 없다. 일방적인 감정의 흐름만이 있을 뿐이다. 연군시조를 통해서 이 시기에는 '남성/여성'의 관계가 '임금/신하'의 관계로 환치될 수 있으며, 여성의 사회적 처지도 남성에 비해서 절대적인 열세에 놓여져 있었음을 확인할 수 있다.[7)]

그렇다면 여성 작가의 작품에서는 어떠한가. 이러한 의미를 기녀 작가의 작품과 비교를 통해 살펴보기로 한다.

님이 가신 후(後)에 소식(消息)이 돈절(頓絶)ᄒᆞ니
창(窓) 밧긔 앵도(櫻桃)가 몇 번이나 픠엿ᄂᆞᆫ고
밤마다 등하(燈下)에 홀노 안저 눈물계워 ᄒᆞ노라. <병가 *552, 송대춘, #740>

한송정(寒松亭) ᄃᆞᆯ 븕은 밤의 경포대(鏡浦臺)에 물결 잔 제
유신(有信)ᄒᆞᆫ 백구(白鷗)는 오락가락 ᄒᆞ것만은
엇덧타 우리의 왕손(王孫)은 가고 안이 오는이. <해주 *136, 홍장, #3178>

첫 번째는 맹산(孟山)의 기녀인 송대춘(松臺春)의 작품이다.[8)] 맹산은 평안남도에 위치한 곳인데, 작품의 내용으로 보아 아마도 여성인 화자와 이곳에 잠시 들렀던 남성과의 관계를 형상화한 것으로 보인다. 이 작품의 화자는 한 번 헤어진 후 소식이 없는 님을 기다리는 심정을 드러내고 있다. '앵도가 몇 번이나 픠'도록 소식이 없는 님을 간절히 그리워하고 있는데, 앵도의 피고 짐은 그대로 시간의 흐름을 설명해 준다. 그러나 많은 시간이 흐른 뒤에도 님에게서 소식은 없고, 화자는 그리움에 밤마다 잠을 이루지 못하고 있다. 이 작품 역시 화자의 님을 향한 절실한 감정만이 문제가 될 뿐, 시적 대상이 되는 님의 화자에 대한 감정이 개입할 여지가 전혀 없다. 화자에 대한 님의 태도는 전혀 문제가 되지 않고, 단지 화자의 님을 향한 일방적인 감정의 흐름만이 존

7) 이러한 면모는 정철에 의해 창작된 강호시조나 훈민시조 등과 비교해 볼 때 그 차이가 더욱 두드러진다.
8) 송대춘은 <병와가곡집>에 '맹산기(孟山妓)'로 소개된 인물로, 대체로 18세기 중엽에 활동했던 기녀로 파악된다.

재할 뿐이다. 종장의 눈물은 흐르는 시간 속에서 어찌할 수 없는 화자의 체념적 면모를 강조하는 역할을 한다. 이 작품이 애정을 다루고 있는 시조이기는 하나, 상호 감정의 교류를 전제로 한 애정의 모습은 아닌 셈이다.

두 번째 작품은 강릉의 기녀인 홍장(紅粧)의 것으로, 역시 이별을 그 제재로 하고 있다.[9] 초·중장은 한역된 「한송정」의 내용을 번역해 차용하고, 여기에 종장을 덧붙여 시조화하였다. 자연을 배경으로 한가로이 날고 있는 기러기를 등장시킨 초·중장의 모호한 내용에 종장이 덧붙여져, 이별의 아쉬움을 노래한 시로써 그 의미를 명확히 하게 된다. 종장에서 '가고 아니 오는 왕손'을 향한 화자의 애닮은 심경이 제시되면서 애정과 그리움을 주제로 하고 있다는 것이 드러난 셈이다. '왕손(王孫)'은 흔히 귀족의 자제를 일컫는 말로, 이 작품은 사대부와 기녀와의 일시적인 애정의 경험과 그 속에서 느끼는 기녀의 상실감을 그 주조로 하고 있다.[10] 이 작품에서도 왕손은 구체적인 형상이 없이 막연히 이미 가고 오지 않는 존재로 나타나고 있으며, 여성인 화자는 그에 대해 체념적 어조를 토로할 뿐이다. 이 작품 역시 감정의 흐름이 일방적이라는 것은 앞의 것과 동일하다.

그러나 기녀들의 시조는 상대인 님이 자신에게서 떠나갔다는 점에 초점을 두고 있음에 비해, 연군시조는 님에게서 자신이 떠나왔음을 강조하고 있다는 점에서 약간의 차이를 보인다. 앞에 인용한 연군시조들은 님에 대한 화자의 감정이 절실하기는 하지만, '고은 님'을 향한 자신의 충정을 전달하려는 것에 작품의 지향이 놓여져 있다. 그에 비해 기녀들의 시조에서는 자신의 감정을

9) 홍장은 고려 말~조선 초에 강릉에서 활동했던 기녀로 알려져 있다. 홍장과 안렴사 박신과의 일화를 소재로 한 설화가 『동인시화』 등에 수록되어 있는데, 이 작품의 작자인 홍장과 동일인인지는 확실치 않다. 이 작품은 『고려사 악지』에 한역되어 전하는 고려가요 「한송정」의 내용에 종장이 덧붙여 된 것이다. 이 작품의 내용으로 보아, 작가가 후대인들에 의해 '홍장설화'의 주인공인 홍장으로 칭탁된 듯하다. 『고려사 악지』에 전하는 「한송정」의 역시는 다음과 같다. "月白寒松夜, 波安鏡浦秋 / 哀鳴來又去, 有信一沙鷗."

10) 이 작품의 실제 작가가 누구인가에 따라서 작품의 의미가 달라질 수 있다. 그러나 18세기 이후 기녀인 홍장의 작품으로 폭넓게 받아들여졌다는 점에서, 향유자들이 이 작품을 기녀와 사대부 사이의 애정을 그리고 있는 것으로 받아들였다는 것은 분명하다.

님에게 전달하겠다는 의지가 잘 드러나지 않는다. 다만 자신의 님에 대한 감정이 얼마나 절실한가를 나타내고 있을 뿐이다. 특히 '돈절(頓絶)'이나 '홀로 안저', 또는 '가고 안이 오는'과 같은 시어를 통해서 이별이라는 상황 속에서 화자가 얼마나 외로움을 느끼고 있는가를 강조하고 있음을 알 수 있다.

이처럼 미세한 차이가 존재하지만, 이 두 작품군들에 나타난 정서 표출의 양상은 매우 유사하다. 시적 대상에 대한 화자의 태도가 철저히 수동적으로 그려지고 있으며, 그 대상에 대해 화자 또한 종속적인 위치에 놓여져 있다는 점에서 그렇다. 특히 두 작품군들 모두 화자가 여성으로 상정되어 있어, 이 관계는 그대로 '남성/여성'의 관점에서 해석될 수 있다. 따라서 작가와 창작의 배경 등을 고려하지 않고 작품만을 읽는다면, 연군시조와 기녀들의 애정시조는 그 질료(質料)에 있어 유사한 특징이 많다.[11] 특히 님과의 사이에서 동물이나 사물을 매개로 화자의 심정을 더 절실하게 표현하는 수단으로 사용하는 것은 연군시조나 애정시조에서 보여지는 특징적인 양상의 하나이다.

그러나 기녀시조는 그 정서 표출의 정도에 있어서 사대부들의 작품보다 더욱 강렬하고, 직서적인 양상이 보인다. 이러한 면모가 차이를 보이는 점인데, 그럼에도 불구하고 작품을 구성하는 방식 등에서 연군시조의 관습을 받아들여 애정을 형상화하는데 적절히 변개시키고 있다고 하겠다. 물론 표현이나 정서 표출의 면모가 더욱 절실하다는 점을 지적할 수 있으나, 기녀들의 작품은 몇몇 작품을 제외한다면 내용이나 형상화의 수법은 다른 시조들에 비해 관습적인 면모가 두드러진다. 기녀들의 시조 창작과 향유가 자신들의 독자적인 공간에서 이루어지지 않고, 남성들이 주가 되는 향유 공간에서 보조적인 역할을 했다는 점에서 이와 같은 특징은 어찌 보면 당연한 결과라 할 수 있다. 때문에 향유자인 남성들의 입장을 고려한 작품의 창작이 이루어지면서,

11) 물론 기녀들의 시조는 애정을 주제로 하고 있는 작품들과 함께 희작적인 것도 적지 않다. 그러나 희작의 작품을 제외한다면 애정을 다루고 있는 작품이 대부분을 차지하고 있음을 확인할 수 있다. 애정을 다룬 작품들의 경우, 전대의 가집에서 무명씨 작이었던 것들이 후대의 가집에서는 기녀의 것으로 칭탁되는 경우가 적지 않게 발견되기도 한다.

작품 속에 제시된 '남성/여성'의 관계에서 여성의 위치가 수동적인 것들이 대부분을 차지하게 된 것이다.

3. 시조에 나타난 여성 이미지의 성격과 의미

사실 시조 속에 나타난 여성 이미지를 어떻게 규정할 것인가는 쉬운 문제가 아니다. 그러나 일단은 대상 작품들의 면모가 일정한 경향성을 띠고 나타난다는 점에서, 몇 가지로 항목화해서 검토하기로 한다. 본고에서는 대체적으로 세 가지 항목으로 나누어 살펴보는데, 먼저 여성 화자의 님을 그리워하는 여성적 정조 혹은 여성적 목소리의 표출 양상에 대해서 논해 본다. 이 경우 화자의 태도는 시적 대상인 남성에 대해서 지극히 수동적인 양상을 보여주고 있다. 이들 작품군에서 화자의 대상이 되는 님의 형상은 대부분 작품 속에 직접적으로 드러나지 않고, 단지 화자의 언술을 통해서 그 존재를 파악할 수 있을 뿐이다.

다음으로는 화자가 남성으로 설정된 일련의 작품군들로, 남성 화자의 언술을 통해서 시적 대상이 되는 여성의 형상과 의미를 따져보기로 한다. 이 경우 앞의 작품군과는 달리 시적 대상이 되는 여성의 성격이 비교적 작품 속에 구체적으로 적시되어 있다. 남성 화자들의 관심은 대체적으로 여성들의 미모에 초점을 맞추고 있는데, 특히 이들 작품군에서 남성중심적인 인식이 강하게 반영되어 있다고 하겠다. 이러한 여성의 모습은 연행 공간에서 당대 남성들이 생각한 바람직한 형상이라고 할 수 있을 것이다.

마지막으로 여성 화자가 등장해 감정이나 욕구를 적극적으로 표출하는 작품군을 들 수 있다. 첫 번째 유형과는 달리 여성 화자가 단지 수동적인 존재로서의 님을 향한 막연한 그리움을 표출하는 것이 아니라, 능동적으로 자신의 목소리를 담아내고 있는 작품들이다. 이 경우 여성 화자의 성격은 사설시조에서 보여지는 적극적인 면모와 매우 닮아있음을 확인할 수 있다. 새롭게 보이는 이러한 여성 형상은 분명 '타자'가 아닌 '여성의 자기화'로 해석될 수 있다는 점에서 매우 중요하다.

이상 시조 속의 여성 이미지의 경향에 대해서 간략하게 논했는데, 이제 구체적인 작품을 들어 그것의 성격과 의미를 점검하기로 한다.

1) 여성적 정조의 수동적인 표출 양상

애정을 주제로 하고 있는 시조에서 여성이 화자로 등장할 경우, 화자와 시적 대상인 님과의 이별을 전제로 하고 있는 작품들이 주종을 이룬다. 이 경우 화자가 멀리 떨어져 부재하는 님에 대한 막연한 그리움을 표출하고 있는 것들이 대부분이다. 실상 여성 이미지를 다루고 있는 것들 중에서 이러한 경향의 작품들이 가장 많은 비중을 차지한다. 앞에서 연군시조와 기녀시조를 검토했지만, 여성 화자를 등장시켜 님에 대한 감정을 표출하고 있는 작품들의 내용은 이미 전대부터 익숙한 방식이었다고 하겠다. 다만 임금에서 애정의 직접적 상대인 님으로 바뀜에 따라, 그것을 표출하거나 형상화하는 방식이 좀 더 다양하게 변화해 갔음을 알 수 있다.

누은들 잠이 오며 기ᄃᆞ린들 님이 오랴
이ᄌᆡ 누어신들 어ᄂᆡ ᄌᆞᆷ이 ᄒᆞ마 오리
출ᄒᆞ리 안즌 고ᄃᆡ셔 긴밤이나 ᄉᆡ오리라. <병가 *18, #670>

님이 가오시며 ᄉᆞᄆᆡ ᄌᆞᆸ고 이별(離別)ᄒᆞᆯ ᄌᆡ
창(窓) 밧긔 앵도(櫻桃) 곳지 픠지 아녀 오마터니
지금(至今)에 곳 지고 입 나도록 소식(消息) 몰나 ᄒᆞ노라.
<병가 *424, 이정보, #742>

곳 보고 춤추ᄂᆞᆫ 나뷔와 나뷔 보고 당싯 웃ᄂᆞᆫ 곳과

져 둘의 사랑(思郞)은 절절(節節)이 오것마는
엇더타 우리의 사랑(思郞)은 가고 아니 오ᄂᆞ니. <병가 *784, #200>

이 작품들에서는 한때 인연을 맺었지만, 현재는 화자와 떨어져 있는 님을 그리워하는 심정을 그대로 드러내고 있다. 첫 번째 작품의 경우 화자가 잠을 이루지 못하고 님이 오기만을 간절히 원하고 있지만, 작품 속의 상황은 그러한 소망이 쉽게 이루어질 것이라고 파악되지 않는다. 잠자리에 들더라도 님을 그리워하는 마음 때문에 쉽게 잠을 이루지 못할 만큼 님에 대한 화자의 심정은 절실하다. 그만큼 헤어진 님에 대한 화자의 기다림의 강도는 강하다. 결국 '출ᄒᆞ리 안즌 고ᄃᆡ셔 긴밤이나 ᄉᆡ오'겠다는 체념적인 어사로 종결짓고 있는데, 님과의 만남을 이룰 수 없다는 절박한 화자의 심정이 이렇게 형상화된 것이다.

두 번째 작품은 화자와 님의 헤어지는 모습을 구체적으로 제시하고, 오겠다는 약속을 남긴 님에게서 아무런 소식이 없음을 체념적으로 드러내고 있다. 초장에서는 님과 이별해야 하는 상황에서, 서로의 소매를 잡고 안타까와 했을 정도로 아쉬워 했다. 앵두꽃이 피기 전에 오겠다는 약속을 하고 떠났지만, 꽃이 지고 잎이 나기까지 오랜 시간이 흘렀음에도 님에게서 아무런 소식이 없다. 화자의 입장에서는 님의 돌아오겠다는 약속이 아주 간절한 것이었지만, 님에게는 단지 형식적인 말이었을 뿐이다. 서로에 대한 애정의 강도가 그만큼 달리 나타났기 때문이었던 것이다. 따라서 화자는 소식이 없는 님에 대한 체념적 진술로 종결짓고 있다.

세 번째 작품은 서로를 탐하며 어우러지는 꽃과 나비를 등장시켜, 혼자인 화자의 처지와 대비적으로 상황을 제시하고 있다. 흔히 남성과 여성으로 비유되기도 하는 꽃과 나비를 등장시켜, 철마다 반복되는 그들의 애정 형상을 그리고 있다. 그러나 이러한 상황은 결국 종장에서 가고 오지 않는 님과 대비되어, 실연당한 화자의 처지를 강조하고 있다. 초장에서 상대를 향한 꽃과 나비의 적극적인 애정의 행태는 화자가 느끼는 상실감의 깊이를 더해주고 있다고 하겠다.

문제는 이러한 작품들에서 예외없이 화자가 여성, 또는 여성적 목소리를 지닌 존재로 제시되어 있다는 사실이다. 화자가 떠나려는 님을 때로 만류하기도 하나, 그러한 행위는 대세를 되돌리기에는 역부족이다. 그리고 작품 속에서 떠난 님의 상황이 어떤지는 전혀 문제가 되지 않으며, 화자는 단지 기다리며 인내하는 모습을 보일 뿐이다. 더욱이 그러한 상황을 타개하기 위한 아무런 현실적인 방안도 제시되어 있지 않다. 이별의 상실감을 드러내고, 현재 상황에 대한 수동적이며 체념적인 면모가 두드러지게 나타날 뿐이다. 두 번째의 작품은 사대부인 이정보의 작품이다. 남성 작가들조차 이러한 상황을 작품 속에 그려낼 때, 화자를 여성으로 설정하였다는 사실을 여실히 보여주고 있다. 곧 시조 향유자들은 이별한 님을 기다리며 그리워하는 상황 속에는 항상 여성이 화자로 내세워져야 한다고 인식했다는 것을 말해주고 있다.[12)]

언약(言約)이 느져 가니 벽도화(碧桃花)도 다 지거다
아춤에 우ᄂᆞᆫ 가치 유신(有信)타 ᄒᆞ랴마ᄂᆞᆫ
그러나 경중아미(鏡中蛾眉)를 다ᄉᆞ려나 보리라. <병가 *562, 박희서, #1989>

청천(靑天)에 ᄯᅥᆺᄂᆞᆫ ᄆᆡ가 우리 님의 ᄆᆡ도 갓다
단장고 ᄉᆡᆺ깃헤 방울 소ᄅᆡ 더옥 ᄀᆞᆺ다
우리 님 주색(酒色)에 즘겨 ᄆᆡ ᄯᅥᆺᄂᆞᆫ 줄 모로ᄂᆞᆫ고. <병가 *645, #2896>

ᄭᅮᆷ으로 차사(差使)을 삼아 먼ᄃᆡ 님 오게 ᄒᆞ면
비록 천리(千里)라도 순식(瞬息)에 오련마ᄂᆞᆫ
그 님도 님둔 님이니 올ᄯᅩᆼ 말ᄯᅩᆼ ᄒᆞ여라 <병가 *672, #340>

---

12) 이러한 면모는 이정보의 다른 작품들과 비교해 보았을 때 그 의도가 분명하게 드러난다. 풍류를 즐기는 모습을 표출한 그의 다른 작품들에서는 화자가 남성으로 설정되고, 풍족한 여건이 구비된 상태에서 삶을 즐기는 도도한 의식이 드러나고 있음을 알 수 있다.

이 작품들 역시 표출된 정서는 앞의 것들과 유사하게 기다림을 주조로 하고 있다. 첫 번째 작품에서 화자는 님과의 언약이 지켜지기를 바라고 있지만, 벽도화가 다 지도록 님에게서는 아무런 소식도 없다. 새로운 손님이 온다는 징표인 까치의 울음소리를 듣고 혹시나 하는 마음을 품고, 거울 앞에 앉아 님을 위해 단장을 하는 화자의 모습이 잘 나타나 있다. 초장에서 님과의 약속이 실현될 것을 기약하고 시간만 보내는 화자의 모습이 제시되어 있다면, 중장과 종장에서는 그럼에도 기다림을 포기하지 않겠다는 의지를 드러내고 있다. 까치의 울음소리가 언약에 대한 미련을 더해주고 있으며, 그 미련은 그대로 거울 앞에서 단장하는 화자의 모습으로 이어진다. 그렇지만 이 작품 역시 막연한 기다림을 주조로 하고 있어, 화자의 수동적인 면모가 확연히 드러나고 있다. 이 작품의 작가는 남성인데 반해, 작중 화자는 종장의 '경중아미(鏡中蛾眉)'라는 표현으로 보아 여성으로 설정되었다. 앞서 이정보의 작품을 통해서도 확인했듯이 기다림이라는 주제를 표현할 때, 작가가 비록 남성일지라도 화자가 여성으로 설정되는 것은 보편적인 현상이었다.

두 번째 작품에서는 작중의 상황이 보다 구체적으로 제시되어 있다. 화자의 님이 '주색에 즘겨'있다는 표현에서 남성이며, 화자는 그러한 상대를 기다리는 여성임을 알 수 있다. 이 작품은 특이하게도 매를 매개로 설정하여 님과의 관계를 설명하고 있다. 화자의 님은 매사냥을 즐기고 청루(靑樓)를 찾을 정도로 호사스러운 생활을 하고 있는 존재이다. 님은 주색에 잠겨 있어 자신의 매가 날아간 것도 모르는데, 그 님을 기다리는 화자는 매의 단장이나 표식을 보고 님의 매인줄 짐작한다는 내용이다. 화자는 '우리 님'을 강조함으로써, 주색에 빠져 있는 상대조차도 용인하며 기다리겠다는 의도를 나타낸 것으로 보인다.

세 번째 작품은 헤어진 님과의 매개로 꿈을 설정하고 있는 작품이다. 화자와 님과의 거리를 나타내는 '천리'라는 단어는 물리적인 거리라기보다는, 심리적인 거리로 해석할 수 있겠다. 아무리 멀더라도 님과의 애정이 전제되어 있다면 순식간에 극복할 수 있는 거리인 듯이 여겨지지만, 이미 현실적으로

좁히기 어려운 거리임이 분명하다. 때문에 님과는 이미 멀어질대로 멀어진 사이라 할 수 있고, 그와의 만남은 꿈속에서만이 가능하다는 인식을 전제로 하고 있다. 현실적으로 불가능하더라도 꿈속에서만은 자유롭게 만날 수 있기 때문이다. 그러나 종장에서 알 수 있듯이, 현실 속에서 님을 만나는 것이 쉽지 않다는 것을 화자도 인식하고 있다. 화자의 님은 '님둔 님'이기에 자신에게 돌아올 가능성이 거의 없기 때문이다. 이 작품 역시 화자의 성별이 분명히 드러나지 않았지만, 여성적인 정조를 지닌 것으로 해석할 수 있겠다.

이 작품들에서 화자인 여성은 아무런 기약없이 님을 기다리고, '주색에 빠진 님' 혹은 '님둔 님'을 기다리는 존재로 그려지고 있다. 상대 남성에 대해서 어떠한 적극적인 수단을 마련하지 못한 채, 그저 수동적으로 상대에게서 자신이 '선택'되기를 기다리고 있다. 남성 작가들에게서도 이러한 경향의 작품이 보이는 것은 주의를 요한다. 아마도 이러한 작품들이 주로 연행 공간에서 불려지기 위해 창작되었을 것이기 때문이다. 특히 이러한 작품들이 연행될 때에는 단지 작품 속의 상황 자체에 대해서 향유자들의 관심이 기울여진다. 즉 화자의 일방적인 인고와 기다림이 관심의 대상이며, 그러한 제재는 연행에 있어서 흥미를 배가시켜 주는 요인이 되는 것이다.

많은 작품들에서 그러한 수사적 장치로 눈물을 사용하고 있음은 주목을 요한다. '눈물'이란 인간의 감정이 지나칠 때 나오는 것이다. 따라서 창작을 할 때 님을 기다리는 화자의 고양된 감정을 드러내고자 한다면 누구든지 손쉽게 그것을 이용할 수 있다. 더욱이 시조가 짧은 형식에 간결한 표현만을 사용해야 한다는 점에서 주제를 효과적으로 드러내기 위한 감정의 과잉은 흔히 나타나기도 한다. 특히 이러한 작품들이 연행될 때, 향유자들은 화자가 느끼듯이 슬픔 속에서 작중의 상황을 인식하는 것이 아니라, 오히려 일정한 거리를 두고 흥미있는 소재로 인식하기가 쉽다.

대상 작품 중에서 이 부류의 작품이 가장 많은 비중을 차지한다는 점에서 시조 향유자들의 인식의 일단을 파악할 수 있겠다. 향유자들은 이들 소재에 대해서 많은 관심을 기울였고, 창작 또한 그러한 인식을 바탕으로 이루어졌음을 알 수 있다. 그들에게는 화자의 소망이 이루어질 것인가에 대해서는 아무런 관심이 없고, 다만 그러한 감정이 얼마나 더 절실하게 작품 속에 표현되는가 하는 점이 더 중요한 문제였던 것이다. 때문에 작품 속에 그려진 여성은 더욱 수동적이고, 남성을 향한 자신의 감정을 극대화시켜야만 한다. 특히 시조라는 갈래가 남성들의 의식을 기반으로 하고 있으며, 창작이나 향유에까지 남성들이 주가 된다는 점에서 이러한 면모는 어찌보면 당연한 것이라고 할 수 있다.

2) 대상화된 존재로서의 여성

이 항목에서 다룰 작품들은 화자가 남성으로 등장하며, 화자의 대상이 되는 여성은 매우 구체적인 형상으로 그려지고 있다. 그러나 이 경우에도 상대인 여성이 화자를 어떻게 생각하는가 하는 점은 작품 속에서 그리 중요하지 않다. 단지 남성들에 의해 긍정적으로 여겨지는 존재가 어떤 형상인지만을 문제삼고 있을 뿐이다. 때문에 작품 속에서 여성들은 대상화된 존재로 그려지고 있다. 여성의 모습은 대부분 미색(美色)을 지니고 있는 존재로 상정되어 있으며, 그러한 여성은 자신의 목소리를 잃어버리고 남성들에 의해 철저히 도구적인 존재로서만 기능한다. 즉 화자인 남성에 의해서만 평가되고 인정받을 뿐이다.

천중 단오절(天中端午節)에 옥호(玉壺)에 술을 넣고
녹음 방초(綠陰芳草)에 백마(白馬)로 도라 드니
벽류(碧柳)에 여랑 추천(女娘鞦韆)이 탕자정(蕩子情)을 빈안다.

<병가 *568, #2780>

세사(世事)ᄂᆞᆫ 금삼척(琴三尺)이오 생애(生涯)는 주일배(酒一杯)라
서정 강상월(西亭江上月)이 두렷이 ᄇᆞᆰ아ᄂᆞᆫᄃᆡ

동각(東閣)에 설중매(雪中梅) 다리고 완월 장취(翫月長醉) ᄒᆞ리라.

<병가 *650, #1609>

첫 번째 작품은 가절(佳節)에 술과 풍류를 즐기며 허랑하게 지내는 풍류 남아의 한 면모를 포착하여 형상화하고 있다. 스스로 탕자(蕩子)라 표현한 화자는 녹음 방초가 우거진 경치를 백마를 타고 유람하며 풍류를 즐기고 있다. 더없이 호기로움을 향유하는 속에서, 단오날 그네를 타는 여성은 화자의 풍류를 재촉하는 하나의 도구로서만 기능할 뿐이다. 이 작품에서 여성은 구체적인 형상으로 등장하지 않고, 풍류를 즐기기에 적절한 조건 속에서 단지 그에 어울리는 하나의 대상화된 존재로 나타나고 있다. 남성들이 풍류에 적합한 조건이 무엇인가를 이 작품을 통해 보다 구체적으로 형상화하고 있다고 하겠다.

두 번째 작품 역시 같은 맥락에서 이해할 수 있다. 이 작품의 화자는 남성이며, 그가 추구하는 바는 '금(琴)과 주(酒)'로 상징되는 풍족하고 여유 있는 생활이다. 이 작품에서 중장과 종장의 '강상월(江上月)'과 '설중매(雪中梅)'는 표현 그대로 자연 사물이라 할 수도 있지만, 서정(西亭)과 동각(東閣)에서 남성의 풍류를 돕는 존재인 기녀를 중의적으로 표현하고 있다고 해석된다. 그렇다면 화자는 거문고와 술 이외에 여성들을 대동하여 자신의 풍류와 흥취를 즐기겠다는 의지를 드러내고 있는 것이다. 흔히 주색으로 표현되는 남성들이 바라는 풍류적인 생활상의 면모를 그대로 작품 속에 담아내고 있다.

이와 같이 풍류나 유흥 공간에서 여성을 등장시키는 경향의 작품들은 남성 화자가 등장하는 작품들 속에서 흔히 등장한다. 이러한 작품에서는 여성은 남성들의 존재를 부각시키기 위한 보조적인 존재로 취급되고 있을 뿐이다. 결국 여성은 철저하게 대상화되어, 남성들의 즐거움을 만족시키기 위한 이외의 어떠한 역할도 작품 속에서 하지 못하고 있는 것이다. 위의 작품들 역시 남성인 화자는 도도한 흥취를 드러내면서, 여성을 '탕자정'을 재촉하거나 '완월 장취'의 수단으로서만 여기고 있음을 알 수 있다.

옥(玉)ᄀᆞᆺ튼 한궁녀(漢宮女)도 호지(胡地)에 진토(塵土) 되고
해어화(解語花) 양귀비(楊貴妃)도 역로(驛路)에 ᄇᆞ렷ᄂᆞ니
각씨(閣氏)ᄂᆡ 일시 화용(一時花容)을 앗겨 무슴 ᄒᆞ리오. <병가 *694, #2095>

금준(金樽)에 주적성(酒滴聲)과 옥녀(玉女)의 해군성(解裙聲)이
우성지중(雨聲之中)에 어ᄂᆡ 소ᄅᆡ 더 됴흐니
아마도 월침 삼경(月沈三更)에 해군성(解裙聲)이 더 됴해라. <병가 *730, #388>

앞의 작품은 남성인 화자가 여성을 유혹하기 위하여 한궁녀와 양귀비의 고사를 들고 있다. 결국 아무리 아름다운 여자라도 죽고 나면 아무 것도 남는 것이 없으니, 자태가 고울 때 자신을 알아주는 화자(남성)에게 관심을 보이라는 의미를 담고 있다. '일시 화용'을 아끼지 말라는 언술에서 우리는 여성을 인식하는 화자의 태도를 알 수 있다. 다시 말한다면 남성인 화자에게 있어서 상대인 여성은 일시적인 미모를 통해서만 인정을 받을 수 있다는 것에 다름 아니다. 그 미모가 다하거나 변한다면 화자는 물론 어떤 남성도 그 여성에게 관심을 기울이지 않을 것이라는 전제가 내포되어 있다. 즉 '화용(花容)'은 남성에게 선택될 수 있는 여성의 유일한 자질이라는 것으로까지 읽히고 있다.

뒤의 작품은 소리를 소재로 하여 성적인 이미지를 담아내고 있는 특이한 작품이다. 술잔에 술을 따르는 소리(酒滴聲)와 치마를 벗는 소리(解裙聲)를 빗소리(雨聲) 속에 들으면 어떤 것이 좋겠는가 자문하고, 이들 소리 중에 치마를 벗는 소리가 가장 좋다고 자답하고 있다. '월침 삼경'에 들리는 '해군성(解裙聲)'은 은근히 성적인 이미지를 강화시켜 주고 있다. 평시조에서 이러한 소재를 담고 있는 것이 매우 특징적이다. 그러나 그 치마를 벗는 존재도 또한 '옥녀(玉女)'로 표현되는 미모를 지닌 여성이다. 다분히 성적인 이미지를 지니고 있는 이러한 작품들에서 대상화된 여성은 미모를 지니고 있어야만 하는 것으로 그려지고 있다. 이것은 이러한 작품을 향유한 남성들이 여성을 어떻게 인식하고 있었는가를 잘 보여주고 있다고 하겠다.

이밖에도 남성 화자를 등장시켜 여성을 묘사하는 작품들은 대부분 이러한 면에서 크게 벗어나지 않는다. 작품 속에서 여성의 목소리는 철저히 배제되며, 그저 남성들의 흥취를 돕는 대상화된 존재로 그려지고 있을 뿐이다. 따라서 작품 속의 여성 형상은 남성들의 관념 속에서 이상화되어 만들어진 모습인 것이다. 시조 속의 여성상은 '여성은 이렇다'가 아니라 '여성은 이래야만 한다'라는 남성들의 선험적 이해 속에서 형성된 것이다. 이러한 인식에서 여성의 객관적이고 주체적인 모습이 그려질 수는 없을 것이다. 결국 이 작품들에서는 항상 남성들의 태도나 의식을 표출하는데 초점을 맞추고 있을 뿐, 여성의 형상은 남성들의 시각 속에서 재단되고 이상화된 형태로만 존재하게 된다.

3) 능동적 존재로서 여성의 목소리

앞의 두 유형과는 달리 작품 속에서 여성의 목소리가 좀 더 자기화되어 표출되는 경우도 많지는 않지만 종종 발견된다. 여성 화자가 애정 또는 성적인 욕구를 적극적으로 드러내기도 하여, 막연한 그리움을 표출하고 있는 작품군들과는 사뭇 다른 면모를 보인다. 그러나 여성들이 주체적인 목소리를 담아낼 때, 대부분 그 주제가 애정이나 성을 다루고 있다는 점은 분명히 지적되어야 한다. 이 작품들이 지닌 의미는 시조라는 갈래와 여성 형상의 문제, 그리고 향유 방식의 문제 등을 종합적으로 고려할 때 좀 더 명확히 규정될 수 있기 때문이다. 비록 그 한계가 보이기는 하지만, 피상적이고 일방적인 형상으로 그려지고 있는 여성상과 비교해 본다면 이 유형의 작품들이 지닌 의미가 한 걸음 더 나아간 지점에 서 있음이 분명하다.

닭아 우지 마라 일 우노라 ᄌᆞ랑 마라
반야 진관(半夜秦關)에 맹상군(孟嘗君) 아니로다
오ᄂᆞᆯ은 님 오신 날이니 아니 우다 엇더리. <병가 *636, #787>

간밤에 이리 져리 ᄒᆞᆯ ᄌᆡ 긔 뉘라셔 아돗던고
앵무(鸚鵡)의 말이런지 두견(杜鵑)의 허사(虛辭) ㅣ런지
ᄂᆡ ᄣᅣᆷ에 분(粉)이 제게 무더 간가 ᄒᆞ노라. <병가 *741, #70>

등잔(燈盞) 불 그무러 갈 ᄌᆡ 창전(窓前) 집고 드ᄂᆞᆫ 님과
ᄉᆡ벽 달 지실 적에 고쳐 안고 눕ᄂᆞᆫ 님은
진실(眞實)노 백골 진토(白骨塵土) 된들 이즐 줄이 이시랴. <병가 *742, #940>

위에 인용된 작품들은 모두 화자의 목소리가 좀 더 능동적인 면모로 표출되고 있다. 첫 번째 작품에서 화자의 님은 날이 새면 떠나야만 하는 존재로 그려져 있다. 그리하여 닭이 울어 날이 새는 것을 알리지 않았으면 하는 것이 화자의 심정이다. 사실 날이 새는 것과 닭이 우는 것과는 아무런 상관이 없다. 그러나 그렇게라도 하여 님을 붙잡고 싶은 화자의 심정은 이미 그러한 이성적인 사고와는 거리가 있다. 더욱이 닭의 울음에 얽힌 맹상군의 고사를 들어 설명하는 것은 전혀 어울리지 않는 상황이며, 닭이 울지 않으면 님이 가지 않으리라는 화자의 생각 역시 정상적인 인식과는 차이가 있다. 그러나 그만큼 님과 같이 있고 싶어하는 의식이 잘 드러나 있다. 전반적인 작품의 주조로 보아 이 작품의 화자는 여성 또는 여성적 목소리를 지닌 존재로 파악하는 것이 무난하다고 여겨지고, 화자의 상대가 되는 남성의 구체적인 형상 역시 뚜렷하게 제시되지 않았다.

두 번째 작품은 밤에 남녀 사이에 벌어진 애정의 모습을 질탕하게 그려내고 있다. 초장은 그러한 모습을 그대로 담아내고 있으며, 중장에서는 애정 행각을 벌이면서 주고 받은 남녀 사이의 대화를 앵무와 두견의 말로 표현하였다. '앵무의 말'이나 '두견의 허사'는 듣기에는 좋지만, 구체적인 내용이 없는 공허한 말들일 뿐이다. 'ᄂᆡ ᄣᅣᆷ에 분'이라는 표현을 통해서 화자가 상대 남성을 위해 화장을 했었던 여성이라는 것을 알 수 있다. 특히 종장에서는 내 뺨의 분이 상대에게 묻어갔다는 표현을 통해서 간밤의 벌어진 일의 실상을 좀

더 분명한 어조로 표출하고 있는 셈이다. 작품 속에서 상대인 남성은 직접 드러나지 않고, 다만 화자인 여성의 목소리를 통해서 그 존재를 확인할 수 있을 뿐이다. 특히 이 작품은 구체적인 욕구가 실현되는 상황을 제시하고 있다는 점에서, 성적인 면모를 다룬 사설시조의 상황과 유사함을 알 수 있다. 그리고 이 작품에서 애정의 상황을 주도하는 것은 화자인 여성이다.

마지막 작품 역시 성적(性的)인 면모를 여실히 드러내고 있는 작품이다. 초장과 중장에서 그려진 '님'은 깊은 밤이나 새벽녘에 화자의 욕구를 충족시켜줄 수 있는 존재이다. 밤늦은 시각에 남몰래 자신을 찾아주는 님이나 밤이 다 지샐 무렵 다시 안아주는 님은 화자에게 있어서 잊을 수 없는 존재들이다. 특히 초장의 '창전(窓前) 집고 드는 님'은 화자와는 사회적 관계에서 정상적이지 않음이 분명하다. 여성인 화자는 이러한 대상들과 벌인 애정 행위에 대해서 미련을 담아내고, 그 님들에 대해서 '백골이 진토'가 되더라도 잊을 수 없다는 토로를 하고 있다. '백골 진토'라는 표현은 임금에 대한 변함없는 충(忠)을 상징하는 수사였는데, 이 작품에서는 애욕의 대상이 되는 상대를 잊지 않겠다는 뜻으로 변용되어 사용되었다. 이렇듯 기존 시가의 관습적 표현마저 전혀 다른 의미로 사용하는 것이 조선 후기의 애정시조에서는 흔히 보이는 현상이다.

이 작품들에서 시적 대상인 남성들은 화자인 여성에 대해 단지 대상화된 존재로서 그려지고 있다. 특히 이 작품들이 구체적인 애정의 실현이라는 문제를 다루고 있는데, 남성은 여성의 욕구를 충족시켜주는 존재로 그려지고 있음도 주목해야 할 것이다. 이것은 달리 말한다면 남성이 여성의 미색에 대해서 관심을 기울여 대상화하고 있음에 비해, 여성 또한 남성의 성적인 능력을 조건으로 삼고 있다는 것을 알 수 있다. 그렇다면 이 부류의 작품들은 다루고 있는 주제나 구체적인 표현들에서는 다소의 차이를 보이고 있지만, 두 번째 항목에서 살펴본 작품들의 형상화 방식과 매우 닮아 있음을 알 수 있다.

다시 말한다면 화자가 남성이냐 여성이냐의 차이가 분명하게 존재하고, 여성 화자의 목소리가 애정의 구체적인 실현 양상에 대해 적극적인 면모를 보여주고 있는 것은 사실이다. 그러나 두 작품군들 모두 여성이라는 문제에 초점을 두고 접근할 때, 미모 혹은 성에 대한 적극적인 관심이라는 점에서 상통하는 면이 있다. 적어도 주로 남성이었던 시조 향유층들이 바라보는 여성의 조건 혹은 여성을 통해서 다루고자 하는 주제가 바로 이러한 미모나 성적인 것들이라고 해석할 수 있겠다.

주로 남성인 시조 작가들은 자신의 목소리를 통해서 여성을 미색을 지닌 존재로 대상화하고 있으며, 또 다른 측면에서 여성 화자를 내세워 남성의 성적인 능력에 관심을 기울이게 했던 것이다. 두 부류의 작품은 여성의 모습을 흥미 위주로 그리고 있으며, 단지 그것을 어떠한 방식으로 형상화 했는가 하는 점에서 차이를 보일 뿐이다. 결국 이것은 동일한 문제를 두 개의 방식으로 나누어 형상화한 것이라고 할 수 있다. 이러한 현상은 시조의 향유 방식 속에서 그 해석의 단서를 찾을 수 있으며, 시조 속에 나타난 여성의 이미지가 일정한 경향을 띠고 나타나는 것은 그것을 향유한 사람들의 의식 속에 그러한 관념이 일반적이었음을 말해 준다.

4. 시조에 나타난 여성 이미지 다시 읽기

시조 속에 나타난 '남성적' 요소와 '여성적' 요소는 분명한 차이를 보이고 있다. 대체적으로 남성은 강함 · 용맹 · 능동적 · 진취적인 것의 표지를 지니고 있음에 비해, 여성은 부드러움 · 약함 · 수동적 · 아름다움과 같은 것으로 표현하고 있다. 이것은 시조 속에서뿐만 아니라 여타의 문화 현상 속에서도 보편적으로 통용되는 시각이다. 이러한 시각은 사회를 주도적으로 이끄는 남성들에 의해 고착화되고, 교육과 문화적 관습을 통해서 더욱 견고해진다. 이러한 인식이 사회 속에서 보편적인 것으로 통용됨으로써, 하나의 이데올로기를 형성하게 된다.[13] 이렇게 이데올로기화한 인식은 여러 가지 방식으로 사회의 성원들에게 전파되는데, 그 중에서도 문학 텍스트를 통하여 자연스럽게 향유자들에게 전파되기도 한다. 시조 역시 당대에 보편적으로 받아들여졌던 갈래라는 점에서 이런 역할을 수행하였으리라는 것은 자명하다.

따라서 우리는 문학 텍스트에 담긴 면모를 점검하고, 그것에 담긴 의미를 추출해야만 할 것이다. 사람들은 '자신들이 살고 있는 세계를 언어로 재현할 수 있게 되면서 불가피하게 언어에 내재해 있는 가치 체계들을 통해 세계를 인식하게 된다.'[14] 때문에 언어 혹은 문학 텍스트를 배우는 과정에서 그 속에 숨겨져 있는 인식을 아무런 의심 없이 '자연스럽게' 받아들이게 된다. 이러한 관점에서 우리는 언어를 통해 '여성다움'과 '남성다움'의 자질들에 대해서 인지하고 수용하게 되는 것이다. 이것은 언어를 통한 자연스러운 이데올로기 형성의 방식에 해당한다. 그렇다면 역으로 작품 속에 담긴 여성의 이미지를 추출해 내어 그 의미를 따져들어 간다면, 그 갈래 자체의 그리고 갈래 향유층들이 이상적으로 그리는 여성의 형상을 재구할 수도 있을 것이다.

앞서도 언급했듯이 시조 작품 속에서 남성과 여성을 인식하는 방식은 매우 차이가 난다는 것을 지적했다. 상당수의 작품들에서 작가가 남성임에도 불구하고, 여성의 목소리를 빌어 주제를 표출하는 것을 볼 수 있었다. 그러나 실상 여성적 목소리가 필요한 작품들은 대부분 애정시조에 한정되어 있음을 알 수 있다. 특히 여성들의 목소리가 보다 능동적으로 제시된 작품들도 여지없이 애정 혹은 성을 다룬 작품들인 것이다.

이러한 의미를 천착해 들어간다면 우리는 시조 향유층들이 여성을 어떻게 인식하고 있었는가를 알 수 있을 것이다. 시조는 형성과 변화의 전 역사적 과정 속에서 항상 남성들이 주도한 갈래였다. 그 향유의 방식에 있어서도 비록 기녀들이 노래를 부르더라도, 그것을 듣고 향유하는 존재들은 그들의 좌상객으로 존재했던 남성들이었다. 시조의 수용자가 대부분 남성들이었다는 사실은 그 갈래적 속성에 이미 '남성적'인 요소가 전제되어야 함을 말해주고 있

13) 이데올로기는 의식적인 신념 체계를 말하는 것이지만, 우리가 발 딛고 있는 '현실'을 인식하는 방식을 뜻하기도 한다.

14) 팸 모리스, 『문학과 페미니즘』(강희원 옮김, 문예출판사, 1997), 24면.

다. 때문에 여성 작가들이 작품을 창작할 때조차, 그것의 수용자인 남성들의 시각을 항상 염두에 두어야만 했을 것이다. 결국 익숙한 시적 관습 속에서 작품을 창작함으로써, 작품 속의 상황은 여성의 입장보다 남성의 입장이 더 고려되게 된다. 여성 작가들의 작품조차 대부분 기존의 시적 관습 속에서 크게 벗어나지 않았음은 이를 반증해 주고 있다. 다시 말한다면 작가가 그 내용을 이끌고 주도하기보다는, 시조라는 갈래가 지닌 속성에 작가의 의식이 편입되어 갔다는 것이다.

이렇듯 '남성성'을 지니고 있는 시조에서 여성 화자의 등장은 어떤 의미를 지니게 되는가? 이에 답하기 위해서는 먼저 시조에서 어떤 경우에 여성 화자를 등장시키는가를 살펴볼 필요가 있다. 여성 화자가 등장하는 거의 대부분의 작품들은 애정을 그 주제로 하고 있다. 더욱이 그 속에 그려진 여성의 이미지는 미세한 차이를 고려할 때 다양한 양상을 표출하고 있다고 할 수 있지만, 결국 몇 가지의 경향성을 띠고 나타난다. 시조를 지배하는 여성의 이미지는 이러한 경향 속에서 해석될 수 있다는 말이다. 시조 향유가 남성들에 의해 주도되었다면, 실상 작품 속에 보여지는 이러한 경향은 시조 향유층들이 그들의 관념 속에서 지니고 있었던 여성의 모습이라 할 수 있을 것이다.

애정에 대한 절실한 토로가 주로 여성 화자의 목소리를 통해서 이루어지고 있다는 것은 시조라는 갈래에서는 그것을 당연하게 받아들였다는 것으로 해석된다. 비록 남성 작가일지라도 애정을 표현하는 경우에는 여성 화자를 설정하여 형상화하는 경우가 일반적이다. 이것은 시조라는 갈래가 재생산되면서 마련한 하나의 견고한 이데올로기였던 것이다. 이 경우 작가가 누구인가 하는 문제는 그리 중요하지 않다. 보다는 더 근원적으로 이미 형성된 시적 관습 속에서 자신의 생각을 담아내는 것이 더 자연스러운 요소로 작용하고 있었기 때문이다. 이것은 또한 당대의 주류적인 관념인 남성중심적인 사고를 반영하고 있는 것이기도 하다.

시조 속의 여성은 항상 누군가를 기다리는 수동적인 존재로 그려진다. 그러면서 상대인 남성을 위해서 끊임없이 기다리거나, 아니면 애절한 그리움을 표출해야만 한다. 이것이 시조라는 갈래가 요구하는 여성 이미지의 전형이었다. 더욱이 그것을 효과적으로 드러내기 위해 작중의 여성은 '님'을 그리워하며 눈물을 흘리기도 한다. 그리고 작중의 여성은 상대가 자신을 사랑하는지에 대해서는 관심을 기울이지 않는다. 오히려 자신이 '님'을 절실히 그리워하며 사랑하고 있다는 것만을 표출하면 된다. 때문에 종종 화자의 상대가 '남의 님'으로 설정되기도 한다. 이것은 화자의 입장에서 보면 대단히 불합리한 것이다. 그러나 시조의 화자는 그것을 문제삼지 않는다. 이것은 시조 속의 여성 화자들이 자신의 입장에서 사고하지 않았다는 것을 드러내주고 있다. 쌍방의 교호 속에서 이루어지는 애정보다도, 자신의 일방적인 감정의 표출에 머무를 뿐이다. 이러한 여성상이 긍정적으로 평가될 수 있는 것은 아닐 것이다. 그렇다면 이것은 '만들어진' 여성상이라는 해석이 가능하다. 즉 시조 향유자인 남성들의 관념 속에서 형성된 여성의 이미지인 것이다. 풍류의 공간을 찾는 남성들에게 있어서 자신이 여성을 사랑하는가는 중요하지 않으며, 오히려 여성이 남성을 얼마나 절실하게 생각하고 있는가가 더 중요한 문제였기 때문이다.

남성들의 시각에 의해서 여성은 단지 남성들의 존재를 부각시키기 위한 부수적인 역할에 만족해야만 한다. 이 경우 남성들에 의해 '선택'되는 여성의 자질은 바로 미모이다. 남성인 자신을 돋보이게 하는 요소이기 때문에, 여성의 심성이나 능력은 아무런 문제가 되지 않는다. 오로지 외적인 미모에만 관심을 두고 있을 뿐이다. 여기에서 상대인 여성이 그 미모를 잃어버린다면 남성은 더 이상 그 상대를 고려의 대상으로 여기지 않게 된다. 이런 텍스트 속에서 바람직한 여성상이라든가 바람직한 애정의 모습이 제시될 리가 없다. 단지 여성은 주체인 남성에 의해서 그 중 한 조건에 의해서만 선택되어지는 존재에 불과할 따름이다. 여기에서 시조라는 갈래에서 남성중심적 인식이 지닌 '폭력성'이 여실히 드러나게 된다.

또한 여성들이 비록 능동적인 자기 목소리를 내게 될 때에도, 여성들에게 '선택'되는 남성은 성적 능력을 지닌 존재이다. 여성들에게 있어서는 남성의 다른 조건은 문제가 되지 않는다. 이밖에도 풍채좋은 존재가 상정되기도 하나, 그것은 결국 인간의 본원적인 욕구를 충족시켜 줄 수 있다는 점에서 동일하게 고려된다. 그러나 문제는 이러한 능동적인 여성의 목소리가 과연 '누구를 위한 것인가' 하는 점이다. 물론 여성의 입장이 고려되었을 수도 있겠지만, 결국 남성의 시각에 의해서 굴절된 형상이라는 것이다. 애정과 성에 대해서 관심을 보인다는 것은, 다시 말하자면 그것을 향유한 남성들의 시각은 그러한 여성들만이 남성들과 짝할 수 있다고 인식했다는 것을 말해주고 있다. 따라서 시조 속에서 적극적인 애정 표출이라는 주제가 가진 의미를 재점검할 필요가 있다. 결국 이러한 작품들 속에서조차 여성들의 목소리에는 남성들의 지배적인 관념이 깊숙이 침투해 있다는 것을 알 수 있다.

그렇게 본다면 시조는 결국 남성중심적 시각이 지배하는 갈래라는 것을 알 수 있다. 그 속에서 항상 능동적이고 주체적인 것은 남성일 뿐이며, 여성은 그것을 주도하고 이끈 남성들의 시각에 의해서 굴절되고 재단된 형태로만 살아남게 되었던 것이다. 다시 말한다면 시조에서는 여성의 실상과 정서를 그대로 반영하기보다는 '여성은 이래야 한다'는 관념을 제시하고 있다고 하겠다. 우리는 그동안 시조라는 갈래가 지닌 내용적 · 양식적 특성을 사적인 조망 속에서 다루어 왔다. 어느 누구도 시조라는 갈래가 지닌 '성(gender)'적인 특질에 대해서는 관심을 기울이지 않았다. 단지 그것을 소재적으로 파악한 것이 대부분이었다. 그러나 이제는 이러한 시각을 바탕으로 시조 속에 나타난 애정 형상과 그 의미를 좀 더 세밀하게 점검해야 하리라고 본다.

시조사에서 여성을 주체적이고 독립적인 존재로 인식하고 부각한 작품을 남긴 황진이라는 작가는 그런 점에서 예외적인 영역에 자리잡고 있다고 평가된다. 황진이의 시조도 애정을 다루고 있는 작품이 대부분을 차지하지만, 여성성의 관점에서 논한다면 작품 속에 표출된 면모는 지금껏 살펴본 작품들과는 전혀 이질적으로 느껴진다. 여성인 시적 화자가 세계의 중심에 서 있으며 상대 남성은 화자에 의해 선택되어질 수 있는 존재로 그려진다.

청산리(青山裡) 벽계수(碧溪水)야 수이 감을 ᄌᆞ랑마라

일도 창해(一到滄海)ᄒᆞ면 다시 오기 어려오니
명월(明月)이 만공산(滿空山)ᄒᆞ니 쉬여 간들 엇더리.
<청진 *286, 황진이, #2858>

주지하다시피 이 작품은 '명월(明月)'과 '벽계수(碧溪水)'라는 자연물이 작가 자신과 남성을 지칭하는 중의적 의미를 담고 있는 작품이다. 본고에서는 이 작품의 자세한 의미를 따지기보다 작품에 구현된 여성 형상의 면모와 그 의미를 지적하고자 한다. 기녀시조를 포함한 대부분의 애정시조에서 여성은 대상화되고 수동적인 존재로 그려지고 있을 뿐이다. 그러나 황진이의 시조에서는 여성인 화자가 항상 중심적인 위치를 차지하고, 상대 남성은 '수이 감'이나 '다시 오기 어려'운 존재로 그려진다. '명월'은 '공산(空山)'을 가득 채우며 항상 변함없이 사물을 비추는 변화하지 않는 존재로 그려지고 있다. 즉 명월로 표현된 시적 화자인 여성은 자신의 자리를 굳건히 지키는 존재이며, 상대 남성인 벽계수는 언제든지 흘러 가버릴 수 있는 존재인 셈이다.

때문에 이 작품에서는 상대 남성을 얼마나 사랑하는가 하는 일방적인 감정을 표출하는 것이 아니라, 상대 남성에게 '쉬여 간들 엇더'한가 라고 자신있게 말하고 있다. 이 작품에서 화자는 애정을 구걸하는 존재가 아니라, 애정을 적극적으로 구현하고 있는 주체로 역할하고 있다. 황진이의 다른 시조에서도 이런 면모는 쉽게 발견된다.[15] 그러나 황진이를 제외하면 어느 다른 작가에게서도 여성을 이처럼 주체적으로 다룬 작품은 좀처럼 발견할 수 없다. 때문에 적어도 여성문학의 관점에서 황진이가 이룩한 성과를 후대의 여성 작가들이 온전하게 계승하지 못했다고 하겠다. 그러나 남성중심적 시각이 지배하는 시조라는 문학 갈래에서, 이처럼 '여성성'의 문제를 적극적으로 제기한 작가와 작품도 있었다는 성과를 확인할 수 있다는 점은 중요하게 지적되어야 한다.

15) 필자는 황진이의 시조를 포함한 기녀 작가들의 시조의 특징과 미의식을 다루려는 별도의 논고를 준비 중에 있다. 황진이 시조의 성격에 관해서는 별도의 논문을 통해서 상세하게 다루기로 한다.

5. 맺음말

이상으로 시조문학에 나타난 여성 이미지의 성격과 그 의미에 대해서 간략하게 살펴보았다. 여성 형상을 표출하고 있는 대부분의 시조에서, 상대인 남성을 향한 여성의 일방적인 감정 토로가 주종을 이루고 있음을 확인했다. 중세적 관념 체계 속에서 '임금/신하'의 관계가 그렇듯이, '남성/여성'의 관계도 철저하게 주종의 관계를 형성하고 있었다. 따라서 비록 애정시조라 할지라도 여성의 남성에 대한 일방적인 감정만이 중요하지, 상대 남성이 그 여성을 어떻게 생각하는지는 그다지 중요하지 않다.

따라서 작품 속에서 여성인 화자는 자신의 감정을 노출하고 증폭시키는 것에 관심을 두고 있고, 상대인 남성이 자신을 얼마나 사랑하는가에 대해서는 관심조차 기울이지 않는 경우가 일반적이다. 화자의 상대 남성이 '님' 혹은 '떠난 님' 등과 같이 막연한 존재로 상정되는 것도 이러한 까닭이다. 때문에 이러한 양상을 담고 있는 작품들이 바람직한 의미에서의 애정시조일 수는 없을 것이다. 남성화자가 여성을 묘사할 때도 미색을 지닌 상대가 주로 등장한다. 여성의 목소리가 보다 능동적으로 나타나고 있을 경우에도, 그것은 남성들의 주된 관심사인 애정이나 성적인 소재를 다룰 경우에 한정된다. 따라서 시조 속에 보이는 '여성성'은 남성들의 시각에 의해 굴절된 형상으로 비춰진 것이다. 그것은 어쩌면 시조라는 갈래가 산생되고 성장해오면서 남성들에 의해 주도되었고, 남성들의 인식과 영향력이 작품의 창작과 향유에 적지 않게 반영된 결과라 해석된다.

여기에서 논해진 이러저러한 문제들이 시조 속에 나타난 여성 이미지를 정확히 추출해 냈다고는 장담할 수 없다. 하지만 어쨌든 작업의 진행 과정을 통해서 시조라는 갈래가 지닌 남성중심적 시각을 새삼 확인했다는 것이 성과라면 성과라 하겠다. 아울러 본 연구의 시각이 시조를 연구하는데 있어, 새로운 관점을 제시함으로써 연구 방법의 한 틀로 자리매김할 수 있기를 기대한다.

(『한국시가연구』 제8집, 한국시가학회, 2000)

시조에 구현된 여성적 목소리의 표출 양상

1. 머리말

시조문학은 그 형성기부터 대체로 남성들에 의해서 주로 창작되고 향유되어온 갈래이다. 기본적으로 시조 양식이 향유되고 성장해 오면서 남성들에 의해 주도되었기 때문에 대부분의 작품 속에 남성들의 인식과 미의식이 반영된 것은 당연한 것이라 할 수 있다. 물론 창작과 향유 과정에서 일부의 여성들이 참여하기도 했지만, 그 경우에도 남성들의 놀이 문화에서 보조적인 역할을 하는 경우가 일반적이었다. 따라서 작가가 알려진 것의 대부분은 남성 작가들의 작품이다. 여성 작가들의 작품은 남성들의 것에 비해 극히 소수에 불과하고, 그마저도 기녀들의 작품이 대다수를 차지하고 있다. 기녀시조의 경우 작품에 드러난 시적 감성이 주로 대남성적(對男性的)인 특징을 보이고 있다는 최근의 연구[1]는 시조사에서 기녀시조가 차지하고 있는 위치를 짐작할

1) 성기옥, 「기녀시조의 감성특성과 시조사」(『한국고전여성문학연구』 창간호, 한국고전여성문학회, 2000). 기녀시조의 특성으로 지적되고 있는 '대남성적 감성'이라는 것이 바로 남성들이 주도한 영역에, 이들 기녀들이 연창뿐만 아니라 창작에서도 남성들의 영향력을 의식했을 것이라는 사실을 짐작할 수 있다. 성기옥은 이 연구에서 기녀 작가들의 활동 시기를 추정하여, 그것의 역사적 흐름까지도 상세하게 지적해 내고 있다.

수 있게 한다.[2)]

이러한 작가의 분포 양상과 달리 화자의 측면에서 본다면, 개별 작품에서 시적 화자가 여성으로 제시되어 있는 경우는 적지 않다. 여성들의 작품은 주로 화자가 여성으로 설정되어 있지만, 남성 작가들의 작품에서조차 애정을 형상화하고자 할 때에는 여성 화자를 내세우는 경우가 드물지 않다. 물론 서정 양식인 시조에서 화자의 성(gender)이 명시적으로 드러나지 않아, 작품의 내용을 토대로 그것을 유추할 수밖에 없는 경우가 있다. 실제로 작품에서뿐만 아니라 문화적인 측면에서도 '여성적'인 특징을 남성들에게서 발견하기도 하고, 또 반대로 여성들에게서 '남성적'인 특질을 찾아내기도 한다.[3)] 그러나 문제는 그것이 선입관에서든 아니면 문화적인 환경에서든 사람들이 특정 작품의 정조를 '여성적'이라고 인식한다는데 있다.

따라서 향유자가 특정 작품을 대면하고 시적 화자의 목소리를 여성적이라고 느끼게 된다면, 그렇게 인식하는 이유가 무엇인지를 따질 필요가 있다. 물론 작품 속에서 화자의 목소리가 남성적인가 혹은 여성적인가를 분명히 구별해내는 것은 쉽지 않다. 또한 그 목소리가 화자의 실제적인 목소리인가 아니면 누군가에 의해 가탁된 것인가의 여부도 중요하다. 이러한 문제는 실상 유교적 이념이 견고하게 작용했던 조선시대의 사회·문화적 관습과의 관련을 따지는 속에서 해명되어야 할 사안이기도 하다. 이에 대해서는 작자가 남성과 여성으로 분명하게 드러나는 '연군시조'와 '기녀시조'의 성격을 통하여, 논의를 진행하면서 부분적으로 지적될 수 있을 것이다.

본고는 시조 작품 중에서 여성 화자가 등장하는 작품을 검토하여, 시조라는 양식 속에서 그것이 어떻게 구현되고 있는가를 따지는 것을 목적으로 한다. 앞에서 언급했듯이 화자의 성이 분명하게 제시되어 있지 않은 경우, 작품

---

2) 물론 이러한 양상 속에서도 기녀시조가 이룬 '여성성'의 문제는 중요한 성과로 지적할 수 있다. 기녀시조의 성격과 특징에 대해서는 필자가 별도의 연구를 진행하고 있고, 이에 대해서는 앞으로의 연구 결과에 미루기로 한다.

3) 팸 모리스, 『문학과 페미니즘』(강희원 옮김, 문예출판사, 1997), 15면.

에 드러난 정조를 통해서 유추해 낼 수 있을 것이다. 시적 화자가 분명히 여성이라고 파악할 수 있는 작품뿐만 아니라, 여성이라고 추정할 수 있는 작품을 여기서는 '여성적 목소리'라는 용어로 묶어 살펴보기로 한다.[4] 물론 시적 화자의 성을 구분하기 위해서는 작품 속에서 분명하게 여성이라는 징표를 찾아내야만 한다. 그러나 그러한 점이 분명하게 드러나 있지 않을 경우, 독자가 그것을 여성이라고 인식하고 있다면 그 이유가 무엇인가를 따지는 것도 필요하다고 본다. 구체적인 분석 대상인 작품들 중에는 관점에 따라 화자의 성을 달리 파악할 수 있는 여지가 있다는 것도 인정한다. 그렇지만 그동안 우리의 문화적 관습 속에서 이러저러한 특성을 '여성적'인 것으로 인정하고 있었다면, 그것이 비록 이념적인 측면에 의한 것일지라도 그러한 의미의 옳고 그름을 따지는 작업도 필요할 것이다.

이와 함께 일련의 작품들이 동일한 주제적 지향을 보이고 있다면, 그 이유가 무엇인지도 깊이있게 따져야 할 것이다. 대체적으로 여성 화자가 등장하는 작품들은 애정을 다루고 있는 경우가 일반적이다. 특히 남성 작가든 여성 작가든 '여성적 목소리'가 특정의 주제에 집중되어 있다면, 그것이 지닌 의미를 짚어보는 것도 필요할 것이다. 이러한 작업을 통해서 시조를 향유했던 사람들이 인식하고 있는 '여성'의 의미를 살필 수 있다고 보기 때문이다.[5] 그리고 작품에 드러난 시적 화자의 '여성적 목소리'를 과연 '여성성'의 관점에서 논할 수 있을 것인지에 대해서도 검토해보기로 하겠다.

---

4) 시적 화자를 판정하는 근거를 박혜숙은 다음과 같이 지적하였는데, 본고에서는 이 기준을 참고하였다. '일반적으로 시적 화자를 여성이라고 판단하게 되는 근거는 여러 가지가 있다. 여성이라는 정보가 문면에 직접 드러나는 경우도 있으며, 시적 정황이나 어조를 통해 짐작할 수 있는 경우도 있다. 그 이외에도 어휘, 비유, 화자의 의식과 태도 등도 참조 사항이 된다.'(박혜숙, 「고려속요의 여성화자」, 『고전문학연구』 제14집, 한국고전문학회, 1998, 9면)

5) 필자는 이미 시조 속에 나타난 여성 이미지를 검토하여, 시조라는 갈래에서의 여성의 의미를 논한 바 있다(김용찬, 「시조에 나타난 여성 이미지의 양상과 의미」, 『한국시가연구』 제8집, 한국시가학회, 2000; 이 논문은 본서의 제3부에 재수록되었음). 본 연구는 이의 후속 작업으로, 그 중에서도 특히 여성 화자의 작품만을 대상으로 좀 더 세밀한 탐색을 하기 위한 것인 셈이다.

2. 시조에 나타난 여성적 목소리의 표출 양상

우선 화자가 여성으로 설정되어 있는 작품들을 일별해 보았을 때, 가장 두드러진 특징은 대부분 그 주제가 애정을 형상화하고 있다는 것이다. 애정시조의 경우 작품 속에서 여성은 주체인 남성에 대해 '타자(他者)'임을 강조하는 경우가 일반적이다. 이러한 면모는 연군시조에서도 동일하게 발견된다. 엄격한 신분 사회에서 군주에 대한 충(忠)을 강조하고 있는 연군시조(戀君時調) 역시 주체인 군주에 대해서 신하인 화자는 항상 '타자'로 그려진다. 때문에 연군시조에서 종속적인 처지에 놓일 수밖에 없는 시적 화자 또한 여성으로 설정되는 것이 일반적이다.

그렇다면 연군시조를 창작한 남성들은 작품 속에 보여지는 화자의 면모를 '여성적'인 것으로 인식하고 있었을 것임은 자명하고, 이러한 시각은 남성들의 인식에 의해 어느 정도 굴절된 '여성상'이라고 할 수 있다. 연군시조에서 시적 화자는 대체로 군주인 '님'에 대해서 종속적인 면모를 지니고 있고, '님'에 대한 애정의 강도는 강하게 표현될 수밖에 없다. 이들 작품에서 상대인 님이 화자를 사랑하고 있는가 하는 점은 그리 중요하지 않다. 다만 화자가 님을 얼마나 절실하게 생각하고 있는가 하는 것이 중요할 뿐이다. 따라서 작가와 창작 배경을 고려하지 않고 읽는다면, 작품 속의 면모는 그대로 애정시조로 파악될 수 있다.[6] 실제 앞 시기에 연군시조로 향유되던 작품이 19세기의 여창 가곡(女唱歌曲)에서는 애정시조의 개념으로 흡수되기도 했던 사례를 발견할 수 있다.[7]

이처럼 조선 전기의 시조에서 '여성적 목소리'는 대체로 '연군시조'와 '기녀시조'에서 확인되고 있다. 그리고 이들 부류의 작품 속에 등장하는 화자의

---

6) 필자는 이미 선행 연구에서 연군시조와 기녀시조의 대비를 통해서, 이러한 특징을 지적한 바 있다. 김용찬, 앞의 논문, 285~292면 참조.

7) 신경숙, 「19세기 여창가곡의 작품 세계」(『19세기 시가문학의 탐구』, 고려대학교 고전문학·한문학연구회 편, 집문당, 1995), 128~131면.

특징은 상대방에 대한 일방적 감정을 토로하는 등 비교적 단순한 성향을 보여주고 있다. 이에 비해 조선 후기 시조에는 화자의 성격이 비교적 다기하게 표출되고 있다. 따라서 여성적 목소리의 성격을 구명하기 위한 논의는 자료의 성격상 조선 후기에 창작·연행된 작품이 주가 될 수밖에 없다.

이러한 면모는 남성들이 주 향유층이었던 시조 갈래에서 파악하는 '여성'의 의미를 단적으로 보여주고 있다. 실제 여성 화자가 등장하는 작품에서 시적 화자와 시적 대상 사이의 애정은 상호간의 감정의 교류가 전제되지 않은 경우가 대부분이다. 단지 화자가 '님'을 얼마나 절실히 그리워하고, 얼마나 간절하게 사랑하고 있는가 하는 점이 문제가 될 뿐이다. 때문에 화자의 목소리는 마치 대답없는 메아리처럼 공허한 울림을 자아내고 있다. 주로 이별한 님에 대한 소회(所懷)를 토로하고 있는 이들 작품에서 화자는 상대인 '님'의 떠남을 일견 당연시하는 모습을 보이기도 한다. 그리하여 님에 대한 화자의 감정이 얼마나 절실하게 표출되고 있는가 하는 것이 중요하지, 화자에 대한 님의 태도는 그렇게 큰 문제가 되지 않는 경우가 일반적이다.

애정의 속성이 그 감정을 공유하는 존재들의 상호 교감을 전제로 한다고 할 때, 이러한 작품들에서는 그와 달리 단지 화자의 님에 대한 일방적인 감정의 흐름만이 보일 뿐이다. 작품 속에서 사랑하는 님이 자신을 잊고 지내는 것조차 기꺼이 받아들이겠다는 화자의 태도는 결코 애정의 바람직한 양상이라고 할 수 없다. 여성 화자가 등장하는 시조에서 시적 대상인 님에 대한 막연한 그리움과 그로 인한 상실감을 노래하는 작품들이 가장 큰 비중을 차지한다. 때문에 이들 작품에서는 대체로 화자가 님에 대해서 얼마나 절실한 감정을 지니고 있는가 하는 점만이 중요하다.

그리하여 이별의 상실감을 강조하기 위한 수단으로 작품 속에서 자연물이나 시·공간적인 배경을 주로 이용한다. 대체적으로 시간적 배경으로는 '밤'이 설정되며, 님에 대한 그리움 때문에 모두 잠을 자는 시간에 홀로 깨어 있는 화자의 고독한 심사를 드러낸다. 또한 더디게 흐르는 시간 속에서 님과의 만남을 이루지 못해 애타는 자신의 심정을 제시하기도 하고, 화자의 심정을 대변할만한 동물 등의 소재를 등장시킴으로써 별리(別離)의 정한을 강조하기도 한다. 그러나 이런 경우에도 화자는 그러한 상황을 타개할 아무런 현실적 수단이 없기에, 작품 전편에서 그저 체념적인 면모로 일관하는 모습을 보여준다. 이와는 달리 드물긴 하지만 화자의 시선으로 보기에 조화롭게 화합하고 있는 자연물이나 동물들의 모습을 제시하고, 그와 대비되는 자신의 외로운 심정을 토로함으로써 별리(別離)에서 오는 상실감을 더욱 강조하기도 한다.

어떤 경우이든지 이러한 부류의 작품에서 여성 화자는 애정의 형상에 주체적인 모습을 보여주지 못하고, 그저 소극적이고 체념적인 정서를 표출하고 있다. 먼저 이러한 양상을 보여주고 있는 작품들을 살펴보기로 하자.[8]

주렴(珠簾)에 비췬 ᄃᆞᆯ과 멀리 오ᄂᆞᆫ 적(笛)소ᄅᆡ야
천수 만한(千愁萬恨)을 네 어이 도도ᄂᆞᆫ다
천리(千里)에 님 이별(離別)ᄒᆞ고 ᄌᆞᆷ 못 드러 ᄒᆞ노라. <병가 *777, #2632>[9]

일각(一刻)이 삼추(三秋) ㅣ라 ᄒᆞᆫ이 열흘이면 몃 삼추(三秋)오
제 마음 즐겁거니 남의 시름 ᄉᆡᆼ각ᄒᆞ랴
천리(千里)에 님 이별(離別)ᄒᆞ고 ᄌᆞᆷ 못 일워 ᄒᆞ노라. <원국 *707, #2421>

촉제(蜀帝)의 죽은 혼(魂)이 접동(蝶蝀)새 되야 잇셔
밤마다 슬피 울러 피눈물노 긋치ᄂᆞᆫ이

8) 작품의 분석에서는 가급적 작가 정보를 무시하고, 단지 작품 속에 담겨져 있는 화자의 정조를 위주로 논의를 하였다. 이는 시조라는 갈래에서 '여성적 목소리'가 어떤 맥락에서 사용되는가를 살피려는 애초의 목표에 부응하기 위해서이다. 남성 작가의 작품에 대해서는 다음 장에서 그 의미를 짚어보기로 하겠다.

9) 작품을 인용하면서 원문의 한자(漢字)는 한글을 내어쓰고 괄호 안에 병기하였다. 그리고 작품의 서지 사항은 앞에는 수록 가집의 약칭과 가번 및 작가를, 뒤에는 『역대시조전서』(심재완 편, 세종문화사, 1972)의 통번을 병기하였다.

우리의 님 글인 눈물은 언의 찌에 긋칠고. <청요 *49, 김묵수, #2960>

곳 보고 춤추는 나뷔와 나뷔 보고 당싯 웃는 곳과
져 둘의 사랑(思郞)은 절절(節節)이 오건마는
엇더타 우리의 사랑(思郞)은 가고 아니 오느니. <병가 *784, #200>

첫 번째 작품은 화자가 떠난 님을 생각하며 밤이 늦도록 잠을 이루지 못하고 있는 심정을 노래하고 있다. '천리(千里)'라는 표현은 물리적 거리일 뿐만 아니라, 화자와 님과의 심리적 거리를 나타내는 지표이기도 하다. 지금 화자의 마음에는 '천수 만한(千愁萬恨)'으로 표현될 정도로 복잡한 심사가 자리잡고 있다. 밤이 늦도록 잠을 이루지 못하는 이유는 그처럼 마음 속에 쉽게 풀어내지 못하는 고민이 깊이 자리잡고 있기 때문이다. 야심한 시각에 때마침 방문 앞에 드리워진 '주렴에 비췬 돌'과 아득히 들리는 '멀리 오는 적소릐'는 화자의 울울한 심사를 돋구는 역할을 한다. 하지만 님이 화자에게 오는 것도, 또한 화자가 님에게로 달려가는 것도 현실적으로 쉽지 않다. 이 순간 화자는 단지 멀리 떨어진 님을 생각하며 잠을 이루지 못한다는 체념적인 언술을 토로할 뿐이다. 이미 님과의 거리는 '천리'나 떨어져 있어, 재회의 기약조차 없기 때문이다.

두 번째 작품 역시 앞의 작품과 비슷한 정서를 보인다. 이 작품에서는 '일각 여삼추(一刻如三秋)'라는 관용적 표현을 빌어, 더딘 시간의 흐름 속에서 느끼는 화자의 시름을 강조하고 있다. 그러나 이별의 상실감에서 오는 화자의 '시름'과는 달리, 다른 사람들은 화자의 심정 따위는 아랑곳하지 않고 즐겁게 지내고 있다. '제 마음이 즐겁'다는 표현은 화자가 바라본 다른 사람들의 태도인 셈이다. 그렇게 즐겁게 살아가는 사람들 중에는 화자가 애타게 그리워하는 님도 포함되어 있을 것이다. 따라서 화자에게 님은 절실한 존재이지만, 님이 화자를 어떻게 생각하는가는 전혀 알 수 없다. 다만 '천리'라는 표현에서 님과의 거리가 쉽게 좁혀질 수 없다는 것을 짐작할 뿐이다. 화자는 이러한 상황에서 그저 이별한 님을 생각하며 잠을 이루지 못하는 심사를 체념적으로 토로할 뿐이다.

세 번째는 자기의 신하에게 나라를 빼앗기고 한(恨)을 품은 채 죽은 '촉제'가 접동새로 변했다는 고사를 빌어서 작품을 형상화하고 있다. 밤이 늦은 시각에 처연하게 들리는 접동새의 울음은 촉제의 영혼으로 인식되어, 흔히 '망국(亡國)의 한'을 대변하는 것으로 여겨진다. 그러나 시조에서는 접동새의 울음이 '망국'의 의미보다는, 대체적으로 님과 이별한 화자의 비통한 심정을 표현하기 위해 사용된다. 아마도 그것은 자신이 가장 아끼는 것을 잃어버렸다는 점에서 서로 통할 수 있기 때문일 것이다. 이 작품은 화자가 느끼는 상실감이 마치 망국의 한을 품고 죽어간 촉제의 비통한 심정과 다를 바 없다는 것을 표현하기 위해 접동새의 울음을 끌어들였다. 님과 헤어진 화자의 심정은 이미 접동새의 처지가 되어, 그 비통함이 밤마다 '피눈물'을 흘리는 것으로 제시된다. 접동새의 그것처럼 화자의 눈물도 쉽게 그치지 않을 것이라 전제하고, 님과의 만남을 기약할 수 없기에 '님 글인 눈물'이 지속될 것이라는 언술로 작품을 마무리하고 있다.

마지막 작품도 떠나간 님에 대한 탄식을 노래하고 있다. 화자의 주변에서 흔히 볼 수 있는 '곳 보고 춤추는 나뷔'와 '나뷔 보고 당싯 웃는 곳'은 조화로운 애정의 모습을 환기시킨다. 서로를 바라보며 춤추고 웃는 나비와 꽃의 관계는 어쩌면 화자가 바라는 이상적인 애정의 형상일 것이다. 더욱이 그러한 나비와 꽃의 조화로운 모습은 철마다 반복되어 화자의 눈앞에 나타난다. 하지만 그들과 달리 화자의 사랑은 이미 '가고 아니 오는' 것으로 제시된다. 때문에 조화로이 노니는 자연물을 바라보면서, 자신의 외로운 처지에서 오는 상실감이 더욱 강조되어 표현될 수밖에 없다. 나비와 꽃이 어우러지는 초장과 중장의 모습은 종장에서 외로운 화자의 처지와 분명하게 대비되어 의미의 진폭을 넓혀주고 있다.

이 작품들은 모두 떠나간 님 혹은 사랑에 대한 그리움을 드러내고 있지만, 화자에게는 그러한 상황을 타개할 어떠한 의지도 보이지 않는다. 다만 주변에서 흔히 접할 수 있는 대상들을 제시함으로써 화자 자신의 외로운 처지를 강조한다. 그리고 작품 속에서는 화자의 사랑이 다시 이루어질 것이라는 어떠한 단서도 나타나지 않는다. 각 작품의 종장에서는 사랑을 이룰 수 없는 화자의 탄식과 슬픔만이 체념적으로 토로되어 있을 뿐이다. 따라서 화자의 어조는 소극적이고 체념적으로 표현될 수밖에 없다.

간혹 다른 작품들에서 화자가 곁을 떠나려는 님을 만류할 때, 헤어지는 순간에 님이 비록 돌아오겠다는 기약을 남겼다 하더라도 그 약속은 좀처럼 지켜지지 않는다.[10] 화자는 님의 약속을 절대적인 것으로 생각하지만, 이미 떠난 님에게 화자의 존재가 지닌 비중은 그리 크지 않은 것으로 보인다. 이러한 작품들에서 화자가 사랑하는 님이 떠나려는 이유가 분명히 제시되지 않는 경우가 보편적인 양상이다. 화자가 싫어서 떠난 것인지, 아니면 보다 원대한 인생의 목표를 실현하기 위해서 떠난 것인지도 불분명하다. 그리고 화자는 그것을 크게 문제삼고 있지 않고, 다만 이별이라는 상황만이 중요할 뿐이다. 어떤 상황이든지 적어도 작품 속에서는 님이 화자에게 돌아오는 것이 쉽지 않다. 그리고 님의 존재조차 언급되지 않는 작품이 대부분을 차지하고 있다.

다른 작품을 통해서 상황을 유추해 보았을 때, 시적 대상인 님은 일단 떠나가면 과거의 문제에 집착하지 않고 새로운 사랑을 찾기도 한다는 것을 알 수 있다.[11] 그럼에도 화자는 떠난 님에 대한 자신의 절실한 감정을 증폭시켜 표현하고 있다. 현실적으로 화자가 그러한 상황을 타개할 방법은 전혀 마련되어 있지 않으며, 님이 화자의 반응에 대해 어떻게 생각하고 있는지는 전혀 알 수 없다. 때문에 화자는 자신의 처지에 대해서 무기력할 수밖에 없고, 단지

---

10) “님이 가오시며 ᄉᆞᄆᆡ 쥡고 이별(離別)ᄒᆞᆯ 직 / 창(窓) 밧긔 앵도(櫻桃)곳지 픠지 아녀 오마터니 / 지금(至今)에 곳 지고 입 나도록 소식(消息) 몰나 ᄒᆞ노라.”, <병가 *424, 이정보, #742>. 이 작품에서 님의 돌아온다는 약속은 종장의 상황으로 보아, 이별의 상황에서 슬퍼하는 화자의 감정을 일시적으로 위로하려는 시도로 볼 수 있다.

11) 때문에 아래의 작품을 비롯한 여러 작품에서는 화자가 기다리는 님이 ‘님 둔 님’으로 제시되어 있기도 하다. “남은 다 ᄌᆞ는 밤의 ᄂᆡ 어니 홀노 안자 / 전전 불매(輾轉不寐)ᄒᆞ고 님 둔 님을 생각(生覺)ᄂᆞᆫ고 / 그 님도 님 둔 님이니 생각(生覺)ᄒᆞᆯ 줄이 이시랴.”, <병가 *425, 이정보, #533>.

체념적인 면모가 두드러지게 강조될 뿐이다. 간혹 님과의 만남 자체를 화자가 살아가는 유일한 목표인 것처럼 제시하기도 한다.[12] 때로는 화자의 체념이 극대화되면 비관으로 치우쳐 죽음과 같은 극단적인 방법을 생각해내기도 하며,[13] 석가와 같은 인물조차도 이별은 어쩔 수 없다는 언술을 통해 자신의 처지를 합리화하기도 한다.[14] 이렇듯 남성의 떠남 즉 님과의 이별을 당연한 것으로 받아들이는 태도가 작품의 정조를 체념적으로 흐르게 하는 요인이 되었던 것이다.

이러한 면모는 이 작품들의 지향점이 어디에 있는지를 짐작할 수 있게 한다. 실상 조화로운 애정의 성취는 모든 사람들이 원하는 바이다. 애정의 실현을 목표로 한다면, 화자의 감정 못지 않게 자신을 생각하는 상대의 정서도 중요하다. 하지만 작품 속에서 상대의 언술이나 입장은 철저하게 배제되어 있는 경우가 일반적이다. 그것보다 화자의 감정이 얼마나 절실하게 표출되어 있는가 하는 점이 더 중요하다. 그런 의미에서 본다면 이들 작품들은 애정의 실현보다, 화자의 감정을 드러내는 것에 목적이 있다고 여겨진다. 이 작품의 독자(또는 청자) 역시 그러한 화자의 처지를 전제하고, 작품의 의미를 향유하게 되는 것이다.

앞의 유형과 달리 다음의 작품들에서는 화자가 기다리는 님이 문면에 표현되기도 한다. 때문에 님에 대한 간절함은 작품 속에서 앞의 유형보다 더욱 구

12) "이리 혜고 저리 혜니 쇽절업슨 혬만 만희 / 업(業) 구즌 인생(人生)이 살고져 사란ᄂᆞᆫ가 / 지금(至今)히 사라잇기ᄂᆞᆫ 님을 보려 ᄒᆞᆷ이라.", <청진 *300, #2304>.

13) 예를 들면 다음과 같은 작품이다. "글려 사지 말고 찰아리 싀여져셔 / 염왕(閻王)께 발괄ᄒᆞ야 임(任)을 마자 다려다가 / 사후(死後) ㅣ나 혼백(魂魄)이 쌍(雙)을 지여 그리던 한(恨)을 풀니라." <금옥 *147, 안민영, #357>. 이 작품은 안민영이 밀양의 기녀인 월중선과 헤어진 후에 그 소회를 형상화했다는 기록이 부기(附記)되어 있다.('密陽月中仙, 昔年洛陽揚名者也. 甲戌春, 又爲上京, 丙子冬下去. 此時相別離之情, 尤難.') 물론 이 기록을 함께 검토할 때, 이 작품의 화자는 분명히 남자이다. 그러나 이 기록을 배제하고 아무런 선입관없이 작품을 검토한다면, 시적 화자의 목소리가 '여성적'이라는 사실을 부인할 수가 없을 것이다.

14) "낙엽성(落葉聲) ᄎᆞᆫ ᄇᆞ롬의 기러기 슬피 울 ᄌᆡ / 석양 강두(夕陽江頭)의 고은 님 보ᄂᆡ오니 / 석가(釋迦)와 노담(老聃)이 당(當)ᄒᆞᆫ들 아니 울고 어이리.", <병가 *525, 김묵수, #478>.

체적으로 제시된다. 화자는 떠나간 님이 언젠가 돌아온다고 믿고 있으며, 헤어진 님과의 재회를 간절히 소망하고 있다. 하지만 님은 번번이 화자의 그러한 기대를 저버린다. 어긋나는 기대에 대한 화자의 반응 역시 결국 체념으로 종결된다. 실상 작품 속에서 님과 만나겠다는 기대가 적시되어 있기는 하지만, 그것은 화자의 일방적인 바램일 뿐이라고 표현하는 것이 더 적절하다.

> 창(牕) 밧긔 워석버석 님이신가 이러 보니
> 혜란 혜경(蕙蘭蹊徑)에 낙엽(落葉)은 므스 일고
> 어즈버 유한(有恨)ᄒᆞᆫ 간장(肝腸)이 다 굿츨가 ᄒᆞ노라. <청진 *134, 신흠, #2721>

> 벽사창(碧紗窓)이 어른어른커ᄂᆞᆯ 님만 너겨 나가보니
> 님은 아니 오고 명월(明月)이 만정(滿庭)ᄒᆞᆫ듸 벽오동(碧梧桐) 져즌 닙헤 봉황(鳳凰)이 ᄂᆞ려와 짓다듬ᄂᆞᆫ 그림재로다
> 모쳐라 밤일ᄉᆡ만졍 ᄂᆞᆷ 우일번 ᄒᆞ괘라. <청진 *502, #1233>

이 두 작품은 평시조와 사설시조라는 점에서만 다를 뿐, 그 표현 구조는 상당히 유사하다.[15] 앞의 작품에서 초장의 상황은 창 밖에서 들리는 조그마한 소리에도 혹시 님이 오는 소리가 아닐까 하는 화자의 기대를 전제로 하고 있다. 그만큼 님을 기다리는 화자의 절실함이 잘 드러나 있다. 그러나 밖에서 '워석버석' 들리는 소리는 '난초가 피어있는 자그마한 길(蕙蘭蹊徑)'에서 구르는 낙엽이 만들어낸 것이다. 이처럼 자연물의 움직임에조차 신경을 곤두세우는 화자의 태도는 님과의 재회를 간절히 원하고 있다는 것을 말해주고 있다. 하지만 그러한 기대는 결국 이루어질 수 없는 상황으로 이어진다. 그러한

15) 이러한 구조를 지닌 작품들은 평시조에서보다 사설시조에서 더욱 두드러지게 나타난다. 특히 사설시조에서는 이러한 작품들이 하나의 유형을 이루고 있는데, 대체로 '기대-적극적 행동-어떤 사물에 의한 속음(오해)-기대의 좌절'이라는 구조를 취하고 있다. 김용찬, 「사설시조에 나타난 애정형상과 세계관 연구」(고려대 석사학위논문, 1990), 27~28면. 이 논문은 『조선 후기 시가문학의 지형도』(보고사, 2002)에 재수록되었다.

속에서 화자는 '유한ᄒᆞᆫ 간장이 다 긋츨가' 하며 체념할 뿐이다.

두 번째 작품은 사설시조로, 앞의 작품에 비해 화자가 처한 상황을 보다 확장적인 진술로 표현하고 있다. 이 작품 역시 벽사창에 '어른어른'거리는 그림자를 님으로 착각하는 것에서 출발한다. 중장에서는 화자가 착각하게 된 상황을 훨씬 구체적인 모습으로 제시하고 있다. 하지만 '벽오동 져즌 닙헤 봉황이 ᄂᆞ려와 짓다듬는' 모습은 실제라기보다 오히려 관념 속에서 만들어낸 상황이라고 파악된다. 특히 종장에서 그러한 상황에 속아 넘어간 자신의 모습을 희화적(戱畵的)으로 표현하여, 정작 나타내고자 하는 의미의 진지함을 감소시키는 역할을 한다. 이 작품 역시 님과의 재회에 대한 어떠한 단서도 찾아볼 수 없다.

이 작품들에서의 상황은 님이 화자의 기대를 저버리는 것이 아니라, 오히려 화자의 일방적인 감정이 만들어낸 오해인지도 모른다. 님이 오기를 기다리는 화자의 간절한 심정이 창밖의 조그만 움직임에도 신경을 곤두서게 한다. 화자는 외부의 조그만 소리에도 혹시 님의 발자국이 아닐까 하는 기대를 하고 있으며, 창문에 어른거리는 그림자에서조차도 님의 흔적을 찾아내려고 한다. 하지만 자신의 기대와는 다른 상황에서 어찌할 수 없는 처지에 대해 체념을 하거나, 주변의 상황에 쉽게 속아버리는 자신의 우매함을 탓할 뿐이다. 다시 말한다면 간절한 그리움을 간직한 화자의 심리가 님을 만나고픈 욕구를 불러일으킨 것이다. 그리하여 화자는 이러한 기대를 품고, 주변 사물의 모든 움직임을 님과 연결시켜 생각하게 된다. 하지만 언제나 화자에게 돌아오는 것은 충족될 수 없는 공허함뿐이다.

이처럼 화자가 현실 속에서 님을 만난다는 것이 쉽지 않기에, 가능한 수단을 사용하여 끊임없이 님과의 연락을 시도하기도 한다. 님을 만나는 것이 목적인 화자에게 있어서, 쉽게 접할 수 있는 주변의 사물들은 모두 님과의 연락을 위한 매개체로 될 수 있다. 흔히 소식을 전해주는 존재로 상징되는 '청조(靑鳥)'[16]나 한밤중에 날아가는 '기러기',[17] 그리고 화자가 꾸는 꿈[18]까지도 님과의 매개체로 인식하고 있다. 이들 제재 역시 화자에 의해 관습적으로 차용된 것일 뿐이어서, 님과의 직접적인 소통은 여전히 쉽지 않다. 따라서 작품의 전면에 흐르는 정조는 여전히 체념적이고 때로는 비관적이기까지 하다.

다시 말하자면 여성 화자는 상대인 남성에게 철저히 소외된 처지에 놓이게 된다. 특히 청루(靑樓)와 같은 유흥 공간에서 노니는 남성을 기다리는 여성의 심정을 다루고 있는 일련의 작품들은 이들 시조의 향유자가 여성들을 어떻게 인식하고 있는가를 적실하게 보여주고 있다고 하겠다.[19] 이처럼 여성 화자의 작품에서는 이미 떠나버린 님에 대한 그리움이나 아쉬움을 표출하고 있는 내용의 작품들이 가장 많은 비중을 차지한다. 그렇다면 적어도 이 시조의 향유자들은 일단은 이러한 주제에 관심을 기울였고, 창작과 연행 또한 그들의 요구에 부응하여 이루어졌다고 할 수 있다. 이는 남성 작가들뿐만 아니라, 여성 작가들의 작품에서도 여성 화자의 수동적인 면모를 그려내고 있다는 점에서 시조 향유의 측면에서 검토할 필요가 있다고 하겠다.

이러한 내용을 다루고 있는 작품들에서는 여성 화자의 소망이 이루어질 수 있는가의 문제는 중요하지가 않다. 다만 여성인 화자가 남성인 님을 얼마나 더 절실히 그리워하고 있는가, 혹은 남성들이 다른 여성과 사랑에 빠진다하더라도 여전히 변함없는 사랑의 감정을 지니고 있어야 한다는 것에 관심을 기울이고 있다. 때문에 작품 속의 여성 화자는 남녀 관계의 측면에서는 철저히 수동적이고, 그럼에도 떠나간 남성들에 대하여 절대적인 신뢰를 보내기도 한다.[20] 때로는 화자의 기대가 철저히 배신당하기도 하지만, 그런 지경에서

---

16) "청조(靑鳥)야 오노고야 반갑다 님의 소식(消息) / 약수 삼천리(弱水三千里)를 네 어니 건너 온다 / 우리 님 만단 정회(萬端情懷)를 네 다 알가 ᄒᆞ노라.", <병가 *783, #2885>.

17) "새벽 서리 지는 ᄃᆞᆯ에 외기러기 우러 옐 제 / 반가온 님의 소식(消息) 힝혀 올가 ᄇᆞ랏더니 / 다만지 창망(蒼茫)ᄒᆞᆫ 구름 밧긔 뷘 소ᄅᆡ만 들니더라.", <병가 *788, #1515>.

18) "ᄭᅮᆷ으로 차사(差使)을 삼아 먼ᄃᆡ 님 오게 ᄒᆞ면 / 비록 천리(千里)라도 순식(瞬息)에 오련마ᄂᆞᆫ / 그 님도 님 둔 님이니 올ᄯᅩᆼ말ᄯᅩᆼ ᄒᆞ여라.", <병가 *672, #340>.

19) "월황혼(月黃昏) 계여 간 날에 정처(定處) 업시 나간 님이 / 백마 금편(白馬金鞭)으로 어ᄃᆡ가 ᄃᆞᆫ니다가 주색(酒色)에 ᄌᆞᆷ기여 도라올 줄 니젓ᄂᆞᆫ고 / 독숙공방(獨宿空房)ᄒᆞ여 장상사루여우(長相思淚如雨)에 전전불매(輾轉不寐) ᄒᆞ노라.", <청진 *475, #2232>.

20) "늙ᄭᅴ야 맛난 님을 덧업씨도 여희건져 / 소식(消息)이 긋첫씐이 ᄭᅮᆷ에나 안이 뵐야 / 님이야 날 ᄉᆡᆼ각ᄒᆞᆯ야만은 나는 못 니즐ᄭᅡ ᄒᆞ노라.", <해일 *292, 이정보, #694>.

도 한 가닥 희망의 끈을 놓지 않는다. 그러나 상대인 남성은 화자의 목소리에 귀를 기울이지 않기에, 종국에는 한탄하거나 체념적인 모습으로 일관하게 된다. 이는 시조의 창작과 향유 과정에서 남성들이 주가 된다는 점에서, 일견 당연한 결과라고 할 수 있다. 이러한 의미에 대해서는 적어도 시조의 연행 환경에 대한 고려가 필요하다는 점을 지적할 수 있다.

물론 일부이긴 하지만 남성과 여성의 조화로운 모습을 그리고 있는 작품들도 있다. 이 작품들에서는 여성 화자의 관점에서 님과의 애정이 지속되기를 희구하는데, 대체적으로 직접적인 상황을 제시하기보다는 비유적인 표현을 통해서 형상화하고 있다.[21] 또한 님과의 화합을 성적인 것과 결합시켜 표현하고 있는 경우도 있다.[22] 특히 사설시조에서는 상대 남성과의 잠자리에 대한 만족과 미련을 직설적으로 표현하고 있는 작품들이 적지 않은데,[23] 이 역시 같은 관점에서 살필 필요가 있을 것이다. 성적인 내용을 다루고 있는 작품들은 화자가 남성보다 여성인 경우가 훨씬 더 많은 비중을 차지한다. 이정보와 같은 사대부들도 성적인 주제를 다룰 경우, 여성 화자를 등장시켜 작품화하였다. 그렇다면 작품 속의 상황은 주로 남성들이었던 시조 향유층들이 바라보는 여성의 면모를 반영한 것이라고 할 수 있다.

여성들이 비로소 자기의 위치를 차지하여 독자적으로 여창 가곡을 정립시

21) "대천(大川) 바다 ᄒᆞᆫ가온ᄃᆡ ᄲᅮ리 업슨 남기 나셔 / 가지난 열 둘이요 닙흔 삼ᄇᆡᆨ 예순이라 / 그 남게 여름이 열니되 다만 둘이 열녓더라.", <병가 *786, #833>.

22) 이러한 내용의 작품들은 평시조와 사설시조 모두에서 발견된다. 드물긴 하지만 평시조는 다음과 같은 작품이 있다. "등잔(燈盞) 불 그무러 갈 ᄌᆡ 창전(窓前) 집고 드ᄂᆞᆫ 님과 / ᄉᆡ벽 달 지실 적에 고쳐 안고 눕ᄂᆞᆫ 님은 / 진실(眞實)노 백골진토(白骨塵土) 된들 이즐 줄이 이시랴.", <병가 *742, #940>. 또한 사설시조는 다음의 작품을 포함하여 다수가 발견된다. "즁놈도 사ᄅᆞᆷ이냥 ᄒᆞ여 자고 가니 그립ᄃᆞ고 / 즁의 숑낙 나 베읍고 내 죡도리 즁놈 베고 즁의 장삼(長衫) 나 덥습고 내 치마란 즁놈 덥고 자다가 ᄭᆡᄃᆞ르니 둘희 ᄉᆞ랑이 숑낙으로 ᄒᆞ나 죡도리로 ᄒᆞ나 / 이튼날 ᄒᆞ던 일 ᄉᆡᆼ각ᄒᆞ니 흥글항글 ᄒᆞ여라.", <청진 *552, #2658>.

23) "간밤의 ᄌᆞ고 간 그놈 암아도 못 니즐다 / 와야(瓦冶)ㅅ놈의 아들인지 즌흙에 ᄲᆞᆷᄂᆡ듯시 두더쥐 영식(伶息)인지 국국기 뒤지듯시 사공(沙工)의 성영(成營)인지 ᄉᆞ어ᄯᅢ로 지로드시 평생(平生)의 처음이오 흉증(凶症)이도 야르제라 / 전후(前後)에 나도 무던이 격거시되 ᄎᆞᆷ 맹서(盟誓) 간밤 그놈은 참아 못 니즐ᄭᅵ ᄒᆞ노라.", <해주 *383, 이정보, #71>.

켜 나갔던 19세기의 여창 가곡의 사설 중에서 성적인 내용을 다루고 있는 작품들이 거의 보이지 않는다고 한다.[24] 여성들이 연창한 여창 가곡에서 이러한 주제들이 보이지 않는다는 것은 그러한 면모가 여성들의 시각을 반영한 것이 아니라는 사실을 말해주고 있다. 시조의 창작·향유 과정이 남성들에 의해 주도되었다는 사실에서, 이미 시조라는 갈래에는 기본적으로 '남성적'인 요소가 전제하고 있었음을 염두에 두어야 할 것이다. 특히 여성 화자가 등장하는 시조에서 여성의 수동적이고 종속적인 면모가 하나의 관습을 형성하고 있었다면, 이미 이른 시기부터 남성의 여성에 대한 관념이 그 속에서 견고하게 자리잡고 있었기 때문이다. 기녀시조 작품이든, 아니면 여창 가곡의 레퍼토리이든 이미 여성이 창작하고 향유한 작품들이 남성 작가들의 시각과 크게 다르지 않다는 것은 이러한 점을 잘 보여주고 있다.[25]

이상 시조에서 보이는 여성 화자의 특징을 검토해 보았다. 다음에서는 이러한 작품의 분석 결과를 토대로 시조라는 갈래 속에서의 여성 화자가 갖는 의미에 대해서 '여성주의적' 관점을 염두에 두고 논해보기로 하겠다.

3. 시조 속의 여성 화자와 그 의미

문학에서 여성 화자를 문제삼는 이유가 무엇인가? 서정 갈래인 시조에서 작품의 의미를 구명하는데 있어 화자가 차지하는 역할이 적지 않다. 작품 속에 표출된 여성 화자의 성격을 통하여 작품의 주제적 지향과 문학적 의미를

---

24) 신경숙, 「19세기 여창가곡의 작품 세계」, 151면 참조. 신경숙은 '여창에서의 성(性)의 탈락은 여창의 전반적인 애정의 양상으로 보아 당연한 것인지도 모른다. 그리움의 정조로 꾸며진 여창 전체의 분위기가 도저히 이를 용납할 수 없겠기 때문이'라고 진단하고 있다. 따라서 여성 화자의 노골적인 성(性)에의 관심은 남성 향유자들의 시각이 반영된 것으로 해석된다.

25) 물론 부분적으로 기녀시조와 여창 가곡 작품들의 형상화 방식과 미의식은 남성 작가들이나 남창과 구별되는 점은 분명히 지적할 수 있다.

검토할 수가 있기 때문이다. 그러나 특정 갈래에서 여성의 모습이 어떻게 그려지고 있는가 하는 점만을 지적하는 것은 현단계에서는 그리 큰 의미를 갖지 못할 것이다.

오히려 그것을 통해서 '문학이 어떻게 여성들의 기존의 삶을 그대로 반영하기보다 여성들을 불평등 속에 가두는 의미나 가치들을 생산하는 문화적 실천이 되었는지를 밝히'는 것이 필요하다.[26] 그렇다면 시조에 구현된 여성 화자의 모습을 연구하는 것 역시 당대 여성들이 처한 삶의 모습의 일단을 간취해 내는 것에 목표를 두어야 할 것이다. 또한 이를 통해서 시조 갈래에 성적인 편견이 담겨있는지를 따져보는 것도 반드시 필요하다. 여기에서는 앞에서 작품을 통해서 얻어낸 결과를 토대로 그 의미를 점검하기로 한다.

이미 여성주의적 방법론에서는 일반적인 논리로 자리를 잡았듯이, 실제의 생활 속에서는 남성과 여성의 차이보다 동성이든 이성이든 각 개인간의 차이가 훨씬 더 크고 다양하게 나타난다. 하지만 우리의 인식은 사람의 성격적 특성을 관습적으로 애써 '남성적'이냐 혹은 '여성적'이냐 하는 것으로 구획하려 한다. 화자의 성이 명시적으로 드러나지 않은 시조에서 '여성적 목소리'를 구별해내는 작업부터가 이미 오류를 지니고 있는 것인지도 모른다. 하지만 엄연히 사회에서는 이른 시기부터 관습적으로 남성적인 것과 여성적인 것을 구별하여 왔다. 흔히 남성중심적 사회에서 부드러움·약함·수동적·아름다움 등과 같은 속성은 여성적인 것으로 간주되어 왔다. 이러한 기준이 여전히 문학뿐만 아니라 사회 문화 현상에서도 보편적으로 통용되고 있다. 그렇기에 우리는 문학 작품에 담겨져 있는 '여성적' 속성을 따져보고, 그것이 지닌 의미를 진지하게 물어야 할 것이다.

작품 분석을 통하여 이미 지적했듯이, 여성 화자가 등장하는 작품들은 대체로 애정을 다루고 있는 것들이 대부분이다. 적어도 시조라는 갈래에서는 주로 애정만이 여성 화자의 관심권에 놓여져 있는 셈이다.[27] 이는 시조의 창

26) 팸 모리스, 『문학과 페미니즘』, 25면.
27) 이와 같은 주제적 편중은 동시대에 주로 여성들에 의해 창작·향유되었던 가사 갈래와

작과 연행 환경에서 여성들은 극히 제한적으로 참여할 수밖에 없었고, 또한 작가로서보다 노래를 연주하고 불렀던 창자로 활동했다는 점에도 그 원인의 일단이 있다고 여겨진다. 현재 여성들의 작품으로 전해지는 시조는 대부분 기녀들의 것으로, 그 작품들의 창작 배경에는 남성들과의 애정담이 함께 전해지고 있다. 남성들 역시 시조라는 갈래 속에서 여성의 역할을 애정의 상대라는 관점에 두고 있는 경우가 일반적이었다. 따라서 시조 속에서의 여성의 형상은 기녀들과의 수작시조(酬酌時調) 등에서 하나의 관습을 형성하고, 이것이 창작과 연행 속에서 반복되면서 하나의 틀을 만들었을 가능성이 많다.

이에 비해 남성 화자의 작품들은 작게는 자신의 내면을 반추하고 정신적 수양을 추구하는 것에서부터, 크게는 사회의 교화나 국가적 관심사에 대해서 폭넓게 다루고 있다. 물론 애정을 다룬 작품들도 포함된다. 하지만 남성들에게 애정은 자신의 삶을 살아가면서 마주치는 다양한 국면 중에서 하나였을 뿐이다. 때문에 애정시조를 다수 남긴 남성 작가라 할지라도, 전체 작품에서 차지하는 비중은 그리 크게 나타나지 않는다.[28] 그에 비해서 여성 화자들의 관심사는 애정이라는 특정한 주제에 치우치고 있는 형편이다. 또한 작품에 드러난 양상도 대체로 떠나버린 남성에 대한 절실한 감정을 표출하는 것이 일반적이다. 화자뿐만 아니라 여성 작가들의 경우도 이러한 양상에서 크게 벗어나지 않는다.[29] 그렇다면 남성과 여성작가들에서 나타나는 이러한 주제적 편향성이 지니는 의미는 무엇인가?

우선 이 작품들이 창작·향유된 것이 여전히 봉건적 가치들이 지배하는 조

비교해보면 확연히 구별된다. 규방가사 혹은 여성가사라 명명되는 일군의 작품들에 나타나는 경향은 당대 여성들이 겪어야했던 다양한 삶의 모습이 반영되어 있다. 그에 비하면 애정에 치우친 시조 갈래에서의 여성 형상은 지극히 제한적인 모습이다.

28) 물론 남성 작가가 애정을 다룬 작품을 남겼다는 사실은 작품의 많고 적음에 상관없이 중요한 의미를 지닌다. 그러나 여성 작가들과 비교해서 그 비중이나, 다루고 있는 주제의 폭이 다르다는 것은 분명하다.

29) 성기옥, 「기녀시조의 감성 특성과 시조사」; 나정순, 「시조와 여성 작자층」(『문학과 사회집단』, 집문당, 1995); 신은경, 「기녀의 언술과 페미니즘」(『고전시 다시 읽기』, 보고사, 1997) 등 참조.

선시대였다는 점을 들 수 있다. 특히 조선시대의 지배 이념이었던 유교적 질서에서의 남녀 관계는 엄격하게 구분되었다. 사회에서 각각 남성과 여성들에게 바라는 이상도 차별적인 요소가 강했던 것이다. 따라서 당대의 가치 속에서 남성과 여성에 대한 기대가 크게 달랐다는 것을 지적할 수 있다. '입신 출세'와 '현모 양처'라는 표현으로 대표될 수 있는 남성과 여성의 사회적 역할은 그 출발부터가 달랐던 것이다.

그렇기 때문에 남성들에게 있어서 여성은 그들의 삶의 다양한 양상 속에서 마주치는 하나의 요인에 불과하지만, 여성들에게 있어서 남성과의 애정을 이루는 것이 절대적인 가치를 지니고 있었다. 대다수의 작품에서 그 정체조차 분명하게 드러나지 않은 남성에게 의존하려는 여성 화자의 태도는 그 관계가 철저히 종속적인 위치에 서 있음을 말해주고 있다. 남성 작가들조차 애정이나 성을 다루는 작품들을 창작할 때, 여성 화자를 등장시키는 것은 그러한 남녀의 관계가 이미 사람들에게 깊이 각인되었음을 말해준다. 때문에 남성들은 그러한 구도를 아무런 의심없이 받아들이고, 그것이 반복적으로 재생산되는 과정에서 하나의 관습으로 굳어지게 된 것이다.

이것은 또한 시조가 향유되는 상황을 염두에 둘 때 보다 분명해진다. 시조라는 갈래는 그 형성기에서부터 남성들이 창작과 향유를 주도했음은 주지의 사실이다. 물론 연행 과정에서 기녀를 비롯한 일부의 여성들이 참여를 했고, 그들에 의해서 여성 작가들의 작품도 산생(産生)될 수 있었다. 그러나 시조의 향유 과정에서 여성들은 작가보다 창자(唱者)의 역할에 더 비중을 두었다. 대부분 기녀들인 이들은 작품의 창작보다는 가창의 역할을 담당했을 것이고, 작품이 남아있는 기녀들의 경우는 아주 특별한 경우라고 할 수 있다.[30] 18세기 중반 자신의 이름을 따서 '계랑조(桂郞調)'라는 독특한 창법을 유행시켰던

30) 물론 현전하는 작품들이 기녀들의 작품 전체라고는 볼 수 없다. 수많은 창작품들 중에서 가집 편찬자 혹은 기녀들의 시조에 특별한 관심을 기울였던 사람에 의해서 취택된 일부의 결과물일 수도 있기 때문이다. 하지만 현전하는 작품들의 대부분이 남성들과의 수작 시조이거나, 대남성적 감성이 주조를 이룬다는 성기옥의 연구에 의하더라도 그들의 작품 창작은 남성들과의 연행 환경을 염두에 두고 지어진 것이라는 사실을 지적할 수 있다.

기녀인 계섬도 작품의 연행과 관련된 다양한 기록들에도 불구하고, 현재까지 전해지는 작품은 단 1수에 불과하다. 이밖에도 19세기의 궁중 진연에 참여했던 기녀 신분의 수많은 창자들의 작품도 역시 전하는 것이 별로 없다. 이러한 사실들은 결국 여성들이 시조의 향유 과정에서 부수적인 역할만을 담당했다는 것을 말해주고 있다.

때문에 시조라는 갈래에서 여성은 철저하게 수동적인 존재로 나타나고, 상대인 남성과 함께 하기를 끊임없이 기다리기만 한다. 화자는 상대인 남성이 자신을 사랑한다고 믿고 있지만, 실제 사랑하는지에 대해서는 관심을 기울이지 않는다. 그렇기에 어떤 작품들에서는 화자가 기다리는 상대가 '남의 님' 또는 '님 둔 님' 등으로 표현되기도 한다. 이들 시조에서 남성들은 언제든 그저 훌쩍 떠날 수 있는 자유로운 존재들이다. 반면에 여성들은 그저 한 곳에 머물면서, 자신이 사랑하는 님이 돌아오기를 바라고 있을 뿐이다. 때문에 제한된 공간에 처해 있는 여성 화자에게 님과의 이별은 더 큰 상실감과 소외감을 불러일으킬 수밖에 없다.

그렇다면 시조에 구현된 여성적 목소리는 '여성성'과는 직접 관련이 없으며, 누군가에 의해 만들어진 형상으로서의 '여성상'일 뿐이다. 다시 말하면 남성들의 여성에 대한 관념이 짙게 반영되었을 것이다. 특히 시조 양식에서 여성의 형상이 비교적 제한된 모습으로 표출되는 것은 향유자들이 인식한 '여성'의 모습이 너무도 정체된 것이었음을 알 수 있게 한다. 이러한 점은 특히 여성들의 삶의 다채로운 면모를 다양한 각도에서 제시하고 있는 가사 갈래와 비교해 본다면 보다 확연하게 드러날 것이다.

시조 갈래에서 여성들은 늘상 주변적인 위치에 머물러 있었다. 그러나 19세기경에 여창 가곡이 성립되어, 여성들만의 독자적인 창법을 가지게 된 것은 여성주의적 관점에서 큰 의미를 갖는다. 여창 가곡에서는 여성들의 정서에 맞는 작품들만을 선정하여, 독자적인 레퍼토리를 형성하였다. 기존의 작품들과 두드러지게 다른 작품들이 창작되고 가창된 것은 아니지만, 여창 가곡의 등장은 주변적 위치에 머무르던 여성 가창자들이 자신의 정체성을 찾아나

가려는 움직임으로 이해할 수 있다. 물론 여창 가곡 역시 주로 남성들이 향유하던 공간에서 불렸다는 것에서 향유자인 남성들의 기호를 전혀 배제할 수는 없었을 것이다. 때문에 여창 가곡에 흐르는 정서 역시 기존에 향유되던 작품들의 시각에서 완전히 벗어날 수 없었다는 점도 지적되어야 한다.[31] 대부분 기녀들과의 교유 속에서 창작된 안민영의 시조에서 여성적 정조가 두드러지고, 때로는 시적 화자의 목소리가 여성적으로 표현되기도 하였다. 이런 사실에서 여성 화자가 등장하는 작품들의 관습적인 면모를 확인할 수 있다.

지금까지 시조에서 여성 화자가 지니는 의미와 그 작품들의 성격을 중점적으로 검토해 보았다. 대체로 시조에 구현된 여성적 목소리는 남성들의 인식과 관념이 깊이 침투해 있음을 확인하게 되었다. 다시 말한다면 시조 속의 여성은 남성들의 시각에 의해 굴절된 모습으로서만 전해질 수 있었다는 것이다. 때문에 당대 여성의 삶을 그대로 반영하기보다 '이러한 여성이 되어야 한다'는 당위 혹은 남성들의 희망을 제시하고 있을 따름이다. 때문에 공허한 목소리로 남게되는 여성 화자의 형상은 그대로 남성중심적 사회에서 여성들이 겪을 수밖에 없었던 세계 인식의 한 측면이라고도 해석될 수 있겠다.

본고에서는 시조에 구현된 여성 화자의 성격이 충분하게 논의되지 못한 점이 있다고 생각된다. 특히 여창 가곡의 여성주의적 성격에 관해서는 심도있는 연구가 반드시 뒤따라야 한다고 여겨진다. 본고에서는 선행 연구에 입각해서 여창 가곡의 문제를 다뤘지만, 작품의 주제적 지향과 여성문학적 특성에 대해서 별도의 연구를 진행할 필요를 느낀다. 그러나 본고에서 주안을 두었던 측면은 시조 작품을 여성주의적 시각에서 읽어보려는 시도라는 것을 지적하고자 한다. 특히 '남성적'인 갈래인 시조에서 여성성을 발견하려는 시도는 그리 쉽지 않은 작업임에 틀림이 없다. 앞으로 보다 다양한 관점을 통해서 시조에서 여성주의적 방법을 심화시키려는 노력이 필요할 것이다.

---

31) 여창가곡의 성격에 대해서는 신경숙, 「19세기 여창가곡의 작품 세계」 참조.

4. 맺음말

여성주의적 관점에서 시조를 연구하는 작업은 매번 결코 만만치 않은 과제를 새롭게 제기해준다. 특히 남성중심적 갈래로 평가되는 시조에서 '여성성'의 문제를 찾아내려는 작업은 그래서 어렵게 여겨진다. 본고는 그러한 한계 속에서도 여성주의적 연구 과제의 일환으로 여성 화자의 문제를 다루었다. 그러나 앞에서도 언급했듯이, 서정시 양식인 시조에서 화자의 성(gender)을 명시적으로 밝히는 것부터가 쉽지 않은 일이었다. 때문에 필자는 문화적 현상 속에서 보편적으로 통용되는 '여성적'인 특성을 들어서 접근하는 방식을 취했다.

'여성적'이라는 용어는 여성뿐만 아니라, 남성에게도 사용될 수 있다. 그리하여 작품을 분석하는데 있어서는 '여성 화자'라 하지 않고, '여성적 목소리'라는 용어를 사용했던 것이다. 따라서 여기에서 논한 '여성적 특성'은 절대적인 가치로서가 아니라, 당대에 시조를 향유했던 사람들의 의식 속에 남아 있었던 '여성상'이라고 할 수 있다. 본고에서는 다만 작품의 분석을 통해서 그것을 추출해냈을 뿐이다. 이것이 일반적인 여성상과는 어떻게 같고 다른지에 대해서는 앞으로 시조뿐만 아니라, 다양한 갈래의 작품들과 문화 현상 속에서 살펴져야 할 것이다.

팸 모리스는 '남성 페미니스트는 성적 불평등의 구조를 인식하고 그것을 비난할 수 있지만, 한 사람의 여성으로서 그러한 구조를 직접 경험할 수는 없'다고 말한다.[32] 남성인 필자 역시 이러한 지적에 전적으로 동의한다. 하지만 여성주의적 방법은 여성들만의 배타적인 영역은 아닐 것이다. 분명 한계가 있지만, 오히려 남성이기 때문에 더 객관적인 시각을 견지할 수 있다는 장점이 있을 수 있다. 우리는 어려서부터 '남자(여자) 답다/답지 못하다'라는 말을 늘상 들으면서 살아왔다. 그리하여 어른들의 말처럼 남자답게 행동해야만

32) 팸 모리스, 앞의 책, 15면.

하는 것으로 알고 살아왔다. 하지만 '남성적'인 것과 '여성적'인 것이 반드시 대립되는 개념일 수는 없다.

앞서도 지적했듯이 남성과 여성 사이의 차이보다는 오히려 각 개인들 사이의 차이가 더욱 큰 것이 엄연한 사실이다. 그러나 오랜 기간에 걸쳐 형성되어 온 '성차별'적인 관점은 아직까지 우리의 삶의 영역 속에서 광범위하게 통용되고 있다. 서정 갈래인 시조에서 화자의 성을 구별하는 것 또한 기본적으로 이러한 관습에 어느 정도 의존할 수밖에 없다. 물론 시조 속에 드러난 여성 화자의 양상은 비교적 단순하게 그려지고 있다. 이는 기본적으로 시조를 향유한 향유자들이 긴 역사적 흐름 속에서 형성시킨 모습일 것이다. 그 작품들의 검토를 통해서 나름대로 여성 화자가 나타난 작품들의 성격과 의미를 지적해 보았다. 검토 과정에서 충분히 설명되지 못한 점이 있을 것이라 여겨지지만, 앞으로도 필자는 지속적으로 여성주의적 관점을 견지하면서 논의를 점차로 보완해 나가도록 하겠다.

(『한국고전여성문학연구』 제4집, 한국고전여성문학회, 2002)

김용찬

전라북도 군산에서 태어났다. 고려대학교 국어국문학과를 졸업하고, 같은 대학의 대학원에서 석사학위와 박사학위를 받았다. 박사학위 논문의 제목은 「18세기 가집 편찬과 시조문학의 전개 양상」이다. 2000년부터 강원도 동해시에 있는 한중대학교 국어국문학과 교수로 재직하고 있다. 고전시가를 전공하고 있지만, 현대시에도 관심이 많아 현대시를 쉽게 풀어 설명한 책을 출간하기도 하였다. 글쓰기와 독서 비평에도 관심이 많아, 책과 영화에 대한 생각을 펼쳐낸 '리뷰(review)'를 쓰고 있다. 저서로는 『18세기의 시조문학과 예술사적 위상』(월인, 1999), 『조선 후기 시가문학의 지형도』(보고사, 2002), 『교주 병와가곡집』(월인, 2001), 『교주 고장시조선주』(보고사, 2005), 『시로 읽는 세상』(이슈투데이, 2002) 등이 있다.

조선 후기 시조문학의 지평

초판 1쇄 인쇄 • 2007년 9월 15일
초판 1쇄 발행 • 2007년 9월 20일

지은이 • 김 용 찬
펴낸이 • 박 성 복
펴낸곳 • 도서출판 **月印**
서울특별시 강북구 흰구름길 19-3 (수유2동 252-9)
등록 • 제6-0364호 / **등록일** • 1998년 5월 4일
대표전화 • (02) 912-5000 / **팩스** • (02) 900-5036
http://www.worin.net

ISBN 978-89-8477-377-6 93810

값 13,000원